図説
ポストコロナの世界経済と激動する国際金融

神田眞人〔編著〕

財経詳報社

はしがき

【人類史的な危機と機会】

人類は歴史的岐路にある。

果たして、反知性と暴力の世界に退化していく破局の途を回避できるのか、或いは、構造変容に適応して繁栄と安寧を齎す新たな秩序を再構築できるのか。人類の生存自体をリスクに晒す諸課題を理性と良心が克服し、次世代に輝かしい未来を引き継ぐことができるのか。そして、我々日本はこの激動の中で、生き延び、持続可能で幸福に溢れた国を築き、国際社会に顕著な貢献をして、名誉ある地位を占めることができるのか。

現下の人類社会は、歴史と科学から謙虚に学ばず、近視眼的、内向的、短絡的となり、真の問題の直視と次世代への責任から逃避する傾向が懸念される。実際の現象として、民主主義・市場経済の退潮や、地域紛争や圧政の激化を含む地政学的リスクの高まりが顕著となってきている。

しかし、人類が蓄積してきた古今東西の知恵と経験は、民族を超えて共有して活用すればなお有用であるし、加速する技術革新も、しっかりと国際的にリスクを管理できれば、新たな価値を創造し、課題解決の切り札となりうる。また、足元でも、欧米における国際協調の再稼働やポピュリズムへの反抗の動きなど、明るい兆しも感じられないわけではない。この希望に賭け、素晴らしい未来を次世代に繋ぐべく、微力を尽くしたい。

この人類の生存と明るい将来を賭けた営みに、日本は積極的に貢献すべきであるし、それは可能である。自由で平和な国際秩序を最も必要とする日本は、その溶解局面において、もはやフリーライドは許されず、よりよい国際社会を築く努力の前衛に立たなければならない。そして、その能力と意志と実績により、日本民族は国際社会で名誉ある地位を占め、自由と平和と繁栄を享受することができるのである。これは、編著者の確信である。

しかし、それには、国民全体の、ひいては人類全体の、直面する課題に対する正しい現状認識と、これを克服する政策努力（時には苦い薬）への支持が必須である。これも35年近く一公僕として公務に携わってきた小生の強い思いであり、本書がその小さな一助となることが期待される。

【国際社会の大変容】

蓋し、民主主義や市場経済の機能不全と相俟って、これまで当然視されてきた国際社会の秩序、規範、ひいては価値観までが溶解しつつあり、平和と繁栄を保障すべき国際環境の維持が困難な状況に直面している。その背景に、技術革新による産業革命が惹起した、富と権力の移動と集中、貧富の格差の拡大、情報空間のカオス化と合理的意思決定の困難化といった社会構造の変化がある以上、これは一時的な現象ではなく、不可逆的であり、デジタル化や国家統制を加速させたコロナ禍は、こういったトレンドを促進した。つまり、リスクとオポチュニティを更に顕在化し、前倒ししたといえる。この先、人類が、監視技術で武装した独裁者の奴隷となるか、利便の代償にAIといった機械に隷従するか、サイバーや生命科学におけるテロや事故、気候変動も制御できず自滅するか、或いは、全く新たな進化の地平に立つのかの試金石である。

国際情勢への影響においては、近年の混迷する欧米がそれを象徴する。長らく既存秩序のリーダーであった米国は、トランプ前政権下において、その役割を放棄し、国際協調に背を向け、WHO（世界保健機関）やTPP（環太平洋パートナーシップ協定）、気候変動パリ協定等から脱退した。昨年の大統領選挙ではバイデンが勝利したものの、7,400万人が選挙制度の正統性を揺るがす言動を続けるトランプに投票し、社会の党派的分断は極めて根深い。本年1月6日の米国議会議事堂襲撃事件は余りに衝撃的であったし、上院でぎりぎり半数の議席しかない状況はバイデン政権を苦しめている。欧州もまた、イギリスの欧州連合離脱（ブレグジット）や、反EUを掲げるポピュリズム政党の台頭などの動きに直面し、統合の逆回転ともいうべき危機に立たされている。ハンガリー、ポーランドなどはEUの価値観を共有しないイリベラリズム政権が支配するに至った。足元でも、フランスでマクロン大統領と国民連合のルペン党首の支持率が拮抗するなど、予断を許さないし、イギリスはブレグジットが火を点けたスコットランドの独立問題や北アイルランドでの暴力的紛争の再発に直面している。

ポピュリズムが台頭してきた要因として、一つに、グローバリゼーションや技術革新の進展に伴う所得格差の拡大、特に民主主義の中核であった中間層の没落が挙げられる。例えば、先進国における製造業においては、グローバリゼーションのもと、生産現場が先進国から新興国へ移転すると共に、低所得国からの移民が増大し、ダイナミックな技術革新は、製造ラインのオートメーション化を進め、労働、特に単純労働の価値を減少させる一方、技術と情報を上手に活用し、独占する超少数者に膨大な富が集中するようになった。このような構造変化が、先進国中間層の雇用機会と生活水準を急減させ、所得格差の拡大を招き、既存体制に対する不信感の膨張へとつながった。ラッダイト運動のような歴史の繰り返しといえる。

二つ目に、ソーシャルメディアといったインターネットを通じたコミュケーション媒体の変容もポピュリズム台頭に大きく影響している。こちらは、民主主義の根幹を揺るがす新たな人類のチャレンジである。情報の真偽にかかわらず、瞬時にメッセージを拡散させるソーシャルメディアは、これまでの世論形成メカニズムを崩壊させ、極端かつ近視眼的な考え方に傾倒させるといった状況を引き起こしている。

幾何級数的に進展するIT化の副作用として、ポスト・トゥルースとフェイクニュースが氾濫する中、社会共通の知的基盤なく、分裂した世論が、心地よい情報にしか接しないネットの塹壕（サイロのエコー・チェンバー）に閉じこもって両極化を促進する。

貧富の格差の拡大や民族構成の激変といった構造変化を反映した窮乏化白人を核とする不満大衆のエスタブリッシュメントへの反逆は容易には止まらない。バイデン政権の一連の大規模な政策パッケージは、この現実を是正して、社会のインテグリティを回復すると共に、中国との覇権競争に打ち勝つための試みに他ならない。

即ち、民主主義国の内政が動揺し、西側諸国の結束が揺らぐ合間を縫って、中国は内需拡大（双循環）と技術内製化・自律化を加速して米国を経済的に追い抜くことを視野に入れつつ、人権や法の支配といった基本的価値を否定したオーウェル的体制の確立を推進すると共に、軍事力を増強し、一帯一路構想のもと、世界各地において急速に影響力を拡大している。強権的にコロナを迅速に抑え込むことに成功し、マスクやワクチン外交の展開も顕著である。ロシアもまた、「強いロシア復活」を掲げて、反体制派の弾圧を強化しつつ、勢力圏拡大を推進している。ベラルーシや、キルギス、カザフスタン、タジキスタン等の中央アジア諸国でも強権的な統治体制が強化されつつある。国連安保理での行動や経済協力を含め、中露といった権威主義国家どうしの協調も強まっている。

これまで、中国との関係では、ともすれば、経済的利益に重点を置いてきた欧米諸国は、中国による、香港での香港国家安全維持法施行等の民主派弾圧や新疆ウイグルでのジェノサイドともいわれる少数民族弾圧、台湾、南シナ海、東シナ海等での危険な行動といった深刻な事態の認識を受けて、人権重視と武力による現状変更への反対を明確にし、民主主義陣営の結束と権威主義体制への対抗措置を強化するに至った。習近平国家主席は、2035年までにGDPと1人当たり収入を倍増させることは完全に可能と発言しており、2021年からの第14次五か年計画では、内需が主導する国内大循環に立脚した国内・国際双循環を促進し、世界有数のイノベーション国家を構築するとしている。因みに、現在の中国のGDPは米国の凡そ7割であり、CEBR（英国シンクタンク）は2028年までに米中が逆転すると予想している。これに対し、米国は、人権といった基本的価値の観点からも、超党派で中国の覇権を許さない姿勢を明確にしており、二大国の対立は激化している。そして、バイデン政権は、自由、民主主義、法の支配、人権尊重等の価値を共有する同盟国との協働を重視しており、民主主義と権威主義の両陣営間で、安全保障上の緊張が高まり、経済面でも経済安全保障上のデカップリングが加速している。

こうした不安定な地政学バランスの中、世界各地で物理的衝突も頻発し、アゼルバイジャン・アルメニアによるナゴルノ・カラバフ紛争やエチオピアのティグレでの内戦、イスラエルとパレスチナの衝突激化など古典的ともいえる民族・宗教対立や、1975年来初めての死者を出した中印のように各地で国境紛争が激化するなど枚挙に暇ないところ、最近では、地政学上の戦略的要衝であるミャンマーにおいて軍部によるクーデターが勃発し、民主化プロセスを支援してきた国際社会に衝撃を与えた。台湾海峡の緊張もこれまでになく高まっており、6年以内に中国が台湾を侵攻する可能性を米軍司令官が証言するに至った。

しかし、暗い話ばかりではない。米国はバイデン政権の発足と共に、国際社会に帰還し（America is back）、早速に、WHOや気候変動パリ協定に復帰し、

WTO（世界貿易機関）や国際課税交渉に協力をコミットするなど、多国間主義、同盟国重視への回帰を実践したことは、大いなる希望である。また、混迷する欧州でも、イタリアで五つ星運動や同盟といったポピュリズム政党と連立する前ECB総裁のドラギ政権が誕生し、親EUといった理性的な政策を推進しているし、オランダでも、ポピュリストの自由党が退潮し、親EUの自由民主国民党が議席を伸ばした。ドイツもポスト・メルケルが不透明であるものの、極右のAfDの党勢に陰りが見えている。歴史は必ずしも一方向ではなく、常に、努力次第で希望の途も存在するのである。

【コロナ禍の歴史的衝撃】

このような国際環境の流動化に加え、新型コロナ感染症（COVID-19）の拡大は、世界経済にリーマン・ショックや大恐慌と比肩すべき人類史的規模の経済危機を齎した。コロナ禍において、グローバルな人の往来は完全に遮断され、多くの都市ではロックダウンを余儀なくされ、世界経済はまさに瀕死の状態を経験した。

コロナ禍における経済のメカニズムは比較的単純で、経済状況と感染状況の間に強い相関関係が観察される。つまり、感染が拡大し、ロックダウンや外出自粛措置が講じられれば、需要が大幅に落ち込むとともに、サプライチェーンが寸断され、経済情勢が悪化する。反対に、感染状況が落ち着き、経済活動が再開されれば、抑制されてきた需要も解き放たれ（ペントアップ・デマンド）、経済はV字型に急回復する。世界経済は新型コロナ発生後、このような状況を繰り返してきている。足元の景況感を含む経済指標や、金融市場の動向は、まさに、ワクチン接種の進展と変異株の蔓延の競争をそのまま反映している感がある。

さて、新型コロナウイルスが確認されてから１年以上経過した今、ワクチン接種が進むにつれ、世界経済に回復の兆しが見られる。IMFの最新の経済見通し（2021年４月公表）では、世界経済の成長率について、前回見通し（2021年１月公表）からの上方修正を行い、2021年は6.0％（前回5.5％）、2022年は4.4％（前回4.2％）を見込んでいる。これを牽引するのは、ロックダウンを解除していった米国（2021年にOECDとFRBは6.5％、IMFは6.4％成長を予測）や、早期に感染を制圧した中国（2021年について、IMFは8.4%、世銀は7.9%、OECDは7.8%と予測、中国政府は6%以上の成長目標）である。

しかし、この経済回復の見通しには、大きな不確実性を伴う。即ち、ユニバーサルなワクチン普及が進まないリスクや変異株が猛威をふるい更なるロックダウンを強いられるといった可能性が少なくない。現に、ワクチン製造拠点であったインドは極めて厳しい感染状況に陥った。地球のどこかにクラスターが残る限り、新たな変異株が生まれ続けるリスクも残ることにも留意しなくてはならない。

加えて、ポストコロナに中長期的な影響を残す傷跡（スカー）も少なくない。各国政府は、未曾有のコロナ経済危機を乗り越えるべく、大規模な経済対策を実施し、国民への現金給付や事業者への融資・補助金支給等を実施してきた。これら異次元の財政・金融措置は、経済の深刻な落ち込みの緩和に大きく貢献したものの、多くの副作用を齎している。

第一に、金融・資本市場に蓄積された歪みである。コロナ禍の厳しい実物経済縮小においても史上最高値を更新してきた株やビットコイン、不動産等の資産価格については、各国が緩和的な金融・財政政策を継続するとの期待を市場が過度に織り込み、金融緩和による余剰資金の流入により、実物経済と大きく乖離した資産バブルが助長されているとの見方が強い。市場がそのリスクを認識して調整に走れば、金融市場を急速に不安定化させる。既に一部の市場で調整が始まっているし、低金利の運用難のもと、ファミリーオフィスが悪用されたアルケゴス事件のように、様々な矛盾が顕在化しつつある。また、米国の経済回復に伴う金利の正常化は、新興国の急速な資本流出による金融危機を齎したことが多い。金融政策正常化は、本来、持続可能でなかった多数の企業を倒産させる可能性が高い。各金融当局はこれらのリスクを認識し、規制強化の検討や、丁寧な市場とのコミュニケーションと慎重な政策シークエンシングといった対応を試みているところであるが、これまでにない高度な政策運営が求められている。

第二に、各国政府の財政状況の急激な悪化である。IMFによれば、2020年の世界全体の一般政府債務残高は対GDP比97%まで上昇し、過去最高になると予測されている（因みに我が国の2020年予測は圧倒的に突出した256%）。金利が正常化するだけで国家財政が破綻するリスクがある。また、ドル建て債務に頼る国はドル金利上昇とドル高が二重に襲い掛かりかねない。後述するように、既に、途上国に返済猶予を許し、更に、債務返済再編のスキームを用意しているが、間に合うかは予断を許さない。英米を始めとする先進国では大規模な増税を含む財政健全化の試みが始まっている。

第三に、各国が実施している休業補償を始めとする雇用維持スキームといった止血策は、短期的には失業の抑制に極めて有効（OECDによればOECD加盟国で約5,000万人の雇用を下支え）であり、感染拡大期にはやむを得ないところもあったが、将来の成長を妨げる副作用が存在する。過度に雇用維持や企業存続の支援を継続することは、労働意欲の低下（モラルハザード）や、コロナ以前からも将来性のない企業の存続（ゾンビ企業）を招き、生産性向上や適切な産業間の労働移動を妨害する。支援の対象について真に困窮しているところに焦点を絞ると共に、感染収束に伴って速やかに縮小し、デジタル化、グリーン化といった将来性のある産業への投資にシフトしなければならない。コロナ禍を活用して経済成長と雇用拡大に資する新陳代謝を進めているところも見受けられる。

ポストコロナは決してコロナ以前に戻ることはない。コロナ自体が社会・経済構造を不可逆的に変容し、また、コロナ以前からのデジタル化といった動きを大きく加速したのであって、早く、この構造変容に対応した産業構造改革を行ったところが生き残るであろう。

最も重要なのが四点目、経済格差の拡大（ダイバージェンス）である。コロナ禍は、労働市場で弱い立場にあったり、リモートワークについていけない弱者、即ち、非正規、女性、若者、そして、途上国の単純労働者に不均衡に過酷な影響を齎す傾向がある。ロックダウンや経済活動自粛の影響が直撃した貧困層においては多くの人々が職を失い（ILOによれば欧州において下位50%層の賃金が全体に占める割合は27%から24%に下落）、飲食、宿泊、運輸といった対面サービス業が倒産の危機に直面する一方、金融緩和に支えられて異常な好調を維持する資産市場の恩恵を受けた富裕層はますます裕福になり（OXFAMによれば世界の大富豪の資産は2020年3～12月に3.9兆ドル増加し、11.95兆ドルに到達、総資産トップ10人だけでも5,400億ドル増加）、また、加速化したデジタル化でGAFA等の収益と株価が激増するといった状況が続き、いわゆる「K字回復」と呼ばれる二極化が進んでいる。先進国と途上国の間の格差も広がっている。米国をはじめ、いくつかの先進国では大胆な経済対策と迅速なワクチン接種を講じることでコロナ経済危機からの脱却を目指す一方、多くの途上国は、感染に対応する財政スペースも殆どなく、財政崩壊と医療崩壊のリスクを高めている。その結果、途上国の貧困層は、新型コロナ感染と経済的困窮の双方の苦境に晒され、その生活環境は悪化の一途を辿っている。このような状況は、それ自体、不公正であることはいうまでもなく、危険な社会不安、ひいては、ポピュリズムやテロの温床となる。

このような問題に対応すべく、欧州では、早くも2020年7月に欧州復興基金（総額7,500億ユーロ）が設立合意された。これは、新型コロナ感染拡大により打撃を受けたEU加盟国の支援が目的であるが、欧州南北格差の拡大や各国における脆弱層の窮乏化によるポピュリズムの伸長を抑制し、財政赤字の世代間不公平を是正し、グリーンリカバリーを掲げて、経済のグリーン化、デジタル化を促進する機能が存在する。目の前の危機を乗り越えるためだけではなく、次世代の人々が利益を享受できる仕組みの設計を目指し、2021年から2027年までの多年度財政枠組み（MFF：Multiannual Financial Framework）とあわせ支援額の約3割を気候変動分野にフォーカスしている。その際、財政統合の一歩ともいえるEU史上初めてとなる多額の共同債の発行に踏み切ったことは、就中、注目に値する。ブレグジットをはじめ、分裂の危機に晒されていた欧州各国が新型コロナという危機を前にして、改めて歩み寄った歴史的事象と捉えることができる。

【再稼働を始めた国際協調：人類の希望】

足元、新型コロナを制圧し、経済危機を克服し、世界経済の回復を確実なものとするとともに、中長期的な経済成長、気候変動や格差是正といった課題に対応するため、各国は、国際機関やG7、G20等での議論を通じ、国際政策協調を進めていかなければならない。グローバルな問題はグローバルにしか解決できず、一国だけで成功することはありえないのである。

従来から国際社会の協働努力が積み重ねられ、TPPや気候変動パリ協定などで、一定の前進を得てきたが、トランプ前政権において停滞してしまった分野も少なくない。従って、バイデン政権における米国の多国間主義への復帰は大きな節目となる出来事であり、すでにワクチン普及、国際課税や気候変動の分野では、新たな進展が見られている。

（保健・医療、特にコロナ対応）

遡るに、新型コロナ感染拡大が本格化してきた2020年3月以降、G20各国は頻繁に財務大臣・中央銀行総裁会議（以下G20M）を開催し、新型コロナによる世界経済の落ち込みを食い止めるため、すべての利用可能な政策手段を用いることに合意し、4月にG20行動計画を承認、10月、2021年4月に更新してきた。このG20行動計画においては、国際保健と途上国債務問題の分野における国際協調の重要性が強調されており、日本の財務省がこの二分野も主導してきた。

国際保健については、新型コロナ感染症が流行する以前から、日本は開発政策における重点分野の一つとして取り組んでおり、ユニバーサル・ヘルス・カバレッジ（UHC）やパンデミックへの予防・備え・対応の重要性について各国に提唱してきた。日本議長国の2019年G20では、大阪で第1回G20財務大臣・保健大臣合同会議を開催し、「途上国におけるUHCファイナンス強化の重要性に関するG20共通理解」へのコミットメントを確認した。そのような中、新型コロナのパンデミックが発生したことから、それまで日本が主導してきた国際保健の議論が、新型コロナ対応を検討するための議論の素地となり、国際社会における合意形成に大きく貢献した。しかしながら、新型コロナ対応におけるG20各国の思惑は必ずしも一致したものではなく、共同声明の合意に至らない会合もいくつか発生した。そのような中でも、日本が米国と欧州・新興国の仲介役として動き、議論のとりまとめに向けて議長国であるサウジアラビアを支援したことが功を奏し、2020年9月には、第2回G20財務大臣・保健大臣合同会議において共同声明が採択されるに至った。ここでは、特許プールを含む新型コロナウイルスに係るワクチン・薬の開発・製造・普及に向けた包括的な取組の重要性を確認すること、パンデミックへの備え・対応の文脈で上記共通理解文書へのコミットメントを再確認することなどが盛り込まれた。これらが基礎となって、今や、ワクチンの世界全体への普及、特にその製造と配布、そして、将来の感染危機に備えた保健システムの構築の推進が、世界のコンセンサスとなっている。

（途上国支援、特に債務問題対応）

途上国の債務問題に関しては、2020年4月のG20Mにおいて、新型コロナ対策のために急激に債務状況が悪化する途上国を救済するため、最貧国の公的債務の支払を2020年末まで猶予する仕組みである債務支払猶予イニシアティブ（DSSI）について合意し、同年10月のG20Mで6カ月延長した後、2021年4月のG20Mで最後の延長として更に6カ月延長し、2021年末まで有効とした。

併せて、DSSIを超えた途上国の債務問題への対処の必要性が認識されたが、低所得国に対する融資の構造変化を勘案する必要があった。即ち、伝統的には、途上国の債務救済については先進国で構成するパリクラブ（主要債権国会合）が主導してきたが、近年は、中国を初めとする非パリクラブ諸国や民間債権者といった新興債権者からの融資額が年々増加している（低所得国に対する債権保有割合を2007年と2016年で比較すると、先進国は24%→5%、中国は0.6%→22%、民間は15%→29%）。従って、仮令、先進国債権者が債務支払を猶予・削減したとしても、その分の資金が非パリクラブ諸国や民間債権者に対する返済に充てられてしまう可能性がある。更に、米国学術機関等が分析するように、中国の途上国向け融資は、契約内容の秘匿、他債権に対する優先返済（非パリクラブ条項等）等の不透明性や国際ルール違反を内包しているとされており、透明で説明責任を伴う債権の情報公開がなければ公平な債務再編は不可能である。こうした背景もあり、G20の場では、中国国家開発銀行（CDB）の扱いを含め、中国とG7各国との激しい交渉が展開された。日本は適切な合意形成に大きな貢献を果たしてきたが、2020年11月に開催されたG20M（特別会合）において、先進国だけでなく中国を含めたG20全体で債務救済を実施することなどを内容とする「DSSI後の債務措置に係る共通枠組」の合意・公表に至ることができ、2021年4月のG20Mでは、債権者委員会の初回会合を期待すると共に、参加するすべての公的二国間債権者は開かれた透明性ある形で交渉すること、民間債権者等が債務措置を少なくとも同程度の条件で実施すること、そして、債務データの質・整合性の強化、開示の改善についてIMF・世銀の提案の進捗を期待することに合意できた。

なお、途上国支援については、債務削減だけでなく、流動性補完・ニューマネー供給として、2021年4月のG20MやIMFC（国際通貨金融委員会）、DC（世銀・IMF合同開発委員会）において、透明性・説明責任の強化策を伴うSDR（特別引出権）の新規一般配分（6,500億ドル）の提案や、IDA（国際開発協会）の第20次増資の一年前倒し（合意期限は2021年末）に合意できている。

（デジタル化：特に課税と通貨）

G7やG20では、経済のデジタル化に伴う課税上の課題への対応やデジタル通貨といったアジェンダについても多くの議論を重ねてきた。新型コロナ感染拡大を踏まえて、物理的なヒト・モノの流れは停滞してしまったが、こうした経済のデジタル化は、テレワークや巣籠の必要と情報技術の発達により、むしろ加速しており、これに対応するためにも、経済のデジタル化に伴う課税上の課題への対応やデジタル通貨に関する国際的枠組を策定する必要性が高まっている。

経済のデジタル化に伴う課税上の課題への対応については、2019年のG20Mにおいて作業計画が承認され、2020年10月には、OECDが「国際課税原則の見直し」（第一の柱：対象となる多国籍企業グループの超過利益の一部を物理的施設の拠点（PE）の有無によらず市場国に公平に配分）と「グローバルミニマム課税の導入」（第二の柱：国際合意された最低税率による法人課税）を二本柱とする青写真を公表し、同月に開催されたG20Mでこの青写真を歓迎する旨の共同声明が発出された。しかしながら、各国が新型コロナウイルス感染症対策へ優先的に対応する必要があったこと等を理由に、結論は2021年半ばまで持ち越されることとなった。もとより、英仏伊等の欧州諸国を中心とした、国際合意実施までの暫定措置として各国独自のデジタルサービス課税を導入する動きに対し、米国が貿易制裁で対抗するといった混乱の中、日本は国際合意実現のための議論を主導してきたものの、トランプ政権が第一の柱について企業の選択制（セーフハーバー）を主張して膠着してしまっていたところ、バイデン政権になって米国がセーフハーバーを撤回して、一気に、合意への機運が高まった。

勿論、第一の柱の対象企業の範囲や税源の分配方法、第二の柱の最低税率など、難しい論点が残っているが、2021年4月のG20Mでも2021年半ばまでの合意がコミットされたことは強いモメンタムとなっている。また、法人税率について、米国が長期的な経済再生プランの財源として21%から28%への引上げ（併せて、米国の多国籍企業の国外軽課税無形資産所得（GILTI）に対する税率の10.5%から21%への引上げ）、英国が財政健全化に向けた措置として一律19%から最高25%への引上げを発表するなど、法人税率の引下げ競争に反転の兆しが見えることも、合意への後押しとなると思われる。

デジタル通貨については、フェイスブックがいわゆるグローバル・ステーブルコインである「リブラ」（ディエムに改称）の発行計画を進め、中国はデジタル人民元発行へ向け、実証実験を中国各地で推進し、香港等とのクロスボーダー決済も視野に入れた動きをみせている。これに対し、日米欧等の中央銀行も中央銀行デジタル通貨（CBDCs：Central Bank Digital Currencies）に関する共同研究などを実施している。経済のデジタル化が進む中、経済包摂（インクルーシブネス）といった利便性を齎すデジタル通貨については、技術革新を育てる必要がある一方、サイバーセキュリティ、マネーロンダリング、不正な金融、消費者・投資家保護の観点から多くのリスクが指摘されている。また、自国以外の通貨の流通量が増加すれば、金融政策の効果も減衰する恐れがある。特にデジタル人民元については、監視国家のツールとして個別取引のデータが中国政府によって管理され、プライバシーが侵害される、或いは、ドル覇権を切り崩し、経済制裁を無力化するのではないか、といった懸念も指摘されているところ、2020年10月のG7Mの共同声明では、国内決済システム及び国際通貨システムの安定性への信認は、透明性、法の支配、健全な経済ガバナンスに対する、公的部門の信頼ある長年のコミットメントによって支えられている旨、明記されている。

一般に、中央銀行デジタル通貨を追求すると、中央銀行に個人が直接、口座を有し、銀行を含む金融機関が不要となると共に、すべての取引を中央銀行が把握することが、少なくとも理論的には可能となる。これは、プライバシーという人権問題、サイバー事故やテロへの脆弱性、民間部門のクラウド・アウトによる技術革新や経済成長の停滞、金融政策の機能不全の可能性といった大きな課題を抱える。しかし、ノーベルの発明はいうまでもなく、原子力や遺伝子工学などがそうであったように、余りにも大きなリスクにもかかわらず、人類の生活を向上させてきたことは否めないし、人間の利便性の要求と科学者の好奇心を止めることは難しい。どう技術革新を正しく育み、そのリスクを管理するかという近代人類の課題はこれまでになく悩ましいものとなっている。

我々が直面しているのは、こういった、歴史的なリスクと機会である。そして、それへの対応如何が、人類全体の将来と、諸民族の盛衰を占うのである。

しかしながら、我々は、必ずしも現状を悲観すべきではない。むしろ、日本を、そして世界をより良い持続可能なものに変革できるチャンスとして捉えるべきではないか。そして、我が国が生存するのに有利な新たな国際秩序を構築する機会にすべきではないか。国内的にも、ポストコロナを以前より必須であった経済構造改革と財政再建を加速する契機とすべきである。コロナ禍を次世代の持続可能性と新たな飛躍への糧にできるかどうかが各民族と人類共同体の将来の命運を支配するであろう。

【本著の位置づけ】

繰り返すが、人類は歴史的岐路にある。大きなリスクと、大きな希望の機会に直面している。次世代のためにも、コロナ禍を国際協調強化の機会として福となし、人類社会が協働して、持続可能な経済・社会システムと繁栄と平和を齎す国際秩序を再構築していかなくてはならない。

その営みにおいて、基本的価値と多国間主義に基づく安定した国際環境を最も必要とする国、そして、少子高齢化など課題先進国としてフロンティアを走る役割を歴史に与えられた国、それは日本である。

このような認識のもと、今回、本書を発刊する思いに至った。歴史的岐路にあって、正しい判断を行うためには、的確かつ最新の情報をもとにしっかりとした世界観を持たなければならない。是非、我々のもつ世界経済と国際経済にかかるフロンティアの情報と認識を読者の皆様に共有したい。

なお、編著者は、類書として、2015年2月にも『図説国際金融』の編著を行ったが、本書は、そのアップデートを土台にしつつも、足元の極めて流動的な国際環境の変化や人類が直面する新型コロナ感染症による経済危機とそれへの政策対応の解説も加え、最新の深度ある情報を読者に共有すべく、抜本的に充実させている。

激動する国際情勢のため、毎日、更新の必要が生じる中、校了日程ギリギリの2021年5月下旬までの最新情勢の反映に努めた。但し、その後、2021年6月4、5日にロンドンで開催されたG7財務大臣会合は、まさに前述のとおり、我々が期待し、努力してきた人類の課題解決のための国際協調が推進され、国際課税等で合意する成果を齎した。編著者は、厳しいリスクの認識の一方で、よりよい社会を構築する機会を示唆してきたが、これは後者の人類の明るい可能性を示す一つの証左であり、その概要を補章として末尾に記す。

本書の内容が、読者に最先端の知識と状況認識を齎し、コロナ後、ひいては次世紀を見据えたビジョンを描き、激動する国際社会において、素晴らしい人生を送る手がかりとなることを願っている。

末筆ながら、刊行にあたり、財経詳報社の宮本弘明氏、吉永剛也氏には、卓越したプロフェッショナリズムと編集能力を発揮され、度重なる更新作業を支えて上梓に導いて頂き、改めて御礼申し上げる。また、何よりも、本著の末尾に掲げた有志の執筆者達に勤務時間外の献身的な貢献をして頂いたことに心より感謝申し上げる。なお、本著の内容は、神田が所属する組織の見解を示すものではないことはいうまでもない。

令和3年5月吉日

編著者　神田眞人

図説
ポストコロナの世界経済と激動する国際金融

目次

第３章　国際通貨金融体制と危機対応

第４章　国際金融システムの濫用防止への取組と外国為替及び外国貿易法

3 日本議長下のG20財務大臣・中央銀行総裁会議におけるプライオリティ　246

4 最近のG7・G20における議論　265

第６章　アジアにおける地域金融協力

第７章　経済協力

第８章　ポストコロナを見据えて取り組むべき課題

補章　国際協調の再生 ～2021年6月G7財務大臣会合～

第1章

激変する国際環境と世界経済

1. 国際環境の流動化

現在の国際環境を俯瞰すれば、ポピュリズムの跋扈は、極めて憂慮すべき世界的潮流である。ポピュリズムが席巻する世界では、世論は分断・両極化し、既存の価値観は否定され、国際環境は流動化する。奇しくも同じ2016年中に起こった、アメリカにおけるトランプ大統領当選、そして、イギリスにおける国民投票を経たブレグジット決定は、ポピュリズムが勢いづく象徴的な出来事となった。前者は、アメリカにおいて自由主義・民主主義が著しく衰退するきっかけとなり、後者は、これまで拡大路線を続けてきたEUという多国間枠組が主要国イギリスによって否定される出来事となった。また、これまで国際協調を重視してきたドイツやフランスといった欧州諸国においても自国主義・強権主義的政策を掲げるポピュリズム政党が台頭している。

本節では、まず、トランプ前政権からバイデン新政権に至るまでの近年のアメリカ情勢について概観する。次に、約4年間にわたってイギリスとEUの間で協議が行われたブレグジットについて総括したい。最後に、欧州におけるポピュリズム台頭の動きについて述べたい。

(1) 崩壊するアメリカ

民主党のヒラリー・クリントンと共和党のドナルド・トランプが争った2016年の米国大統領選において、両者の支持率は選挙戦を通じてクリントンがトランプに大差をつけてリードしており、過激な発言を繰り返すトランプは本命候補とは見られていなかった。選挙当日までクリントンを優勢とみる識者が大半であった中、2016年11月3日の一般投票の結果、大方の予想を覆してトランプが勝利した。このことは、米国内のみならず、世界中に衝撃をもたらした。

トランプは、内政においては大規模なインフラ投資を掲げるなど、伝統的な共和党の政策と異なる経済政策を行った。他方、外政においては、米国第一主義を打ち出し、大統領就任後は環太平洋パートナーシップ（TPP）協定交渉、パリ協定、イラン核合意といった国際的な枠組みを次々と離脱し、また、2020年には世界保健機関（WHO）からの脱退を宣言する等、保護主義・孤立主義的な対外政策を行った。

ここでは、トランプが2020年の大統領選において民主党のジョー・バイデンに敗れるまでの4年間における、米国国内及び国際社会の変化と今後の見通しについて論じる。

まず、トランプ当選の衝撃とその勝因を分析する。2016年、トランプは「アメリカ・ファースト」(米国第一主義)のスローガンのもと、保護主義・孤立主義、反不法移民政策等を掲げ、白人労働者層に対する働きかけを中心とした選挙戦を展開し、従来民主党地盤とされていた、いわゆるラストベルトと呼ばれる地域(ペンシルベニア州、オハイオ州、ミシガン州、ウィスコンシン州等)において勝利をおさめた。ラストベルトの白人労働者層は、近年のグローバリゼーションの恩恵を享受できず、TPPをはじめとする自由貿易体制への不満が鬱積していた[(1)]ことから、トランプの保護主義・孤立主義的政策を後押ししたとの見方がある。

また、世論の政治不信もトランプ勝利の大きな要因であったと指摘されている。共和党のブッシュ家、民主党のクリントン夫妻をはじめとするエリート政治家への不満が募る中[(2)]、政治経歴も軍歴もないトランプが支持を集めた[(3)]。また、対抗候補であるクリントンの失言[(4)]や私用メール問題等のスキャンダルが、「反エスタブリッシュメント」の流れに拍車をかけた[(5)]。

次に、トランプ政権下の諸政策について概観する。財政政策では、10年間で1.5兆ドル規模のインフラ投資を計画し、法定債務上限を二度にわたって引き上げる等、「小さな政府」を標榜する伝統的共和党の政策とは異なるものであったといえる。また、メキシコとの国境における「壁」の建設費用を巡っては、政府・与野党間での合意が得られず、暫定予算の期限切れによって、政府機関閉鎖(シャットダウン)[(6)]が生じる事態も発生した。税制では、2017年12月、

(1) 対抗馬のクリントンも自ら国務長官として推進したTPPにつき反対側に回らざるを得なくなる世論の状況であった。

(2) [金成隆一、2017]

(3) [久保文明、2018]

(4) 例えば、トランプ支持者を「basket of deplorables」(みじめな連中の集まり)と呼び反発を買った。

(5) [金成隆一、2017]

雇用の創出や、より簡素で公正な税制等を主な柱とする「税制改革法」(「トランプ減税」) が成立した。個人所得税については、制度を簡素化しつつ、税負担の軽減を図る観点から、税率の引下げや多くの控除についての見直しが行われた。法人税については、米国経済の活性化や雇用の創出を図る観点から、一部の租税特別措置の廃止や縮減等による課税ベースの拡大と併せて、連邦法人税率が35%から21%へ引き下げられた。

また金融規制については、リーマン・ショック以降の規制強化の流れを規制緩和の方向に政策を転換した。2018年5月に「経済成長・規制緩和・消費者保護法案」が成立し、オバマ政権時に制定された「ドッド・フランク法」の緩和が行われた(7)。

こうした経済・財政政策、規制緩和も相まって、米国経済は10年8カ月に及ぶ過去最長の景気拡大を記録し、50年ぶりの低失業率や、株式市場における過去最高値の更新等、トランプ政権下における米国経済の状況は良好であったといえる。

また、孤立主義的・保護主義的な対外・通商政策は様々な形で世界に影響を与えた。2017年、トランプ大統領は就任早々、TPPからの離脱の署名や、パリ協定からの離脱の表明を行った。特に通商面では、米国の抱える貿易赤字を問題視し、貿易赤字解消のため相手国に「不公正」な貿易慣行の是正を求めた。

北米自由協定（NAFTA）について、米国に有利な形での改定を迫り、2018年11月、これに代える形で米国・メキシコ・カナダ協定（USMCA）の署名に至った（2020年7月発効)。EUとの関係では、2018年7月に通商関係強化の合意がなされたが、協議に大きな進展はなく、2019年10月には、長年の米・EU間の紛争案件でもあったエアバス社への補助金問題をめぐり米国に年間最大約75億米ドルの対抗措置を認めた世界貿易機関（WTO）の仲裁判断を受け、米国はEU側に対して追加関税を賦課した(8)。これに対して、EU側も、ボーイング社への補助金・税制優遇問題をめぐりEUに年間最大約40億ドル相当の

(6) 2018年12月22日から2019年1月25日までの35日間の閉鎖は、米国政府史上で過去最長の期間である。

(7) 小規模銀行への「ボルカー・ルール」の免除等

(8) ［外務省、2020］

報復措置を認めるWTOの仲裁判断を受け、2020年11月に対米関税を発動した。また、最も貿易赤字額が大きかった中国との関係では、四度にわたる追加関税措置を発動し、中国も都度対抗措置をとったことで、米中貿易戦争といわれる様相を呈した[9]。先端技術の分野では、中国への情報流出等の懸念から、中国通信機器メーカーに対する規制措置が強化されていった。米国は、2018年8月には政府機関による華為（ファーウェイ）社等からの政府調達を禁止、2019年5月には半導体等の米国製品を華為へ輸出することを禁止、更に2020年9月には半導体等の米国技術を用いる外国製品を華為へ輸出することを禁止した。また、米中対立は貿易の文脈にとどまらず、南シナ海やアジア太平洋地域における安全保障上の対立もみられた。

このように、多国間の自由貿易の枠組みではなく二国間での交渉を重視する姿勢がトランプ政権の通商政策の特徴として挙げられ、上記のほか、米韓FTAの改定や日米貿易協定の締結を行った。

トランプ大統領の支持率は安定して40％前後を保っており、歴代政権と比較しても低位ではあるものの変動が小さく、また、支持政党間による支持・不支持の差が最も大きい政権であった[10]。米国第一主義的な政策は、多くの高学歴エリート層やマイノリティー層からは極めて低く評価された一方で、「岩盤のような支持基盤が存在する」とされ、米国社会における政治的分断が極めて深刻であった[11]。こうした一部の強固な支持層と、好調な経済状況を背景にトランプ大統領の支持率は2020年初頭に政権発足以来の最高値45％を記録したが[12]、新型コロナウイルス感染症が爆発的に拡大し、それに伴って経済が失速すると、人権問題に対する姿勢への批判の高まり（Black Lives Matter運動）も相まって、2020年の大統領選では、民主党のジョー・バイデンがトランプ大統領を破る結果となった。更に連邦上下院選挙においても民主党が制したことで、米国は民主党が大統領選に加えて上下両院で多数派を確保する「トリプル

(9) 中国海関総署のデータによると、追加関税発動後も中国の対米貿易黒字は拡大しており、2016年には2,507億米ドルだった対米貿易黒字が、2020年には3,169億米ドルとなっている。

(10) ［Amina Dunn, 2020］

(11) ［久保文明、2020］

(12) ［Pew Research Center, 2021］

ブルー」の構図となった⒀。

2020年の大統領選では、アリゾナ州、ジョージア州といった従来の共和党地盤の州や、ペンシルベニア州、ミシガン州といった前回共和党が制したいわゆるラストベルトにおいて民主党が勝利し、結果として、バイデンが史上最多得票（8,100万票）を得て当選した。一方で、トランプに対しても過去の全大統領候補の歴代最多得票（オバマが2008年に獲得した6,900万票）をも超える7,400万票が投じられた事実は重く、米国における社会的分断の大きさを物語っている。

政権移行についても混乱を極めた。一般投票後もトランプ大統領は選挙結果を不正選挙として認めない姿勢を崩さず、SNS等を通じて選挙の正当性を否定するような発言を繰り返した。更に、2021年1月に行われた選挙人投票の開票時には、トランプ大統領の支持者が連邦議会に乱入し5名が死亡するという前代未聞の暴動も発生した。これを受け、下院はトランプ大統領が支持者の議会

【図表1-1】2020年米国大統領選挙・連邦議会選挙の結果

○大統領選挙では民主党バイデン氏の勝利が確定。連邦議会選挙では、民主党が下院で過半数を維持するとともに、上院で半数の50議席を獲得。2009年のオバマ政権（1期目）以来となる、**民主党が大統領、上院、下院すべてを支配する**「トリプルブルー」の構図に。
○バイデン氏の掲げる大規模経済対策等が加速されるとの期待がある一方、民主党内の意見対立や、特に上院において与野党が拮抗しており、どこまで実現できるかは不透明との見方も。

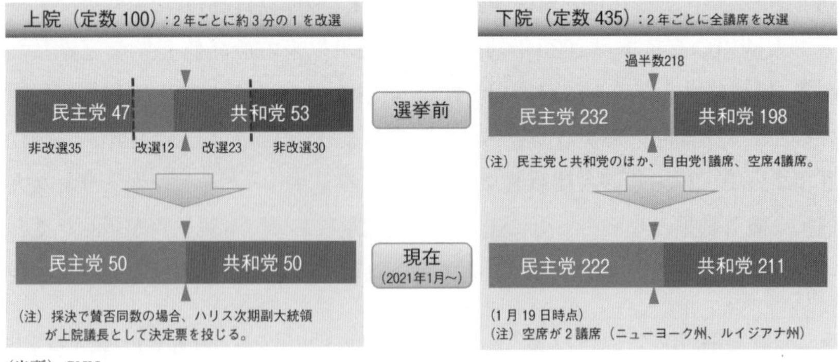

（出所）CNN

⒀　上院は、議席数は民主党50対共和党50であるものの、この場合、上院議長（ハリス副大統領）が決定票を投じるため、実質的に51対50で民主党多数となる。下院は民主党が219議席と定数（435議席）の過半数を超えている（2021年3月22日現在）。

襲撃を扇動したとして弾劾訴追を可決した[14]。これは、2019年12月の「ウクライナ疑惑」での下院弾劾採決に続き、米大統領として初となる二度目の弾劾追訴となった[15]。

こうした社会的な分断が残る中で、2021年1月20日、バイデンが大統領に就任した。就任式では、トランプ前大統領が異例の欠席をする中、党派を超えた連帯を唱え、またコロナ禍からの脱却を掲げた。バイデン大統領は、就任初日以降数日で感染症対策、パリ協定復帰や気候変動対策、人種平等・弱者支援等に関する大統領令に署名し、トランプ政権からの転換をアピールした。

以下、バイデン政権における主要な経済政策・対外政策等につき概説する。

まず、新型コロナウイルス感染症による雇用危機克服のため、積極的な経済・財政政策が掲げられている。就任前より「米国救済計画」と名付けた1.9兆ドル規模の新型コロナウイルス対応追加経済対策を発表し、個人への追加現金給付等の政策を実施するとした[16]。税制については、法人税率の引上げや、「メード・イン・アメリカ税制」と称し、米国の雇用を保護するための政策が提唱されている。トランプ政権が法人税減税に代表される企業・富裕層を優遇する経済政策をとったのに対し、バイデン政権は現金給付等の低中所得者向け政策や、海外で利益を得る企業に対する課税強化策により、格差縮小を図り、ボトムアップで経済回復を図る方針を打ち出しており、両政権の経済政策のアプローチが対照的であることが見てとれる。

金融規制分野では、規制・監督を再び強化する姿勢を見せており、オバマ政権時の「ドッド・フランク法」の強化及び厳格な執行、銀証分離規制の制定にも触れている。

外交面では、同盟国との関係を重視し、国際協調主義を基調とする方向に回帰する一方で、中国による不公正な貿易慣行（知的財産権への侵害、国営企業への補助金等）、香港自治の侵害やウイグル・チベットでの人権侵害等を背景

⒁　［Pew Research Center, 2021］

⒂　最終的には、大統領退任後の2021年2月に上院で無罪評決が下されたが、上院議員100名のうち、共和党議員7名含む57名が有罪を支持した（有罪評決には67名以上の支持が必要）。

⒃　2021年3月に上院下院とも民主党による賛成多数で議会通過し、バイデン大統領の署名により成立した（3月11日）。

に、新設のインド太平洋調整官に対中強硬派とされるキャンベル元国務次官補を登用する等、対中強硬姿勢については引き続き継続するものと見られている。バイデン政権は、トランプ政権のように貿易赤字を悪とする見方は示していないものの、不公正な貿易慣行に対抗するため、トランプ政権下で発動した対中追加関税措置を解除する動きは見せていない。なお、自身が副大統領を務めたオバマ政権が推進したTPPについては、政権として慎重な姿勢を示している。

また、バイデン政権は、環境・気候変動に関する政策を一大主要課題として位置づけた。電気自動車普及支援等のために、環境・インフラ部門に4年間で2兆ドルを投資することを選挙期間中から公約としていた他、先述のとおり、2021年2月にはトランプ政権下で離脱したパリ協定への復帰を果たした。同4月には温室効果ガスの主要排出国の首脳と気候変動問題についてのサミットを開催した。同サミットでは、NDC（National Determined Contribution）について、「2030年までに2005年比で温室効果ガス（GHG）50～52％削減」という目標を発表し、オバマ政権時に設定した「2025年に2005年比でGHG26～28％削減」との目標を大幅に引き上げた[18]。

他方、バイデン大統領の掲げる政策が今後どの程度実現可能かについては、議会との関係で依然不透明である。具体的な要因として、上院共和党の反対が挙げられる。米国上院の通常の法案等の審議では、発言時間の制限がなく、少数党側は議事妨害（フィリバスター）[17]が可能であるため、多数党は歩み寄りを余儀なくされる。通常、多数党が少数党によるフィリバスターを回避し採決に持ち込むためには、「審議打ち切り討論終局の動議」を起こすことが必要となるが、これには5分の3（60票）以上の賛成が必要となる。そのため、実質的に、通常の法案等の可決のハードルは過半数から60票へと上がる[19]。現状の民主党・共和党が50対50の上院では、民主党が通常の法案等を可決するには、

(17) 米国上院の法案等の審議では、通常発言時間の制限がない。「フィリバスター」とは、このことを利用し、反対議員が修正案を提案し、その審議のための討論（の演説）をし続ける等の行為をすることである。現在はフィリバスターの宣言をすることで足りるとされ、実際に長時間の演説が行われることは少ない。

(18) なお、2020年の民主党党綱領においては「国境炭素調整料金」（carbon adjustment fee at the border）の導入を掲げていた。

【図表1-2】バイデン政権において想定される主要政策

• バイデン政権において、環境・インフラ等への大規模投資、法人税増税等の「大きな政府」への転換や、国際協調主義への回帰など、トランプ政権からの大きな方針転換が見込まれる。
• ただし、民主党内の意見対立や、特に上院において与野党が拮抗しており、どこまで実現できるかは不透明との見方も。

<table>
<tr><td rowspan="2">経済政策</td><td rowspan="2">新型コロナによる雇用危機克服へ、積極投資
● 1.9兆ドル規模の新型コロナ対応追加経済対策
・ワクチン配布など直接的コロナ対策に4,000億ドル
・１人当たり最大2,000ドルの現金給付
・最低賃金を現行の２倍の15ドルに引上げ
● 製造業支援に４年間で7,000億ドル投資し、500万人の雇用を創出
(1) 政府調達を4,000億ドル増額
(2) 研究開発や電気自動車、軽量素材、5G、AI等の技術に3,000億ドルを新規投資</td><td>貿易</td><td>同盟国と協調し、国際的ルール形成を志向
● 民主主義国と連携して知的財産権の侵害など不公平な貿易関係の是正を求める考え
● TPP復帰は明言せず</td></tr>
<tr><td>金融規制</td><td>金融規制・監督の再強化/利用者保護・金融包摂
● ドッド・フランク法の強化と厳格な執行（銀行等の高リスク取引を禁じるボルカー・ルールの強化）
● 現代版グラス・スティーガル法（銀証分離）の制定
● 低・中所得者の銀行サービスへのアクセス向上
● 消費者金融保護局（CFPB）の権限強化</td></tr>
<tr><td>税制</td><td>格差是正・産業再生のための大規模増税
● 連邦法人税率引上げ
● 連邦個人所得税の最高税率引上げ
● 「メード・イン・アメリカ税制」
(1) 海外子会社による対米販売収益に懲罰税
(2) 製造業の国内生産関連費用に対する税額控除
(3) 米企業の海外利益に対する「ミニマム税」の引上げ</td><td>環境</td><td>環境を主要課題と位置づけ
● 環境・インフラ部門に４年間で２兆ドル投資（電気自動車普及のため、充電施設を50万ヵ所設置、公用車300万台を電気自動車に切り替え）
● パリ協定へ復帰
● 2035年までに国内の発電部門で、2050年までに社会全体で、温室効果ガス排出量を実質ゼロ
● 上場企業に対し、気候関連リスクとGHG排出量の開示義務化</td></tr>
</table>

共和党側議員10人を味方につける必要があり、二党間の歩み寄りがどれだけ可能かが重要な論点となる。米国では、こうした議会の制度のため、大統領が進めたい政策を進めることができない制度的機能不全に陥ることが少なくない。こうした機能不全を打破するため、特にオバマ政権以降、従来の行政命令（executive orders）に加え、覚書（presidential memorandum）という法形式も含んだ大統領令が重用されつつある[20]。

(19) 他方、過半数の賛成で実施できる「財政調整措置」（budget reconciliation process）により、審議時間を制限しフィリバスターを無効化できる。ただし、財政調整措置の対象は非裁量的支出や税制等に限定されている。

(2) Brexit(ブレグジット)

① Brexitの発端(2016年の国民投票の分析含む)

・Brexitの発端(2016年の国民投票の分析含む)

英国では、2000年代以降、EUが東欧諸国まで拡大したことを背景として、域内自由移動の原則に基づき、数多くの欧州移民が流入するようになった(21)。また、2008年に起こった世界金融危機により国内の経済状況が悪化すると、雇用や公共住宅の確保の面で移民と競合する労働者・低所得者層を中心に反移民感情が高まった。こうした移民に係る問題に加え、EUの分担金の配分、長期化するシリアの難民対策等への国民の不満等を背景に、英国のEU離脱を求める世論が高まった。

これらの国民の声に対して、キャメロン首相(当時)は、2016年6月23日、EU離脱の是非を問う国民投票を実施(22)。その結果、離脱派51.9%に対して残留派48.1%(投票率72.2%、約3,350万人が投票)となり、僅差でEU離脱派が勝利した。

上記の投票結果については、地域ごとに特徴が見られた(【図表1-3】参照)。スコットランドでは残留票が62%となり、また北アイルランドにおいても56%が残留に票を投じた一方、イングランドとウェールズでは離脱票が53%と残留派を上回った。もっとも、イングランド及びウェールズ内においても地域に応じてばらつきがあり、イングランド北部・中部、ウェールズ東部では離脱票が多数を占めた一方、ロンドンやロンドン近郊の大都市圏、ウェールズ西部

---

(20) [梅川健、2016] 覚書(presidential memorandum)は、行政命令(executive orders)と異なり、根拠法の提示や官報への記載が必要でないにもかかわらず同じ効果を得ることができるものと解されている。従来、行政命令のみが「大統領令」と訳されてきたが、近年では覚書も含めて「大統領令」と総称されるようになっている。

(21) 当時、多くのEU加盟国は新規加盟国からの移民に対して10年間の就労制限を課したが、英ブレア労働党政権は当該制限を課さず、移民に対して寛容な政策を取ったことが、英国における移民増加の要因として挙げられる。

(22) キャメロン首相は、次期総選挙で保守党が勝利すればEU離脱の是非を問う国民投票を実施すると発表した(2013年1月)。その後、2015年5月に行われた総選挙において保守党が単独過半数を獲得し勝利したことから、国民投票を行う運びとなった。

では残留票が多数であった[23]。

また、投票結果については世代間格差も見られ、残留票の割合は若年層ほど高く、高齢者ほど離脱票の割合が高かった（18-24歳：残　留72%、25-34歳：残留62%、35-44歳：残留52%に対し、45-64歳：離脱56%、65歳以上：離脱60%）。

• **Brexit 交渉の経緯**

【図表1-3】欧州連合（EU）離脱の是非を問う英国の国民投票　地域別の結果

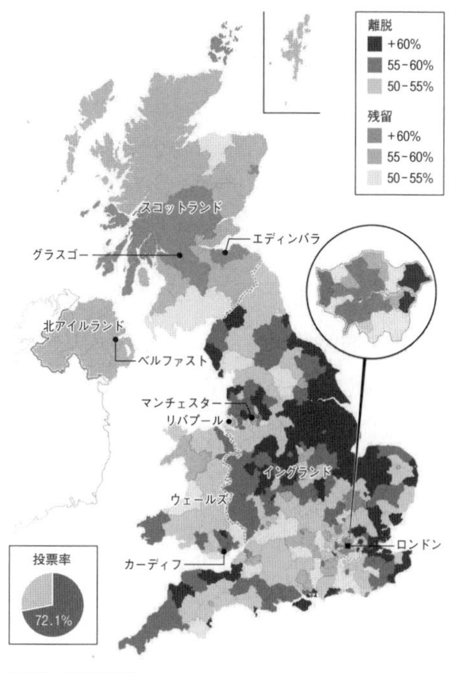

（出所）選挙委員会

国民投票の結果を受けて、EU残留を強く呼びかけてきたキャメロン首相は辞任を余儀なくされ、2016年7月、後任としてテリーザ・メイ内相が新首相に就任した。2017年3月、メイ首相は、EU基本条約（リスボン条約）第50条[24]に基づき、英国のEU離脱をEU側に正式に通告し、同年6月に英国とEUの間で離脱交渉が開始された。

なお、離脱交渉の進め方については、英国とEUとの間で大きく二つのフェーズに分けられ[25]、第一段階として、在英EU市民・在EU英国民の権利保障、英国のEUに対する未払い分担金等の清算、北アイルランドとアイルラ

---

(23) こうした、地域ごとに離脱・残留の差が生じた主因として、貧富の差・学歴格差や世代間格差による選好の違いが指摘されている。離脱票の多かったイングランド北部・中部では古くから続く工業地帯が広がり、またウェールズ東部でも旧来の石炭産業が盛んであり、こうした労働者階級が多く居住する地域で離脱票が多く見られた。他方、ロンドンやその周辺都市（大学都市等）、マンチェスターやリバプールのような大都市等、1人当たりの所得が高く学位保有者が多く居住する地域ほど、残留派が多いという傾向がみられた。そのほか、元来スコットランドはEUとの経済的結びつきが強く、またイングランドと比べてEUからの移民の割合も少なかったことも、同地域においてEU残留派が多数を占めた理由として考えられる。

ンドとの国境管理問題の3点についてまずは交渉し、続く第二段階として、英国のEU離脱後の通商条約等に関する交渉に移行するとされた。

第一段階の交渉については、分担金を巡り交渉が難航する局面もあったが、2017年12月に合意に達した。主な合意内容は、離脱後の英国・EU双方の市民の権利は離脱前と同等とすること、英国がEUに支払う分担金は350～390億ポンドとすること、アイルランド共和国との間に物理的な国境を設けないこと[26]、というものであった。

その後、交渉は第二段階へと移行し、離脱後の移行期間をはじめ、アイルランド共和国と北アイルランド（英）との国境に関する具体的取り決めや英国とEUとの将来関係協定、の3点について議論が行われた。このうち、離脱後の移行期間については、離脱に伴う激変を緩和するための措置として設けられ、この期間中、英国はEUの政策決定には関与できなくなるものの、EU法の適用を受け、関税ゼロや人の移動の自由といった従来の英EU関係が維持されるものとして、2020年12月31日まで維持することで暫定合意[27]された。他方で、残り2点の議題（アイルランド共和国と北アイルランド（英）との国境に関す

(24) 第50条は、EU脱退を希望するEU加盟国のための手続を規定しており、双方の合意がない限り、原則として交渉期間は2年間とされている。
(以下、条文抜粋)
①すべてのEU加盟国は、その憲法上の要請にしたがって、EUからの脱退を決定することができる。
②脱退を決定した加盟国は、その意図を欧州理事会に通告する。欧州理事会が定める指針に照らして、EUは、当該国のEUとの将来の関係のための枠組みを考慮しながら、脱退のための取り決めを定める協定を当該国と交渉し、締結する。その協定は、EUの機能に関する条約218条第3項にしたがって交渉される。同協定は、欧州議会の同意を得た後、特定多数決でEU理事会によりEUを代表して締結される。
③EUの諸条約は、脱退協定の発効日より、もしくは協定を締結できない場合には第2項に言及された通告から2年後より、欧州理事会が当該国との合意の上でこの期間の延長を全会一致で決定しない限り、当該国への適用を終える。

(25) 英EU間で合意されたガイドラインにて規定。

(26) アイルランド国境問題に関する詳細部分の規定については、第二段階の交渉に積み残しとなった。

(27) 当初、英国がEUを離脱するのは、EU基本条約50条に基づき、脱退通告から2年後の2019年3月29日とされていた。

る取り決め、英国とEUの将来関係協定）については交渉が難航し、議論は膠着状態に陥った。

2018年11月、英国は、複数回にわたるEU側との交渉・協議の末、市民権や分担金の清算など、英国のEU離脱を巡る全般的な内容を含む離脱協定案に暫定合意(28)することとし、これを閣議決定した(29)。なお、当該離脱協定案の柱として、移行期間内に英EU間で包括的な通商協定等が締結できない場合、アイルランド共和国と北アイルランド（英）との間における厳格な国境管理を回避するため、英国はEUの貿易・関税規定に従う（通称：バックストップ）という内容が含まれていたが、これに対して与党・保守党内で離脱強硬派が反発し、野党第一党である労働党と共に反対に回ったため、離脱協定案は英議会下院で三度にわたり否決された(30)。その後、離脱協定案妥結の目処が立たなかったことで求心力を失ったメイ首相は辞任し、2019年7月、離脱強硬派であった外相のボリス・ジョンソン氏が新首相に就任した。

2019年10月、ジョンソン首相の下、英EU間で新離脱協定案に合意し、欧州委員会において可決された。この新離脱協定案では、これまで争点となってきた北アイルランドの国境管理問題に関し、北アイルランドが事実上EUの単一市場に残留し、全製品についてEUの基準を満たす必要がある一方で、関税については、英国全土（北アイルランド含む）がEUから離脱することを受けて、北アイルランドとアイルランド共和国との間で発生すると規定した。しかし、この新離脱協定案についても、北アイルランドの付加価値税（VAT）についてはEU規則に従うこととなっており、「EUから明確に離脱したことにならない」といった反対意見も多く、EUとの交渉期限の延長を求める議会多数派によって審議が延期され続けたため、2019年11月、ジョンソン首相は英議会を解

(28) 20年末の完全離脱までに諸課題を解決できなかった際の安全策としての、あくまで交渉官レベルの合意であった。

(29) 英EU間では、当時19年3月末の離脱（延長前）が迫っていたため、完全離脱までの安全策がまとまれば、ひとまず合意するという方針を取っていた。

(30) バックストップの内容を受け入れれば、今後も英国はEUの規則と関税同盟に縛られることとなり、また、合意内容には、バックストップが一度発動すれば、英国とEU双方の合意が無ければ関税同盟からの離脱ができないとの規定が含まれており、英国は他国と独自の通商協定を結べず、EUの監督下から抜け出すことができなくなるとの懸念があった。

散した[31]。同年12月に実施された下院選挙において、「離脱実現」を公約に掲げた与党保守党は、早期の離脱を求める有権者の支持を受けて過半数を獲得し、議会下院は新離脱協定案の内容を英国内で法制化するための法案（離脱関連法案）を賛成多数で可決した[32]。英EU双方での離脱協定の批准を経て、英国は2020年1月31日午後11時にEUから離脱し、移行期間に突入した。

2020年3月以降、移行期間終了後の英EU関係に関する交渉が開始されたものの、新型コロナウイルス感染症の感染拡大に伴い協議が一時中断され、移行期間内の合意妥結が危ぶまれた[33]。その後、新規感染者数の減少等に伴い協議が再開されたものの[34]、①漁業権問題、②公正な競争条件（産業補助金等）、③ガバナンス（紛争解決等）の3点について両者の溝は埋まらず、交渉は難航した。しかし、交渉期限が迫る12月下旬にかけて英国側が漁業権について譲歩したことで大きく前進し[35]、同年12月24日、将来関係協定の交渉を妥結した[36]（主な合意内容は本節末尾を参照）。その結果、2020年12月31日午後11時をもって英国の移行期間は満了を迎え、英国はEU単一市場及び関税同盟から正式に離脱した。また、英EU通商協定は移行期間終了とともに暫定適用[37]され、通関手続等の措置が再開した。

---

(31)　新離脱協定案は、当初のメイ元首相の離脱協定案の修正にとどまっているとされ、これまで当初の離脱協定案に反対してきた労働党や自由民主党に加えて、下院選挙で選挙協力をしたブレグジット党も不支持を表明していた。

(32)　2020年1月9日、賛成330、反対231での可決。

(33)　英国は、制度上認められた移行期間の延長を拒否しており、移行期間終了の12月31日までに新たな自由貿易協定（FTA）に合意できなければ、英国とEUとの間にはWTO規則が適用され、関税が発生する状況となっていた。

(34)　従来は対面での協議を原則としていたが、ビデオ会議形式での協議への切替も行われた。

(35)　元来EUの共通漁業政策の下では、加盟各国は割当てられた漁獲量の範囲内であれば他国の排他的経済水域内での操業が可能とされており、自国の主権を維持したい英国とEU各国（特に内陸国）との間の争点となっていた。譲歩案を提示する以前、英国はEU側が英国海域での年間漁獲高（金額ベース）を60%削減することを主張していたが、譲歩案においては、従来の年間漁獲高の約35%（3分の1）の削減を主張。そのための段階的導入期間も、それまでの3年から5年へと延長した。（参考：2015年に英国海域で英国以外のEU籍船舶が揚げた漁獲量は68万3,000トン〔金額換算4億8,400万ポンド〕と政府試算）

(36)　最終的に英国は、EUによる英国海域での年間漁獲高を従来よりも25%削減し、当該取り決めの段階的導入期間についても5年半の猶予を設ける案を提示。

• Brexit の影響

英国のEU離脱が英経済にもたらす影響について、英予算責任局は2021年3月に発表した経済財政見通しにおいて、第1四半期（1月～3月）のGDPは3.8%程度低下するとしている。また、国家統計局は、1月のEU諸国向けの物品輸出額が前月比4割低下したと発表しており、EU離脱による英国経済への影響が顕在化している[38]。一方、EU経済への影響については、欧州委員会の冬の経済見通し（2021年2月）によれば、2022年までの間に0.5%程度のGDPの押し下げ効果にとどまるとされており、英国ほどの打撃は想定されていない[39]。

また、英国の主力産業である金融サービスについては、通商協定において一般的な内容はカバーされたものの、EUから英国に対する同等性の決定は含まれておらず、「実質的な合意なき離脱」[40]となった。EU離脱後に英国に拠点を置く金融機関がEU域内で事業を継続するには、EU側が英国に対し同等性評価[41]を行う必要があるが、EU側は未だ当該評価を行っていない。英国とEUは今後「共同金融規制フォーラム」での対話に基づき、欧州委員会が同等性評価制度に基づいて英国にどこまで市場アクセスを認めるかについて検討する見込みではあるものの、その間にもリテール銀行業は、EU市場への完全なアクセスを失うなど、金融街シティの競争力の弱体化が懸念される。実際、英国の金融サービス業者の約4割がEU域内に移転もしくは今後移転予定（2021年2月末時点）であり、2016年のEU離脱に関する国民投票以降、約7,600人もの同業

---

(37) 移行期間終了直前まで交渉がもつれ、すでに欧州議会は閉会しており年内の審議が不可能であったこと、また、将来関係協定の合意がないまま移行期間が終了すれば英EU間で大きな混乱が予想されることに鑑み、ひとまず今回の合意内容を暫定適用し、暫定適用開始後に欧州議会による同意を経て、正式な合意決定がなされるものであった。

(38) EU諸国向けの物品輸入額は前月比約3割減少しており、輸入輸出のいずれについても減少幅は1997年の統計開始以降最大を記録。

(39) 同見通しでは、英国経済に与える影響は2022年までに2.25%に及ぶとみている。

(40) 菅野泰夫「金融街シティは国際金融都市の座を死守できるのか？――金融サービスは合意なき離脱に突入、欧州大陸に株式取引がシフト」大和総研レポート、2021年1月21日

(41) 相手国の金融規制に対して、自国規制と同等の基準を満たしていると判定することを「同等性評価」と呼ぶ。EUは第三国に対して、金融制度が同等かを項目ごとに評価しており、EUが第三国である英国の金融規制を同等と評価すれば、英国拠点の金融機関は、同等と認められた項目のサービスについて、EU域内の顧客に対し、国境を越えたサービス提供が可能になる。

界従業員の雇用がEU域内に流出したとする調査結果[42]が報告されている。更に、2020年12月から21年1月までの間に、欧州株の売買占有率においてロンドンの占める割合が半減し、アムステルダム（オランダ）が首位に躍り出るなど、英国の金融取引におけるシェアの低下が顕在化している。

物流に関しては、税関申告や検査、動植物検疫等の手続が新たに発生することで、実際に一部貨物で輸送の遅れが見られている。また、在英日系企業の中には、通関手続による業務負荷の増大による現場の混乱を懸念し、EUの輸送会社への通関手続の委託や、スタッフ増強やシステム更新等の対応に追われる企業もあり、今後の動向が注目される。

【英EU通商協定の概要】

- 関税及び数量割り当てはゼロと規定
- 2021年1月1日で英EU間のヒト・モノ・サービスの自由な移動を終了
- 英国はEU単一市場・関税同盟を脱し、通関手続が再開
- 金融等の各種規制や監督を英EU間で分離
- 漁業権は、5年半かけて英海域でのEUへの割当量を25%削減
- 公正な競争環境を確保するために英国はEUの規則を尊重
- 公正な競争が歪められた場合は必要な対抗措置を実施
- 航空、鉄道、陸路、海上交通は現状維持

(3) 欧州におけるポピュリズム

① 欧州ポピュリズムの台頭

2010年にギリシャの債務問題が発覚すると、それに端を発してポルトガル、アイルランドにおいても国債価格が急落し、更に2011年にはスペインやイタリアにまで飛び火したことで、欧州債務危機へと発展した。これらの国々はEUに対して金融支援を要請したが、その一方で、厳しい緊縮策を強いられることになった（詳細は194頁以下参照）。

---

(42) Sarah Graham, "EY Financial Services Brexit Tracker: UK Financial Services Firms continue to incrementally move assets and relocate jobs to the EU, but changes since the Brexit deal are small," Ernst & Young, 2 March 2021

また、2015年には、シリア内戦等により政情不安が続くアフリカや中東地域から地中海やトルコを経由して欧州に流入する難民・移民が激増し、欧州難民危機と呼ばれる事態に至った。EUは加盟国に難民受入れの割当制を導入したため、難民の流入によって自らの仕事や生活が脅かされるのではないかという懸念や、難民に偽装したテロリストの流入が指摘されたことから、欧州諸国において移民排斥運動が発生した。特に、2000年代以降、東欧をはじめとする多数の移民を受け入れてきた英国では、移民の増加により失業者らの不安が増大したこともあり、2016年にはEU離脱の是非を問う国民投票が行われ、EU離脱派が勝利するに至った（詳細は10頁以下参照）。

このように欧州債務危機から欧州難民危機に至る過程で、加盟国において「EUに所属するコスト」への認識が深まり、反EUの機運が醸成された。こうした世論を背景として、欧州各国の国政選挙においては、リベラリズムを標榜するエリート層に対する反発が高まり、反移民・反イスラムといった排他的なナショナリズムを主張するポピュリズム政党が勢力を伸ばしていった。2021年現在においても、欧州の複数国でこうした政党が政権運営を担っているほか、欧州議会や地方議会において第1党となる例も見られ、その影響力は依然軽視できない。

② ポピュリズム政党の躍進

以下、欧州諸国におけるポピュリズム政党の躍進を概観する。

フランス：反EUや反グローバリズムを掲げる「国民戦線」[43]のルペン党首は、2017年大統領選の第1回投票においてマクロン候補と3％程度の得票差にまで迫り決選投票に進出した。2012年の大統領選では泡沫候補の一人であった同氏の躍進はフランス社会に大きな衝撃を与えた。更に、同党は2019年の欧州議会選においてフランスの第1党に躍り出た。新型コロナウイルス対応への不満からマクロン大統領の支持率が不安定な中、ルペン氏は次期大統領として有望視されるとの観測もある。

(43) 同党は2018年に党名を「国民連合」に変更している。

ドイツ：2015年以降、難民危機による多数の難民流入を背景として、反移民や反EUを主張する極右政党「ドイツのための選択肢」(AfD）が急速に勢力を伸ばしている。同党は、2017年の総選挙において議会第3党となり、2019年には、東部ブランデンブルク州、ザクセン州、チューリンゲン州それぞれで第2党に躍進した[44]。なお、同党は、単一通貨ユーロの解体や反ユダヤ主義等の過激な主張を行うことで、政治に失望した有権者を引き寄せ、CDU等の既存政党から票を奪い、かつ無党派票を取り込んでいるとされる。

イタリア：グリッロ氏が率いる「五つ星運動」が2018年の総選挙で単独政党としては議席数トップとなり、以来下院第1党として連立政権を組織している。同党はEUの財政ルールに反した財政拡大政策等を主張している。また、2018年から2019年まで連立政権に参加し、地中海を渡る難民救助船の接岸を強硬に拒否する姿勢を示した極右政党「同盟」は、2019年の欧州議会選でイタリアの第1党となるなど、ポピュリズム政党の躍進が進む。2021年2月に発足したドラギ新内閣においては、コンテ前政権から引き続き「五つ星運動」が最大会派として連立に参加したほか、「同盟」も連立入りを果たしている。

スペイン：反緊縮財政を掲げ、EUの財政支援の債務帳消し等を主張する「ポデモス党」が2020年以降連立政権に参加している。また、2019年の総選挙では新興の極右政党「ボックス党」が、初の国政進出ながら24議席を獲得した[45]。なお、同党は伝統的な家族観を重視するほか、銃の所有を支持し、反フェミニズム、反グローバリズム等を掲げている。

ハンガリー：反リベラリズムを標榜する中道右派政党「フィデス・ハンガリー市民連盟」(党首はオルバン首相）が2010年以降政権を担う。以来、反移民・反難民の立場を鮮明にし、政府系メディアでは反難民の立場を主張する広告を掲載。また、地方メディアの経営権の取得や公共放送の国営化を推進するなど、相次いでメディア統制を実施。このほか、憲法裁判所の違憲審査権限の縮小を行うなど強権的な姿勢を示している。

---

(44) 特にチューリンゲン州では、東西ドイツ統一以来首位の座を維持してきた「キリスト教民主同盟」(CDU）がAfDの躍進により第3党に転落したことが注目を集めた。

(45) いわゆる極右政党が議席を得るのは1978年の民主化以降初であり、驚きを持って迎えられた。

ポーランド：「西側」のリベラリズムを否定し、民族主義、伝統的家族観の復活を主張する「法と正義」（PiS）が、2015年の総選挙で与党を破り、以降政権を担う。政権に批判的な裁判官の罷免を可能とする法律を制定し、司法介入を進めたことが欧州委員会の批判の的となり、EU司法裁判所に訴えられる事態に発展した。2020年の大統領選では、PiSの支持する現職（保守派：ドゥダ大統領）が再選を果たしたことで今後も、異論の多い司法改革やマイノリティーへの抑圧等が進行するとみられる。PiSのコワルスキ党首は、英国のEU離脱を受けて、改めてEUに所属することの意味を再考する必要性を示唆しており、ポーランドのEU離脱（ポレグジット）をめぐる議論についても今後の動向が注目される。

③ ポストコロナと国際協調

上述のとおり、現在欧州各国で様々なポピュリズム政党が躍進しているが、ポストコロナの時代に向けて、こうした情勢は今後変容していく可能性がある。新型コロナウイルス感染症への対処は一国のみでは不可能であり、今こそ国際的な協調が必要だとの指摘もある中、ポピュリズム政党が支配する国々も国際協調や統合を深める契機となるのか、注目が集まる。

昨今の情勢を振り返ると、米国では2017年以降トランプ大統領が「米国第一主義」を打ち出し、環太平洋パートナーシップ協定（TPP）、パリ協定、イラン核合意といった国際的な枠組みを次々と離脱するなど、保護主義・孤立主義的な対外政策を行った。しかしながら、2020年11月の大統領選挙において、国際協調・多国間主義を主軸とするバイデン氏が勝利したことにより、今後は反グローバリズムに対する揺り戻しが加速する可能性がある（詳細は39頁以下参照）。

欧州においては、2020年7月に新型コロナウイルス感染症に対応するため、欧州復興基金（NGEU）及び次期多年度財政枠組み（MFF）からなる「欧州復興計画パッケージ」が政治合意されたが、当初「非リベラルな国家建設」を謳うオルバン首相率いるハンガリーや、法の支配を骨抜きにしているとEUから批判を浴びているポーランドは、予算配分をめぐり「法の支配」の条件に強く反発していた。結果的には、議長国ドイツによるリーダーシップのもと、資金使途が「法の支配」に基づくものであるか疑念が生じた場合には欧州司法裁判所に判断をゆだねることを条項に盛り込み、同年12月に決着した。（詳細は55頁以下参照）。「欧州復興計画パッケージ」では、その財源確保のために、欧州委員会がEU全体を代表して巨額の共通債を発行する予定であり、これを機に財政統合が進むとの見方がある。

これまでEUは、欧州債務危機や難民危機を経て、ポピュリズムが蔓延し、英国の離脱をも招くという様々な困難を経験してきた。今、その欧州の財政プログラムは、欧州復興という「未来のよりよい生き方の創造」（フォン・デアア・ライエン欧州委員長）のために、再び結束を深めつつある。ポストコロナの欧州世界がどのような変貌を遂げるのか、今後ますます各国の動向が注目される。

2. 激しさを増す覇権争い

現在、世界における覇権争いが激化している。トランプ前政権のもと、国際社会における米国の影響力が低下する中、その隙間をぬって中国が影響圏を拡大している。「一帯一路」構想がその最たるものであり、中国は、巨額のインフラ投資を進め、中央アジアやインド洋、アフリカに至るまでその影響力を広げている。また、大国復活を目指すロシアも、近年、旧ソビエト圏に加え、中東やアフリカにも軍事拠点を設置するなど勢力圏を拡大しつつある。

中国、ロシアは、着々と強権主義的な体制を整備し、両国の影響下においては、法の支配や人権といった基本的価値は否定され民主主義の存続が危ぶまれている。中国、ロシアだけではない。ベラルーシをはじめ多くの国々で独裁政権は勢いを増しており、このような動きに対して西側諸国を中心とする民主国家が警戒を強めている。結果として、民主主義国家と反民主主義国家の分断が顕在化し始めている。このような不安定な勢力バランスを背景に物理的な衝突も頻発し、地政学リスクはこれまでになく高まっている。

ここでは、まず、急速に影響力を拡大する近年の中国情勢について概観する。次に、地政学リスク高まりの中、世界各地で頻発する軍事衝突や内紛の状況について考察したい。

(1) 強大化する中国

近年の中国の経済発展は目覚ましく、GDPでは2010年に日本を抜いて世界第2位の経済大国となった。残る米国もその射程に収めており、イギリスのシンクタンク「経済ビジネス・リサーチ・センター」(CEBR) の調査によると、中国は2028年にはGDPで米国を抜いて世界第1位の経済大国になると予想されている。また、中国の急速な発展は経済面にとどまらず、軍事面においても近年飛躍的に強大化が図られている。ストックホルム国際平和研究所の調査によると、世界全体の軍事費総額に占める中国の割合は2000年には約3％であったのに対して、2019年では約14%に急拡大している。装備面においても近代化が目覚ましく、2017年には国産ステルス戦闘機「殲-20」の運用を開始し、2019年には初の国産空母「山東」が就役している。

科学技術の面においても中国の発展は目覚ましい。宇宙開発では、2020年に月面探査機「嫦娥(じょうが) 5号」が月面着陸に成功し、月の砂などのサンプルを採取して地球に持ち帰ったとのニュースは記憶に新しい。月のサンプル採取に成功したのは、米国、旧ソ連に続く3カ国目の快挙である。また、街角に出ると、HuaweiやOPPOのスマートフォンなど、高機能の中国製電化製品も年々販売が増加している。また、ネイチャーなど世界約1万の科学誌に掲載

【図表1-4】世界全体の軍事費総額に占める各国の割合

○2000年と2019年を比較すると中国の割合は3%から14%に大きく増加。

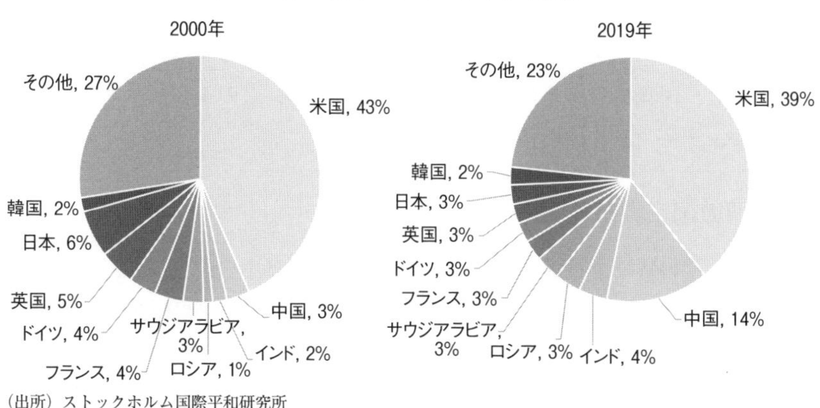

(出所) ストックホルム国際平和研究所

【図表1-5】主要国別の自然科学系論文数

1996～1998年の年平均				2016～2018年の年平均			
順位	国・地域名	論文数	シェア	順位	国・地域名	論文数	シェア
1	米国	202,530	28.9	1	中国	305,927	19.9
2	日本	60,704	8.7	2	米国	281,487	18.3
3	英国	49,920	7.1	3	ドイツ	67,041	4.4
4	ドイツ	49,305	7.0	4	日本	64,874	4.2
5	フランス	36,668	5.2	5	英国	62,443	4.1
6	カナダ	24,799	3.5	6	インド	59,207	3.9
7	イタリア	23,508	3.4	7	韓国	48,649	3.2
8	ロシア	23,061	3.3	8	イタリア	46,322	3.0
9	中国	17,034	2.4	9	フランス	45,387	3.0
10	スペイン	15,509	2.2	10	カナダ	41,071	2.7
11	オーストラリア	15,003	2.1	11	ブラジル	37,397	2.4
12	インド	14,715	2.1	12	オーストラリア	37,070	2.4
13	オランダ	13,467	1.9	13	スペイン	36,364	2.4
14	スウェーデン	10,667	1.5	14	イラン	31,657	2.1
15	スイス	8,817	1.3	15	ロシア	28,905	1.9

（出所）科学技術指標2020

された自然科学の論文数をみると、中国は1996年から1998年の年平均で世界9位から、年々順位を上げ、2016年から2018年の年平均で世界1位に躍り出ている。このように、中国は近年様々な分野で目覚ましく発展してきたが、巨大プレイヤーの急速な台頭は、世界のパワーバランスに変化を及ぼし、人権、経済、安全保障など、様々な面において中国の行動と既存の国際秩序との間で軋轢が生じている。独自の主張に基づく東シナ海・南シナ海における海洋進出、香港・ウイグル・チベット等での人権問題、インド・ラダック地方での領土紛争等々、中国と関係する懸案は枚挙にいとまがない。ここでは、強大化する中国の戦略と、国際社会がそれを脅威とみなしはじめ、どのような摩擦が生じているのか、テーマごとに紹介する。

① 中国の国家戦略

中国の今後の戦略を把握するため、2021年3月に日本の国会に相当する全国人民代表大会（全人代）で採択された第14次5カ年計画（2021-25年）及び長期目標である2035年に向けた社会主義現代化ビジョン（2021-35年）について解説する。これらの計画は、前年の2020年10月に開催された中国共産党第19

期中央委員会第五回全体会議（第19期五中全会）で公表された建議を踏まえたものである。第14次5カ年計画では、「国内大循環を主体とし、国内・国際の双循環が相互に促進する新たな発展の枠組みの構築を加速する」と謳い、双循環という新たな発展枠組みを打ち出した。中国の急速な発展は、改革開放による海外との貿易や投資の拡大によってもたらされた面が大きいが、今後は内需を拡大して、外需依存型から内需主導型の経済構造に変えていく方針だと考えられる。また、「科学技術の自立・自強を国家発展の戦略的支えとし、国のイノベーション体系を改善し、科学技術強国建設を加速する」と述べるなど、外部ショックに耐性のある経済構造にする意図が垣間見られる。これは、コロナ禍や米中対立などによって、国際的なサプライチェーンから中国が切り離される事態（デカップリング）を意識しての対応であるとの見方もある。また、2035年に向けた社会主義現代化ビジョンでは、「経済力・科学技術力・総合国力を飛躍的に向上させ、イノベーション型国家の先頭に加わり、ソフトパワーを顕著に増強する」という方針や、2035年までに1人当たり国内総生産を中等先進国並みに引き上げるという目標も掲げられている[(46)]。

《参考》

中国は、中国共産党が国の政治を指導する一党支配体制である。その中国共産党の最高指導機関は全国代表大会（党大会）とされ、5年おきに開催される。直近では2017年10月に開催され、次回2022年までの期間は第19期とされる。また、党大会の閉会中は、党大会で選出された中央委員（204名）による全体会議が5年間で合計7回開催される。全体会議の一回目（略して「一中全会」）は、通例、党大会の翌日に行われ、7名の中央政治局常務委員（通称チャイナ7）が選出される。

② 一帯一路政策を通じた戦略

「一帯一路」構想とは、2013年から中国政府が公式に使用するようになった用語であり、シルクロード経済ベルト（Silk Road Economic Belt）構想と21

(46) ここでいう中等先進国（原文：中等发达国）の定義は必ずしも定かではないが、中国政府のシンクタンクである中国科学院のレポートでは、中等发达国を平均国民所得2万米ドル以上と定義している。

世紀海上シルクロード（21st Century Maritime Silk Road）構想という2つの構想で構成される。前者は欧州と中央アジア諸国、後者はASEAN諸国・インド洋諸国や欧州と、それぞれ貿易・投資の連結性を含めた経済関係を強化することを目的とし、ユーラシア大陸を跨る巨大な地域の物流インフラを整備し、一帯一路沿線国との貿易・投資を推進する中国の壮大なグローバル戦略である。中国政府によると、2021年1月現在、171の国や国際機関と、合計205件の「一帯一路」共同建設協力文書に調印した。では、一帯一路という戦略の狙いは何か。ひとつには、国内の過剰生産能力の解消が狙いであるとの見方がある。いわゆる世界の工場として積極的な設備投資が行われ、また、グローバル金融危機後には設備投資中心の景気刺激策が講じられたことで、中国では鉄鋼業をはじめ過剰な生産能力が問題となっている。そこで、アジア・アフリカ等の発展途上国にインフラを整備し、中国製品を輸出することで、自国の過剰生産能力の解消が図られているとの見方である。また、長期的に経済力を更に増強させ、地域における中国の総合的なプレゼンスを拡大し、ひいては世界の大国としての地位を確固たるものにするということも企図しているとの見方もある。一帯一路構想がカバーするユーラシア大陸の広範な地域は資源の宝庫であるにもかかわらず、インフラの未成熟さゆえに経済発展から取り残されてきた。こうした地域に投融資を行い、中国主導でインフラを整備することで地域の物流・貿易を活発にすれば、経済的利益のみならず、地域における政治的・軍事的・文化的な影響力も必然的に高まることになるとの考え方である。これは先に触れた2035年に向けた社会主義現代化ビジョンにおける「経済力・科学技術力・総合国力を飛躍的に向上し、イノベーション型国家の先頭に加わり、ソフトパワーを顕著に増強する」という長期目標とも整合的である。また、中国政府は、一帯一路の一環として、一帯一路沿線国を中心とする国々のデジタル化を推進する「デジタルシルクロード構想」も推進している。事業は、通信ネットワーク敷設、データセンター建設・IT機器設置、電子決済促進、スマートシティ建設等、広範囲にわたる。構想の狙いは、中国のデジタル製品・サービスの輸出を促進するとともに、5G（第5世代移動通信システム）をはじめとする次世代デジタル技術において国際標準化の主導権を確保する狙いがあるとみられている。内容は非公表ながら、2019年4月時点で16ヵ国とデジタル

【図表1-6】一帯一路

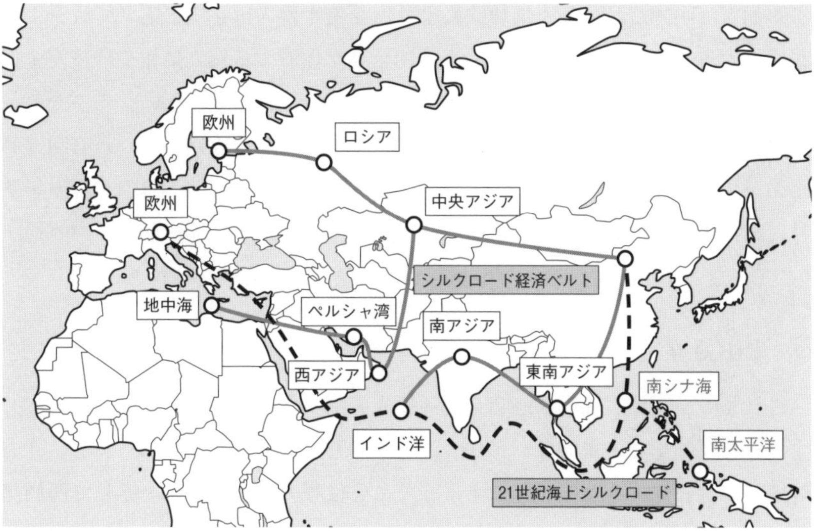

シルクロード建設に関するMoU（了解覚書）を締結している。また、これと歩を合わせて、中国は国際標準化組織への積極的な働きかけを行っており、近年、国際標準化機構（ISO）や国際電気標準会議（IEC）、国際電気通信連合（ITU）などのトップ職に中国人が就任し、国際標準化の分野においても影響力を拡大している。このように一帯一路構想は、インフラ整備支援だけではなく、デジタル分野の支援も、同時並行して推進されている。特に、新型コロナウイルスの世界的な感染拡大の影響で、インフラ建設の実施が困難になる中、中国にとってデジタルシルクロード構想の重要性は相対的に高まっているといえる。

③ 中国のハイテク覇権拡大による経済安全保障上のリスクの増大

5Gや人工知能（AI）など、ハイテク分野での技術進歩には、利便性や技術革新の可能性が飛躍的に高まる半面、利用の仕方次第で、技術等の情報流出やプライバシーの侵害という問題が生じ、国家レベルでも経済安全保障上のリスクとして認識されるようになってきている。このようなハイテク分野において、近年中国企業の躍進が目立っている。5Gでは華為（ファーウェイ）が世界シェアで先行し、AIでは特許出願数で米中が肩を並べている。そのほか、スマートフォン、監視カメラ等においても、中国企業は大きなシェアを有している。他方、中国では、国家情報法により、企業や個人は必要に応じて政府に情報提供する義務を負っているため、中国企業が保有する個人情報や経済安全保障上重要な機密情報が中国政府に流出する可能性は否定できない。このため、近年、先進諸国では経済安全保障上のリスクに対する警戒感から、政府調達等において華為等の中国企業を排除する動きが強まっている。英国は2020年７月に5G網から華為を排除すると発表し、米国では同年８月に華為や中興通訊（ZTE）など中国企業５社からの政府調達を禁止する規則が施行された。

④ 米中対立

これまで中国は、鄧小平が唱えた「韜光養晦（とうこうようかい）」の理念、すなわち「強くなるまでは、目立つことなくじっと力を蓄えるべし」という方針に基づき、他国と摩擦を起こすようなことは極力避けてきた。そして西側諸国、とりわけ米国はニクソン政権以降、「中国は経済発展すればいずれは民主化される」と期待し、長きにわたり中国への関与政策を続けてきた。ところが、中国は、ウイグルやチベット、香港での人権抑圧にみられるように、むしろ、強権の度合いを更に増している。また、習近平政権は「中華民族の偉大なる復興」を掲げ、「一帯一路」構想を発表するなど、次々と拡張主義的な側面を前面に打ち出すようになった。こうした動きを受け、オバマ政権の終盤から、米国は対中政策を転換し、封じ込めに舵を切ることになった。2017年に発足したトランプ政権は米中間の貿易不均衡や不公正な貿易慣行を問題視し、中国製品に高い関税を課し、中国もそれに対する報復として米国製品に高い関税を課す、いわゆる米中貿易戦争に発展した。通商問題以外でも、先に触れた中国の急速な軍備拡張、ハイテク覇権の拡大などの安全保障上の懸念から、米国は対中封じ込め政策を着々と進めている。2018年10月のペンス副大統領の演説や2020年７月のポンペオ国務長官の演説では、中国の経済政策に加え、軍事拡張や人権侵害、強制的な技術移転、途上国への借金漬け外交等、広範囲な中国批判が展開され、中国に対する関与政策から封じ込め政策への転換が示された[(47)]。2020年は、米国大統領選に向けて対中強硬姿勢が高まり、７月に米中双方の総領事館を一部閉鎖する事態にまで発展した。このように新冷戦とも呼ばれる状況の中、昨今、国際的なサプライチェーンから中国が切り離される事態（デカップリング）が懸念されている。米国では経済安全保障上の理由などから、民間企業に対して一部の中国企業との取引を禁じるなど、サプライチェーンの分断につながる動きも見られている。例えば、トランプ政権以降規定された輸出規制により、華為とその関連企業への米国製品の輸出・再輸出等は原則禁止された。また、華為などが設計し、米国の技術・ソフトウェアを用いて国外で製造された製品について、華為などへ再輸出等をする際に、事前に米国商務部安全保障局の許可を求める措置も発表した。これに対して中国は、2020年12月に安全保障に関わる製品の輸出規制を強化する「輸出管理法」を制定し、「国の安全や利益を守るため」、特定の品目の輸出を許可制とし、また特定の外国企業等をリスト化し、輸出を制限する措置を発表した。その後、米国では2021年1月にバイデン新政権が発足し、同年3月に発表された貿易政策の指針において、補助金や強制技術移転、知的財産の窃盗等の不公正な貿易慣行に対処するため、あらゆる手段を尽くすと強調されたほか、国家安全保障戦略（暫定版）では中国を国際秩序に挑戦する唯一の競争相手と指摘するなど、本書の執筆時点では強硬な対中姿勢に大きな変化は見られない。

サプライチェーンはグローバルかつ多層的に絡み合っているため、このような米中による輸出規制等の動きが、直ちに完全なデカップリングにつながるとの見方は少ないが、いずれにせよ、両国企業と深い関係にある本邦企業に極めて大きな影響を及ぼすことから、今後の動向については注意深く見ていく必要があるだろう。

(2) 地政学リスクの高まり

これまで述べたとおり、近年の地政学リスク高まりの主要因の一つとして、中国の勢力拡大の動きが挙げられる。2020年9月には、アジアのもう一つの大国であるインドと中国の間で、国境地域における武力衝突が起こり、45年ぶりに死者が発生する事態となった。また、中国は東シナ海や南シナ海において海上活動を活発化しており、周辺国との間の軍事的緊張が高まっている。そして、

(47) 対中関与政策の批判は、2018年に Foreign Affairs 誌に掲載された、カート・キャンベルらの論文（“The China Reckoning: How Beijing Defied American Expectations”）

台湾情勢についても、バイデン米政権が中国の台湾への圧力を強く警戒するなど、将来の台湾有事の可能性を意識せざるを得ない状況となっている。

しかしながら、中国台頭の影響を除いても、近年、世界における地政学リスクは高まっており、武力紛争数は増加傾向にある。【図表1-7】を見てもわかるように、特に、2010年以降、武力紛争は急増しているが、これは、「アラブの春」が大きく影響している。中東地域において2010年から2012年にかけて起こった「アラブの春」では、大規模な民主化運動が巻き起こり、チュニジアをはじめとするいくつかのアラブ諸国では独裁政権が退陣に追い込まれた。しかし、この動きは、同時に多くの混乱をもたらした。人々が期待する民主化は進まず、多くのアラブ諸国では、むしろ、終りの見えない内戦のはじまりとなった。加えて、アメリカやロシアなどの大国がこの地域における主導権をめぐって内戦に関与し、事態をより長期化・複雑化させている。シリアがその代表例であり、2011年にシリア内戦が勃発してから10年が経過するも、情勢の安定化の見通しが立たず、今なお、多くの犠牲者や難民が発生するなど、今世紀最悪の人道危機といわれる状況が継続している。

中東地域の政情不安は、アフリカ地域にも伝播している。アフリカ地域では、第二次世界大戦後の列強諸国による植民地支配からの独立に至るまでの歴史を

【図表1-7】近年の武力紛争数の推移

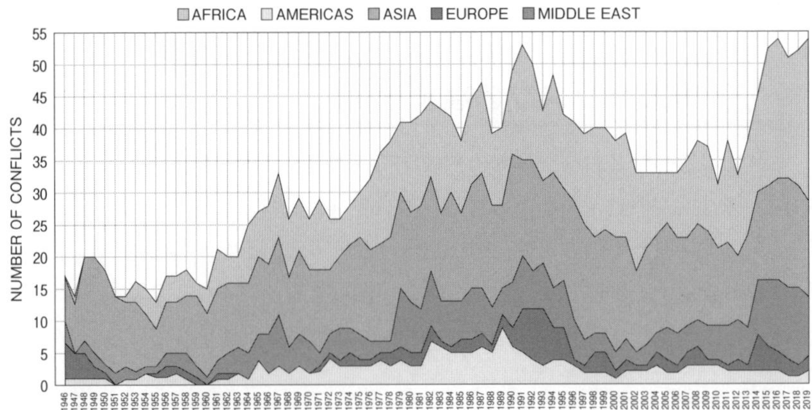

（出所）UCDP（ウプサラ紛争データプログラム）

背景に、もともと民族間紛争が頻繁に発生していたが、「アラブの春」以降、特に北アフリカの状況は悪化の一途を辿っている。これらの地域では、独裁政権が崩壊した後、テロリスト組織が暗躍して政情不安を引き起こしている。特に、「アフリカの角」と呼ばれるアフリカ北東部は、インド洋から紅海、スエズ運河を経て地中海へ至る海上交通の要衝に当たり、安全保障上も重要な拠点であることから、大国や周辺国による覇権争いも活発化し、地政学バランスが極めて不安定な状況となっている。2020年11月には、「アフリカの角」の最大国であるエチオピアのティグレ州において、政府軍と少数部族の間で大規模な衝突が発生し、数千人以上の死傷者を出し、多くの難民も発生した。

大国復活を目論むロシアの影響力が色濃く残る旧ソビエト圏でも近年、政情不安が広がっている。例えば、2020年9月には、アゼルバイジャンとアルメニアの間で、ナゴルノ・カラバフ地域の帰属をめぐる紛争が発生した。同年11月に、ロシア仲介のもと、停戦合意に至り、事実上、アゼルバイジャンが勝利したものの、両軍の死者数は5,000人を超えるといわれている。また、東欧・中央アジアでは、独裁政権が権力を掌握し、反対派を公然と弾圧するといったことも引き続き行われている。ベラルーシがその典型である。同国では、2020年8月に大統領選挙が実施され、強権的な現職のルカシェンコ大統領が再選した。しかし、多くの市民がこの選挙の不正を訴え大規模なデモを繰り広げるも、同大統領は治安部隊を投入しデモ隊を抑え込み、その後、大統領の権限強化に動き出している。

また、「アジアのラストフロンティア」と評され、日本企業が多数進出しているミャンマーにおいても、軍事クーデターによる政情不安が深刻化している。

2011年3月の民政移管以降、日本は、ミャンマーの経済発展に向けて様々な取組を主導し、その一環として、IMF、世銀、ADB、パリクラブと緊密に連携しつつ、2013年には延滞債務問題の解決に導いた。そして、同年にミャンマー向け円借款を再開し、クーデター発生前の2021年1月末までの間、電力・港湾といった基礎インフラ整備や国民の生活向上のために、累計7,000億円超の円借款を供与した。

この間の政治情勢として、2015年11月の総選挙では、アウン・サン・スー・チー氏が率いる国民民主連盟（NLD）が大勝。2016年に発足したNLD政権では、アウン・サン・スー・チー氏が国家最高顧問として事実上の政権トップの座に就き、軍事政権下で実施された政策の改革を進めた。しかし、NLD 政権では、最重要公約であった、国軍の国政関与を保障する2008年憲法（上下両院ともに議席の25%を軍人に割り当てる条項あり）の改正を実現できなかったほか、少数派イスラム教徒、いわゆる「ロヒンギャ」をはじめ、少数民族との内戦問題も解決に至らなかった。

NLD は、2020年11月に実施された総選挙でも圧勝し、連邦選挙管理委員会の発表によれば、NLD が改選議席の8割を超える議席を獲得した。しかしながら、ミン・アウン・フライン国軍総司令官は、NLD による総選挙での不正（有権者名簿の重複等）を主張し、選挙後も国軍側はこの選挙不正問題の解決を求めたが、連邦選挙管理委員会は「選挙は公正かつ透明に行われた」として国軍の要求には応じず、国際選挙監視団も選挙の正当性を評価していた。国軍は、選挙不正問題を議論するために臨時国会の召集も求めたが、連邦議会は招集要請を拒否した。

2021年2月1日、この日は2020年総選挙に基づく新たな連邦議会の招集日であったが、国軍がアウン・サン・スー・チー国家最高顧問をはじめとしたNLD 幹部を拘束し、ミン・アウン・フライン国軍総司令官が立法、行政、司法の三権を掌握した。

このクーデターを受けて、ミャンマー国民の間に非暴力の不服従運動が拡大し、市民による抗議デモや公務員のボイコット等が各地で起きた。その後、治安当局が実弾等を用いてデモを鎮圧する中で死傷者が数多く発生し、3月27日の国軍記念日には大規模な鎮圧を行うなど、本書の執筆時点（2021年5月末）で死者数は累計800人超とされている。

これに対する各国の反応であるが、まずG7外相は、ミャンマー国軍及び治安部隊による暴力を非難する声明を発出した。また、米国は、クーデターを主導した国軍総司令官ら国軍関係者や軍閥系企業等を対象とするターゲットを絞った経済制裁を発動し、英国、カナダ、EU も同様の措置を講じている（2021年5月時点）。

日本は、ミャンマー国軍に対して、様々な意思疎通ルートを用いて、①暴力の即時停止、②アウン・サン・スー・チー国家最高顧問をはじめとする被拘束者の速やかな解放、③民主的政治体制の早期回復、の3点を強く求めているが、ミャンマーが地政学的に重要な位置づけにあることも踏まえつつ、事態の沈静化や民主的な体制の早期回復に向けてどのような対応が効果的か、総合的な検討が必要とされている（2021年5月時点）。

3. 世界経済の現状と見通し

2019年の終わりに中国の武漢で発生し、その後、世界各国に拡大した新型コロナ感染症は、各国に深刻な経済危機をもたらし、流動化する国際社会を更に混沌とさせた。本節では、まず、新型コロナ感染症の世界経済全体に与える影響についてIMF等の報告書を紹介しながら、分析したい。続いて、各国経済情勢として、米国、欧州主要国、中国を取り上げ、その経済概況や金融政策・財政状況を概観する。

(1) 世界経済の分析

① 世界経済の推移

世界経済は、2008年のリーマン・ショックに端を発する世界金融危機、2011年頃に深刻化した欧州債務危機を経て、緩やかな回復を続けてきた。この間、生産性上昇の鈍化、高齢化等を背景に欧米の経済成長率が危機前に比して低下する中、新興国・途上国の成長が世界経済を牽引した。中でも中国は、世界金融危機後の大規模な景気対策による過剰投資や生産年齢人口の減少等を背景に、成長率を低下させつつも、世界経済における比重を着実に増してきている[48]。2018年に入ると、先に述べた米中貿易摩擦に加え、中東情勢など地政学リスクの高まりの影響が顕在化した。2019年の世界経済の成長率は、世界金融

(48) 新興国・途上国のGDPが世界経済に占める割合は、2000年の4割程度から、2020年には約6割に上昇している。うち中国は、2000年の7％程度から、2020年には2割近くを占めるに至っている。一方、G7のGDPシェアは、2000年の4割超から2020年には約3割に低下している。日本を見ると、2000年に7％程度だったシェアが、2020年には4％となっている（以上はPPPベースのGDPに基づく（出所はIMF世界経済見通し（2021年4月）））。

危機以降で最も低い2.8%まで低下した。

② 足元の世界経済の状況

2020年に発生した新型コロナウイルス感染症の世界的な拡大は、大恐慌や世界金融危機と比肩すべき人類史的規模の経済危機を招いた。3月以降、欧米をはじめ各国で感染拡大抑制のため都市封鎖（ロックダウン）や外出規制等の措置が講じられたことにより、経済活動が大幅に落ち込んだ。これらの措置はサプライチェーンの寸断をもたらし、グローバルな人やモノの流れが急速に収縮した。特に、ホテル、レストラン、交通など、人と人の接触を伴う業種、また、そうした業種において比率が高い非正規労働者、若年・女性労働者、教育レベルが相対的に低い労働者などが特に大きな影響を受けている。

その後、日本を含む世界各国で、感染状況が落ち着き、経済活動の再開が進むと、再び感染が拡大し、感染拡大抑制措置が強化されるというサイクルが繰り返されている。2020年12月からは、一部先進国でワクチン接種が開始されたものの、ほぼ時を同じくして、より感染力が強いとされる変異株の感染が拡大し、懸念されている。

こうした未曽有の危機に対して、各国は前例にない規模の政策対応を行っている（各国の具体的な施策については、(2) を参照)。IMFによると、今般の危機に際して世界全体で約16兆ドル、対GDP比15.3%の財政支援を実施している。うち日本は2.2兆ドル、対GDP比44%とG20の中で最大規模の支援を行っている[49]。金融政策についても、各国において政策金利の引下げ、資産買入等の金融緩和策を実施・強化するとともに、先進国を中心とする9つの中央銀行が一時的な米ドルスワップ協定を締結するなど、流動性支援を行った。感染拡大当初の3月には一時的な金融市場の混乱が発生したが、こうした措置もあり、その後は落ち着きを取り戻し、むしろワクチンの普及や政策支援への期待を背景にリスク資産の価格の上昇が続いている（後述)。

経済成長率の見通しを見ると、IMFは2020年の世界経済について、▲3.3%のマイナス成長を見込んでいる。世界金融危機による2009年の世界経済の落

---

(49) IMF「財政モニター・データベース」(2021年4月)。

ち込みが▲0.1%であったことからも、今般の危機の深刻さが分かるであろう。日本については、感染拡大は相対的に抑制されており、また上記のとおり大規模な支援策を実施してきているものの、危機の前から成長率が低かったこともあり、2020年は▲4.8%の成長と推計されている。厳しい感染拡大抑制措置がとられた欧州では経済の落ち込みは更に大きく、ユーロ圏で▲6.6%、英国で▲9.9%となっている。

2021年については、不確実性は引き続き非常に高いものの、各国の異例の政策対応、ワクチンの普及によるセンチメントの改善を背景に、世界経済は+6.0%の成長が見込まれている。日本経済の見通しは+3.3%となっている。ただし、経済回復の強さにはばらつきがある。米国は、新政権下の経済対策もあり、2021年前半に危機前のGDPの水準を取り戻し、日本も2021年後半には危機前のGDPに到達する見込みとなっている。一方で、ユーロ圏・英国のGDPは、感染の再拡大とロックダウンの影響により、2022年にかけても危機前の水準以下にとどまると見込まれる。今般のパンデミックの発生源である中国は、早期の感染抑制に成功し、2020年に+2.3%のプラス成長を実現した上で、2021年には+8.4%の成長を達成すると見込まれている。途上国はワクチンの普及が相対的に遅くなることに加え、財政の拡張余地が限られるため、特に一

【図表1-8】主要国：成長率の推移

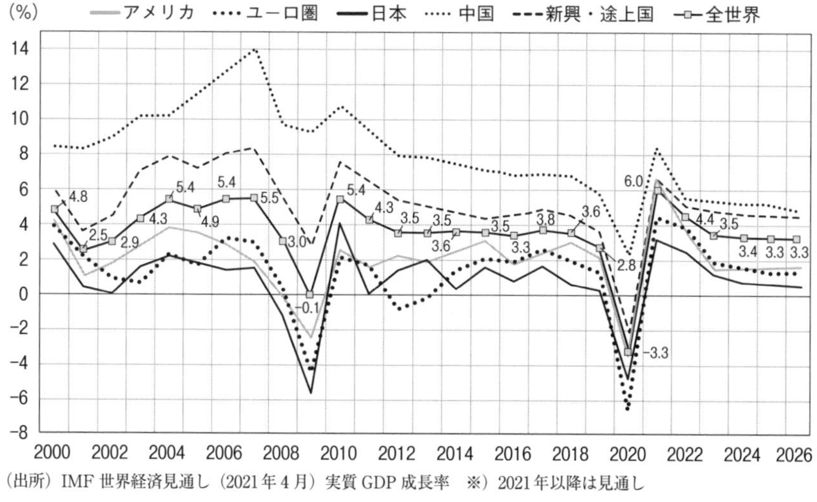

（出所）IMF世界経済見通し（2021年4月）実質GDP成長率　※）2021年以降は見通し

【図表1-9】主要国の新規感染者数の推移

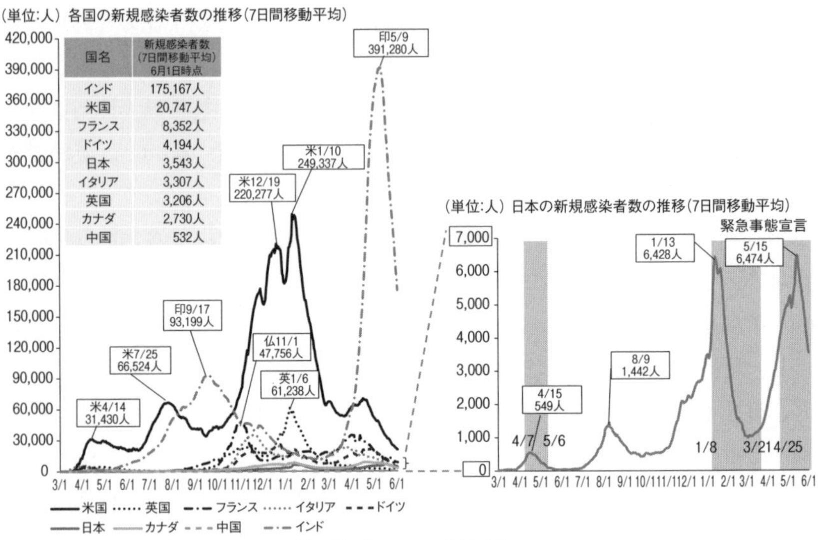

(注) 6月1日時点（米国のみ5月31日時点）（出所）WHO、各国政府

次産品や観光業に依存している国において大きな影響を受けると想定される。

以上の見通しは、2021年夏に先進国といくつかの新興国において、そして2022年後半に大半の国において、ワクチンが広く普及し、すべての国で2022年末までに感染が下火になることを前提としている。したがって今後仮にワクチン供給に遅れが出れば、世界経済の回復は更に遅れることとなる。このため、途上国を含めワクチンへの公平なアクセスを確保するための国際連携の必要性が指摘されている。

③ パンデミックへの政策対応に当たっての留意点

今般のパンデミックに際して各国がとった大規模な支援策は、危機の影響を受ける家計や企業を支えてきた。G7やG20等では、今回の危機が労働者の労働市場からの退出、人的資本の質の低下等によって経済に継続的な悪影響（「傷跡」）をもたらすことを避けるため、回復が軌道に乗るまでは、こうした政策支援を続けるべきとの議論が行われている。

他方で、こうした臨時・特別の措置がもたらす副作用、リスクについても念頭に置いた政策運営が必要との指摘も様々な場所でなされている。ここでは、今後の政策運営に際して留意すべき点として、（i）実体経済と市場価格の乖離、（ii）労働移動の抑制、（iii）公的債務の膨張、を取り上げる。

（i） 実体経済と市場価格の乖離

日米欧の株価を見ると、感染症の拡大を受けて2020年３月に一旦落ち込んだものの、その後は上昇傾向を続けている。債券市場を見ても、社債の流通利回りは2020年３月に一時的に上昇したものの、その後は概ねパンデミック前と同等、あるいはそれ以下の水準で推移している。新興国市場においても、2020年３月に大幅な資本流出が生じたものの、以降は資本流入が続いている。

こうした市場の動向に関して、IMFは、前例のない政策支援が金融環境の緩和と経済の下支えに寄与し、金融不安定化のリスクを抑えることに貢献している一方で、パンデミックの中でとられた政策が市場における過剰なリスクテイクを招き、行き過ぎた資産価格の形成や脆弱性の高まりといった意図せざる副作用をもたらしている可能性があると指摘している。また、先進国と新興国の間で景気回復のタイミングが異なり、非対称なものとなることが予想されてい

【図表1-10】 日米欧の株価推移

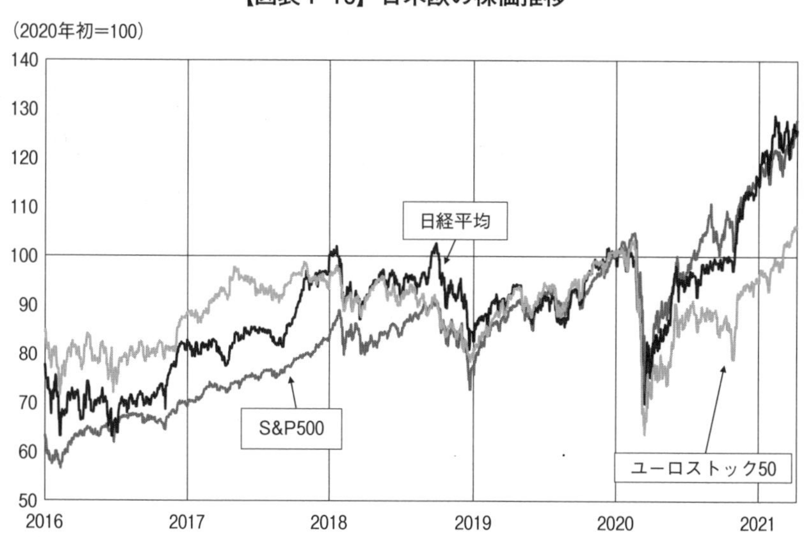

出所：Bloomberg

る中、特に先進国が政策正常化に舵を切った場合、新興国の金融環境が大きくタイト化し、大規模な資本流出を招くおそれがあると指摘している[50]。

【図表1-11】社債流通利回りの推移（日・米・欧）

出所：Bloomberg

【図表1-12】新興市場へのポートフォリオ・フロー

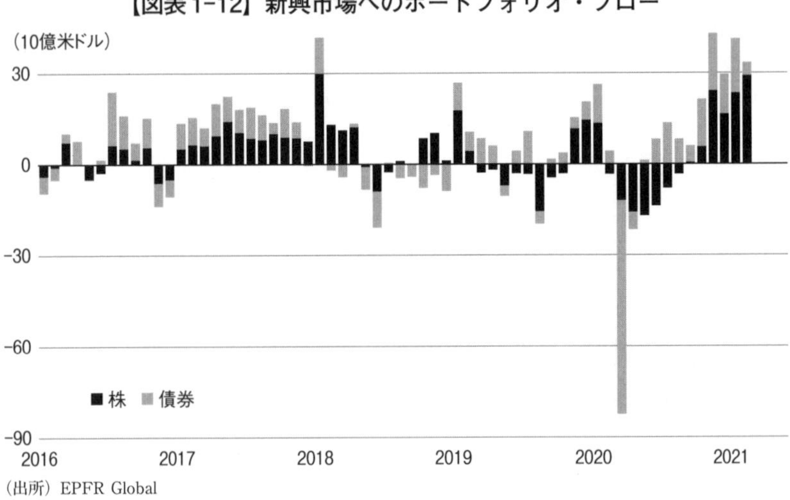

（出所）EPFR Global

⑸⓪ IMF「国際金融安定性報告書」（2021年４月）。

(ii) 労働移動の抑制

各国は、新型コロナによる経済活動の縮小に対して、休業補償をはじめとする「雇用維持スキーム」を実施している。雇用維持スキームは、労働時間が減少した労働者の収入を支えながら、企業の人件費を軽減することにより、一時的に事業活動が減少している企業の雇用を維持しようとするものである。多くの国では、新型コロナへの対応として、従来の失業給付手当よりも手厚い支援を提供している。OECDのレポート[51]は、雇用維持スキームにより、2020年5月時点で約5,000万人の雇用が支えられたと推計している。これは世界金融危機時に比べて10倍多くの雇用が守られたことを意味する。

しかしながら、過度の雇用維持支援を継続することは、労働意欲の低下（モラルハザード）や将来性のない企業の存続（ゾンビ企業）を招き、成長見込みの高いセクター・企業への労働移動を妨げることで、生産性向上や経済回復の妨げとなりかねない。

前述のOECDのレポートでは、経済活動の再開の進展に合わせて、雇用維持スキームの対象を、将来性のあるセクター・企業にフォーカスさせていく必要

【図表1-13】労働時間が100%減少した場合に、各スキームで補填される賃金（従来賃金比）

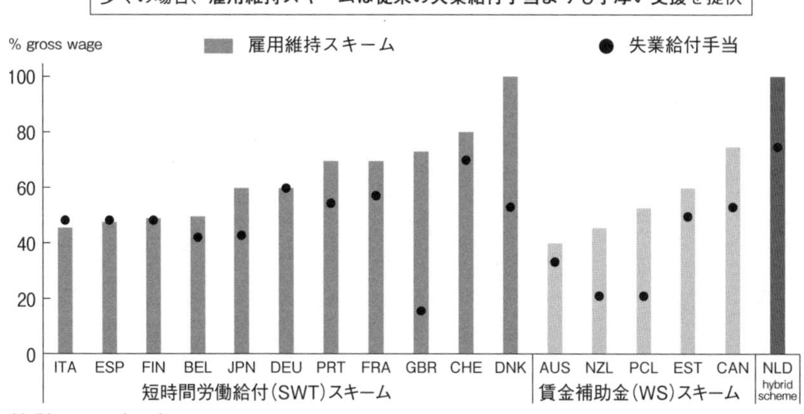

（出典）OECD (2020), "Job retention schemes during the COVID-19 lockdown and beyond"

(51) OECD (2020), "Job retention schemes during the COVID-19 lockdown and beyond"

があると指摘している。そのために、企業にコスト負担を求める、時限の制度とする、通常の失業給付とのバランスをとる、転職サポートを行うといった具体策が示されている。

（iii） 政府債務の膨張

各国が実施した大規模な経済対策は、各国の財政状況を急激に悪化させた。

2020年の世界全体の一般政府債務残高対GDP比は、過去最高の97.3%に達している（対前年＋13.6%ポイント）。特に先進国は、2020年の公的債務残高が対GDP比で120%を超え、第二次世界大戦時の水準をも上回る比率となっている。中でも日本の債務残高対GDP比は、2020年において約260%となっており、先進国の中でも突出している。新興国においては、危機の前から公的債務残高対GDP比は上昇傾向にあったが、2020年に60%を超え、こちらも過去最高となっている[52]。

IMFはこうした状況を踏まえて、

- 医療制度の財源を適切に確保し、世界的なワクチン供給の協力を推進すること
- 経済の回復に合わせて、緊急支援の対象をパンデミックの影響を受ける貧

【図表1-14】日本・世界の一般政府債務残高の推移

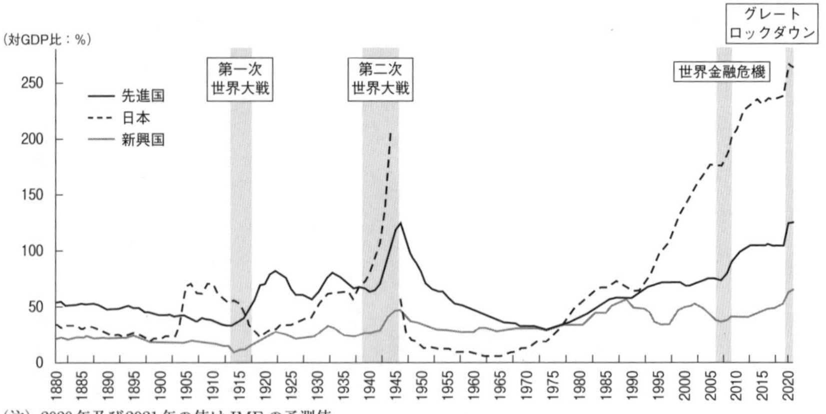

（注）2020年及び2021年の値はIMFの予測値。
（出所）IMF「Fiscal Monitor」（2020年10月）、「Historical Public Debt Database」

---

(52) IMF「財政モニター」（2021年4月）。

困層等に重点化しつつ、グリーンやデジタルなどの経済の構造変容に向けた転換を進めること

- 信頼ある中期的な財政枠組を策定すること
- 特に債務が大きく高齢化等の問題を抱える先進国においては、経済回復が確かなものとなってから、財政健全化戦略を着実に実施すること

を提言している。

(2) 主要国・地域の概観

① 米国

・経済概況

米国では、2008年の世界金融危機により実体経済の大幅な落ち込みが見られたが、財政・金融政策の取組が功を奏して、2009年6月を底として景気回復局面に入り、堅調な回復を続けてきた。

しかし、2020年には、新型コロナウイルス感染症の感染拡大を受けて3月中旬以降に経済活動の制限措置が採られたことにより、景気は回復局面から急速な悪化へと向かった。2020年第1四半期、第2四半期の実質GDP成長率は、それぞれ前期比年率5.0%減、同31.4%減と大幅な減少に転じ、10年8カ月に及ぶ戦後最長の景気拡大期は同年2月をもって終了した。

その後、景気は依然として厳しい状況にあったが、経済活動の段階的再開に伴い、持ち直しの動きがみられている。2020年第4四半期の実質GDP成長率は、個人消費や設備投資が増加したことなどから、前期比で1.1%増（年率4.3%増）となった。また、労働市場を見ると、同年3、4月に雇用者数が大幅に減少し、4月の失業率は戦後最悪の14.8%まで悪化したが、その後、雇用者数・失業率ともに改善の傾向がみられている。

2021年4月に公表されたIMF世界経済見通しによると、新型コロナウイルス対応のための経済対策等により、同年の実質GDP成長率は対前年比6.4%まで回復すると予測され、2021年前半には新型コロナ危機前の2019年末の実質GDP水準を取り戻すと分析されている[53]。

【図表1-15】米国実質 GDP 成長率の寄与度別推移

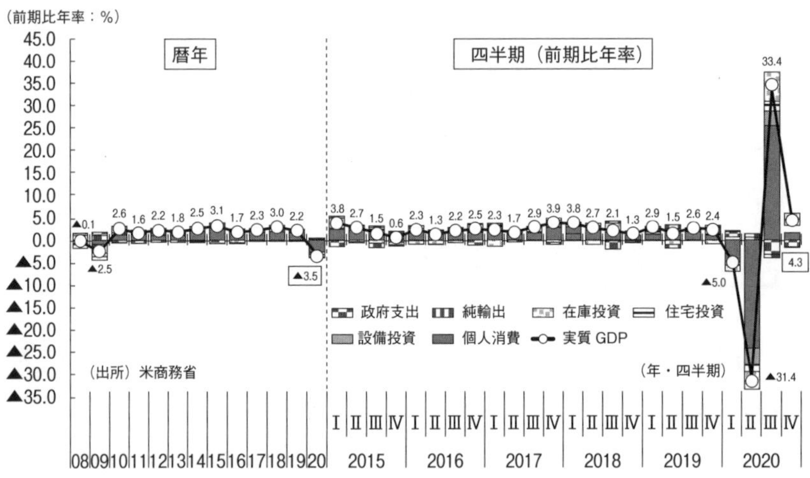

【図表1-16】米国の失業率の推移

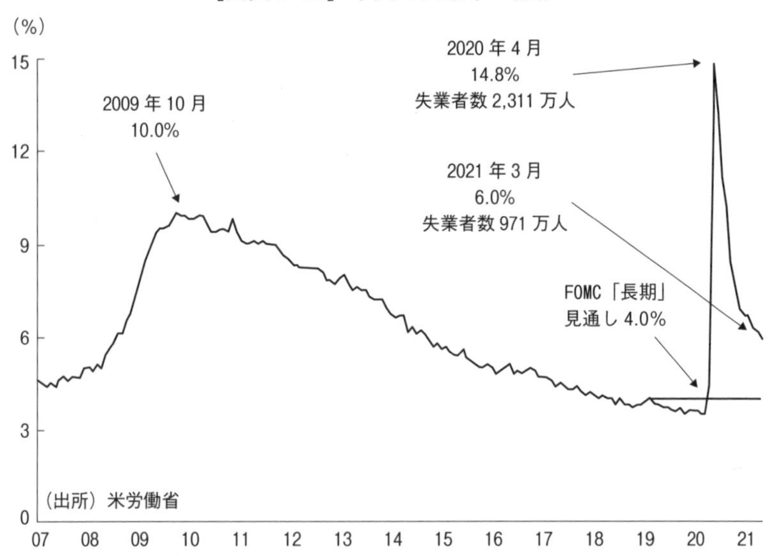

---

(53) 他の主要先進国・地域と比べても米国経済の回復ペースは速く、主要先進国・地域のうち、2021年前半に2019年の実質 GDP 水準を回復すると見込まれているのは米国のみである。

・金融政策

ここでは、2008年以降の米国の金融政策を概観する。

連邦準備制度理事会（FRB）は2008年12月、世界金融危機により急速に悪化する経済情勢に対応するため、政策金利（FF金利[54]）の誘導目標水準を、過去最低水準を更新する0.00～0.25％に引き下げ、事実上のゼロ金利政策を開始した。また、FRBは、以後の金融政策の重点を、政策金利の引下げによる伝統的な金融政策から、金融市場の流動性や安定性を確保するために各種資産の買取り等を実施する「非伝統的金融政策」（Unconventional Monetary Policy）へと移行していった。この非伝統的な金融政策は通称「量的緩和」（QE：Quantitative Easing）と呼ばれ、FRBは、長期資産買取プログラムを累次（QE1～QE3）にわたり実施し、住宅ローン担保証券（MBS）や長期国債等の長期証券の買取りを通じて、バランスシートを拡大した。

その後、雇用情勢の改善に伴い、金融政策の正常化に向けて舵が切られ、FRBは、2014年1月から、QE3による毎月の長期国債等の買入額を段階的に縮小し、2014年10月に債券の新規買入を終了した。更に2015年には、世界的な金融市場の状況が落ち着いたことや、米国労働市場の改善が更に進んだこと等を受け、同年12月の連邦公開市場委員会（FOMC）において、約9年半ぶりに政策金利を引き上げた。

その後、物価上昇率は引き続きFRBの目標を下回って推移したが、FRBは、物価は中期的には目標の近傍で安定的に推移するとの見通しを示して金融緩和を正常化するプロセスを進め、2016年末から2017年にかけて政策金利の引上げを実施し、2017年10月からは保有資産の縮小に着手した。

FRBは、2018年には好調な経済を背景に計4回の利上げを実施したが、2019年に入ると、米中貿易摩擦問題・英国のEU離脱問題等に伴う不確実性が増大し、景気の先行きに対する懸念が高まったこともあり、利上げを様子見する姿勢に転換した。そして同年7月のFOMCにおいて、世界経済の動向が米

---

(54) フェデラル・ファンドレート。日本における無担保コール翌日物金利に相当し、市中銀行の地区連銀への預金を原則無担保で貸借する銀行間貸借市場であるFF市場（フェデラル・ファンド市場）における翌日物の金利を指す。米国の代表的な短期金利であり、FOMCにおいてFF金利の誘導目標が示されることから、米国における政策金利としての意味合いが強い。

国の経済見通しに与える影響とインフレ圧力が抑制されている点を理由とした予防的な措置として、2008年12月以来、約10年半ぶりの利下げに踏み切り、続く9月、10月のFOMCでも25 bpずつ利下げを行った。また、同年5月より保有国債の毎月の縮小ペースを鈍化させ、7月末でバランスシート縮小を終了した。10月には臨時FOMCを開催し、9月に急騰したレポ金利にみられるような、短期金融市場の資金の流動性の低下に対応する措置として、短期国債の買入れ開始を決定した。

2020年には、新型コロナウイルスの世界的な感染拡大と、米国経済の減速懸念の高まりを受け、FRBは累次の緊急対応措置を実施した。2月28日、パウエル議長が「政策ツールを用いて、経済を支えるために適切に行動する」旨の緊急声明を公表すると、FRBは3月の臨時FOMCにおいて二度にわたる政策金利の引下げ（1.50%～1.75%→1.00%～1.25%（3/3）→0.00%～0.25%（3/15)）を決定し、2015年12月以来となる事実上のゼロ金利政策を導入した。また、金融市場のひっ迫を受け、同月12日、米国債の購入について、短期債に限定されていた対象を中長期債にも拡大することを決定した。更に、同月15日の臨時FOMCにおいては、米国債とMBSの円滑な市場機能を支えるため、米

【図表1-17】FRBの政策金利及び資産残高の推移

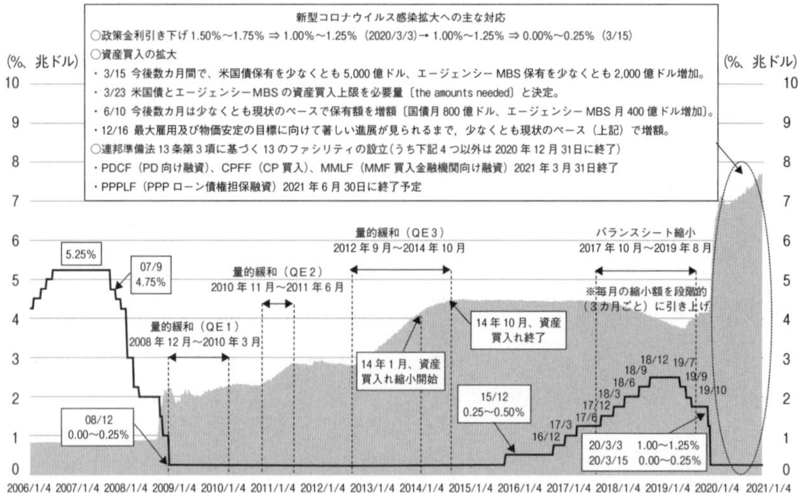

新型コロナウイルス感染拡大への主な対応
○政策金利引き下げ 1.50%～1.75% ⇒ 1.00%～1.25%（2020/3/3）→ 1.00%～1.25% ⇒ 0.00%～0.25%（3/15）
○資産買入の拡大
・3/15 今後数カ月間で、米国債保有を少なくとも5,000億ドル、エージェンシーMBS保有を少なくとも2,000億ドル増加。
・3/23 米国債とエージェンシーMBSの資産買入上限を必要量〔the amounts needed〕と決定。
・6/10 今後数カ月は少なくとも現状のペースで保有額を増額〔国債月800億ドル、エージェンシーMBS月400億ドル増加〕。
・12/16 最大雇用及び物価安定の目標に向けて著しい進展が見られるまで，少なくとも現状のペース（上記）で増額。
○連邦準備法13条第3項に基づく13のファシリティの設立（うち下記4つ以外は2020年12月31日に終了）
・PDCF（PD向け融資）、CPFF（CP買入）、MMLF（MMF買入金融機関向け融資）2021年3月31日終了
・PPPLF（PPPローン債権担保融資）2021年6月30日に終了予定

(%、兆ドル)
5.25%
07/9 4.75%
08/12 0.00～0.25%
量的緩和（QE1）2008年12月～2010年3月
量的緩和（QE2）2010年11月～2011年6月
量的緩和（QE3）2012年9月～2014年10月
14年1月、資産買入れ縮小開始
14年10月、資産買入れ終了
15/12 0.25～0.50%
16/12
17/3
17/6
17/12
18/3
18/6
18/9
18/12
19/7
19/9
19/10
バランスシート縮小 2017年10月～2019年8月
※毎月の縮小額を段階的（3カ月ごと）に引き上げ
20/3/3 1.00～1.25%
20/3/15 0.00～0.25%
2006/1/4 2007/1/4 2008/1/4 2009/1/4 2010/1/4 2011/1/4 2012/1/4 2013/1/4 2014/1/4 2015/1/4 2016/1/4 2017/1/4 2018/1/4 2019/1/4 2020/1/4 2021/1/4

国債の保有額を5,000億ドル以上、MBSの保有額を2,000億ドル以上増加させることを決定した。その後、同月23日の臨時FOMCでは、米国債及びMBSの保有額を、市場が円滑に機能するために必要な水準まで増加させるとして、保有額について、目安を提示せず無制限化した量的緩和を実施するとともに、資産購入対象に商業用不動産担保証券（CMBS）を追加することを決定した。これらの量的緩和措置に加え、中小企業等資金繰り支援[55]の措置等により、FRBのバランスシートは急激に拡大した。

• **財政**

2017年に発足したトランプ政権は、大型減税等の「小さな政府」志向の政策を実行する一方で、裁量的経費[56]のうち国防費の増額や国内のインフラ投資拡大に見られるような、拡張的な財政政策も同時に打ち出されたことが特徴的であった。また、2020年以降は、新型コロナウイルス感染症の拡大を受けて大規模経済対策が実施された。以下、トランプ政権以後の米国の財政運営を概観する。

トランプ政権発足後の2017年5月、同年9月末[57]までの予算である「2017年度統合歳出予算法[58]」が成立した。同予算には、トランプ大統領が要求した国防費の増額が盛り込まれた一方、メキシコとの国境に「壁」を建設するための費用については、議会の合意が得られず盛り込まれなかった。2017年12月には、法人税率引下げや個人所得税の見直し等を含む大規模な税制改革法案が成立した。その規模は、2001年のブッシュ政権による減税総額（11年間で1.35兆

---

(55) 4月には、中小企業に対して市中の金融機関が融資を提供し、そのローン債権の95%をFRBのファシリティが購入する「メインストリート貸出プログラム」（MSLP）等の信用拡大策を実施した。

(56) 米国の連邦予算の歳出は、裁量的経費と義務的経費に分けられる。前者は各年度の歳出予算法によって定められるのに対し、後者は授権法で一度定められれば毎年度自動的に支出が認められる（社会保障年金等）。

(57) 米国の会計年度は前年10月1日から9月30日までである。

(58) すべての立法権は議会に属するという憲法の規定のもと、歳出予算法は議会により制定される。これに対し、大統領予算教書は、大統領が必要かつ適切と判断する措置を議会に審議・立法化させるために提出する法的拘束力のない勧告にすぎないが、事実上、議会で審議される歳出予算法案の原型となっている。

ドル）を上回る、10年間で1.46兆ドルの歳入減と試算された[59]。

2018年度予算についても、「壁」建設費等を巡って政府・共和党と民主党が対立し、年度開始前に歳出予算法が成立しなかったため、暫定予算[60]を組んで会計年度が開始された。また、債務残高が法定債務上限に達するリスク[61]も浮上したが、債務上限凍結措置や財務省の「異例の措置[62]」により、デフォルトに陥る事態は回避された。その後、暫定予算の延長を繰り返して当座を凌いでいたものの、2018年1月20日から3日間は、暫定予算の期限切れにより政府機関が一部閉鎖される事態となった。その後、同年2月9日、「2018年超党派予算法」が成立し、2018年度と2019年度の歳出上限を3,000億ドル程度引き上げることが決定すると同時に、債務上限も2019年3月1日まで凍結されることとなった。

2019年度予算についても、「壁」建設費等を巡って議会審議が紛糾した結果、一部の予算が成立せず、2018年12月22日から史上最長の35日間にわたり政府機関が一部閉鎖に追い込まれた。その後、壁建設費の一部を認めることで2019年2月に与野党合意に至り、「2019年度統合歳出予算法」が成立した。2019年度の財政収支は9,844億ドルの赤字（前年度比26％増）となり、2012年度以来7年ぶりの水準となった。また、中国製品の輸入に対し賦課した追加関税の影響で、関税収入は708億ドル（前年度比71％増）と、データが存在する1954年以降で最高額となった点も特徴的であった。

2020年度予算については、2019年3月、トランプ大統領が2020年度予算教

---

(59) 米国議会の両院合同租税委員会の試算による。

(60) 歳出予算法が年度内に成立しない場合、連邦議会は暫定予算を作成することになる。暫定予算も成立せず、「予算の空白」が生じた場合、政府職員に対する人件費等の裁量的経費が支出できなくなる。政府職員は原則として無償で業務を行うことができないことから、政府職員は（国防・国境警備等の例外を除き）業務を行うことができず、その結果、政府機関の一部閉鎖（シャットダウン）が発生する。

(61) 米国では、債務残高の上限額が法定されており、債務残高が法定上限に達した場合、新規国債の発行ができなくなり、デフォルトに至るおそれがある。オバマ政権時の2011年、2013年においても、議会における政治的対立から上限の引上げが遅れ、社会問題化した。

(62) 債務残高の上限に抵触しないよう、資金繰りの改善を行い、国債発行を抑制すること。具体的には、州・地方政府に対する特定目的のための国債発行停止や、公務員向け退職年金基金等が保有する国債への再投資停止等の手法がある。

書を公表した。政府が政策的判断で規模を決定できる裁量的支出のうち、国防費の歳出上限を前年度比4.7%増の7,500億ドル規模とする一方で、非国防費に関しては2019年会計年度の予算上限から5%削減することが盛り込まれていた。また、同年8月2日、「2019年度超党派予算法」が成立し、2020年度及び2021年度の裁量的経費の歳出上限を、それぞれ1,686億ドル、1,529億ドル引き上げるとともに、連邦政府の法定債務上限を2021年7月31日まで凍結することとした。その後、二度の暫定予算を経て、2019年12月20日に「2020年度歳出予算法」が成立した[63]。

年明けには、新型コロナウイルス感染症の感染拡大を受けて、累次の経済対策が実施された。まず、3月6日に経済対策第1弾（83億ドル程度）、同月18日に第2弾（1,919億ドル程度）、同月27日に第3弾（「CARES法」、2兆2,240億ドル程度）と、3月中に3次にわたる経済対策が成立した。更に、翌4月に

【図表1-18】米国連邦政府の歳出・歳入構成（2021年度予算教書）

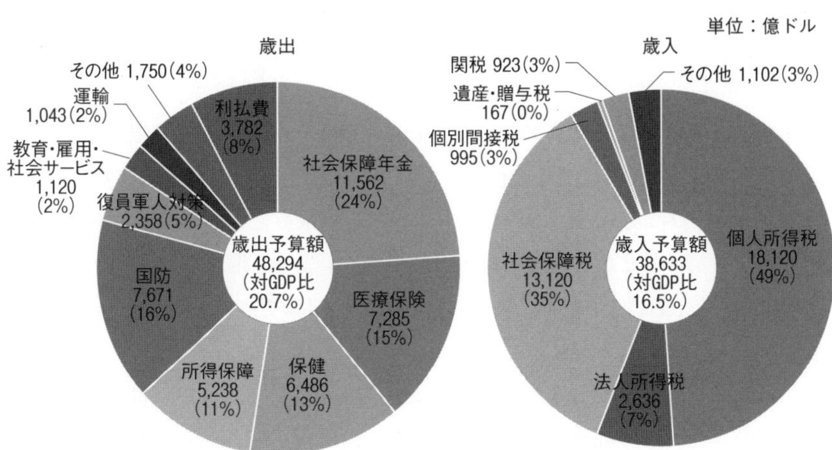

（出所）「2021年度予算教書」（2020年2月）
（注1）会計年度は前年10月～当年9月。2021年度は、2020年10月～2021年9月。
（注2）歳出と歳入の差額については、赤字部分であり、国債を発行。

---

(63) 「壁」建設費を巡って多少のもつれがあったものの、予算案が（2018年度や2019年度とは異なり）政府閉鎖に陥ることなく比較的スムーズに合意された背景には、2020年秋の大統領選・連邦議会選を控え、共和党は国防費の増額を、民主党は公共事業や教育費などの増額を求めており、両党が歳出拡大に対して積極的である点で一致していたという事情がある。

【図表1-19】米国の財政収支・債務残高の推移

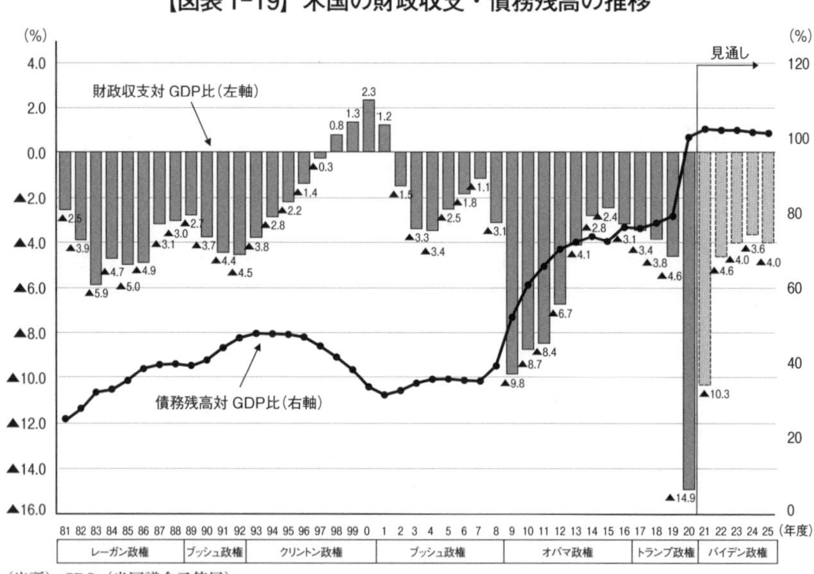

（出所）CBO（米国議会予算局）
（注1）2020年度までは実績。2021年度以降は、CBOの経済財政見通し（2021年2月発表）による。
（注2）米国における会計年度は、前年10月から当年9月末まで。

は「中小企業給与保護プログラム及び医療強化法」（4,830億ドル程度）が成立した。その後、追加の経済対策を巡って共和党・民主党間の議論が難航したが、12月には経済対策第4弾（9,000億ドル程度）が成立した。トランプ政権下の第1弾から第4弾までの経済対策の財政出動は合計3.8兆ドルと、GDP比20%程度に相当し、合計1.5兆ドル規模の財政出動に踏み切った2008～09年の金融危機時を大幅に上回る規模となった。

2021年に共和党から民主党への政権交代が実現すると、3月には、バイデン政権下のコロナ対応経済対策として「米国救済計画」（The American Rescue Plan、約1.9兆ドル）が成立し、個人への現金給付や失業手当上乗せ措置の延長が決定された。

更に、同月31日、バイデン大統領は、長期的な経済再生プランとして、8年間で約2兆ドルのインフラ等の投資を行う「米国雇用計画」（The American Jobs Plan）を発表した。同計画は、インフラの再構築、対中国競争力の強化、気候変動への対応を主眼とした、いわばポストコロナの経済対策であり、産業

【図表1-20】米国における新型コロナウィルス感染拡大に関する経済対策

米国における新型コロナウイルス感染拡大に関する経済対策

- トランプ大統領のもと、計3.8兆ドルの経済対策を策定。
- バイデン大統領は経済対策「American Rescue Plan：総額1.9兆ドル」に3/11署名。

各経済対策の概要

〔トランプ政権〕

経済対策第1弾【83億ドル】20年3月6日トランプ大統領署名
- ワクチン等の研究開発、公的医療基金への出資、地域医療での医薬品・機器の購入等

経済対策第2弾【1,919億ドル】20年3月18日トランプ大統領署名
- コロナ検査にかかる個人負担の免除、休業補償等

経済対策第3弾【2兆2,240億ドル】20年3月27日トランプ大統領署名
- 個人への現金給付（2,930億ドル）：大人1,200ドル、子供500ドル（年収75千ドルより減額措置。99千ドル以上は対象外）
- 失業給付の拡充（2,680億ドル）：自営業やフリーランスにも対象を拡大。週あたり600ドル上乗せ
- 給与保護プログラム（PPP）（3,490億ドル）：中小企業に対し従業員の給与その他費用を支援
- その他：直接融資やFRB設立のファンドへの投融資・保証等の産業支援（5,000億ドル）等

※給与保護プログラム（PPP）増額のための追加経済対策【4,830億ドル】20年4月24日トランプ大統領署名

経済対策第4弾【9,000億ドル】20年12月27日トランプ大統領署名
- 個人への現金給付（1,660億ドル）：600ドル（大人・子供とも。年収75千ドルより減額措置。87千ドル以上は対象外）
- 失業給付の拡充（1,200億ドル）：自営業やフリーランスへの対象拡大を継続、週あたり300ドル上乗せ（21年3月14日まで）
- 中小企業対策（3,250億ドル）：給与保護プログラム（PPP）の再実施、映画館・文化施設への支援等

〔バイデン政権〕

American Rescue Plan【1.9兆ドル】21年3月11日バイデン大統領署名
- コロナ対応（4,650億ドル）：学校への支援、検査体制の拡大等
- 個人への現金給付（4,650億ドル）：1,400ドル（20年12月の現金給付に上乗せ。大人・子供とも。年収75千ドルより減額措置、8万ドル以上は対象外）
- 失業給付の拡充（3,500億ドル）：自営業やフリーランスへの対象拡大を継続、週あたり300ドル上乗せ（21年9月6日まで）
- コミュニティと中小企業支援（3,250億ドル）：中小企業への投融資・補助金、州・地方政府への支援等

構造の転換を促す、長期的な視点に基づく計画と位置付けられる。この中には15年間で2兆ドル超の増収となる税制改革案「メード・イン・アメリカ税制」（The Made in America Tax Plan）も含まれており、同計画の財源とすることとされている。

その後、4月28日、長期的な経済再生プランとして、10年間で約1.8兆ドルの家計への投資を行う「米国家族計画」（The American Families Plan）を発表した。

これら両計画への投資費用は、「米国雇用計画」に盛り込まれた「メード・イン・アメリカ税制」（15年で2兆ドル超）と「米国家族計画」に盛り込まれた

所得税・キャピタルゲイン税を中心とする税収増（10年間で約1.5兆ドル）により、15年間かけて賄われるとされている。

※「米国雇用計画」（The American Jobs Plan）及び「米国家族計画」（The American Families Plan）はいずれも公表時の内容

【図表1-21】バイデン政権の「The American Jobs Plan」（8年間で約2兆ドル）

○ 3/31、バイデン大統領は、**長期的な経済再生プランの第1弾**として、**8年間で約2兆ドルのインフラ等の投資を行う「The American Jobs Plan」**を発表。
○ 計画の中には**15年間で2兆ドル超の増収となる税制改革案「The Made in America Tax Plan」も含まれており、同計画の財源とすること**とされている。

「The American Jobs Plan」の主な内容	
1．インフラ等投資計画	**2．税制改革案**
(1) 交通インフラ ○高速道路、橋、港湾、空港等の交通インフラに対する投資（6210億ドル） (2) 家庭向けインフラ ○浄水設備（1110億ドル）、送電設備（1000億ドル）、高速ブロードバンド網（1000億ドル） ○低所得者向けの住宅供給（2130億ドル） ○学校施設の更新（1000億ドル）等 (3) 介護産業に関するインフラ ○低所得の高齢・障害者向けの質の高い介護産業に対するアクセス拡大（4000億ドル） (4) 製造業・先端技術等への支援 ○最先端技術等への支援（1800億ドル） ○職業訓練支援（1000億ドル） ○製造業・中小企業支援（3000億ドル）〔重要な製品に関するサプライチェーンの強化・将来のパンデミックへの備え等〕	(1) 法人税率引上げ（21%→28%） (2) 米国の多国籍企業のGILTI※課税に対する実効税率の21%への引上げ、国毎の所得合算、国外投資からの有形償却資産の10%の除外の撤廃（※ GILTI：Global Intangible Low-Taxed Income 国外軽課税無形資産所得） (3) 世界的な税率引下げ競争（Race to the Bottom）の終息に向けた国際的な議論の先導 (4) 米国企業が軽課税国（tax haven）を所在地として課税逃れすることの防止 (5) 海外での雇用等に係る経費の損金不算入 (6) FDII※に係る所得控除の廃止 （※ FDII：Foreign Derived Intangible Income 無形資産関連所得） (7) 超大企業の会計上の利益（book income）に対する15%の最低課税の導入 (8) 化石燃料への税制等の優遇措置の撤廃 (9) 大企業に対する課税の適正な執行

【図表1-22】バイデン政権の「The American Families Plan」（10年間で約1.8兆ドル）

○ 4/28、バイデン大統領は、長期的な経済再生プランの第2弾「The American Families Plan」を発表。
○ 同計画には、10年間で約1.8兆ドルの家計への投資のほか、10年間で約1.5兆ドルの税収増となる所得税・キャピタルゲイン税を中心とする税制改革案等が盛り込まれている。投資費用は、3月末に公表された第1弾「The American Jobs Plan」とあわせて、15年間かけて相殺される。
○ 第1弾に盛り込まれた2兆ドル超のインフラ投資および税制改革案「The Made in America Tax Plan」と併せ、米国経済と労働者の未来に再投資し、米国が中国やその他の国に打ち勝つことを目的としている。

<table>
<tr><th colspan="2">「The American Families Plan」の主な内容</th></tr>
<tr><th>1. 家計への投資計画（10年間で約1.8兆ドル）</th><th>2. 富ではなく労働に報いる税制改革案等（10年間で約1.5兆ドルの税収増）</th></tr>
<tr><td>■【教育への投資・最低4年間の無償教育を追加】（5,060億ドル）
(1) 全ての3～4歳児の就学前教育の無償化（2,000億ドル）
(2) コミュニティカレッジの2年間無償化（1,090億ドル）
(3) 大学授業料向け補助金への投資（800億ドル）
(4) コミュニティカレッジ修了率向上ための投資（620億ドル）
(5) 伝統的黒人大学、部族大学、マイノリティ教育機関への投資（460億ドル）
(6) 教育者の訓練および多様化への投資（90億ドル）
■【児童および家計への直接支援】（4,950億ドル）
(1) 保育の充実〔保育費用の低廉化、保育サービス事業者および従事者への投資〕（2,250億ドル）
(2) 有給休暇拡充〔全国民共通の有給家族休暇および有給治療休暇制度の創設〕（2,250億ドル）
(3) 栄養補助拡充〔フードスタンプ・無料学校給食拡充等〕（450億ドル）
(4) 失業保険改革（失業保険の給付額および給付期間が経済状況に応じて自動的に変更される仕組みの導入）
■【家計および労働者向け減税】（8,000億ドル）
(1) 米国救済計画〔the American Rescue Plan〕の延長・拡充
　○ 健康保険料削減のためのオバマケア税額控除拡充の恒久化（2,000億ドル）
　○ 児童税額控除拡充の2025年までの延長、給付に係る所得制限撤廃の恒久化
　○ 児童および被扶養者ケアに係る費用の税額控除拡充の恒久化
　○ 子供のいない労働者への勤労所得税額控除の上限額引上げの恒久化
(2) 税務申告サポート業者の規制権限をIRSに付与</td><td>■高所得者等への課税執行強化（10年間で7,000億ドル増収）
(1) 金融機関による顧客口座の投資・事業活動に係る資金移動に関する報告義務化
(2) 大企業・高所得者への執行強化ための IRS予算増加
■所得税の最高税率引上げ（37%⇒39.6%※）
※2017年トランプ減税で39.6%から37%に引き下げられた。
■キャピタルゲイン課税の強化等
(1) キャピタルゲイン及び配当所得に係る税率（現行20%）について、年収100万ドル以上の世帯を対象に、個人所得税の最高税率（39.6%）を課す
(2) 相続資産100万ドル超の含み益について、「税務簿価ステップアップ（step up in basis）」を廃止し、キャピタルゲイン課税対象とする（家族経営事業が引き継がれる場合を除く）
(3) ファンドマネージャー等の運用成績に応じて支払われるキャリードインタレスト報酬について、キャピタルゲイン税ではなく通常の所得税を課す
(4) 不動産の買い替えに係るキャピタルゲイン税について、含み益50万ドル超を有する場合に、繰り延べを廃止
(5) S法人等の超過事業損失（excess business loss）の損金算入に係る制限の恒久化
(6) 高所得者の投資収益に課される3.8%のメディケア税について、年間40万ドル以上の所得者への課税を確保</td></tr>
</table>

※共和党の反対を受け、大統領府は米国雇用計画を2.3兆ドルから1.7兆ドル規模に減額した案を示す（5月21日）など、今後議論の過程で内容が変更され得る。

②　欧州

（ｉ）　欧州地域の経済概況

ユーロ圏経済は、2020年初めの新型コロナウイルス感染症の感染拡大により、ドイツ、フランス、イタリア等で厳しいロックダウン（都市封鎖）を実施したことが影響し、同年第１四半期は前期比 −3.7%、第２四半期は同 −12.1%と２期連続のマイナス成長を記録。その後、夏季から秋にかけて新規感染者数の増加が緩やかになったことを受け、各国が経済再開に舵を切ったことから、第３四半期の成長率は同11.5%と好転。しかしながら、11月以降は感染拡大の「第２波」により、各国は再度ロックダウンを行うなど制限措置を強化したことから、第４四半期の成長率は −0.7%となり、2020年通年の成長率は −6.6%を記録した。

以下、欧州の主要国経済について概観する。

ｉ　新型コロナウイルスの感染拡大に伴う行動制限等により、内需・外需ともに大きく落ち込み、2020年第１四半期の実質 GDP 成長率は前期比 −2.0%（年率 −7.8%）、第２四半期は同 −9.7%（同 −33.5%）となった。しかし、７月以降の新規感染者数の減少にともなう行動制限等の緩和により、家計支出の増加や輸出の拡大がみられ、第３四半期は8.5%増と過去最大の伸び率を記録し

【図表 1-23】ドイツの実質 GDP 成長率の推移

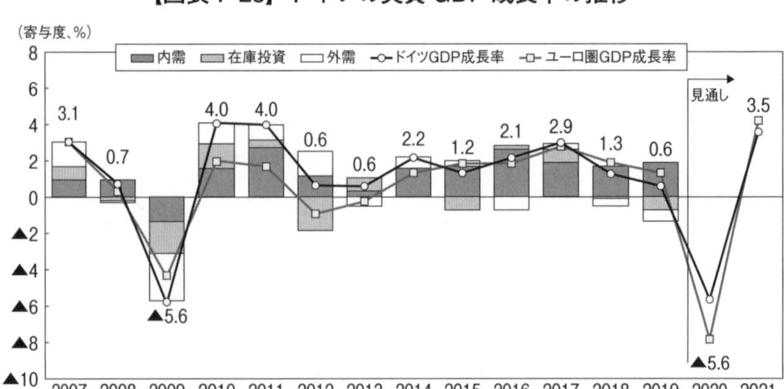

（出所）ドイツ連邦統計局、Eurostat、欧州委員会「European Economic Forecast, Autumn 2020」、Datastream

た。第4四半期では、第2波及び年末のロックダウン再導入により0.3%と成長の速度は鈍化したものの、二期連続で成長を維持している（2020年通年の実質GDP成長率は −4.9%）。

（新型コロナウイルス感染拡大に対するドイツの主な経済対策）

○　企業救済のために設立したファンドによる、企業の株式取得・融資等への政府保証

○　中小規模事業者等への賃貸料等の固定費の助成（売上の減少額に応じて最大90%を助成）

○　労働時間の短縮により従業員の給与補償を行う事業者に対する助成（最大87%を助成）

○　付加価値税率の一時的な引下げ、レストラン等での食事に対し軽減税率を一時的に適用

ⅱ　フランス　2020年3月中旬以降、新型コロナウイルスの感染拡大に伴うロックダウンを実施したことにより、第1四半期の実質GDP成長率は前期比 −5.9%、第2四半期は −13.8%と大幅な落ち込みを記録した。しかし、5月下旬のロックダウン解除後に経済が再開されたことから、第3四半期には18.5%と急回復した。その後、感染再拡大にともない、10月末～12月中旬にかけて再ロックダウンが行われ、サービス業を中心に大きな打撃を受けたもの

【図表1-24】フランスの実質GDP成長率の推移

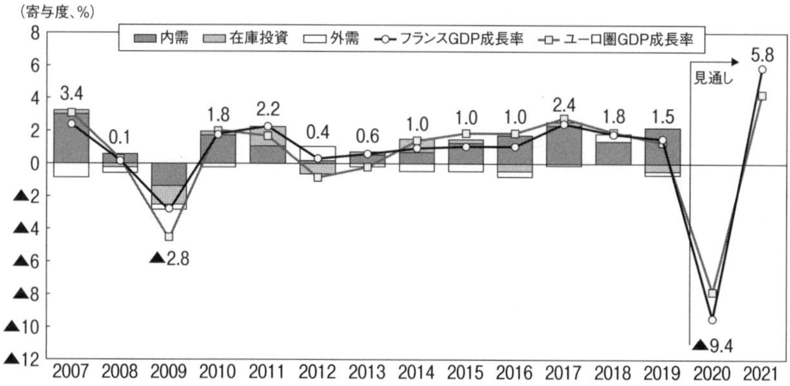

（出所）ドイツ連邦統計局、Eurostat、欧州委員会「European Economic Forecast, Autumn 2020」、Datastream

の、工場の操業継続や11月末以降の生活必需品の店舗営業再開等により、第4四半期は －1.4％と小幅の減少にとどまった（2020年通年の実質GDP成長率は －8.2％）。

（新型コロナウイルス感染拡大に対するフランスの主な経済対策）

○　企業が行う新規借入に対する政府保証（融資の上限は、売上高3カ月分又は人件費2年分）

○　労働時間の短縮により従業員の給与補償を行う事業者への助成（最低賃金の4.5倍の70％を上限）

○　零細企業等への給付金（休業対象の企業：最大1万ユーロ/月、その他の企業：1,500ユーロ/月）

○　国内産業の競争力強化や環境対応、雇用確保等を含む経済再興プラン（総額1,000億ユーロ）の策定

iii　イタリア　新型コロナウイルス感染拡大初期に甚大な被害を被ったイタリアは、3月のロックダウン以降厳しい行動制限を維持したことから、2020年第1四半期の実質GDP成長率は、前期比 －5.6％、第2四半期は同 －13％と大きく落ち込んだ。4月下旬以降からの経済活動の再開に伴い、第3四半期には急回復し、同16％を記録。秋以降は営業制限や夜間外出禁止措置等を行ったこ

【図表1-25】イタリアの実質GDP成長率の推移

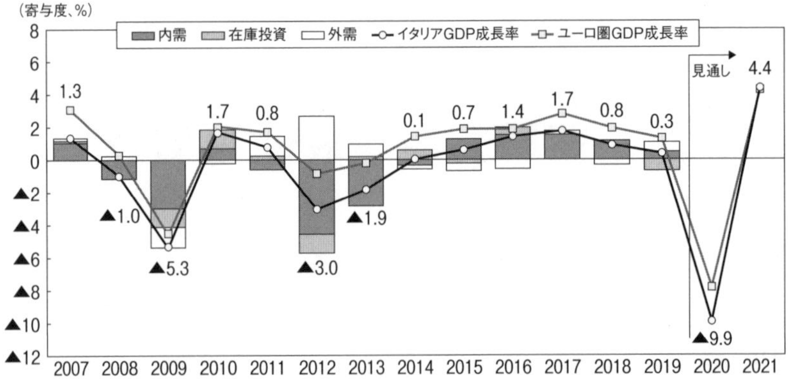

（出所）Istat、Eurostat、欧州委員会「European Economic Forecast, Autumn 2020」、Datastream

とで個人消費が減少し、第４四半期は −1.9％（2020年通年の実質 GDP 成長率は −8.9％）となった。

（新型コロナウイルス感染拡大に対するイタリアの主な経済対策）

○　企業が行う国内融資及び輸出保険に対する政府保証（最大90％を保証）

○　労働者向け給与補償金庫の拡充等による、雇用・所得・生活水準の補償

○　売上高500万ユーロ以下の企業に対する補助金の支給（最大５万ユーロ）

○　観光・文化関係セクターに対する税額控除

iv　スペイン　2020年初め以降、イタリアと同様に新型コロナウイルス感染拡大により多数の感染者・死者を出したことから、３月以降厳格なロックダウンを実施した。これにより、実質 GDP 成長率は、2020年第１四半期は前期比 −5.2％、第２四半期は同 −17.8％となり、大幅に減少した。一方、第３四半期の実質 GDP 成長率は同16.7％と、統計開始以来最大の上昇率を記録し、第４四半期でも同0.4％と連続成長を達成しているが、前年同期比では −9.1％にとどまり、依然危機前の水準を取り戻していない（2020年通年の実質 GDP 成長率は −11.0％）。

（新型コロナウイルス感染拡大に対するスペインの主な経済対策）

○　中小企業等に対する６カ月間の納税猶予、最大３カ月間の延滞金の免除

【図表1-26】スペインの実質 GDP 成長率の推移

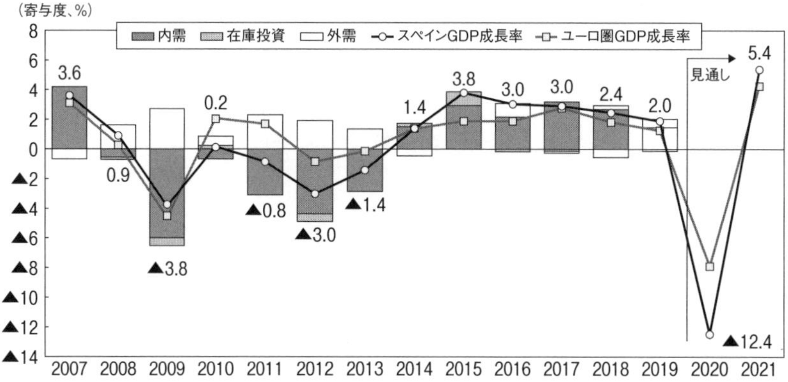

（寄与度、％）

内需　在庫投資　外需　スペインGDP成長率　ユーロ圏GDP成長率

（出所）スペイン国立統計局、Eurostat、欧州委員会「European Economic Forecast, Autumn 2020」、Datastream

○　収入が減少（前年比30％以上減）したホスピタリティ産業等に対する補助金の拡充

○　中小企業や自営業者等に対する、流動性支援のための政府保証（新規融資の最大80％）

○　財政支援基金を創設し、公共性の高い産業（インフラ・通信等）の財務基盤を強化

ｖ　英国　新型コロナウイルスの感染拡大に伴う行動制限等により、2020年第２四半期実質GDP成長率は前期比 −19.8％と、1955年の四半期ベースの統計開始以来最大の下げ幅を記録した。しかし、その後、新規感染者数の減少にともない、ロックダウン等の行動制限が緩和され、飲食店や宿泊施設などの営業が再開したことを受けて、内需を牽引する個人消費が前期比18.3％増となり、第３四半期の実質GDP成長率は同15.5％と大きく持ち直した。その後、11月以降の新型コロナウイルスの新規感染者数の増加や変異株の発生等にともない、再度ロックダウン措置を行ったが、政府支出や設備投資が伸びたことをうけて第４四半期は同1.0％と成長を維持した（2020年通年の実質GDP成長率は−9.9％）。

（新型コロナウイルス感染拡大に対する英国の主な経済対策）

【図表1-27】イギリスの実質GDP成長率の推移

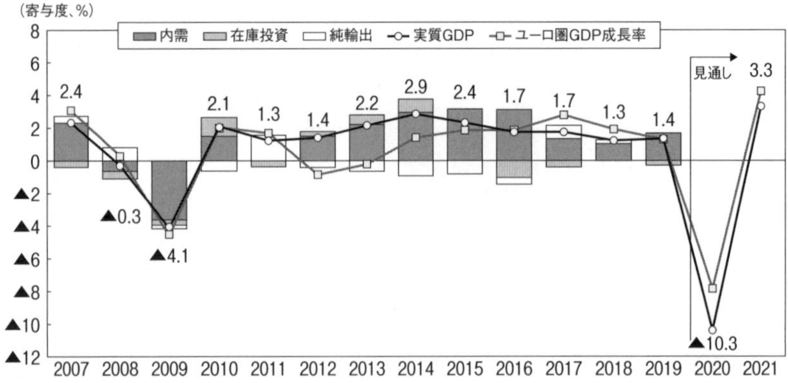

（出所）英国統計局、Eurostat、欧州委員会「European Economic Forecast, Autumn 2020」、Datastream

○ 事業者の固定資産税免除、企業向け補助金の支給

○ 企業に対する給与支払い支援（給与の80%（上限2,500ポンド／月））

○ 一時的な付加価値税率の引下げ（一部品目につき20%から軽減税率５%に引下げ）

○ 外食産業支援策として、飲食代金の50%を助成する “Eat Out to Help Out” を実施

（ii） 財政・金融政策

ユーロ圏の財政政策

EU の機能条約（The Treaty on the Functioning of the European Union）は、単一通貨ユーロの信認の維持と、健全財政を持続的な経済成長の基盤とするため、年間の「財政赤字を GDP 比３%以内」、「政府債務残高を GDP 比60%以内」に抑制するという財政規律の遵守を定めており、加えて、「安定・成長協定」（Stability and Growth Pact）において、財政規律の遵守にかかる具体的な手続が補完されている。

また、2010年に発覚したギリシャの債務問題に端を発する欧州債務危機（詳細は194頁以下参照）を踏まえ、欧州では、財政赤字等が生じた場合、それらを早期に是正できるようなガバナンス強化策に取り組んでいる。2011年12月には、「安定・成長協定」の強化及び EU 域内経済の監視プロセスの創設等を内容とする、「経済ガバナンス６法」（Six-Pack）[64]が発効した。また、2013年１月には、「財政協定」（Fiscal Compact）[65]が発効し、財政規律の実効性と強制力の強化が図られた。例えば、財政協定に基づき、各国は憲法等で財政収支均衡[66]を定める義務を負い、また過剰赤字国への制裁金等の手続の強化や、欧州委員会からの制裁等の提案が欧州理事会で否決されない限り自動的に可決される逆特定多数決[67]を採用。加えて、ユーロ加盟国には各国予算案の欧州委員会への

---

(64) ５つの規制と１つの指令から構成され、域内のマクロ経済の不均衡拡大を予防・是正するに関する措置等が盛り込まれている。

(65) 財政協定は、「経済通貨同盟における安定・協調・ガバナンスに関する条約」（The Treaty on Stability, Coordination and Governance in the Economic and Monetary Union）の通称。

(66) 具体的には、構造的財政収支対 GDP 比が▲0.5%以内である場合に、財政収支均衡という条件を満たすとされている。

事前提出を義務付け、内容を監視・評価する仕組みを導入する「経済ガバナンス2法」(Two-Pack)[68]が2013年5月に発効した。

2020年初めの新型コロナウイルス感染症の感染拡大を受けて、加盟国において機動的な財政措置を図るため、同年3月に「安定・成長協定」に規定される例外条項の適用を決定した。これにより加盟国は中期的な財政の健全性を損なわないという前提の下で、財政赤字GDP比3%以内、政府債務残高GDP比60%以内という予算要件から逸脱しつつ、必要な政策措置を講じることが可能となった[69]。また、2020年4月には、ユーロ圏財務相会合(ユーログループ)にて総額5,400億ユーロのセーフティネット[70]の構築に合意し企業の短期的な資金繰り支援や雇用・所得対策を実施。更に、同年7月には、欧州理事会において、総額1兆8,243億ユーロの欧州復興計画パッケージに合意した。欧州復興計画パッケージは、欧州復興基金(NGEU:Next Generation EU)の7,500億ユーロと次期多年度財政枠組みと呼ばれる2021年から2027年までの複数年度の予算である1兆743億ユーロから構成され、その3割を気候変動分野に投じることとするなど、EUが中長期的な観点で主要課題と考える政策に重点的に資源配分することで、復興を通じた成長の道筋を描く。

ii ユーロ圏の金融政策

2016年以降、欧州景気は底堅く推移していたが、各国固有の政治経済情勢に加えて[71]、米中対立・ブレグジット等の外的要因による経済の不確実性の増大

---

(67) 「特定多数決(Qualified Majority Voting)」とは、欧州理事会における表決方法の一つであり、人口比で各国に持ち票を分配した後、①55%(現加盟27カ国中15カ国)以上の加盟国の賛成、② EU域内の合計人口比で65%以上の加盟国の賛成という2つの条件を満たす場合に可決する方式。また、「逆特定多数決(Reverse Qualified Majority Voting)」とは、持ち票総数の約75%が反対しない限り可決する方式であり、「特定多数決」よりも可決されやすい方式とされる。

(68) ユーロ導入国を対象とする2つの規則からなり、各国に対して次年度予算計画の欧州委員会への提出や予算計画の実施を監視する独立機関の設置を義務付けている。

(69) 同決定事項はその後2021年中も継続適用とすることとされた。また、欧州委員会は2021年3月に、2022年中も引き続き同条項を適用する方針を示し、5月頃に公表予定の春の経済見通しの分析等も踏まえて最終的な判断を下すとしている。

(70) 内訳は、①欧州安定化メカニズム(ESM)を活用した与信枠(最大2,400億ユーロ)の提供、②各加盟国が実施する短時間勤務制度への支援(SURE)(総額1,000億ユーロ)、③欧州投資銀行(EIB)を通じた特に中小企業向けの融資保証(2,000億ユーロ)。

にともない、各国の景気・物価見通しが下方修正され、また物価目標も２％を大きく下回ってきた。そのため欧州中央銀行は、2019年９月に開催された理事会で、金融緩和方針を発表。政策金利を0.00％に据え置き、国債の買入れを含む量的緩和（200億ユーロ/月）を11月より再開するとした。

2020年３月、欧州での新型コロナウイルスの感染拡大を受け、金融市場の不安定化等に対応するための緊急量的緩和策として、7,500億ユーロの資産購入プログラムである「パンデミック緊急購入プログラム」（PEPP：Pandemic Emergency Purchase Programme）の開始を発表。民間・公的部門の証券を対象に、2020年末まで実施し、必要に応じて当該プログラムの規模を拡大、またこれまでのキャピタルキー（加盟国の経済規模等に応じた優先購入対象の割当て）のルールを緩和し、特定国の国債を自由に買うことができるようにした。更に、同年６月の理事会で、PEPPの債券購入枠を6,000億ユーロ拡大して総額１兆3,500億ユーロとするとともに、年末までとされていた期限も2021年６月まで半年間延長。その後、欧州での新型コロナウイルス感染再拡大による行動制限に伴う経済の悪化と物価見通しの低下に対応するため、12月の理事会において更なる量的緩和を行う旨決定。PEPPによる債券購入枠を更に5,000億ユーロ増額して総額１兆8,500億ユーロとするとともに、購入期間についても2022年３月末までとして９カ月間延長した。

iii　英国の金融政策

イングランド銀行（BOE：Bank of England）は、2016年のEU離脱に関する国民投票（詳細は10頁以下参照）後の急激なポンド安の進行等を踏まえて、同年８月に買入れ規模を従来の3,750億ポンドから4,450億ポンドに増額していたが、2017年前半までには上限額一杯の買入れを完了し、その後は各残高とも横ばいで推移していた。新型コロナウイルス感染症の感染拡大を背景に、BOEはこうした従来の量的引締め路線から方針を転換し、2020年３月・６月・11月と相次いで買入れ枠を増額。2021年３月時点でのBOEによる資産買

(71)　ドイツでは、EUが定める環境規制の強化により、主力である自動車産業に打撃。また、フランスでも「黄色いベスト運動」が流行、内政への対応に追われた。イタリアでは、拡張財政を掲げる政権（コンテ政権）が発足し、信用リスクに対する懸念から、国債利回りが上昇した。

【図表1-28】主要国の政策金利の推移

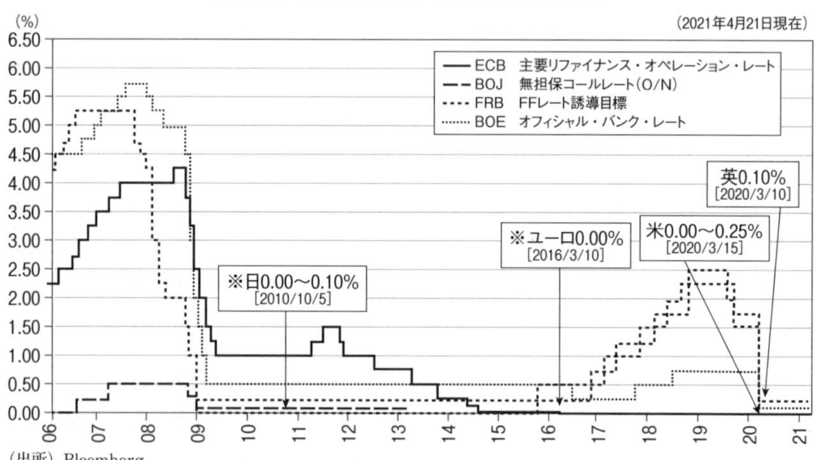

(出所) Bloomberg
(※) 日本銀行は金融市場調節の操作目標を2013年4月4日以降はマネタリーベース、2016年9月21日以降は長短金利へと変更したため、政策金利に該当する金利は無い。

【図表1-29】ECBのバランスシートの推移

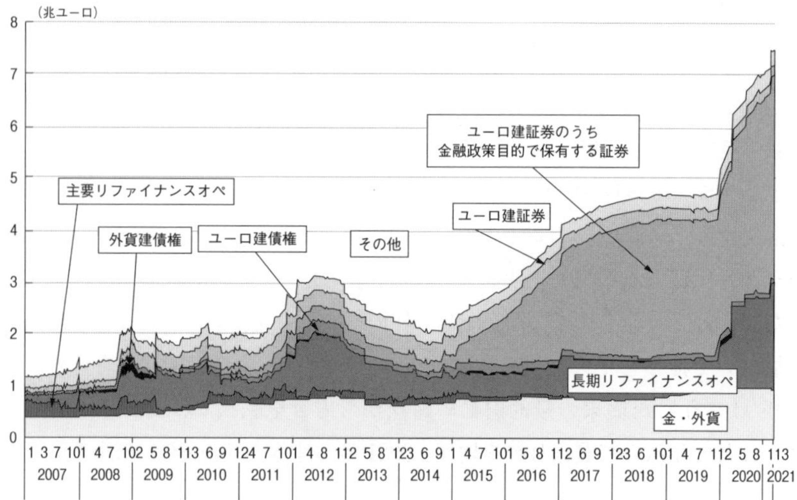

入れ総額は8,950億ポンドまで増えている[72]。また、政策金利（バンク・レート）についても、2020年3月に二度にわたって引き下げ、従来の0.75%から0.10%に変更した。

この他、同年3月、企業への流動性供給のために、BOEは「新型コロナウイルス感染症コーポレートファイナンスファシリティ」（CCFF：Covid Corporate Financing Facility）を財務省と共同設立し、コマーシャルペーパー（CP）の購入を通じて企業へ資金供給を行っている[73]。また、中小企業の円滑な資金調達支援のため、銀行や住宅金融組合に対し、担保と引き換えに満期10年の長期資金を提供する貸出促進スキーム（TFSME：Term Funding Scheme with additional incentives for SMEs）を導入した。

③ 中国

（i） 経済概況

中国経済は、1970年代後半の「経済改革・対外開放政策（改革開放政策）」への移行後、大きな発展を遂げた。1997年のアジア通貨危機により成長は鈍化したものの、2001年のWTO加盟により貿易及び直接投資が活発化したことで、GDP成長率は10%超の高い伸びを達成した。2008年のグローバル金融危機の影響により成長は減速したが、中国当局は4兆元規模の大型経済対策や政策金利・預金準備率の引下げを実施、2010年には再び二桁台の成長を記録し、同年には名目GDPで日本を抜き、世界第2位の経済大国となった。

他方、2008年の大型経済対策は、過剰設備・過剰債務、シャドーバンキングの拡大という、中国経済・金融における構造的な課題ももたらした。地方においてインフラ・不動産開発が積極的に行われることとなり、地方政府は不足する財源を補うため、「地方融資平台」と呼ばれる資金調達のための投資会社を通じて、銀行融資だけでなく、銀行のバランスシートを介さない「シャドーバンキング」による資金調達が行われた。その結果、企業や地方政府の債務残高は

---

(72) 資産買入れプログラム対象資産は国債（8,750億ポンド）・非金融機関の社債（200億ポンド）

(73) 満期1週間から12カ月で、主要格付機関のうち最低1社から投資適格級以上の格付（A-3/P-3/F-3/R3以上）を付与されたコマーシャルペーパーが対象。

著しく増加した[74]。

2010年以降は、世界経済の回復の遅れ、過剰設備や過剰債務の積み上がり等により、成長率は徐々に鈍化し、2019年には、政府の目標6.0-6.5%に対して、6.1%と29年ぶりの低水準となった。2020年は、新型コロナウイルスの感染拡大により、第一四半期の成長率は前年比▲6.8%と落ち込んだが、その後、感染拡大の抑制に成功したことにより、経済活動を再開させ、2020年通年では主要国では唯一のプラス成長を実現した。政府は、積極的な財政政策と穏健な金融政策の方針を維持しつつ、経済の質・効率性を向上させた持続可能な経済成長を実現するため、構造調整を推進している。

中国経済のトレンドをGDP成長率の寄与度でみると、経済成長の牽引役としての投資の割合は徐々に低下し、代わりに都市化の進展や個人所得の増加を受けて、消費の割合が高まっており、内需主導成長モデルに移りつつあることが分かる。産業別の割合でみても、2012年に第3次産業が第2次産業を上回り、その割合が徐々に増加するなど、経済発展の主役がサービス産業（第3次産業）に移りつつある。

他方、中国経済において消費を支える消費者（家計部門）側には、構造的な課題として少子高齢化や経済格差の問題がある。人口動態の変化を見ると、中国の生産年齢人口は、一人っ子政策（1970～2015年実施）の影響で、2014年にすでにピークを迎えている。そのため、中国は日本等の先進国と比べて、経済が豊かになる前に高齢化が進行（「未豊先老（みふせんろう）」）することが見込まれ、中央・地方政府の社会保障関連費用の増加に加え、社会保障サービスに従事する人材の確保でも困難さが増す可能性がある。経済格差については、都市化の進展に伴い、「農民工」（農村部から都市への出稼ぎ労働者）が増加しているが、都市に常住しながらも都市の戸籍を持たない農民工（「半城鎮人」）が多く（人口の約16%）、就職や教育・社会保障等の公共サービスのアクセスにおいて、不利な待遇を受けている。こうした都市部での格差を是正するため、

(74)　地方融資平台の借入は、地方政府による（明示あるいは暗黙の）保証が付され、返済困難な場合には実質的に地方政府の債務負担となるため、いわゆる地方政府の隠れ債務と指摘されることが多いが、当局は、明らかに地方政府の保証が付される場合以外は、企業債務と整理している。

政府は、農民工の都市戸籍の取得促進等の戸籍（hukou）制度改革に取り組んでいるが、財政的に受け入れ余力がない地方政府も多く、格差縮小は道半ばである。

中国の中長期的な経済戦略について、2021年3月に日本の国会に相当する全国人民代表大会（全人代）において、第14次5カ年計画（2021-25年）及び長期目標である2035年に向けた社会主義現代化ビジョン（2021-35年）が採択された。これらの計画は、前年の2020年10月に開催された中国共産党第19期中央委員会第五回全体会議（第19期五中全会）における建議を踏まえたものである。5カ年計画では、成長率目標は設定されず、「経済の動きを合理的な範囲内に保ち」「年度毎に実際状況に応じて経済成長の所期目標を打ち出す」とされた。また、国内循環を主体とし、国内・国際の二つの循環を相互に促進させる新たな発展枠組み（双循環）構築の促進が明記された。2035年までの長期目標では、2035年までの社会主義現代化の実現とともに、1人当たりGDPの「中等発展国」並みへの引上げが目標に掲げられた。

【図表1-30】中国の実質GDP成長率の推移

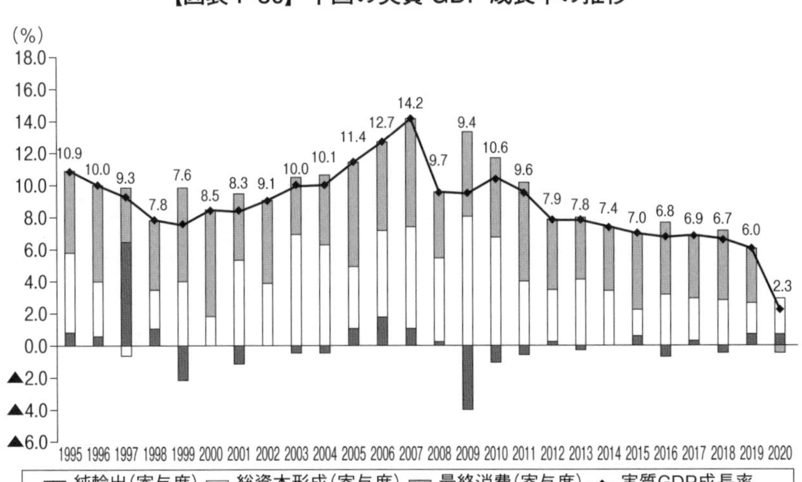

（出所）国家統計局

【図表1-31】産業別内訳

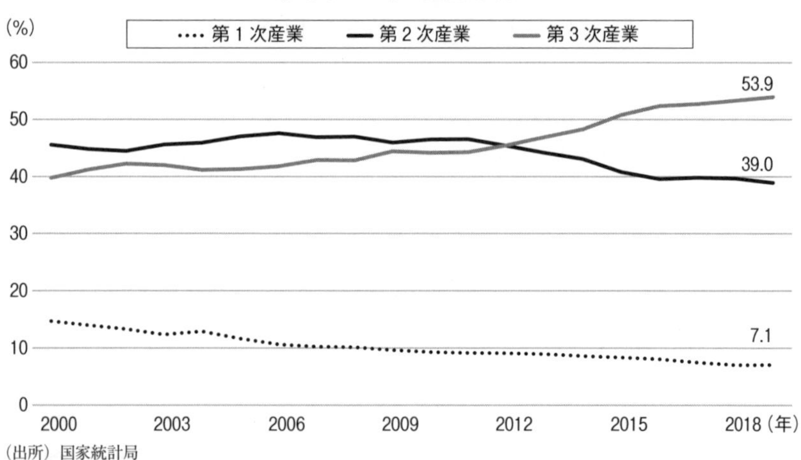

（出所）国家統計局

（ii） 財政・金融政策

財政政策

中国経済の発展により、財政収入（一般公共予算収入）は拡大しているが、財政支出（一般公共予算支出）が財政収入を上回る状態が続き（財政赤字）、2015年以降、財政赤字（対GDP）は拡大している。中国政府は、経済の減速に直面する中で、積極的な財政政策と穏健な金融政策を推し進めており、2020年5月の全人代では、積極的な財政政策は、「より積極的かつ効果的なものにする必要がある」との方針の下で、財政赤字のGDP比目標を3.6％以上、財政赤字の規模を前年度比1兆元増とするほか、感染症対策特別国債を1兆元発行することとされた。加えて、地方特別債を昨年より1兆6,000億元増やして3兆7,500億元とし、次世代情報ネットワーク等の新型インフラの整備、新型都市化の建設等を強化することが示された。

2021年3月の全人代においては、「積極的な財政政策は質と効果を高め、より持続可能に」、「穏健な金融政策は柔軟かつ的確に、合理的かつ適度なものに」、かつ「雇用優先政策は引き続き強化し、効果を高める」等の方針の下、同年のGDP成長率の目標を6％以上とした。

【図表1-32】中国の財政収支（一般政府ベース）

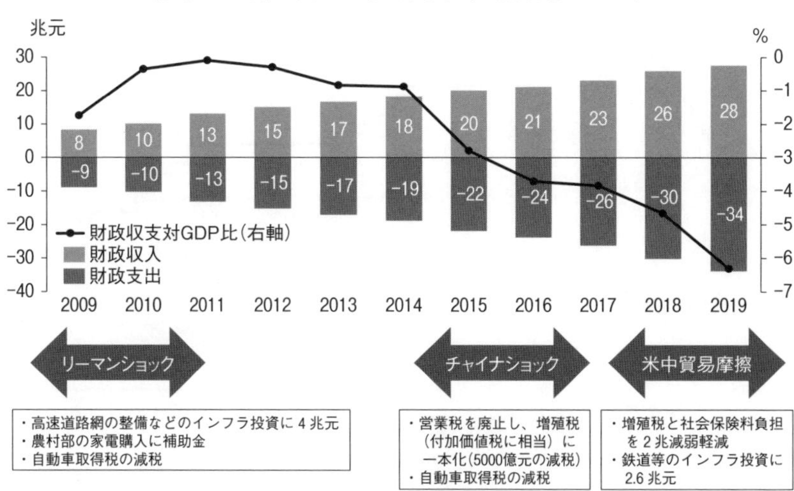

（出所）IMF World Economic Outlook, October 2020、各種報道

金融政策

中国では、中国人民銀行が金融・為替政策を担っているが、組織上は国務院（日本の内閣に相当）の1機関である。金融政策の基本方針や政策金利などの重要事項の決定には国務院の指導・認可が必要であり、主要国の中央銀行のような独立性はない。また、通貨価値の安定に加え、経済成長の促進を金融政策の目標としている（人民銀行法第3条）。

人民銀行の金融政策手段として、貸出・預金基準金利や預金準備率の操作、市中銀行への資金貸出（いわゆる再貸出）等がある。2008年のグローバル金融危機を受けて、4兆元の大規模経済対策や、預金準備率と金利の大幅な引下げを実施したことで、景気は急回復したものの、2010年以降、インフレが昂進したため、人民銀行はインフレ抑制を目的に、預金準備率と金利の引上げによる引き締め政策に転換した。それにより、2012年以降は、消費者物価上昇率は2～3％の水準で安定的に推移した。しかしながら、2014年後半以降、人民銀行は、中小企業の資金調達コストの高まりやインフレ率の低下に伴う実質金利の上昇を懸念して、預金準備率と貸出・預金基準金利を相次いで引き下げ（貸出・預金基準金利の引下げは、2015年10月までに計6回実施）、金融緩和を

【図表1-33】中国の政策金利

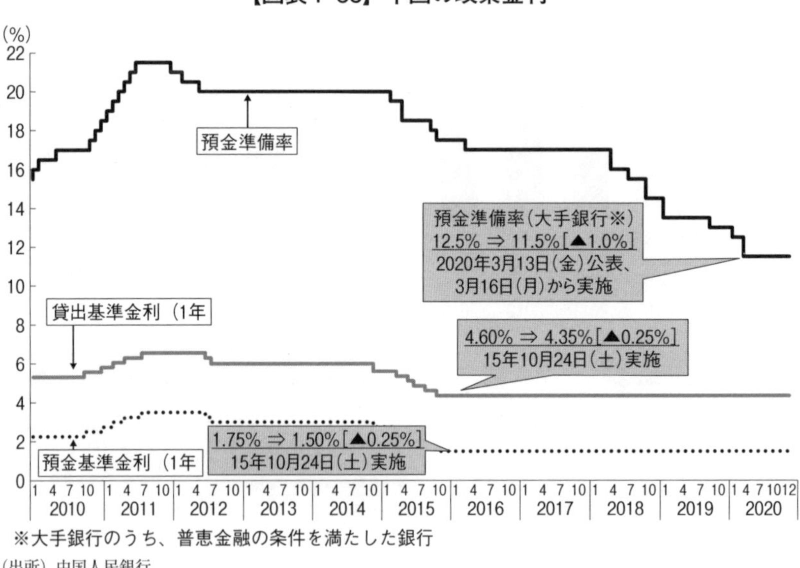

※大手銀行のうち、普恵金融の条件を満たした銀行
(出所)中国人民銀行

行った。

ただし、累次の金融緩和にもかかわらず、銀行から企業に貸し出す際の貸出金利が高止まりしていたことから、2019年8月、人民銀行は最優遇貸出金利(Loan Prime Rate:LPR)の算出方法の変更を発表し、銀行は貸出金利を設定する際、公開市場操作金利(主に1年物の中期貸出ファシリティ金利)を基にして算出されたLPRをベンチマークとして利用することとなった。

預金準備率は、2015年2月に実施された約2年9カ月ぶりの引下げ以降、2019年9月までに計10回にわたり引き下げられた。2020年4月と5月には、コロナ対策として、地方銀行及び農村部の中小金融機関、及び一定の基準を満たした株式制商業銀行等の預金準備率が引き下げられた。

コロナ経済対策

中国はコロナ経済対策として、金融面では、流動性供給等による市場安定化に加え、中小・零細企業等への貸出促進・債務返済猶予を実施した。また、財政面では、税・社会保険料負担の軽減・猶予や、公共投資の拡大、雇用対策を実施した。主な施策は、【図表1-34】のとおりである。

【図表1-34】

金融政策・金融支援	財政政策
○金利引下げ • 中期貸出ファシリティ（MLF）１年物金利の引下げ • 最優遇貸出金利（LPR）１年物の引下げ **○流動性供給** • 公開市場操作により、金融市場に流動性を供給 **○企業貸出促進** • 防疫業務に従事する企業、中小・零細企業に対する再貸出 （人民銀行による銀行への貸出） • 預金準備率の引下げ （包摂融資、農村部・地方の銀行、一部の商業銀行） • 大型商業銀行の小・零細企業向け包摂融資の伸び率目標（40％以上）、信用貸付・初回融資等の増加を奨励 • 貸出金利の引下げ努力を奨励 • 個人事業者への低利の貸出増加を指導 **○債務返済猶予等** • 中小・零細企業等への貸付金の元本・利息の返済猶予奨励 • 不良債権認定の運用緩和（地方金融当局の通知） • 銀行による未払い債権分類に関するガイドライン緩和を容認	**○税・社会保険料負担の軽減・猶予** • 小・零細企業の法人税・自営業者の所得税納付期限延長 • 影響の大きい企業の赤字繰延期間の延長 • 防疫物資生産企業の生産設備購入費用の一括費用計上 • 湖北省内の小規模納税者の増値税免除、他地域は減税 • 防疫物資の輸送にかかる増値税の免除 • 防疫を行う病院等への寄付について課税所得から控除 • 社会保険料負担の軽減 —中小企業等は納付免除、大企業は50％免除 —湖北省はすべての企業等で納付免除 **○投資の拡大** • 地方特別債（専項債）の増額（1.6兆元） • インフラ、都市化、交通等のインフラプロジェクトを強化 **○雇用対策** • 職業訓練・就業困難者等の雇用を行った企業への補助金 **○財政目標の緩和・地方財政支援** • 財政赤字 GDP 比を3.6％以上（前年比１兆元増額） • 感染症特別国債を１兆元発行　※いずれも地方に移転

中国金融市場の概況及び問題点

中国の金融システムは、銀行中心であり、特に、国有銀行の存在が大きく、更に、国有銀行と国有企業の結びつきが強いという特徴がある。このような金融システムの体質は、企業の過剰設備・過剰債務につながり、金融機関の不良債権問題としてしばしば顕在化してきた。銀行中心の金融システムでは、社債等を含む直接金融市場は未成熟であるが、近年、政府債務の増加や当局の資本規制緩和等を背景に、中国債券市場は規模を拡大し、債券残高は世界第２位となっている。ただし、依然として残る資本規制や、債券市場における未成熟な市場慣行（コーポレートガバナンスや格付けの甘さ等）は、市場の脆弱性やリ

【図表1-35】中国債券市場の規模

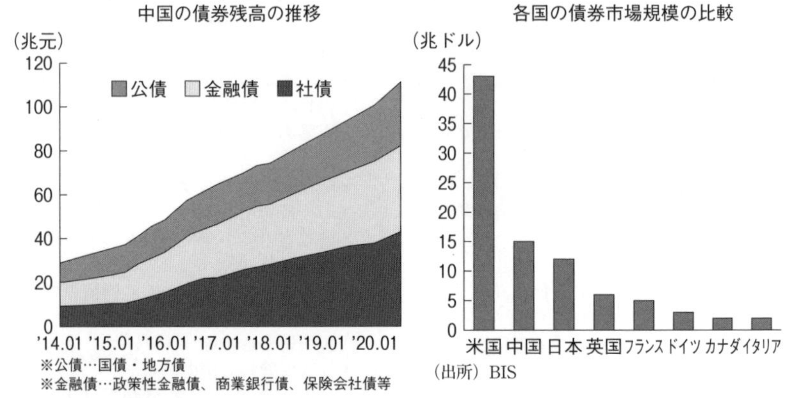

【図表1-36】中国中央国債登記結算(CCDC)対象債権残高の内訳

※CCDC(中国中央国債登記結算):中国本土における銀行間債券市場の証券決済機関。
取扱債券類は中国全体で取引されている債券の約65%(2020年8月末現在の中国本土の債券残高は約111兆円で、そのうちCCDCにおける残高は約73兆元)。

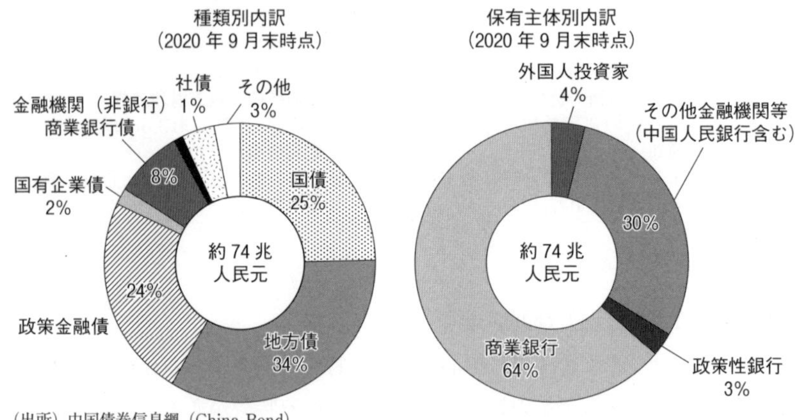

(出所) 中国債券信息網(China Bond)

スクにもつながっている。以下では、中国債券市場の現状と課題、中国当局が推進する人民元国際化について概観する。

(iii) 中国の債券市場

中国の債券市場は近年急速に拡大しており、その発行残高は、米国に次いで世界第2位の規模となっている。近年、中国当局による資本規制の緩和(債券市場における外国人投資家の取引ライセンスの付与等）や主要債券インデックスへの中国国債の組入れ等が後押しし、外国人投資家による中国債券投資が拡大している[75]。

ただ、現状では、外国人投資家による投資は、国債や政策金融債（政策系金融機関が発行する債券）に偏っている。債券発行残高の割合でみると、公債（国債・地方債）に比して社債の割合は低く、社債市場は発展途上である。また、債券の保有主体別では銀行の比率が高く、銀行は、償還年限が比較的短い中国債券を満期まで保有し続ける傾向があり、流通市場における流動性は低くなっている。

（iv）　人民元の国際化

中国は、2008年の世界金融危機後、米ドル依存のリスクを軽減し、対外取引上の人民元利用を促進する、人民元の国際化の取組を実施してきている。具体的には、①貿易・投資の決済における人民元の利用、②資本市場の段階的な対外開放を通じた人民元建て証券取引、③人民元取引決済インフラの整備（国際銀行間決済システム（Cross-Border Interbank Payment System：CIPS）の導入[76]等）、④人民元の利用を広げるための各国との金融協力（通貨スワップや直接交換）を推進している。

しかし、経済規模と比して人民元の取引規模は小さい。人民元のIMFのSDR入りが決定した2015年までは、資本市場の対外開放を進めたこともあり、クロスボーダー決済通貨全体に占める人民元の割合は、ほぼゼロから２％程度まで増加したが、それ以降は２％前後で横ばいとなっている。その理由として、2015年６月に、チャイナショック（中国株式市場における株価急落）が起きたことで、大規模な資本流出と外貨準備の減少が発生したため、中国当局が資本

---

(75) 中国国債は、2019年４月からブルームバーグ・バークレイズ・グローバル総合インデックスに（20カ月かけて段階的に）、2020年２月からJPモルガン・GBI-EMグローバル・ダイバーシファイドに（10カ月かけて段階的に）組み入れられた。2020年10月に、FTSE世界国債インデックスへの中国国際の組み入れ方針が発表され、FTSE Russellが主要なステークホルダー等と議論を行った上、2021年３月、2021年10月末から36カ月間の段階的な組み入れが正式に決定された。

(76) 中国人民銀行は、2015年10月、クロスボーダーの人民元決済の円滑化・効率化のために、CIPSを導入した。参加行は、人民元建てのクロスボーダー決済（貿易、投資、融資、個人送金等）に係る送金及び決済の手続を行うことができる。

取引規制強化等を行ったことが挙げられる。

このように、資本フローの動向により、資本取引規制は変更される傾向にあった。資本流出が収まった2017年半ば以降、資本取引規制は再び緩和されつつあるが、中国当局は、外貨両替や海外送金等の取引について金融機関への窓口指導と共に、いまだ様々な規制を実施している。例えば、証券投資を行うためには、適格投資家の資格（対内・対外証券投資それぞれに資格）を有するか、対内証券投資については、CIBM（銀行間債券市場）ダイレクトもしくは債券通（ボンドコネクト）等の限られた枠組みを利用しなければならない。こうし

【図表1-37】人民元の国際化の主な取組

年月	内容
～2005年7月	人民元の対ドルレートは8.2765元付近に固定（上下プラスマイナス0.3%の変動は認められていたが、事実上固定相場）
2005年7月	人民銀行は人民元の対ドルレートを8.11元へ2.1%切り上げるとの同時に、通貨バスケットを参照する管理フロート制への移行を発表
2007年5月	USD/CNYの一日の変動幅を基準値プラスマイナス0.5%に拡大
2009年7月	人民元決済システム取引の開始※クロスボーダー人民元決済の開始（当初は貿易取引かつ地域限定で開始。その後、経常取引・地域拡大）
2010年8月	外資系銀行による中国の銀行間債券市場での元建て債券運用解禁
2011年1月	中国企業による海外直接投資の人民元建て決済解禁（人民元建て預金残高増加に寄与）
2011年10月	外国企業による対中直接投資の人民元建て決済解禁（人民元建て預金残高増加に寄与）
2011年12月	RQFII（人民元適格外国機関投資家）制度開始　※ Renminbi Qualified Foreign Institutional Investor
2012年4月	USD/CNYの一日の取引幅を基準値プラスマイナス1.0%に拡大
2014年3月	USD/CNYの一日の取引幅を基準値プラスマイナス2.0%に拡大
2014年11月	上海・香港ストックコネクト（双方向株式取引）開始
2015年5月	中国本土・香港ファンド相互販売制度を創設（同年7月から開始）※基準を満たした公募投信を、他方の地域でも一般投資家向けに販売可能
2016年10月	人民元がIMFのSDRの通貨バスケットに採用される。新たなバスケットの構成比率は、米ドル：41.73%、ユーロ：30.93%、人民元：10.92%、日本円：8.33%、英ポンド：8.09%
2016年12月	深セン・香港ストックコネクト開始
2017年7月	ボンドコネクト（中国本土と香港間の債券相互取引）開始
2020年6月	RQFIIの国別割当限度額撤廃（香港には5,000億元割り当てられていた）

【図表1-38】SWIFTを用いたクロスボーダー決済における各通貨のシェア

	Jan_2002		Jan_2003		Jan_2004		Dec_2015		Jan_2016		Jan_2017		Jan_2018		Jan_2019		Jan_2020	
1	EUR	44.04%	USD	40.17%	USD	38.75%	USD	43.41%	USD	42.96%	USD	40.72%	USD	38.53%	USD	40.08%	USD	38.73
2	USD	29.73%	EUR	33.48%	EUR	33.52%	EUR	28.75%	EUR	29.43%	EUR	32.87%	EUR	32.75%	EUR	34.17%	EUR	36.70
3	GBP	9.00%	GBP	8.55%	GBP	9.37%	GBP	8.24%	GBP	8.66%	GBP	7.49%	GBP	7.22%	GBP	7.07%	GBP	6.50
4	JPY	2.48%	JPY	2.56%	JPY	2.50%	JPY	2.79%	JPY	3.07%	JPY	3.06%	JPY	2.80%	JPY	3.30%	JPY	3.59
5	AUD	2.08%	AUD	1.85%	CAD	1.80%	CNY	2.06%	CNY	2.45%	CAD	1.87%	CNY	1.66%	CNY	2.15%	CNY	1.88
6	CAD	1.81%	CHF	1.83%	AUD	1.75%	CAD	1.91%	CAD	1.74%	CNY	1.68%	CAD	1.51%	CAD	1.74%	CAD	1.77
7	CHF	1.36%	CAD	1.80%	CNY	1.39%	CHF	1.91%	CHF	1.63%	CHF	1.53%	CHF	1.42%	HKD	1.50%	AUD	1.44
8	SEK	1.05%	SGD	1.05%	CHF	1.38%	AUD	1.74%	AUD	1.47%	AUD	1.50%	AUD	1.38%	AUD	1.44%	HKD	1.43
9	SGD	1.03%	HKD	1.02%	HKD	1.09%	HKD	1.28%	HKD	1.23%	HKD	1.15%	HKD	1.32%	SGD	1.02%	SGD	0.98
10	HKD	0.95%	THB	0.97%	THB	0.98%	THB	0.98%	THB	0.99%	SEK	1.01%	SGD	1.01%	THB	0.96%	THB	0.89
11	NOK	0.93%	SEK	0.96%	SEK	0.97%	SGD	0.89%	SGD	0.90%	THB	1.00%	THB	0.95%	CHF	0.85%	SBK	0.87
12	THB	0.82%	NOK	0.80%	SGD	0.88%	SEK	0.80%	SEK	0.86%	SGD	0.89%	SEK	0.85%	SEK	0.81%	CHF	0.73
13	DKK	0.54%	CNY	0.63%	NOK	0.80%	NOK	0.68%	NOK	0.63%	NOK	0.67%	NOK	0.64%	NOK	0.66%	NOK	0.67
14	RUB	0.52%	DKK	0.58%	DKK	0.60%	DKK	0.56%	PLN	0.50%	PLN	0.50%	PLN	0.47%	PLN	0.54%	PLN	0.50
15	CNY	0.25%	RUB	0.56%	PLN	0.59%	RUB	0.21%	DKK	0.43%	DKK	0.46%	MYR	0.41%	DKK	0.46%	MYR	0.39

（出所）SWIFT RMB Tracker Monthly reporting

【図表1-39】中国：クロスボーダー資本フロー・外貨準備高の推移

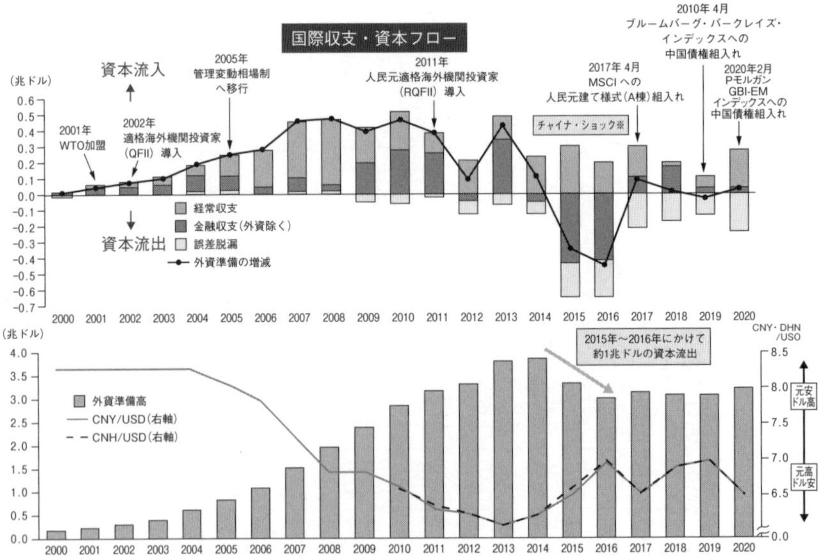

国際収支・資本フロー

(兆ドル)
資本流入
資本流出
2001年 WTO加盟
2002年 適格海外機関投資家(QFII) 導入
2005年 管理変動相場制へ移行
2011年 人民元適格海外機関投資家(RQFII) 導入
2017年 4月 MSCIへの人民元建て株式(A株)組入れ
2010年 4月 ブルームバーグ・バークレイズ・インデックスへの中国債権組入れ
2020年2月 Pモルガン GBI-EM インデックスへの中国債権組入れ
チャイナ・ショック※
経常収支
金融収支(外資除く)
誤差脱漏
外貨準備の増減

(兆ドル)
2015年～2016年にかけて約1兆ドルの資本流出
外貨準備高
CNY/USD(右軸)
CNH/USD(右軸)
CNY・DHN/USO
元安 ドル高
元高 ドル安

（※）チャイナショック：2015年８月に行われた人民元の切り下げをきっかけに、中国経済に対する悲観的な見方が台頭し、人民元をはじめ新興国通貨が大きく売られ、世界の株式相場が連鎖的に急落する事態が発生。
（出典）中国外貨管理局（SAFE）

た規制が、人民元の国際化の広がりが当局の思惑どおりに進んでいない一因となっていると考えられる。

4. 新型コロナウイルス感染症への対応

グローバルな人の往来が経済活動を支えている現代社会においては、個々の国や地域の取組だけでは、新型コロナ感染拡大を封じ込めるはできず、国際社会の連携が必要不可欠である。本書はしがきで述べたが、新型コロナ感染拡大が本格化してきた2020年３月以降、国際社会は、世界が直面する未曾有の危機を乗り越えるべく、G7やG20における議論を通じて、経済政策、途上国支援などの多岐にわたる問題に取り組んできた。また、このような危機時において、IMFやMDBs（国際金融機関）といった国際機関が担う役割も極めて大きく、その専門知識と財源を活用し各国・地域の感染予防対応等を迅速かつ効率的に

【図表1-40】中国の主な資本取引規制

inflow/outflow	規制内容
【直接投資】	
inflow	外商投資法に基づき、対内投資をネガティブリストにより管理。投資禁止分野への投資は禁止、投資制限分野においては各種条件が付される。
outflow	対外投資を「センシティブ類」「非センシティブ類」に分類し、前者については国家発展改革委員会による認可が必要な一方、後者は届出のみ。
outflow	3億米ドル相当以上の対外投資、センシティブな国・地域・業界への対外投資、重大な経営赤字が発生した対外投資に、重点的な監督・検査を実施。
【証券投資】	
outflow	対外証券投資は、適格国内機関投資家（ODII）制度が導入され、投資枠内で限定的に開放。投資枠は段階的に緩和されたが、引き続き存在。
inflow	対内証券投資については、適格海外機関投資家（OFII/ROFII）、CIBMダイレクト、債券通貨の限られた枠組みでのみ可能。
【貸出・借入】	
inflow	中国国内の外資系企業の国外からの資金調達については、投注差方式（「投資総額－資本金」以内に抑制）、またはマクロプルーデンス方式（純資産または資本金に基づく管理）により制限。マクロプルーデンス方式については、2020年3月、限度額算出方法を変更し、借入枠を拡大。
outflow	中国現地法人から海外に域外貸付（子親ローン）を行う場合、事前に外貨管理局に登記を行う必要。また、人民元建子別ローンについて、貸付人と借入人との間に持ち分関係があること、限度額は所有者権益の30%までの外貨と合算すること、原資は借入金不可とする等の要件あり。
【現預金引出し・送金】	
inflow	外資企業が外貨資本金を人民元に両替した資金は、許可された経営範囲内で使用されなければならず、中国国内の株式への投資は不可。
outflow	個人が中国国内の銀行カードによって海外で現金を引き出す場合、年間10万元が上限。また、1日あたりでは1万元が上限。
outflow	1回につき5万ドル以上の海外送金を行う場合、金融機関にて取引関連書類の審査、地元国税機関への税務届が必要。

（参考）2017年9月　中国国内での証券通貨の発行による貸金調達を禁止

サポートすることが求められている。このような国際機関を通じた多国間（マルチ）支援に加え、日本は、JICAによる円借款やJBICによる途上国における民間プロジェクト支援などの二国間（バイ）支援を通じて日本の知見を活用した新型コロナ対策支援を途上国に対して行ってきた。

本節では、これまで実施されてきた新型コロナ対策の分野における国際機関を通じたマルチ支援及び日本のバイ支援について概観したい。

(1) 多国間支援（マルチ）

① IMFのコロナ対策

IMFは、グローバル金融セーフティネットの中心として、新型コロナによる経済危機の影響を受ける加盟国に対して、迅速な支援を行っている。

（ｉ） 融資

IMFでは、今回の危機に際して、緊急の国際収支上のニーズを有する国に対して事後のコンディショナリティ（融資条件）なしに迅速な融資を行うことができる制度について、加盟国のアクセス上限を引き上げている。具体的には、ラピッド・ファイナンシング・インストルメント（RFI：Rapid Financing Instrument）及び低所得国向けのラピッド・クレジット・ファシリティ（RCF：Rapid Credit Facility）について、年間アクセス上限（一年間にIMFから融資を受けられる上限額）を加盟国のクォータ（出資額）比50％から100％に、累計アクセス上限（IMFから受けられる融資総額の上限額）をクォータ比100％から150％に一時的に引き上げている。

また、新たな融資制度として、健全な政策運営を行っている国を対象に、コンディショナリティなしに、必要な時に迅速にアクセス可能な短期資金を供給する短期流動性ライン（SLL：Short-term Liquidity Line）を創設した。

IMFは、コロナ対応として、85の加盟国に対して、1,100億ドルを超える支援を提供している。

（ii） IMFへの債務返済の免除

更に、低所得国の中でも最も貧しく脆弱な国に対して、IMFへの債務返済を一定期間免除している。具体的には、大災害抑制・救済基金（CCRT：Catastrophe Containment and Relief Trust）の制度変更を行い、今回のパンデミックに対応できるようにすることで、対象国がIMFに対して有する債務の返済を相殺する資金を提供している。これにより、同基金の支援を受ける国において、喫緊である保健支出を行うための財政余地を確保することができる。これまでに29ヵ国に対して、計7.3億ドルの債務返済を免除している。今後更に、2022年4月までに支払期限を迎える対IMF債務の返済が免除される予定である。

(iii) 政策助言

IMFは、世界経済や各国の施策をモニターしつつ、パンデミックを乗り越えるために必要な政策助言を行っている。IMFのウェブサイトには、"Policy Tracker"というページが設けられ、197の国・地域の対応状況が随時更新されている。更に、世界経済見通しをはじめとする多国間のサーベイランスにおいても、コロナ危機の影響、政策対応について定期的に分析・公表しているほか、新型コロナの感染拡大の影響を受けて一時的に停止していた4条協議をはじめとする二国間のサーベイランスについても、ヴァーチャル形式などを取りながら徐々に再開している。

(iv) 能力開発

IMFは、加盟国がパンデミックによる足元の経済的影響を緩和し、今後経済回復を図っていくための制度強化（財政運営、債務管理等）にかかる能力開発（技術支援や研修）を行っている。渡航制限により、従来のように専門家を派遣することができない状況下において、リモート支援を通じた対応に変更するなど柔軟に対応しているほか、IMFウェブサイト上で無償提供しているオンライン・コースや、新たに立ち上げたIMF Institute Learning Channelを通じて、政府当局職員に対してのみならず一般の人々も含め、幅広い形で知見を提供している。

(v) 日本の貢献

日本は、IMFがコロナ危機の影響を受ける加盟国を迅速に支援できるよう、IMFに対して様々な貢献を行っている。具体的には、2020年4月には、IMFの低所得国向けの譲許的融資（貧困削減・成長トラスト）について、その融資原資への日本の貢献額を倍増させる（36億SDR（49億ドル）→72億SDR（98億ドル））ことを表明し、まずは直ちに利用可能な18億SDRを拠出した。あわせて、CCRTに対し1億ドルの即時に利用可能な資金貢献を行うことを表明した。更に、同年10月には、主に途上国の債務管理能力向上を支援するため、IMFが新たに立ち上げた能力開発のためのCOVID-19 Crisis Capacity Development Initiativeに対して、1,000万ドルの貢献を表明した。

【図表1-41】新型コロナウイルス感染症対応：IMFの支援パッケージ（資金支援関連）

○融資ツール
- RFI（Rapid Financing Instrument）及びRCF（Rapid Credit Facility）の年間アクセス上限を倍増等：RFI、RCFは緊急の国際収支上のニーズが生じた国に対して、事後のコンディショナリティ（融資条件）なしに、迅速に支援を行う制度。（注）RCFは低所得国向け。【2021年5月6日時点：85カ国承認済（約1,102億ドル）】
- SLL（Short-term Liquidity Line）の創設：政策が強固な国を対象に、コンディショナリティなしに、必要な時に迅速にアクセス可能な短期資金を供給するファシリティを新たに設置。

○貧困削減・成長トラスト（Poverty Reduction and Growth Trust）：通常の融資を行う一般資金勘定の他に、低所得国を支援するため、譲許的（長期、低金利）な融資を行うために設置された基金。（2020年4月のIMFCにて、日本が最大49億ドルの追加資金貢献）

○大災害抑制・救済基金（Catastrophe Containment and Relief Trust）：2015年2月、前年のエボラ流行を機に設立された、感染症の流行等により重大な経済の低迷を招いた貧困国・脆弱国に対して、IMFに対する債務の返済に充てる資金を供与するための基金（2020年4月のIMFCにて、日本が1億ドル追加拠出）。【2021年5月6日時点：29カ国承認済（約727百万ドル）】

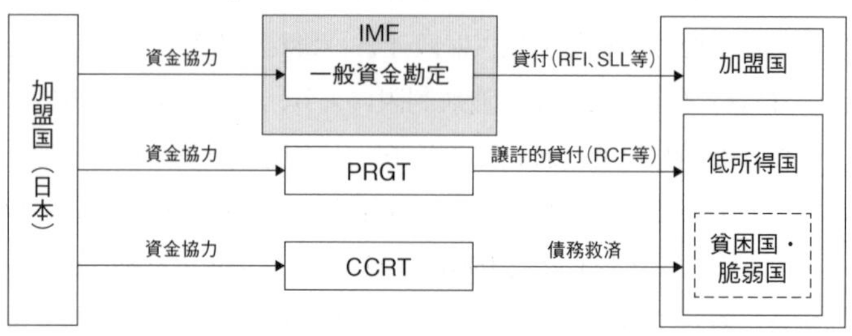

② 国際開発金融機関（MDBs）を通じた支援

途上国における新型コロナウイルス感染症（COVID-19）への対応を支援するため、MDBsも、新たな支援ファシリティの創設や信託基金の設立などの支援強化を実施している。

世界銀行グループ

2020年3月、世界銀行グループは、足元の緊急支援として、途上国政府向けの検査能力向上や診療所施設の改修・医療スタッフの装備支援、感染症対策に取り組む機関の能力構築・関連するポリシーの策定支援として60億ドル、更に、途上国の民間企業向けのサプライチェーン維持のための資金繰り支援や貧困層向け民間クリニックの支援等のために80億ドルの合計140億ドルを支援することを表明した。その後、マルパス世界銀行総裁が、2020年4月のG20首脳会議において、新型コロナウイルス対策支援を実施するため2021年6月までの15カ月間にグループ全体として総額1,600億ドルの事業を実施すると表明し、同年9月末までの半年間において、430億ドルの支援を実施。また、2020年7月には、世界銀行グループで民間企業向け出融資を担う国際金融公社（IFC：International Finance Corporation）が、途上国向けの保健・医療物資の製造・供給に係る民間投資を喚起するため、Global Health Platform（GHP）の構築を決定した。GHPは、新型コロナウイルスのワクチン、治療・診断薬その他の医療関連物資の製造・供給能力を強化するため、民間企業に対して投融資を実施。ワクチン、治療・診断薬のほか、医療関連機材（人工呼吸器、酸素飽和度測定器等）、個人防護具（マスク等）、製薬の原材料となる物質等の、製造施設の整備やサプライチェーン（貯蔵施設等）の構築を支援。更に、世界銀行は、同年10月に、途上国によるワクチンの購入・配布に向けて、120億ドルの支援を表明した。

日本は、IFCのGHPによる、途上国における民間投資案件の組成や供給能力の向上を図る取組を支援するため、2020年10月の世界銀行・IMF合同開発委員会にて、10百万ドルを拠出する旨表明した。また、日本は、感染症への緊急対応と今後の感染症への備えを目的とした、保健危機への備えと対応に係るマルチドナー信託基金（HEPRTF：Health Emergency Preparedness and Response Multi-Donor Trust Fund）の設立を世界銀行とともに主導し、2020年4月の世界銀行・IMF合同開発委員会にて100百万ドルの拠出を表明した。同基金は6月に立ち上げられ、9月には第一号案件となるスーダン向けの支援（6.5百万ドル）を承認した。2021年4月の世界銀行・IMF合同開発委員会においては、50百万ドルの追加拠出を表明している。

アジア開発銀行（ADB）

2020年4月、アジア開発銀行（ADB）は、途上国政府向けの財政支援や新型コロナウイルス対応支援、途上国民間企業向けの貿易金融や中小企業支援等を目的とする緊急支援パッケージとして200億ドルの支援を表明した。同パッケージでは、途上国政府への緊急財政支援だけでなく、保健医療システム強化のための技術協力や防護具購入、食糧配給、ワクチン戦略の策定等も支援。更に、世界銀行やWHO・UNICEF等の国連機関と緊密に連携し、必要不可欠な医薬品や医療機器等の調達・供給を支援している。2020年12月現在、同パッケージにおけるADBから途上国政府及び民間セクターに向けた新型コロナ対策支援に係るコミットメント（契約締結額）は総額149億ドルに達している。

同年12月には、左記200億ドルの支援パッケージに加え、途上国が効果的かつ安全な新型コロナウイルスのワクチンを迅速で公平な方法で調達・提供できるよう支援するため、90億ドルの支援を表明した。これは、途上国政府によるワクチン調達等を支援するとともに、ワクチンの輸送・管理・普及に必要なインフラ、システムの構築等を支援するためのプロジェクト向け投資を通じ、途上国のワクチンアクセスを包括的に支援するもの。これらに加え、民間企業向け支援として、サプライチェーン・貿易金融支援、保管・輸送・配布に係る投融資や、ニーズ評価、能力開発、プロジェクト設計・実施支援等の技術協力を提供することとしている。

日本は、上記ADBの取組を支え、途上国における新型コロナウイルス感染症の拡大を抑制するための能力強化を支援するため、ADB内に設置された貧困削減日本基金（JFPR：Japan Fund for Poverty Reduction）とアジア太平洋災害対応基金（APDRF：Asia Pacific Disaster Response Fund）に対し、合計150百万ドルを拠出した。これにより、水際対策等に関する途上国政府への政策アドバイス、検査施設や隔離施設等の小規模医療インフラ整備、防護服や医療機器等の資機材供給などを支援している。

米州開発銀行（IDB）グループ

2020年3月、米州開発銀行（IDB）グループは、新型コロナウイルスの影響を受けた加盟国に対する186億ドルの支援パッケージを公表。更に同年4月には、IDBグループにおいて民間企業向け案件を所掌するIDB Investによる支援規模について、当初の50億ドルから70億ドルへ拡充することを公表し（20億ドルの追加）、支援パッケージの総額はIDBグループ全体で206億ドルとなった。IDB本体では保健セクター支援、脆弱層支援、域内国政府の財政運営支援で最大136億ドル、IDB Investでは、金融機関への流動性供給、観光セクター等への企業支援、貿易金融等で最大70億ドルの支援を実施する計画。2020

【図表1-42】世銀グループによる新型コロナへの対応

世銀グループ全体で最大1,600億ドルの支援（2020年4月～2021年6月）を表明
（2020年3月、G20首脳会談においてマルパス総裁より表明）

〈これまでに表明された具体的な支援措置〉

国際復興開発銀行（IBRD）・国際開発協会（IDA）

① **途上国政府によるワクチンの調達・供給支援：120億ドル（2020年10月）**
- 途上国政府によるワクチン調達（COVAX経由・個別調達）のための資金等を支援

② **途上国政府による新型コロナへの緊急対応・能力構築：60億ドル（2020年3月）**

国際金融公社（IFC）

① **Global Health Platform：40億ドル（2020年7月）**
- 途上国向けの保健・医療物資（ワクチン・薬を含む）の製造・供給に係る民間投資を支援

② **途上国の民間企業の資金繰り等に対する支援：80億ドル（2020年3月）**

多数国間投資保証機関（MIGA）

○ **途上国の民間企業（保健関連等）への融資等に対する保証：65億ドル（2020年6月）**

【図表1-43】世銀グループを通じた途上国による感染症への対応・備えの強化に向けた取組

保健危機への備えと対応に係るマルチドナー基金（HEPRTF）

- 日本は、新型コロナの感染拡大を受け、2020年4月の世銀・IMF合同開発委員会で、世銀とともに、途上国による感染症への迅速な「対応」と「備え」を支援する「保健危機への備えと対応に係るマルチドナー基金」（Health Emergency Preparedness and Response Multi-donor Trust Fund：HEPRTF）の立上げを表明。
- 同年7月に、日本は、当面必要な緊急支援としてHEPRTFに100百万ドルを拠出。更に、2021年4月の世銀・IMF合同開発委員会で50百万ドルの追加拠出を表明。
  ※日本以外では、ドイツが2021年1月に11百万ドルを拠出。
- HEPRTFでは、途上国政府や国際機関等による以下の取組を支援。
  （①感染症への対応：医療資機材の確保、保健サービスの提供、危機対応能力の強化　等
  （国内のワクチン配布に係る政府の能力強化や医療設備・機材の整備を含む）
  ②感染症への備え：保健政策・保健システムの強化、検査・監視体制の構築　等）
- 低所得国を主な支援対象としつつ、中所得国や、世銀に対し延滞債務を有する国等に対し支援を行うことも可能。

年12月までに約79億ドルを承認。

日本は、上記IDBグループの支援に加え、IDB内に設置している日本特別基金（JSF）を通じて、域内加盟諸国の保健医療分野における能力強化等の支援を実施している。

アフリカ開発銀行（AfDB）

2020年4月、アフリカ開発銀行は、新型コロナウイルス対策のために最大100億ドルの支援を実施すると表明。銀行本体（AfDB）としては、アフリカ域内加盟国のうち中所得国政府向けに56億ドル（財政支援として37億ドル、公共サービス・社会インフラ維持整備等支援として19億ドル）、流動性資金や貿易金融・保証などの提供のため民間セクター向けに13億ドルの支援を実施。譲許的資金（AfDF）としては、アフリカ域内加盟国のうち低所得国政府向けに31億ドルの支援（財政支援として27億ドル、財政支援以外で4億ドル）を実施することとしている。

欧州復興開発銀行（EBRD）

2020年3月、欧州復興開発銀行（EBRD）は、新型コロナウイルス対策として、Resilience Frameworkを含む「COVID-19 Solidarity Package」を創設。Resilience Frameworkの支援規模は40億ユーロ（当初10億ユーロで、本年4月に40億ユーロに金額を拡充）。同Frameworkでは、新型コロナウイルスの影響を受けている既存顧客及び既存顧客の関連会社等を対象とし、貸出期間の上限は3年間。支援内容は、中小企業等向けの貿易金融の提供や、企業・地方自治体向けの短期流動性資金の供給。理事会での承認手続は、通常案件よりも迅速かつ簡素化されたものとなっている。このほか、貿易円滑化プログラム（Trade Finance Programme）など既存の枠組みについても、新型コロナウイルス対策として、最大貸出期間の拡充や手続の簡素化等を認め、積極的な支援を実施している。

2020年10月時点の承認実績は、Resilient Framework下の取組が48件、15億ユーロ、既存の枠組みにおける取組が167件、23億ユーロとなっている。

(2) 二国間支援の状況について（バイ）

① 新型コロナ危機対応緊急支援円借款

2020年4月、「新型コロナウイルス感染症緊急経済対策」（令和2年4月7日閣議決定）を踏まえ、日本と地理的・経済的接点が多いアジア・大洋州を中心とする開発途上国に対して、必要な経済対策等に要する資金を機動的に供給す

【図表1-44】緊急支援円借款の供与の状況（2021年5月時点）

交換公文（E/N）署名	国名	億円
2020年7月	フィリピン	500
7月	インドネシア	500
8月	バングラデシュ	350
9月	インド	500
9月	モルディブ	50
10月	モンゴル	250
11月	カンボジア	250
2021年1月	パプアニューギニア	300
2月	ソロモン	25
2月	フィジー	100
2月	モーリシャス	300
3月	ウズベキスタン	150
合　計		3,275

るため、「新型コロナ危機対応緊急支援円借款」（以下「緊急円借款」）を創設した。緊急円借款の規模については、当初、2020年4月から2022年3月までの2年間で最大5,000億円としていたが、2020年12月、「国民の命と暮らしを守る安心と希望のための総合経済対策」（令和2年12月8日閣議決定）を踏まえ、最大7,000億円に拡充した。

新型コロナウイルス感染症の世界規模での拡大及びそれに伴う経済社会活動の停滞は、人の往来やモノの流通がグローバルに進展している今日、日本を含むすべての国の経済・社会にとっても大きな脅威であり、国際社会全体が一致して取り組むべき課題である。特に、緊急円借款による支援を通じて、新型コロナウイルスの感染拡大の影響を受けるアジア・大洋州などの途上国における保健システムの強化や経済活動の維持・活性化に貢献することは、日本を含む世界経済を下支えする観点からも重要である。

こうした理念のもと、2020年7月のフィリピンへの支援（500億円）を皮切りに、2021年5月現在、12カ国3,275億円の支援を実施している。

② 無償資金協力

保健・医療体制が脆弱な途上国に対し、X線撮影装置、サーモグラフィ、救急車などの医療関連機材等の供与を通じた保健・医療体制の強化のための支援を実施。途上国ニーズに迅速に対応し、感染症拡大を防止するため、かつてないスピードで実施している（2021年2月時点で95ヵ国と交換公文を締結）。

③ JICAによる技術協力

保健・医療体制が脆弱な途上国に対し、中長期的な能力強化のための保健・医療システム強化や人材育成等の能力構築支援を実施。45カ国の現地のカウンターパート機関と連携し、医療従事者の感染防御や施設内感染対策等の研修や検査機器・試薬及び医療従事者のための感染防護資機材供与を含む体制整備も実施している（2021年2月時点）。

④ 海外投融資

国際協力機構（JICA）が行う海外経済協力業務として、民間活動支援を通じた経済協力を行う海外投融資業務がある（JICAの海外投融資について詳細は325頁）。海外投融資を活用した新型コロナウイルス感染症対応の事例として、コロナ禍の影響を受ける中小零細企業をマイクロファイナンスにより支援するものがある。

2020年11月、開発途上国のマイクロファイナンス機関（MFI）への融資を行うファンド「COVID-19 Emerging & Frontier Markets MSME Support Fund」に対する出資を実行した。同ファンドへの出資を通じて開発途上国のMFI（Microfinance Institutions）へ融資を行い、MFIからMSME（Micro, Small & Medium Enterprises）へ金融サービスを提供することで、COVID-19影響下におけるMSMEの差し迫った資金需要に応えていくこととしている。

【図表1-45】事業スキーム

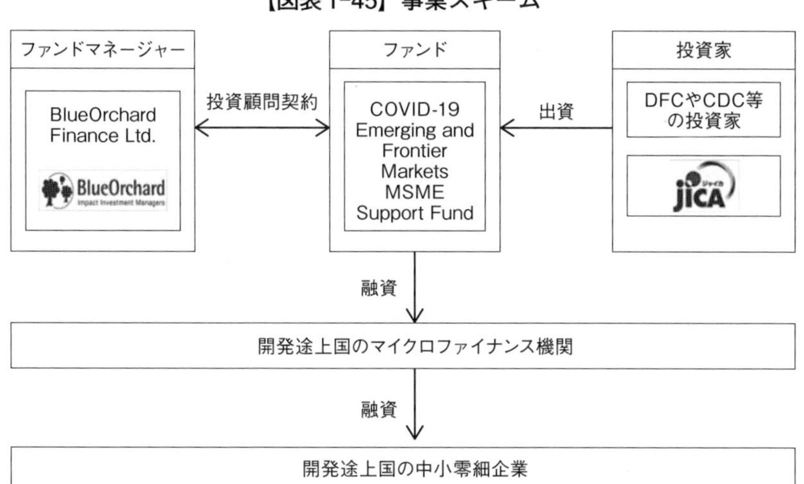

(3) 国際協力銀行（JBIC）を通じた支援

新型コロナウイルス感染症の世界的な拡大は、途上国・新興国のみならず、先進国を含めた世界経済全体に大きな混乱をもたらしたことで、グローバルにサプライチェーンを展開し、日本経済を支える企業の海外事業活動にも深刻な影響を与えた。こうした状況に対して、「新型コロナウイルス感染症緊急経済対策」(2020年4月20日閣議決定) を踏まえ、臨時・特別の措置として、JBICの「成長投資ファシリティ」(2020年1月に設置) を拡充し、「新型コロナ危機対応緊急ウインドウ」を創設した。同ウインドウは、日本企業の海外事業活動の維持・確保・再構築等を強力に支援するため、外為特会を全額原資として低コストの資金を供給するものであり、2021年3月末現在、合計152件、7,950億円の資金供給を行っている。

また、2020年7月には、時限的な措置として、日本企業の海外事業に対するJBICの支援メニューの拡充も行った。具体的には、①先進国向け融資について、先進国向け事業の制限を撤廃し、②国内企業向け融資について、その対象をM＆Aや中堅中小企業等に加えて海外事業全般に拡大した。こうした結果、欧米先進諸国等において海外事業を行う日本企業向けの融資や、国内本社が海外現地法人へ供与する資本性資金の原資供給、機能縮小した現地子会社に代わって国内本社が現地孫会社等へ供与する資金の原資供給等が可能となった。

【図表1-46】「新型コロナ危機対応緊急ウインドウ」概要

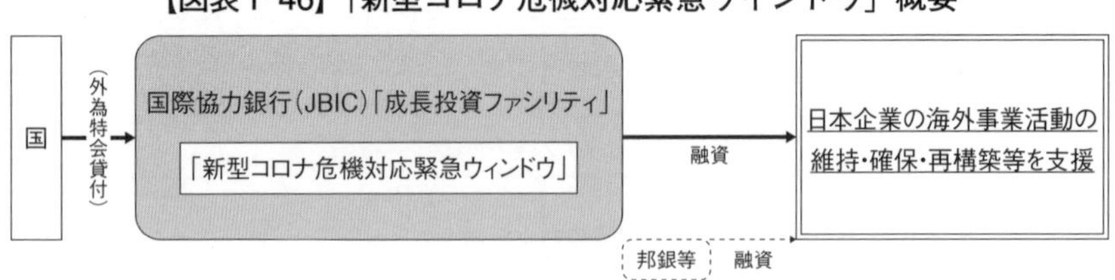

コラム 新型コロナ感染拡大下における国際会議の対応

小山祥子（財務省大臣官房秘書課財務官室主任）

新型コロナウイルスの感染拡大により、国際会議の開催形式が大きく変容しています。従来、国際会議といえば華やかな国際会議場やホテルの会議室で、世界各国の代表が一堂に会し、対面形式で議論を行うことが常でした。財務省でも、これまで国際交渉の担当者は海外出張の準備のために年中奔走し、出張の事前準備や日程調整等の所謂「ロジ（logistics、兵站）」を専門に担当する財務官室という部署も設けられています。しかしコロナ下の渡航規制により、この部署は実質オンライン会議運営のための IT 担当へと変わっています。

オンライン形式の国際会議に参加するにあたり、私たちはまず IT 環境の整備から取り組みました。財務大臣に出席いただく国際会議では、通常のパソコンからの接続では使用に耐えず、カメラ映りや音響の質、通信の安定性・操作性の観点から、専用のビデオ会議端末の導入が必要であると判断しました。この専用端末を用いるためのインターネット回線を敷設するため、急遽省内会議室の工事も行いました。

オンライン会議に問題なく参加できるようになったのちも、苦労は絶えません。国際会議では大人数が参加して高画質の映像を送り合うため、時々どうしても通信障害や機材の不具合が起こってしまいます。これに対処するため、会議の際は常にバックアップ・プランを用意すると共に、少しずつ機材の改良も検討しています。また時差の関係から、国際会議が日本時間の日中に開かれることは少なく、たいていは日本時間の夜に設定されます。何故かというと、日米欧の国々が参加するオンライン会議では、アメリカ時間の朝、ヨーロッパ時間の昼、日本時間の夜、という時間帯が、全員にとって最適なタイミングであるというコンセンサスが形成されているからです。国際会議の繁忙期には、連日徹夜で国際会議に参加する職員もいます。更には、出張がメインだった頃は年に数回しか開かれない国際会議も、オンラインだとそれほど手間やコストがかからないということで、会議の頻度が激増しています。省内の会議室でオンライン会議に対応できる部屋はまだ少ないため、会議の数が増えるにつれ、会議室を巡って熾烈な争奪戦が繰り広げられています。

オンライン会議は苦労が絶えませんが、決して苦労話ばかりではありません。会議の頻度が増えたことで、各国の担当者がコミュニケーションをとる機会はむしろコロナの感染拡大前に比べて増えました。国によっては、閣僚級の参加者が自宅から国際会議に参加するケースもあり、リモートワークの急速な普及を実感します。また会場への移動時間が減る分、議論の内容の準備に割く時間は増えたのではないでしょうか。何より、費用面の節約効果は大きく、財務官室でも出張用の経費が浮いた分を機材の増強に充てることが出来ました。例えば、財務大臣にはカメラ正面を見ながら原稿を確認していただくことのできる「プロンプター」という機材を用いていただいたり、より性能や操作性の高いカメラを導入したりと、カメラ映りの向上を通じて国際会議における日本のプレゼンス向上を図っています。もちろん対面会合では、機動的にバイ面会が出来たり時差にとらわれず長時間議論出来たりと、多大なるメリットがあるのですが、そんな平和な時代を取り戻すまではオンライン上が国際会議の主戦場となる見込みです。コロナにも負けず、通信障害にも負けず、より良いオンライン外交に向けた戦いは続きます。

国際収支・資本フロー と外国為替市場

第2章

1. 国際収支と資金の流れ

(1) 概説

国際収支統計は、一定期間において居住者と非居住者の間で行われたあらゆる対外経済取引（財貨、サービス、証券等の各種経済金融取引、それらに伴い生じる決済資金の流れ等）を体系的に集計した統計である。

本統計は、GDP統計作成にあたっての元データの一つとして使われており、各国が対内・対外の政策決定を行う上での判断材料となっているほか、官民において国際経済の分析をする際のデータとしても活用されている。

国際収支統計を構成する主要な項目の一つである経常収支の推移を見てみると、日本の経常収支は、統計として比較可能な1985年以降黒字基調となっている。詳細は次節に譲るが、以下、経常収支の各項目について簡単に触れておきたい。

まず、貿易収支は、1990年代から2000年代までは経常黒字の大半を占めていたが、2011年の東日本大震災後には赤字に転じた。その後、2016年以降は再び黒字に転じているが、日本企業の生産拠点の海外移転が進んだこと等から貿易黒字は減少傾向にある。

サービス収支は、統計として比較可能な1996年以降赤字で推移しているものの、訪日観光客の増加による旅行収支の黒字化や知的財産権等使用料の黒字拡大等により、赤字幅は縮小傾向にある。

第一次所得収支は、海外拠点からの配当金や債券利子の受取が増加したことにより、黒字が安定的に増加傾向にある。

経常収支の裏側の動きともいえる金融収支（直接投資、証券投資等）については、日本の場合、継続的な経常収支黒字を反映して、概ねプラス（純資産の増加）で推移している。

なお、国際収支に関連する統計としては、速報性が高い「対外及び対内証券売買契約等の状況（指定報告機関ベース）」がある。

また、「本邦対外資産負債残高」統計は、ある時点における日本の対外的な資産・負債の残高をまとめたものである。ストックの面から捉えた本統計は、一定期間の対外資本取引をフローの面から捉えた国際収支統計と密接な関係にある。

(2) 国際収支の特徴

国際収支統計とは、先述のとおり、一定期間内における一国のあらゆる対外的経済取引（フロー）を体系的に集計したものであり、日本の場合、財務省及び日本銀行が月次データを該当月の翌々月上旬に公表している（http://www.mof.go.jp/index.htm）（http://www.boj.or.jp/index.html/）。

国際収支統計は、

① IMF が作成した国際収支マニュアル（現行は第 6 版）により定められた国際的な基準に準拠して作成されているため、国際比較が可能、

② 一定期間のフローを構成する「実物（財貨・サービス）の流れ」と「資金の流れ（資本取引）」を、外貨建て、円貨建て、あるいは、贈与等対価を伴わない取引等も含めて、網羅的に記録、

③ 複式計上の原則に従い作成、

④ 居住者と非居住者との間の取引のみを計上、

⑤ 所有権ないし債権・債務の移転が生じた時期を基準として計上、

などの特徴を有する。

個々の項目には特有の変動要因があり、国内外の経済動向等に応じて変化し、国際収支も構造的に変化していくものであるため、国際収支統計を見るに当たっては、収支尻である経常収支等のみに注目するのではなく、各項目の動向を注視し、その背後にある内外経済等の動向も視野に入れて有機的に把握することが重要である。

(3) 国際収支統計の構成

国際収支統計は「経常収支」「資本移転等収支」「金融収支」「誤差脱漏」の 4 項目から構成されている。

「経常収支」は財貨（モノ）の国際間の取引を計上する「貿易収支」と、サービス取引にかかる国際間の受払を計上する「サービス収支」、対外金融債権債務

に係る利子や配当金等を計上する「第一次所得収支」、贈与や寄付、国際機関への分担金等を計上する「第二次所得収支」の4項目に分けられる。

「資本移転等収支」は対価の受領を伴わない固定資産の提供、債務免除等を計上する「資本移転」と、鉱業権や商標権の権利売買等を計上する「非金融非生産資産の取得処分」により構成される。

「金融収支」は対外金融資産負債に係る取引を計上し、「直接投資」「証券投資」「金融派生商品」「その他投資」及び「外貨準備」より構成される。

国際収支統計は、複式計上方式により作成されており、経常収支と資本移転等収支の合計が黒字（赤字）である場合、金融収支における純資産の増加（減少）に等しくなる。ただし、実際は基礎データの制約などから必ずしもこの関係が成立しないことがあるため、「誤差脱漏」項目を設けて統計作成上の誤差を調整しており、『経常収支＋資本移転等収支－金融収支＋誤差脱漏＝0』の関係が成り立つ。

(4) 我が国の国際収支の動き

① 概要

日本の経常収支は、黒字基調で推移しているものの、その構造は大きく変化している。1990年代までは、経常黒字の大宗を占めるのは貿易黒字であったが、第一次所得収支の黒字の増加に伴い、経常黒字に占める第一次所得収支の黒字の割合は次第に上昇しており、2005年以降は貿易黒字を上回る状況が定着している（サービス収支、第二次所得収支は赤字の傾向が続いている）。この背景としては、日本企業の生産拠点等の海外移転が進んだ結果、それらの拠点から得られる配当や、債券利子等の投資収益の受取が増加したことにより、第一次所得収支の黒字が安定的に増加してきた一方で、貿易収支は、リーマン・ショックや東日本大震災等に伴う国内外の経済の動向や原油価格の動向などによって大きく増減し、特に2008年以降は黒字が大幅に減少したことが挙げられる。

2020年の動きを見ると、貿易収支は、輸出額と輸入額共に減少したが、輸入額の減少が輸出額の減少を上回ったことから、貿易収支の黒字幅は対前年比で拡大した。一方、第一次所得収支は、債券利子の受取減少等により証券投資収益の黒字幅が縮小したことから、黒字幅が縮小した。また、サービス収支は、新型コロナウイルスの世界的な感染拡大を受けて訪日観光客が大幅に減少したことから、黒字幅が大きく縮小した。この結果、経常収支の黒字幅は２年ぶりに対前年比で縮小した。

他方、金融収支は経常収支の裏側の動きといえる。理論上、経常収支が国内の総貯蓄と総投資の差額に等しくなることから、経常収支が黒字（総貯蓄が総投資を上回る状態）であれば、通常、金融収支のプラス（純資産の増加）という形で、経常黒字分に見合う資本が対外直接投資や証券投資として海外に還流していることになる。日本の場合、継続的な経常収支黒字を反映して、金融収支は概ねプラス（純資産の増加）で推移している。特に、昨今は本邦企業の海外進出等を背景として対外直接投資が増えており、対外資産残高における直接投資の資産増加幅は拡大傾向にある。また、海外投資家の投資動向や、投機的な動きも含む国際的な資本フローの動向が与える影響が拡大していることから、金融収支についても、経常収支と並びその動向を注視する必要がある。

【図表2-1】経常収支の推移（暦年）

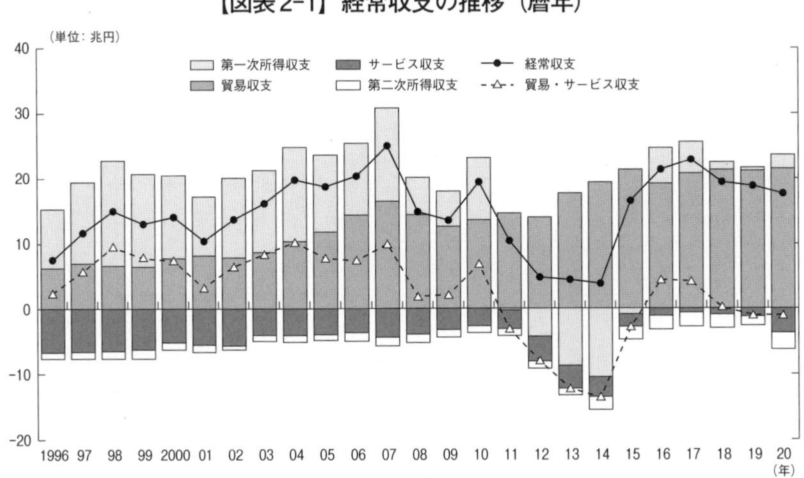

（出所）国際収支統計

【図表2-2】国際収支の推移（暦年）

（単位：億円、％）

	2000年	2001年	2002年	2003年	2004年	2005年	2006年	2007年	2008年	2009年	2010年	2011年	2012年	2013年	2014年	2015年	2016年	2017年	2018年	2019年	2020年
貿易・サービス収支	74,298	32,120	64,690	83,553	101,961	76,930	73,460	98,253	18,899	21,249	68,571	−31,101	−80,829	−122,521	−134,988	−28,169	43,888	42,206	1,052	−9,318	−7,250
（対前年比）	(−5.5)	(−56.8)	(101.4)	(29.2)	(22.0)	(−24.5)	(−4.5)	(33.8)	(−80.8)	(12.4)	(222.7)	(−)	(159.9)	(51.6)	(10.2)	(−79.1)	(−)	(−3.8)	(−97.5)	(−)	(−22.2)
貿易収支	126,983	88,469	121,211	124,631	144,235	117,712	110,701	141,873	58,031	53,876	95,160	−3,302	−42,719	−87,734	−104,653	−8,862	55,176	49,113	11,265	1,503	30,106
（対前年比）	(−10.2)	(−30.3)	(37.0)	(2.8)	(15.7)	(−18.4)	(−6.0)	(28.2)	(−59.1)	(−7.2)	(76.6)	(−)	(1,193.7)	(105.4)	(19.3)	(−91.5)	(−)	(−11.0)	(−77.1)	(−86.7)	(1,903.4)
輸出	489,635	460,367	489,029	513,292	577,036	630,094	720,268	800,236	776,111	511,216	643,914	629,653	619,568	678,290	740,747	752,742	690,927	772,535	812,263	757,753	673,701
（対前年比）	(8.2)	(−6.0)	(6.2)	(5.0)	(12.4)	(9.2)	(14.3)	(11.1)	(−3.0)	(−34.1)	(26.0)	(−2.2)	(−1.6)	(9.5)	(9.2)	(1.6)	(−8.2)	(11.8)	(5.1)	(−6.7)	(−11.1)
輸入	362,652	371,898	367,817	388,660	432,801	512,382	609,567	658,364	718,081	457,340	548,754	632,955	662,287	766,024	845,400	761,604	635,751	723,422	800,998	756,250	643,595
（対前年比）	(16.5)	(2.5)	(−1.1)	(5.7)	(11.4)	(18.4)	(19.0)	(8.0)	(9.1)	(−36.3)	(20.0)	(15.3)	(4.6)	(15.7)	(10.4)	(−9.9)	(−16.5)	(13.8)	(10.7)	(−5.6)	(−14.9)
サービス収支	−52,685	−56,349	−56,521	−41,078	−42,274	−40,782	−37,241	−43,620	−39,131	−32,627	−26,588	−27,799	−38,110	−34,786	−30,335	−19,307	−11,288	−6,907	−10,213	−10,821	−37,357
第一次所得収支	76,914	82,009	78,105	86,398	103,488	118,503	142,277	164,818	143,402	126,312	136,173	146,210	139,914	176,978	194,148	213,032	191,478	206,843	214,026	215,749	208,090
（対前年比）	(18.4)	(6.6)	(−4.8)	(10.6)	(19.8)	(14.5)	(20.1)	(15.8)	(−13.0)	(−11.9)	(7.8)	(7.4)	(−4.3)	(26.5)	(9.7)	(9.7)	(−10.1)	(8.0)	(3.5)	(0.8)	(−3.6)
第二次所得収支	−10,596	−9,604	−5,958	−8,697	−8,509	−8,157	−12,429	−13,581	−13,515	−11,635	−10,917	−11,096	−11,445	−9,892	−19,945	−19,669	−21,456	−21,271	−20,031	−13,700	−25,492
経常収支	140,616	104,524	136,837	161,254	196,941	187,277	203,307	249,490	148,786	135,925	193,828	104,013	47,640	44,566	39,215	165,194	213,910	227,779	195,047	192,732	175,347
（対前年比）	(8.4)	(−25.7)	(30.9)	(17.8)	(22.1)	(−4.9)	(8.6)	(22.7)	(−40.4)	(−8.6)	(42.6)	(−46.3)	(−54.2)	(−6.5)	(−12.0)	(321.3)	(29.5)	(6.5)	(−14.4)	(−1.2)	(−9.0)
資本移転等収支	−9,947	−3,462	−4,217	−4,672	−5,134	−5,490	−5,533	−4,731	−5,583	−4,653	−4,341	282	−804	−7,436	−2,089	−2,714	−7,433	−2,800	−2,105	−4,131	−1,842
直接投資	36,900	37,001	24,331	29,643	35,789	51,703	70,191	60,203	89,243	57,294	62,511	93,101	93,591	142,459	125,877	161,319	148,587	174,118	149,093	238,810	112,593
証券投資	38,470	56,291	131,486	114,731	−23,403	10,700	−147,961	−82,515	281,887	199,485	127,014	−135,245	24,435	−265,652	−48,330	160,294	296,496	−56,513	100,528	93,666	42,339
金融派生商品	5,090	−1,853	−2,630	−6,074	−2,590	8,023	−2,835	−3,249	−24,562	−9,487	−10,262	−13,470	5,903	55,516	37,644	21,439	−16,582	34,523	1,239	3,700	8,662
その他投資	15,688	−35,175	−77,189	−216,728	−21,542	68,456	203,903	246,362	−192,067	−116,266	−89	44,010	−51,490	25,085	−61,306	−130,539	−136,662	9,467	−76,127	−115,372	−21,618
外貨準備	52,609	49,364	57,969	215,288	172,675	24,562	37,196	42,974	32,001	25,265	37,925	137,897	−30,515	38,504	8,898	6,251	−5,780	26,518	26,628	28,039	11,980
金融収支	148,757	105,629	133,968	136,860	160,928	163,444	160,494	263,775	186,502	156,292	217,099	126,294	41,925	−4,087	62,782	218,764	286,059	188,113	201,361	248,843	153,955
誤差脱漏	18,088	4,567	1,348	−19,722	−30,879	−18,343	−37,280	19,016	43,299	25,019	27,612	21,998	−4,911	−41,217	25,656	56,283	79,583	−36,866	8,419	60,242	−19,551

備考）1　四捨五入のため、合計に合わないことがある。
2　金融収支のプラス（＋）は純資産の増加、マイナス（－）は純資産の減少を示す。

（財務省国際局為替市場課）

② 貿易収支

先に述べたとおり、貿易収支は2011年の東日本大震災後にエネルギー輸入の増加などにより赤字に転じたが、2016年以降は再び黒字となった。その後、日本企業の生産拠点の海外移転などにより貿易収支の黒字は縮小傾向にあったが、2020年の貿易収支の黒字幅は4年ぶりに拡大した。

i　輸出

2020年の輸出は、前年比で2年連続の減少（▲11.1%）となった。貿易収支作成の基礎資料としている貿易統計によれば、商品別では、自動車、自動車の部分品等の輸出額が前年比で大きく減少した。新型コロナウイルスの感染拡大により、世界的に消費・生産活動が停滞したことが輸出減少の一因と考えられる。

地域別では、北米やアジア向けの輸出の減少が大きかった。

ii　輸入

2020年の輸入は、前年比で2年連続の減少（▲14.9%）となった。貿易統計によれば、商品別では、原粗油や液化天然ガス、石炭などの輸入額が大きく減少した。エネルギー価格の下落が輸入額の減少に大きく寄与する形となった。

地域別では、中東やアジアからの輸入の減少が大きかった。

【図表2-3】貿易収支の推移（暦年）

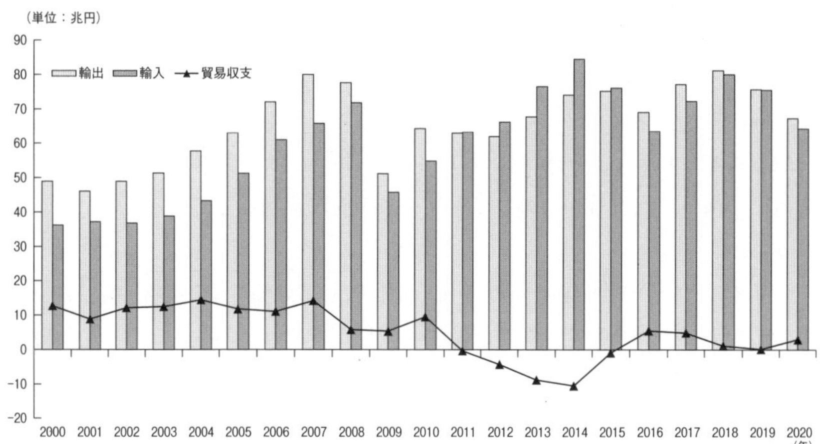

（出所）国際収支統計

iii　収支

上記のとおり、2020年は輸出額、輸入額ともに前年比で減少したが、輸入額の減少が輸出額の減少を上回ったことから、貿易収支の黒字幅は4年ぶりに前年比で拡大（+1903.1%）した。

③　サービス収支

サービス収支は、輸送収支、旅行収支、その他サービス収支（「委託加工」、「維持修理」、「建設」、「保険・年金」、「金融、知的財産権等使用料」、「通信・コンピュータ・情報」、「その他業務」、「個人・文化・娯楽」、「公的等」）に分類されている。

2000年以降の推移を見ると、サービス収支は赤字で推移しているものの、その赤字幅は縮小傾向にある。内訳を見ると、輸送収支の赤字幅は概ね横ばいで推移している一方、旅行収支は2015年以降黒字化しているほか、知的財産権等使用料も黒字幅を拡大傾向にある。

旅行収支は、主に中国からの訪日観光客の増加等を受けて黒字を拡大してきたが、2020年は新型コロナウイルスの感染拡大を受けて、訪日観光客が激減（▲87.1%　出所：日本政府観光局（JNTO））したことから、黒字を大幅に縮小（▲79.5%）した。

その他サービス収支の項目を受取・支払別にみると、次のような特徴がある。

受取は、その他サービス中の「知的財産権等使用料」等のウエイトが拡大を続けている。「知的財産権等使用料」のほとんどは産業財産権等使用料（特許権、商標権、鉱業権、ノウハウなどの使用に対し、本邦企業が非居住者から受け取るロイヤリティ）が占めており、本邦製造業による海外拠点の拡充などを背景に、海外子会社等からのロイヤリティの受取が増加しているものと考えられる。

支払では、「その他業務」のウエイトが拡大している。「その他業務」は、本邦企業が海外で行う研究開発等に関する費用が含まれており、これらの活動が増加していること拡大傾向にある。

サービス収支を国・地域別にみると、米国等に対しては赤字で推移している一方、中国を含むアジア地域に対しては黒字で推移している。米国に対しては、

【図表2-4】サービス収支の推移（暦年）

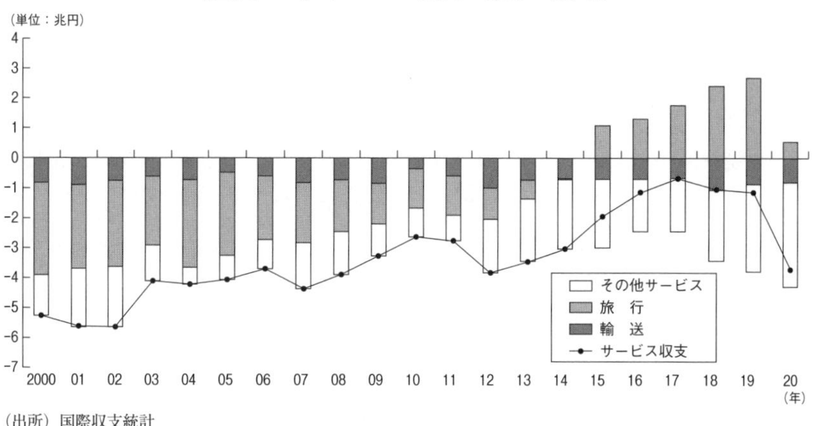

（出所）国際収支統計

旅行収支及び「その他業務」の赤字額が大きくなっている。一方、アジア地域に対するサービス収支をみると、旅行収支及び「知的財産権等使用料」（特に産業財産権等使用料）が大幅な黒字となっている。旅行収支については、近年の訪日観光客増加に伴い受取が増加していること、「知的財産権等使用料」については、日本の製造業のアジア地域での生産拠点の拡充等により、現地子会社等からのロイヤリティの受取が増加していることが背景にある。

④ 第一次所得収支

第一次所得収支は、「雇用者報酬」、「投資収益」及び「その他第一次所得」から構成されるが、大宗を占める「投資収益」が第一次所得収支の動向を左右する。「投資収益」は、海外子会社・関連企業等からの本国親会社等への配当金などの「直接投資収益」、株式や債券などの保有に係る配当や債券利子等からなる「証券投資収益」、貸付・借入や預金等に係る利子等の「その他投資収益」に分けることができる。第一次所得収支は、継続的に黒字であり、為替相場・金融市場等の動向により変動するものの、日本の対外純資産の増加を反映し、黒字幅は趨勢的に拡大傾向にある。

第一次所得収支の構造を見ると、以前は受取・支払ともに証券投資収益（特に債券利子等）の割合が大きかったが、近年は、本邦企業の海外拠点の拡充に伴う海外子会社からの配当金等の受取増加によって、直接投資収益の占める割合が拡大し、2018年以降は直接投資収益による黒字が証券投資収益による黒字を上回っている。2020年には、「直接投資収益」は対前年比で微減（▲1.0%）にとどまった一方で、「証券投資収益」は世界的な金利低下を受けた「債券利子」の受取減少によって減少（▲6.9%）した結果、第一次所得収支の黒字に占める直接投資収益の割合は54%と過去最大となった。

地域別に見ると、第一次所得収支はほとんどの地域に対し、黒字となっており、なかでも、米国、アジアに対して受取が支払を大幅に上回っている。また、米国からの受取は証券投資収益（特に債券利子等）が多い一方、アジアからの受取は「直接投資収益」が大宗を占めている点が特徴として挙げられる。

⑤ 第二次所得収支

第二次所得収支には、資本移転（相手国の資本形成に対する投資・贈与等）以外のすべての移転取引が計上されている。具体的には、政府による食糧援助、医療等災害援助等の無償資金協力や国際機関への分担金、労働者送金、その他個人・慈善団体等による贈与・寄付等や、罰金・賠償金・和解金等が含まれ、当該取引を行う居住者が政府であるか否かにより一般政府と一般政府以外の部

【図表2-5】第一次所得収支の推移（暦年）

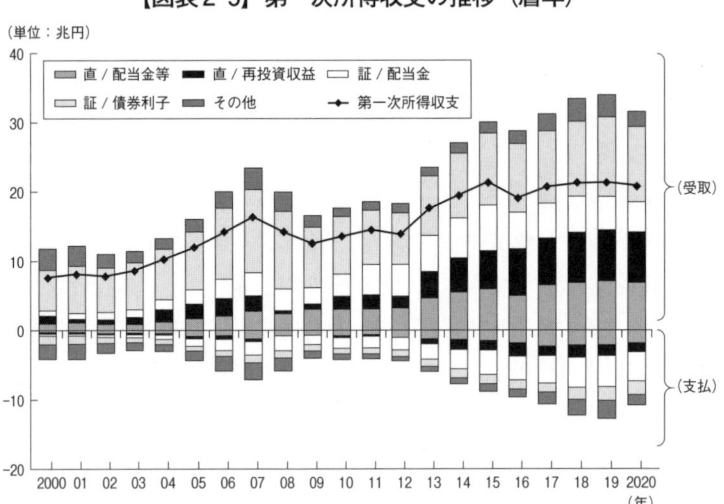

門に分けて計上されている。

日本の場合、民間部門による海外向けの資金協力や寄付・贈与が支払超過となっていることなどから、収支は赤字基調で推移している。

⑥ 金融収支

金融収支は直接投資、証券投資、金融派生商品、その他投資及び外貨準備に分けられる。

日本の場合、既に述べたとおり、継続的に経常収支が黒字で推移していること等を反映し、金融収支はプラス（純資産の増加）基調となっている。以下、主要項目である直接投資及び証券投資の最近の動向について概観する。

i 直接投資

直接投資には、親会社による子会社の株式取得、子会社の再投資資金（内部留保）、及び親子会社間の資金貸借等の企業間取引等が計上されている。対外直接投資は、本邦企業による海外拠点の拡充や、活発な対外M&Aなどを背景に、近年は資産増（実行超）の傾向にある。

2020年は、新型コロナウイルスの感染拡大の企業活動への影響が心配される中でも、本邦企業による子会社の増資引受やM&A等が比較的活発に行われたことなどから、対外直接投資は18.3兆円と引き続き平年並みの資産増（実行超）となった。

一方、対内直接投資については、対外直接投資と比較すると規模は小さいものの、近年増加傾向にある。2020年については、本邦企業と海外関係会社との間で比較的金額の大きい資金貸借が行われた結果、対内直接投資は前年比で大幅に拡大した（2019年：4.4兆円⇒2020年：7.1兆円）。

ii 証券投資

対外証券投資（資産）は、居住者による非居住者発行証券の取引を、対内証券投資（負債）は、非居住者による居住者発行証券の取引を計上している（ただし、直接投資及び外貨準備に該当する取引を除く）。

対外証券投資ではプラスは資産の増加（取得超：資金の流出）を意味し、マイナスは資産の減少（処分超：資金の流入）を意味する。同様に、対内証券投資ではプラスは負債の増加（取得超：資金の流入）を意味し、マイナスは負債

金融収支（資産・負債）の推移（暦年）

（単位：億円）

	2000年	2001年	2002年	2003年	2004年	2005年	2006年	2007年	2008年	2009年	2010年	2011年	2012年	2013年	2014年	2015年	2016年	2017年	2018年	2019年	2020年
直接投資	48,516	43,012	38,997	39,939	43,995	57,205	67,705	86,150	114,546	68,772	69,147	92,408	93,998	152,960	146,622	167,591	193,502	195,262	177,041	282,440	183,174
証券投資	89,275	130,675	101,624	205,424	189,094	216,499	82,721	145,884	187,487	146,258	225,226	77,425	112,245	−82,238	122,486	369,829	327,071	114,598	208,354	201,634	171,501
株式	21,396	14,020	46,333	4,995	34,222	25,652	28,963	30,881	65,251	28,023	19,234	9,645	−17,880	−66,263	11,124	72,843	25,657	12,877	43,596	−3,724	−50,644
投資ファンド持分	—	—	—	—	—	—	—	—	—	—	—	—	—	—	55,198	128,771	65,025	100,189	57,533	32,761	8,121
中長期債	51,104	118,062	62,251	207,260	161,564	201,270	64,760	120,747	116,501	117,515	208,352	75,036	132,331	−18,562	45,158	164,508	246,902	−6,427	103,773	185,320	203,758
短期債	16,775	−1,407	−6,960	−6,832	−6,692	−10,423	−11,002	−5,744	5,734	720	−2,359	−7,256	−2,207	2,587	11,006	3,707	−10,514	7,958	3,452	−12,723	10,266
金融派生商品	−115,162	−124,556	−97,012	−75,260	−61,061	−254,527	−166,677	−221,400	−279,227	−312,376	−352,160	−324,253	−187,825	−204,015	−368,160	−155,208	−551,591	−449,436	−604,616	−600,231	−670,614
その他投資	6,399	−56,129	−48,308	−176,354	52,379	123,068	100,489	306,433	−124,119	−188,878	119,008	76,422	96,621	180,047	114,085	−51,769	148,222	5,679	159,799	−10,520	172,175
現・預金	50,302	−75,981	−69,659	−5,783	14,928	5,472	24,568	138,116	−53,966	−39,757	6,273	−2,580	−572	16,078	16,982	−9,484	37,886	−41,149	−2,389	3,092	15,681
貸付	−58,664	31,750	73,489	−103,345	40,650	96,648	72,174	165,707	−87,325	−208,379	55,524	93,149	66,764	175,063	95,081	−35,767	72,452	37,765	76,175	25,034	40,114
長期	−35,018	−16,137	−31,895	−6,016	−19,755	4,526	6,171	10,649	33,813	31,469	28,245	33,162	46,157	36,359	42,055	36,485	48,848	12,125	23,554	32,707	16,590
短期	−23,646	47,887	105,384	−97,329	60,405	92,121	66,003	155,057	−121,137	−239,847	27,279	59,987	20,607	138,704	53,026	−72,252	23,604	25,639	52,622	−7,673	23,524
外貨準備	52,609	49,364	57,969	215,288	172,675	24,562	37,196	42,974	32,001	25,265	37,925	137,897	−30,515	38,504	8,898	6,251	−5,780	26,518	26,628	28,039	11,980
資産計	81,637	42,365	53,270	209,037	397,082	166,808	121,435	360,042	−69,312	−260,958	99,145	59,899	84,524	85,258	23,930	336,693	111,423	−107,380	−32,793	−98,637	−131,785
直接投資	11,616	6,010	14,666	10,296	8,207	5,502	−2,486	25,947	25,303	11,478	6,636	−693	407	10,501	20,745	6,272	44,915	21,144	27,949	43,630	70,581
証券投資	50,805	74,384	−29,862	90,693	212,497	205,799	230,682	228,399	−94,401	−53,227	98,213	212,670	87,810	183,414	170,816	209,535	30,575	171,110	107,826	107,968	129,162
株式	−1,184	47,847	−20,627	99,989	105,464	149,043	83,400	53,926	−73,493	10,390	34,516	5,999	29,039	166,919	34,670	18,863	−49,083	15,748	−49,189	28,357	−79,992
投資ファンド持分	—	—	—	—	—	—	—	—	—	—	—	—	—	—	2,992	−5,583	−2,228	2,632	3,816	5,821	−6,966
中長期債	61,318	34,534	−17,382	−22,697	58,089	65,719	90,878	79,015	−38,364	−64,755	5,074	40,129	26,651	−6,826	122,799	98,970	87,745	108,691	72,355	122,784	3,758
短期債	−9,329	−7,998	8,148	13,401	48,944	−8,963	56,404	95,458	17,457	1,139	58,622	166,542	32,120	23,321	10,355	97,284	−5,859	44,039	80,845	−48,995	212,363
金融派生商品	−120,252	−122,704	−94,383	−69,185	−58,471	−262,549	−163,842	−218,151	−254,665	−302,889	−341,899	−310,783	−193,728	−259,532	−405,804	−176,647	−535,010	−483,959	−605,855	−603,930	−679,276
その他投資	−9,289	−20,955	28,881	40,373	73,921	54,612	−103,413	60,071	67,948	−72,612	119,097	32,412	148,111	154,962	175,391	78,770	284,884	−3,788	235,925	104,853	193,793
現・預金	7,147	19,515	−28,266	19,966	−4,444	3,468	−11,043	7,625	121,911	−116,571	11,418	6,969	2,335	−23,593	27,830	66,885	71,151	73,042	67,290	74,846	−45,013
借入	−18,145	−39,249	59,593	27,283	88,472	16,444	−86,321	60,554	−57,400	28,824	96,590	25,528	123,889	145,219	124,782	26,226	199,296	−70,218	130,400	66,444	181,222
長期	−30,205	−13,264	−25,874	−12,988	239	−21,686	18,856	19,066	17,121	−5,786	−16,486	−11,075	−19,209	−7,963	−7,772	−249	−2,585	2,950	5,124	−2,702	9,386
短期	12,060	−25,985	85,468	40,271	88,233	38,130	−105,177	41,488	−74,522	34,609	113,077	36,604	143,097	153,182	132,553	26,475	201,880	−73,168	125,276	69,146	171,836
外貨準備	—	—	—	—	—	—	—	—	—	—	—	—	—	—	—	—	—	—	—	—	—
負債計	−67,120	−63,264	−80,697	72,177	236,154	3,363	−39,059	96,266	−255,814	−417,250	−117,953	−66,394	42,599	89,345	−38,852	117,929	−174,636	−295,493	−234,154	−347,480	−285,740

（備考）1　四捨五入のため、合計に合わないことがある。
2　プラス（＋）は資産側では資産の増加、負債側では負債の増加を示す。
（出所）国際収支統計

の減少（処分超：資金の流出）を意味する。

また、証券投資は、証券の種類により、「株式・投資ファンド持分」、「中長期債」（発行から満期までの期間が１年超）、「短期債」（発行から満期までの期間が１年以下）に区分される。

ア　2020年中の対外証券投資

対外株式・投資ファンド持分投資は、投資信託委託業者等による取得超は前年までの傾向と同様に継続しているものの、新型コロナウイルス感染拡大を受け株価が急落した後、上昇に転じる中、信託銀行（信託勘定）による処分超（6.8兆円）を主因に、全体として処分超（4.3兆円）に転じた。対外中長期債投資は、信託銀行（信託勘定）による中長期債の取得超が大幅に拡大（17.1兆円）したことなどから、引き続き取得超（20.4兆円）となった。これらについては、年金資金による、価格の上昇した外国株式を売却し外国債券を購入するリバランスの動きが要因の一つとの見方がある。

イ　2020年中の対内証券投資

対内株式・投資ファンド持分投資は、３月に新型コロナウイルス感染拡大による経済の先行き懸念等を背景に手元流動性確保のための大規模な売却がみられたことを主因に処分超（8.7兆円）となった。対内債券投資は、中長期債・短期債ともに取得超となった。特に短期債は、新型コロナウイルス感染対策のための補正予算に応じ発行の増加した国庫短期証券に対し、海外投資家からの需要がみられ、取得超が大幅に増加（21.2兆円）した。

(5) 関連統計

① 対外及び対内証券売買契約等の状況

「対外及び対内証券売買契約等の状況（指定報告機関ベース）」は、「外国為替の取引等の報告に関する省令」第21条に基づき、財務大臣が指定した指定報告機関（銀行等、金融商品取引業者、保険会社、投資信託委託会社、資産運用会社）により提出された毎営業日中の居住者と非居住者との間における証券の売買契約状況を集計した統計である。本統計は、国際収支統計の証券投資と比較し、データのカバレッジは狭くなるものの、週次の統計は原則として翌週に、月次の統計は翌月上旬に公表しており、速報性を有した統計となっている。
参考 URL：http://www.mof.go.jp/international_policy/reference/itn_transactions_in_securities/index.htm

国際収支統計と同様に、対外証券投資（ネット）では、居住者による海外証券の取得超（資産増加）はプラス表記、処分超（資産減少）はマイナス表記となっており、対内証券投資（ネット）では、非居住者による国内証券の取得超（負債増加）はプラス表記、処分超（負債減少）はマイナス表記となっている。

② 対外資産負債残高（本邦対外資産負債残高、各国の対外資産負債残高）

i 本邦対外資産負債残高

ある時点における一国の対外的な債権債務の残高をまとめたものが対外資産負債残高である。国際収支が一定期間の対外資本取引をフローの面から捉えたものである一方、対外資産負債残高はストックの面から捉えたものであり、両者は密接な関係にある。対外資産負債残高は、基本的には前年の残高のストックに、当年中の資本フローを積み上げることにより作成されている。ただし、

【図表2-7】対外資産負債残高の動向（令和元年末）

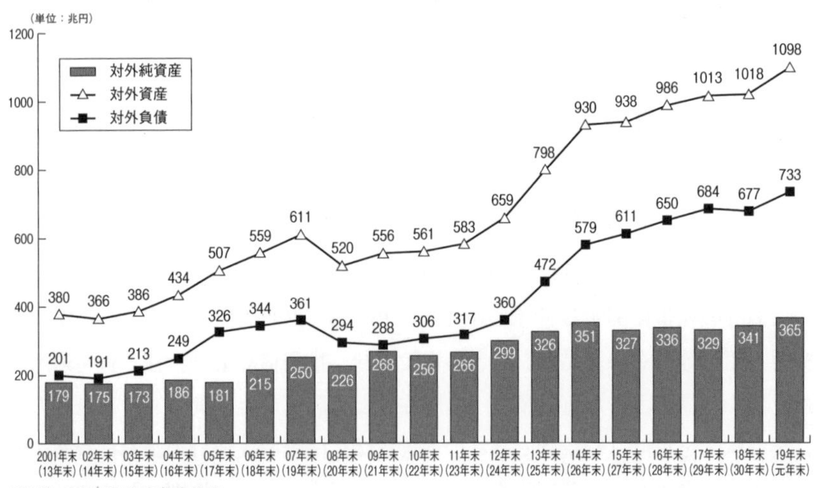

（出所）本邦対外資産負債残高

【図表2-8】令和元年末現在本邦対外資産負債残高

（単位：10億円）

資産		負債	
1. 直接投資	202,833	1. 直接投資	33,871
株式資本	141,953	株式資本	18,542
収益の再投資	42,510	収益の再投資	7,788
負債性資本	18,370	負債性資本	7,541
2. 証券投資	503,134	2. 証券投資	396,302
株式・投資ファンド持分	207,811	株式・投資ファンド持分	209,923
株　式	96,980	株　式	205,808
中央銀行	14		
預金取扱機関	532	預金取扱機関	10,342
一般政府	7		
その他金融機関	91,216	その他金融機関	9,926
その他	5,211	その他	185,539
投資ファンド持分	110,831	投資ファンド持分	4,116
預金取扱機関	18,727		
一般政府	21		
その他金融機関	85,911	その他金融機関	4,116
その他	6,171	その他	—
債　券	295,324	債　券	186,379
中長期債	291,926	中長期債	118,340
預金取扱機関	91,733	預金取扱機関	15,058
一般政府	367	一般政府	92,917
その他金融機関	179,406	その他金融機関	2,944
その他	20,419	その他	7,420
短期債	3,398	短期債	68,039
預金取扱機関	1,880	預金取扱機関	1,109
一般政府	1	一般政府	66,537
その他金融機関	788	その他金融機関	23
その他	729	その他	370
3. 金融派生商品	34,300	3. 金融派生商品	33,304
預金取扱機関	7,062	預金取扱機関	7,315
一般政府	10	一般政府	14
その他金融機関	27,227	その他金融機関	25,939
その他	1	その他	37
4. その他投資	212,941	4. その他投資	269,728
持　分	15,221	持　分	1,059
現・預金	18,182	現・預金	49,483
		中央銀行	32,230
預金取扱機関	5,949	預金取扱機関	17,253
一般政府	9		
その他金融機関	7,233		
その他	4,990		
貸　付	140,330	借　入	182,109
［長　期］	78,352	［長　期］	11,127
［短　期］	61,979	［短　期］	170,982
		中央銀行	—
預金取扱機関	76,281	預金取扱機関	102,620
一般政府	22,330	一般政府	—
その他金融機関	39,109	その他金融機関	76,150
その他	2,609	その他	3,339
保険・年金準備金	1,255	保険・年金準備金	246
その他金融機関	1,192	その他金融機関	246
その他	64		
貿易信用・前払	8,531	貿易信用・前払	2,816
［長　期］	1,500	［長　期］	21
［短　期］	7,031	［短　期］	2,795
一般政府	1,329		
その他金融機関	19	その他金融機関	—
その他	7,184	その他	2,816
その他資産	29,422	その他負債	32,161
［長　期］	9,025	［長　期］	471
［短　期］	20,397	［短　期］	31,690
預金取扱機関	17,972	預金取扱機関	18,671
一般政府	329	一般政府	419
その他金融機関	8,515	その他金融機関	12,453
その他	2,605	その他	618
		特別引出権（SDR）	1,854
5. 外貨準備	144,521		
資　産　合　計	1,097,731	負　債　合　計	733,206
		純資産合計	364,525
		中央銀行及び一般政府	−17,953
		中央銀行及び一般政府以外	382,478

実際には評価時点における時価での評価調整等が加わるため、単純なフローの積み上げとは必ずしも一致しない。

資産・負債残高のそれぞれの動向をみると、資産負債ともに2007年をピークに一旦減少したが、足元では再び増加傾向にある。資産と負債の差引である対外純資産も増加傾向にある。

2019年末の計数を見ると、資産については、居住者による対外資産の取得超や居住者が保有する外国証券の価格上昇に伴う評価替え等により、11年連続で増加した。

一方、負債については、非居住者による本邦資産の取得超や非居住者が保有する本邦証券の価格上昇に伴う評価替え等により、２年振りに増加した。

資産の増加額（+79.7兆円）が負債の増加額（+56.6兆円）を上回ったことから、対外純資産残高は２年連続で増加し、過去最高の365兆円（前年末比 +23.1兆円）となり、29年連続で世界一の水準にあるとみられる。

ii　各国の対外資産負債残高

日本以外の主要国の対外資産負債残高の状況を見ると、米国や英国は、継続的な経常収支赤字を反映し、純債務国となっており、特に米国は世界最大の純債務国（1986年末以来純債務国）である。ただし、グロスの対外資産残高をみると、米国・英国とも日本を上回っており、両国の経済活動のグローバルな広がりが表れているといえる。なお、近年では中国が対外純資産を増加させており、日本、ドイツに次ぐ水準にあるとみられる。

(6)　グローバル・インバランス

①　概要

「グローバル・インバランス」は国際経済における重要な問題として長らく議論されてきた経済現象であり、2019年のG20財務トラックでも主要テーマの一つとして取り上げられた（2019年のG20における関連議論については第５章4(2) ②参照）。

「グローバル・インバランス」は、グローバル・レベルで見た経常収支の不均衡を指す用語であり、ある国・地域で経常赤字が拡大する一方で別の国・地域で経常黒字が拡大する状況を示す。歴史的に、経常赤字が問題視される国はほぼ一貫して米国であり、その議論は1980年代のレーガノミクス期における「双子の赤字」まで遡る。もっとも、1990年代までは経常収支の不均衡の規模は必ずしも大きくなく、その規模が急激に拡大してグローバルなリスクとして広く意識されるようになったのは、2000年代に入ってからであった。当時、米国の経常赤字(1)と中国や産油国を中心とした新興国の経常黒字が急激に拡大し、その背景、内包するリスク、持続性などについて活発な議論がなされた。このインバランスは結局、米国のサブプライム・ローン問題に端を発した世界金融危機と、それを受けたグローバル経済の急減速によって修正を余儀なくされることとなった。

「グローバル・インバランス」の「インバランス」は経常収支の不均衡を指すが、何をもって不均衡とするかについては、明確な定義が存在するわけではない。もっとも、すべての国の経常収支がゼロの状態を均衡状態と見做し、それ以外をすべて不均衡と定義するような見方は、直観的にも適切でないと考えられる。

こうした観点からグローバル・インバランスを定義づける上では、G20等の場で国際経済をモニターし、必要に応じて国際協調する目的として掲げられる、世界経済の「強固で、持続可能な、バランスの取れた、包摂的な成長(SSBIG：Strong, Sustainable, Balanced and Inclusive Growth)」というコンセプトが有益であろう。グローバル・インバランス問題を議論するにあたってG20が目指しているのは、各国の経常黒字・赤字をなるべく削減してゼロに近づけることではなく、SSBIGを達成するために最適なI-Sバランス（後述）を見出すことであると考えられる。

経常収支は一国の投資と貯蓄のバランス（I-Sバランス）によって決定され、貯蓄超過であれば黒字、投資超過であれば赤字となる。そして、その国にとって最適なI-Sバランス（すなわち経常収支の赤字・黒字と規模）は、経済の発展段階や産業構造、貿易構造、人口動態など、様々な要因によって異なったものになると考えられる。グローバル・インバランスの明確な定義は存在しない

(1)　同時期には、一部ユーロ圏諸国（主に南欧）でも経常赤字が急拡大した。

と前述したが、この点を踏まえると、経常収支の方向（赤字・黒字）と規模に関して一律の基準が存在し得ないことは、むしろ当然といえるだろう。

SSBIGは世界経済の潜在成長率（持続可能な成長率）が最大化された状態とも捉えることができるが、これを実現するためには自由貿易を基盤として、グローバル・レベルで最適な投資が最適な場所で行われる必要がある。例えば、国内の需要を超える生産能力を持つものの閉鎖経済のためそれを活用できていないA国と、生産能力不足のため潜在的な国内の投資・消費需要を充たすことができていないB国が存在し、両国間で貿易が行われていない（閉鎖経済）状況を想定してみよう。貿易が行われていないためA国、B国共に経常収支はゼロで「均衡」しているが、世界経済の潜在成長率を最大化している状況ではない。

ここでA国とB国間で貿易が行われる（開放経済）と、何が起こるであろうか。A国が余剰設備を用いて生産した製品をB国に輸出、B国はA国から輸入した製品を消費乃至は投資する。A国は経常収支が黒字となり、純輸出の黒字分だけGDPが押し上げられる（GDP＝消費＋投資＋政府支出＋純輸出）。B国は消費乃至は投資の増加が経常赤字（純輸出のマイナス）によって相殺されるためGDPは変化しないが、A国から資本財を輸入した場合には資本ストックが増加し、中長期的には潜在成長率の押し上げに繋がるかもしれない。

このように、貿易が行われると経常収支の不均衡が発生するが、それは世界経済の潜在成長率を最大化するために必要なものであるといえよう。この観点から、貿易の結果生じる「適度な」不均衡は、世界経済のSSBIGにとってむしろ好ましいものとも捉えられる。他方、例えば過度に緩和的な景気刺激策によってB国の投資・消費が過熱し、貿易赤字が急拡大した場合には、成長の持続可能性がリスクに晒されることになるだろう。つまり問題は経常収支の赤字・黒字としての不均衡そのものではなく、「過度の」不均衡がSSBIGの達成をリスクにさらすことなのである。

② 2000年代以降のグローバル・インバランスの動向

世界的な経常収支の不均衡としてのグローバル・インバランスは2007～08年にピークに達し、世界金融危機とその後の世界経済の急減速を受けて収束に向かったが、以下では、どの国・地域で、「過度な」不均衡が発生していたのか、何がその原因だったのか、不均衡の修正が経済に与える影響はどのようなものだったのかについて概観する。

【図表2-9】は主要先進・新興各国の経常収支を時系列で見たものである。図は、世界的な経常収支の不均衡という意味におけるグローバル・インバランスが1990年代後半から急激に拡大して2007～08年にピークを付けた後、世界金融危機を受けて一旦縮小したことを示している。危機後は再び拡大しているが、そのペースは危機前の数年間に比べると遥かに鈍い。

国・地域別に見ると、米国の経常赤字をドイツ、日本、中国などがファイナ

【図表2-9】グローバル・インバランスの変遷（経常黒字国・地域VS経常赤字国・地域）(2)

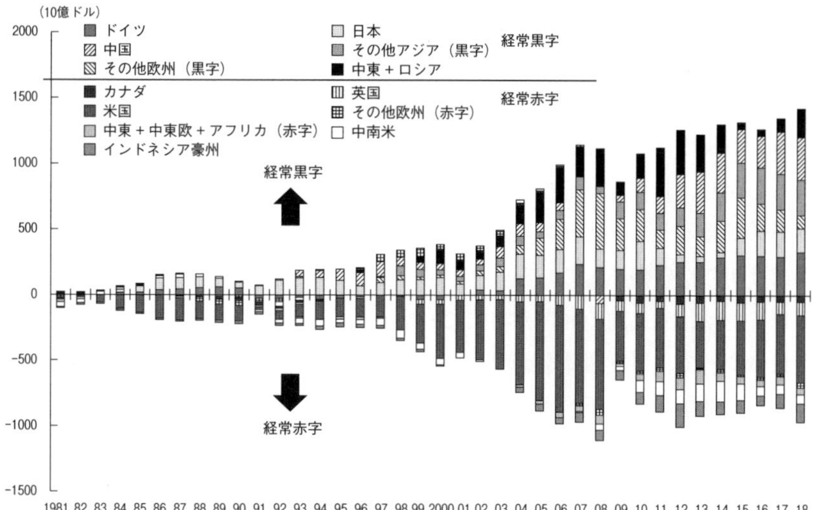

（出所）IMFのデータより筆者作成

(2) 経常黒字、赤字それぞれ上位20カ国の数字。経常黒字の「その他アジア」は韓国、台湾、シンガポール、タイの合計、「その他欧州（黒字）」はオランダ、スイス、イタリア、アイルランド、デンマーク、スペイン、ノルウェー、スウェーデンの合計、「中東・ロシア」はロシア、イラン、サウジアラビア、UAE、イスラエルの合計。経常赤字の「その他欧州（赤字）」はルーマニア、フランス、「中東・中東欧・アフリカ」は南アフリカ、エチオピア、オマーン、パキスタン、レバノン、エジプト、アルジェリア、「中南米」はブラジル、コロンビア、メキシコ、アルゼンチンの合計。

ンスする構図は一貫しているが、経常黒字国の内訳はその時々で大きな変化がある。2000年代初頭には経常黒字全体に占める日本の比率は約40%だったが、その後は縮小傾向をたどり、2014年にはわずか2.8%まで落ち込んだ。日本に代わって最大の経常黒字国として台頭したのが中国であり、2008年のシェアは約40%にも達した。しかし、その後は勢いを失い、シェアは低下基調にある。中国に代わって、一旦中東+ロシアがシェアを伸ばしたが、2014年以降の原油価格急落を受けてシェアを失った。代わってシェアを伸ばしているのは欧州であり、シェアトップのドイツと「その他欧州（黒字）」を合計するとシェアは約4割に達する。

経常赤字は一貫して米国が最大だが、2000年代初頭に100%近かったシェアはその後低下基調を辿り、2013～14年には40%を割り込んだ。米国に次いで経常赤字が大きいのが英国で、以下、インド、カナダ、トルコが続いている。

【図表2-9】で示した経常収支黒字国の黒字と赤字国の赤字を足し上げた数字を見ると、経常黒字と赤字の絶対額の合計で示した現在のグローバル・インバランスの規模は、危機前のピーク時と比べてあまり変化していないように見える。しかし、世界金融危機後も世界経済は成長を続けているため、対GDP比ベースで見るとインバランスのピークは危機の直前であり、近年ではインバランスは明らかに縮小している。

以下では、先進国の経常赤字拡大・縮小と、新興国の経常黒字拡大・縮小の背景について、事実関係を整理してみたい。

i　先進国の対外不均衡

1999年から2008年に掛けての先進国の経常赤字拡大は、大部分が米国の経常赤字拡大によるものであった。他方、欧州各国の経常収支の動きはまちまちであり、ドイツが改善した一方でイタリア、スペイン、フランスなどでは悪化した。またこの間の経常収支悪化について、金額ベースで見ると米国が圧倒的に大きかったが、対GDP比で見るとギリシャ、スペイン、ポルトガルなど一部欧州諸国における赤字拡大は米国を遥かに上回るものであった。

2008年以降の経常赤字縮小に対しては、米国の経常赤字縮小と一部欧州諸国の経常収支改善の双方が寄与している。近年、経常収支が最大の改善を示しているのはスペインである。スペインの経常収支は2008年には1,520億ドルの赤字だったのが、2018年には166億ドルの黒字に転じた。スペインに続くのが米国、ドイツ、イタリアである。

それでは、1999年～2008年の米国と一部欧州諸国における経常赤字拡大と、その後の経常赤字縮小の背景は何だったのだろうか。

米国においては、住宅ブーム（バブル）と株価上昇を背景とした資産効果も一因となった過剰消費が、経常赤字拡大の主因だったと考えられる。欧州においては、1999年1月のユーロ発足後、一部の国では一種のクレジット・バブルのような状況が現出し、それが様々な形で対外不均衡を拡大させたと考えられる。この点について以下で説明する。

ユーロ圏各国の国債金利は、1999年のユーロ発足からギリシャの財政統計に関する不正が発覚して欧州債務危機が始まった2009年10月までの約10年間、殆ど同じ水準で推移していた。これはあたかも、ユーロ発足を契機に、すべてのユーロ参加国のソブリン・クレジット・リスクが域内最高のドイツと同程度になったかのような動きであったが、欧州債務危機前の時点でもイタリア、ポルトガル、アイルランド、ギリシャといった国々の格付けはドイツと同じAAAではなかったことから、これらの国のソブリン・クレジット・リスクは明らかに過小評価されていたといえよう。ソブリン・クレジット・リスクに照らせば、本来はドイツよりも資金調達コストがはるかに高い筈の国がドイツ並みのコストで借入可能な状況だったわけであり、一部諸国政府がこの状況を利して借入を増加させた結果、ギリシャ、ポルトガル、イタリアなどでは財政赤字が拡大した。ギリシャとイタリアでは同時期に経常収支も悪化しており（ポルトガルは元々大規模な経常赤字を抱えていた）、政府部門主導でI-Sバランスが悪化したことが示されている。他方、スペインでは財政収支はむしろ改善していたが、経常収支は悪化した。スペインでは同時期に住宅バブルが発生しており、民間部門の過剰投資・消費がI-Sバランスの悪化を主導したと考えられる。I-Sバランス悪化を主導した主体はギリシャ、ポルトガル、イタリアが公的、スペインが民間と異なったが、不均衡拡大の原因はいずれもユーロ発足による信用バブルと過度な低金利であったと考えられる。

以上のように、2000年代初頭には米国及び一部欧州諸国で大規模な対外不均衡の拡大が見られたが、2007年のサブプライム・バブル崩壊、2008～09年の世界金融危機、2009年秋以降の欧州債務危機といった一連のリスクイベントを受けて、不均衡が是正された形となっている。

ii 新興国の対外不均衡

新興国に目を転じると、1999年～2008年の経常黒字増加は中国と産油国（サウジアラビア、ロシア、アルジェリアなど）が主導したが、2008年以降の黒字縮小を主導したのも同じ顔ぶれ（中国と産油国）であった。2008年以降、新興国全体としてみると経常黒字は縮小したが、韓国、タイ、台湾などの一部アジア諸国（地域）では黒字は拡大した。

2000年代初頭の新興国における経常黒字拡大は、2001年の中国のWTO加盟が大きな契機となったと考えられる。WTO加盟以降、グローバリゼーションが加速する中で中国が「世界の工場」として頭角を現し、輸出が大きく伸びた。しかし、経済成長のスピード対比で国内市場が依然未発達であったことからI-Sバランスにおける貯蓄超過が加速(3)し、大規模な経常黒字が積みあがることとなった。また、1990年代まではグローバル経済における主要なプレイヤーとはいえなかった中国が急成長したことを受けてコモディティ市場の需給がタイト化し、コモディティ価格が上昇したことにより資源産出国（新興国に多い）の輸出が増加、これらの国の経常黒字が拡大した。しかし、2012年以降に中国経済の減速基調が鮮明になると、やや時間をおいてコモディティ価格も軟調に転じ、これが資源産出国の経常黒字縮小に繋がった。

また中国の経済成長は、中国を主要な貿易相手とする多くのアジア諸国の経常収支にも大きな影響を及ぼしたと考えられる。近年、アジアでは域内貿易の比率が高まっている。以前は、中国とアジア諸国の貿易は、アジア諸国から中間財を中国に輸出、中国の安価な労働力を用いて同国で組み立てを行い、最終消費者である欧米の先進国に輸出するという、所謂「三角貿易」が主体であった。このモデルでは、アジアの輸出国にとってより重要なのは中国ではなく欧米先進国の最終需要であった。

しかし近年では、最終消費者が中国であるケースが増加した結果、アジア諸国の輸出にとっては中国の最終需要がより重要となっている。中国経済が強け

(3) このほか、中国では社会保障制度が未発達で将来への不安が強く、貯蓄性向が高いことも一因となった模様。

れば輸出が増加して経常黒字が増加（アジアの多くの国は経常黒字）する一方、中国経済が弱ければこれらの国の経常黒字は縮小する図式となっている。

③ グローバル・インバランスの影響

上述したようにグローバル・インバランスが問題となるのは、「過度な」不均衡が最終的に世界経済に悪影響を及ぼすようなケースである。SSBIG に照らせば、これは（1）世界経済の成長力が減殺される（すなわち「強固」でなくなる）、（2）経済成長の持続可能性が損なわれる、（3）不均衡が急激に巻き戻され世界経済に大きなショックを与えるケースと要約でき、こうした悪影響を生じさせるか否かが、不均衡が「過度」かどうかのメルクマールになる。

このうち（2）と（3）では、不均衡が「過度」であったか否かは、少なくとも事後的には明確になる。なぜなら、こうした不均衡は持続不可能であり、いずれ修正されるためである。この観点から特に懸念されるのは、負債ストックの蓄積だろう。フローの赤字がファイナンスできなくなることはもちろん大きな問題だが、フローの赤字が蓄積したストックの負債から資金引き揚げが起きれば、そのインパクトは格段に大きくなると考えられる。このことは、フロー（経常収支）ベースだけでなく、ストックベース（対外資産負債残高）の不均衡にも目配りする必要があることを示している。

経常収支の「過度な」不均衡が修正されることによって生じる経済への悪影響の典型的な事例は、1990年代半ばから2000年代初頭に掛けて危機を経験した新興諸国（メキシコ、タイを中心としたアジア諸国、ロシア、アルゼンチン）に見出すことができる。当時の新興国危機の典型的な図式は、持続不可能な水準に拡大した経常赤字のファイナンスが困難になり為替レートが暴落、それによって国内で激しいインフレが起こり、それを終息させるために行われた急激な金融引き締めが国内経済及び金融システムに大打撃を与えるというものであった。こうしたメカニズムによって、危機を経験した新興国は軒並み大幅なマイナス成長を経験することとなった。

他方、（1）のケースでは、不均衡が「過度」か否かの判断が難しい。このケースでは、不均衡は持続可能であり、一見したところ特に問題ないように見えるが、例えば何らかの理由によって生じている過剰貯蓄が経常黒字に繋がっているようなケースでは、資源の適切な配分がなされていないことが世界経済の成長の阻害要因になっている可能性がある（前出のA国とB国の閉鎖貿易のケースで、何らかの理由によって貿易が行われていないことが世界経済の成長の阻害要因となっていたことを思い出されたい）。

2. 外国為替市場及びマーケットの動向

(1) 概説

外国為替市場は、幅広い財やサービスの貿易を含む経常取引や金融取引等に影響するため、その動向、特に円の動向は我が国経済にとって大きな意味をもつ。円相場について、通常目にするものは対ドルや対ユーロ等の二国間レートであり、特に日本においては、一般に、日米間の政治的・経済的なつながりや、米ドルが世界経済に占める位置付け等に鑑み、対米ドルレートが重要とされている。

他方で、通貨の相対的な強弱や一国の対外競争力（貿易財の価格競争力）を知るには、特定の通貨との為替レートだけでなく、他の主要な通貨との間で、それぞれの為替レートがどのように推移しているかを総合的にみることも有益となる（実効為替レート）。また、対外競争力を精緻に測るうえでは、自国通貨と貿易相手国の通貨の総合的な関係に加えて、自国とそれらの国々の物価変動の差異も考慮に入れることがある（実質為替レート）。ただし、為替レートは、様々な要因によって市場において決まるものであり、その考え方や決定理論にも様々なものがあることには留意が必要である。

外国為替市場を含めた国際金融システムの安定に向けては、G7やG20の枠組で国際協調が行われている。最近では、G7議長総括（2019年7月17日～18日）やG20声明（2021年4月7日）において、従来からのコミットメントが確認された。具体的な内容としては、「為替レートは市場において決定されること」、「通貨の競争的な切下げを回避すること」、「競争力のために為替レートを目標にはしないこと」に加え、「財政・金融政策は、為替目的でなく国内目的の達成に向けられてきており、今後もそうしていくこと」、「為替レートの過度の変動や無秩序な動きは、経済及び金融の安定に対して悪影響を与えうること」が挙げられる。

なお、為替相場は、時に思惑等により、実体経済から乖離して、短期間のうちに一方向へ大きく変動する場合がある。そうした場合には、外国為替相場の安定のために、財務大臣が市場において、外国為替平衡操作（為替介入）を行うことがある。政府が実施する為替介入等に関しては、その円滑かつ機動的な運営を確保するため、一般会計とは区分された外国為替資金特別会計が設置され、外貨準備の管理を行っており、外貨準備残高は、2020年12月末で1兆3,946.8億ドルとなっている。

(2) 外国為替市場の動向

① 変動相場制移行後の動きの概観（ドル円1971年～2020年）

1971年8月15日、米国は輸入課徴金賦課などの措置と併せて、ドルと金の兌換停止措置を発表し、主要通貨が変動相場へ移行したことにより、戦後から続いた固定相場制は崩壊した（ニクソンショック）。

その後、同年12月、G10蔵相・中銀総裁会議はドルの平価（金との交換比率）切下げなどを含め固定相場制に暫定的に戻ることに合意し、円はニクソンショック前の1ドル＝360円に対し、308円へと切り上げられた（スミソニアン合意）。

しかしその後、1972年6月、ポンドが投機に狙われたほか、米国の貿易赤字が拡大し続けたため、投機的なドル売りもみられ、各国は変動相場制に移行することになった。我が国は1973年2月から変動相場制へ移行した。

変動相場制移行後の主な動きを記せば以下のとおりである。

○1973年初→1977年末：301円台→239円台

- 第1次オイルショック

○1978年初→1984年末：239円台→251円台

- カーター政権「ドル防衛策」、米国の双子の赤字

○1985年初→1987年末：251円台→121円台

- プラザ合意、ルーブル合意、ブラックマンデー

○1988年初→1994年末：121円台→99円台

- ベルリンの壁崩壊、イラクのクウェート侵攻、欧州通貨危機

○1995年初→1997年末：99円台→130円台

- メキシコ通貨危機、アジア通貨危機、日本の金融不安

○1998年初→2006年末：130円台→119円台

- ロシア危機、米国ヘッジファンドLTCM破綻、ユーロ発足、米国同時多発テロ、イラク戦争

○2007年1月初→2008年8月末：119円台→108円台

- パリバ・ショック、ベアスターンズ破綻

○2008年9月初→2011年12月末：108円台→76円台

- リーマン・ショック、欧州債務危機（ギリシャなど）、東日本大震災、FRBによる金融緩和

○2012年10月初→2014年12月末：77円台→119円台

- 政府・日銀共同声明発表、日銀による量的・質的金融緩和導入・拡大、FRBによる早期緩和縮小の示唆（バーナンキ・ショック）

○2015年1月初→2016年10月末：119円台→104円台

【図表2-10】ドル・円相場の推移（1971年〜）

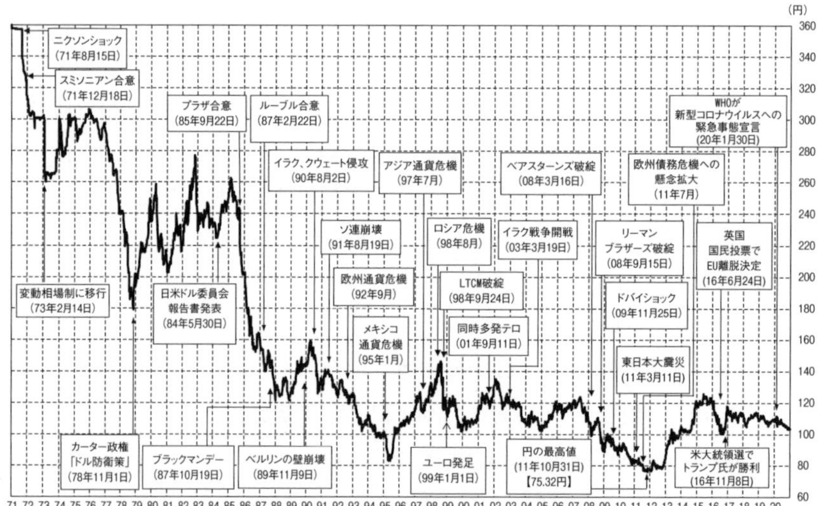

- チャイナ・ショック[4]、ギリシャ債務危機、英EU離脱の是非を問う国民投票で離脱を決定

○2016年11月初→2017年12月末：104円台→112円台

- トランプ米大統領当選、トランプ大統領の相次ぐドル高けん制発言、米税制改革法案成立

○2018年1月初→2019年12月末：112円台→108円台

- VIXショック[5]、トルコショック[6]、米中貿易摩擦と第一段階の通商合意、米国が中国を為替操作国認定

○2020年1月初→2021年3月末：108円台→110円台

- 新型コロナウイルス感染拡大による移動制限・サプライチェーンの混乱、世界的な財政出動・金融緩和の実施、OPECプラスによる協調減産協議決裂を受けた原油価格の暴落、ワクチン開発の動向と経済活動再開、感染再拡大への対応、ジョージア州上院選挙で民主党候補が2議席獲得

---

(4) チャイナ・ショック：2015年6月に始まった中国での株価の大暴落など、中国に端を発する世界的な金融市場の混乱。

(5) VIXショック：2018年2月、米長期金利の上昇をきっかけに、株式市場の予想変動率を反映するVIX指数が投資家の想定以上に急上昇。VIX指数に連動する商品に投資していた多数の投資家が大幅かつ急激にロスカットを強いられ、損失補填の為に株が売られたことにより引き起こされた世界的な金融市場の混乱。

(6) トルコショック：2018年8月、トルコによる米国人牧師拘束を巡り、米国がトルコに対する経済制裁を発動。それを受けたトルコリラ急落に端を発する、世界的な金融市場の混乱。

【図表 2-11】2015年1月～ドル円相場の推移

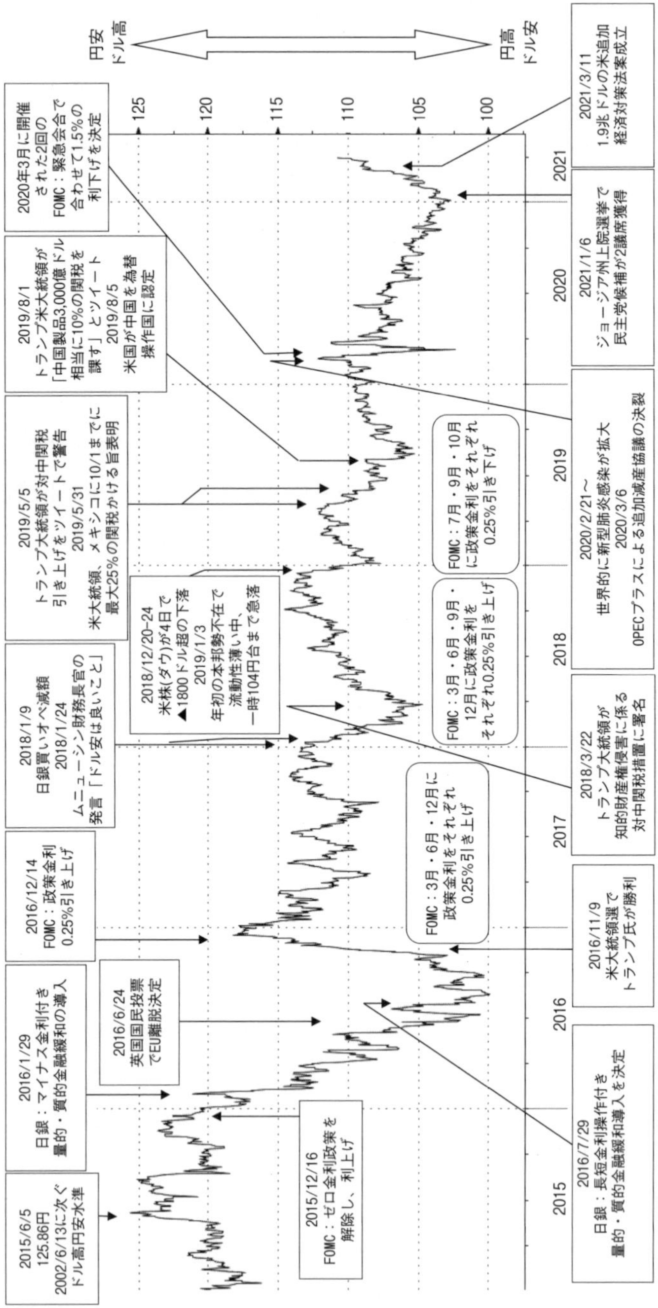

2015/6/5
125.86円
2002/6/13に次ぐ
ドル高円安水準

2016/1/29
日銀：マイナス金利付き
量的・質的金融緩和の導入

2016/12/14
FOMC：政策金利
0.25%引き上げ

2018/1/9
日銀買いオペ減額
2018/1/24
ムニューシン財務長官の
発言「ドル安は良いこと」

2019/5/5
トランプ大統領が対中関税
引き上げをツイートで警告
2019/5/31
米大統領、メキシコに10/1までに
最大25%の関税かける旨表明

2019/8/1
トランプ米大統領が
「中国製品3,000億ドル
相当に10%の関税を
課す」とツイート
2019/8/5
米国が中国を為替
操作国に認定

2020年3月に開催
された2回の
FOMC：緊急会合で
合わせて1.5%の
利下げを決定

2016/6/24
英国国民投票
でEU離脱決定

2018/12/20-24
米株(ダウ)が4日で
▲1800ドル超の下落
2019/1/3
年初の本邦勢不在で
流動性薄い中、
一時104円台まで急落

2015/12/16
FOMC：ゼロ金利政策を
解除し、利上げ

FOMC：3月・6月・12月に
政策金利をそれぞれ
0.25%引き上げ

FOMC：3月・6月・9月・
12月に政策金利を
それぞれ0.25%引き上げ

FOMC：7月・9月・10月
に政策金利をそれぞれ
0.25%引き下げ

円安
ドル高

円高
ドル安

125
120
115
110
105
100

2015
2016
2017
2018
2019
2020
2021

2016/7/29
日銀：長短金利操作付き
量的・質的金融緩和導入を決定

2016/11/9
米大統領選で
トランプ氏が勝利

2018/3/22
トランプ大統領が
知的財産権侵害に係る
対中関税措置に署名

2020/2/21～
世界的に新型肺炎感染が拡大
2020/3/6
OPECプラスによる追加減産協議の決裂

2021/1/6
ジョージア州上院選挙で
民主党候補が2議席獲得

2021/3/11
1.9兆ドルの米追加
経済対策法案成立

② ユーロドル

○2015年1月初→2016年12月末：1.21ドル近辺→1.05ドル台前半

- チャイナ・ショック、ギリシャ債務危機、英EU離脱の是非を問う国民投票で離脱を決定、ECBによる金融緩和、トランプ米大統領当選

○2017年1月初→2018年3月末：1.05ドル台前半→1.23ドル台前半

- ECBによる資産購入額を半減するなど、緩和縮小を示唆

○2018年4月初→2019年12月末：1.23ドル台前半→1.12ドル台前半

- イタリア政情不安と債務問題、トルコショック、英国の合意なきEU離脱懸念

○2020年1月初→2021年3月末：1.12ドル台前半→1.17ドル台前半

- 新型コロナウイルス感染拡大、ECBによる金融緩和、EU復興基金合意、英国のEU離脱を巡る不透明感と英EU通商合意

【図表2-12】2015年1月～ユーロドル相場の推移

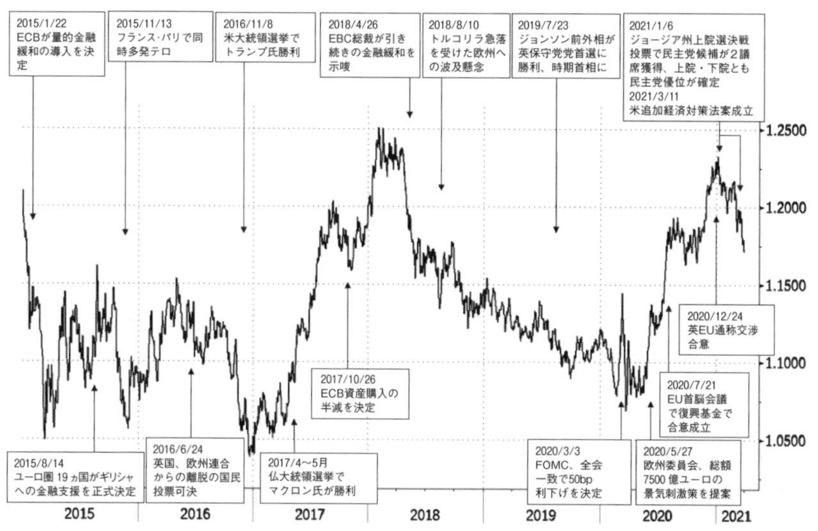

③ ドル人民元

○2015年1月初→2016年12月末：6.2元台→6.9元台

- チャイナ・ショック（上海総合指数急落）、元の対ドル基準値決定方法変更（事実上の元切り下げ）、元がSDR構成通貨入り、外貨リスク準備金義務付け、中国からの資本流出が進行（その後資本流出規制を開始）、トランプ米大統領当選

○2017年1月初→2018年2月末：6.9元台→6.3元台

- 中国が資本流出規制を強化、元の対ドル基準値設定にカウンターシクリカルファクターを導入（その後一時停止）、外貨リスク準備金を0％に変更、ムーディーズ・S&Pが中国を格下げ

○2018年3月初→2019年2月末：6.3元台→6.6元台

- 米中貿易摩擦、カウンターシクリカルファクター適用再開、外貨リスク準備金を20％に変更

○2019年3月初→2019年12月末：6.6元台→6.9元台

【図表2-13】2015年1月以降のドル人民元相場の推移

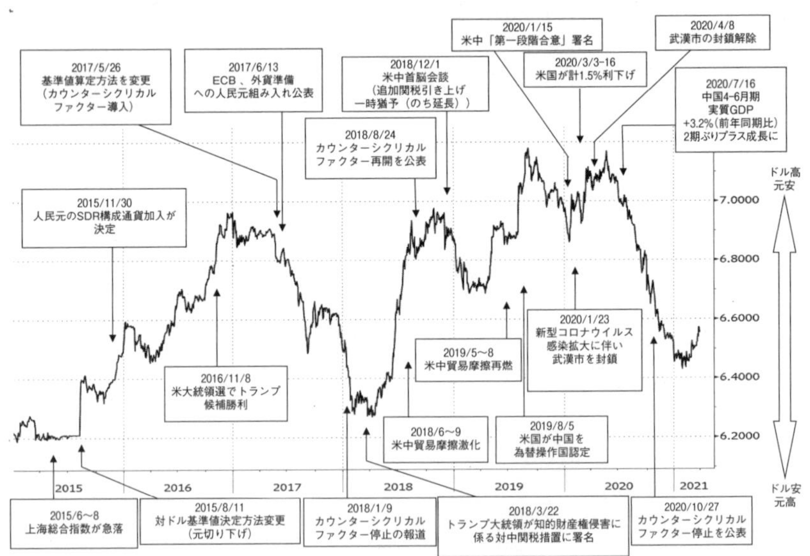

・米国が中国を為替操作国認定、米中貿易摩擦と第一段階の通商合意（一時１ドル７元を超える水準まで上昇）

○2020年１月初-2021年３月末：6.9元台→6.5元台

・新型コロナウイルス感染拡大、主要先進国の大規模金融緩和、カウンターシクリカルファクターの適用を停止、外貨リスク準備金を０％に変更

(3) 為替に関する国際的な合意事項

① G7財務大臣・中央銀行総裁声明

G7は1986年に設立された主要先進国による政策協調の枠組である。外国為替市場に関しては、直近では、2019年７月のG7財務大臣・中央銀行総裁の議長総括において、従来からのコミットメントを再確認している。そのコミットメントとは、2017年５月に発出されたG7財務大臣・中央銀行総裁声明にもあるとおり、「為替レートは市場において決定されること」、「通貨の競争的な切下げを回避すること」、「競争力のために為替レートを目標にはしないこと」に加え、「財政・金融政策は、為替目的でなく国内目的の達成に向けられてきており、今後もそうしていくこと」、「為替レートの過度の変動や無秩序な動きは、経済及び金融の安定に対して悪影響を与えうること」である。

② G20財務大臣・中央銀行総裁声明

G20財務大臣・中央銀行総裁会議は、アジア通貨危機を契機に、新興国を含めて国際金融システムの議論を行う必要性が認識されて1999年に発足した枠組である。その後、金融危機発生による混乱が実体経済にまで波及し、世界経済の先行きに対する懸念が急速に高まる中で、先進国・新興国双方の首脳により対応を議論する必要性が認識され、2008年秋にはG20サミットも発足している。直近では、2021年４月のG20財務大臣・中央銀行総裁会議声明において、「為替レートの過度の変動や無秩序な動きが、経済及び金融の安定に対して悪影響を与えうる」、「通貨の競争的な切り下げを回避する」、「競争力のために為替レートを目標とはしない」といった考え方が確認されている。

G7財務大臣・中央銀行総裁の議長総括（2019年7月17-18日　於：仏・シャンティイ）（仮訳、抜粋）

大臣・総裁は、これまでの為替相場のコミットメントを再確認した。

G7財務大臣・中央銀行総裁会議声明（2017年5月12-13日　於：伊・バーリ）（仮訳、抜粋）

我々は、為替レートは市場において決定されること、そして為替市場における行動に関して緊密に協議することという我々の既存の為替相場のコミットメントを再確認する。我々は、我々の財政・金融政策が、国内の手段を用いてそれぞれの国内目的を達成することに向けられてきていること、今後もそうしていくこと、そして我々は競争力のために為替レートを目標にはしないことを再確認する。我々は、すべての国が通貨の競争的な切下げを回避することの重要性を強調する。我々は、為替レートの過度の変動や無秩序な動きは、経済及び金融の安定に対して悪影響を与え得ることを再確認する。

G20財務大臣・中央銀行総裁会議声明（2021年4月7日）（仮訳、抜粋）

強固なファンダメンタルズや健全な政策は、国際通貨システムの安定に不可欠である。我々は、為替レートは根底にある経済のファンダメンタルズを反映することに引き続きコミットし、また、為替レートの柔軟性は経済の調整を円滑化しうることに留意する。我々は、外国為替市場の動向に関して引き続き緊密に協議する。我々は、為替レートの過度な変動や無秩序な動きが、経済及び金融の安定に対して悪影響を与え得ることを認識する。我々は、通貨の競争的切下げを回避し、競争力のために為替レートを目標としない。

(4) 為替レート・為替相場の基礎知識

① 名目・実質実効為替レート

円の為替レートは、通常目にするものは対ドルや対ユーロ等の二国間レートであり、特に日本においては、一般に、日米間の政治的・経済的なつながりや、米ドルが世界経済に占める位置付け等に鑑み、対米ドルレートが重要とされている。ただし、円の対ドルレートが上昇した場合でも、それが「円安」によるものなのか「ドル高」によるものなのか、判然としないこともある。従って、通貨の相対的な強弱や対外競争力（貿易財の価格競争力）を知るには、特定の通貨との為替レートだけでなく、他の主要な通貨との間で、それぞれの為替レートがどのように推移しているかを総合的にみることが有益となる。そうした観点から、ある国の通貨と主要な貿易相手国の通貨とのそれぞれの為替レートを、貿易額に応じたウエイトで加重平均することで算出される為替レートが「名目実効為替レート」である。名目実効為替レートを用いれば、過去と比較して、その国の通貨が強くなったのか、あるいは弱くなったのかがわかる。

【図表2-14】円・実質実効為替レートの推移

【図表2-15】円・名目実効為替レートの推移

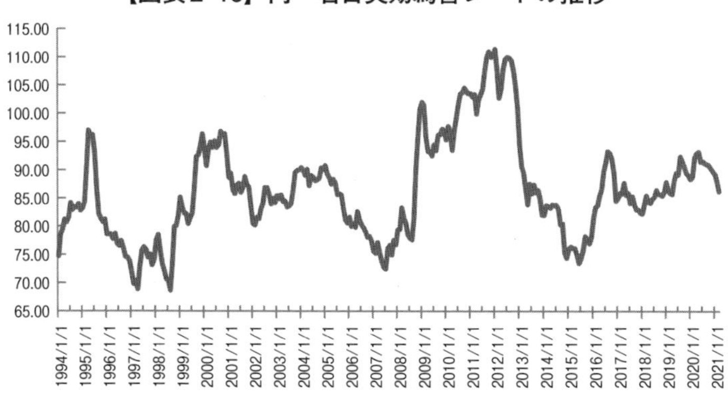

一国の対外競争力を精緻に測るうえでは、自国通貨と貿易相手国の通貨の総合的な関係に加えて、自国とそれらの国々の物価変動の差異も考慮に入れることがある。例えば、日本製品の価格上昇率が10%で、米国製品の価格上昇率がゼロであれば、名目のドル円レートが不変であっても、日本製品は割高となり、その分、我が国の対外競争力も悪化することになる。こうした考え方に基づき、名目実効為替レートを自国と競合国の製品価格で調整したものが「実質実効為替レート」である。

なお、実質実効為替レートを求める際には、実質化に用いるデフレーターや、実効化に用いるウエイト算出の方法を定める必要がある。実質化に用いるデフレーターには、消費者物価指数や国内企業物価指数、ユニット・レイバー・コストなどがあり、実効化に当たっても、対象国（通貨）の範囲が統計作成主体により異なるほか、ウエイト付けの方法も、一国の輸出額に占める相手国のシェアを用いるもの、輸出額に輸入額を加えた貿易額に占める相手国のシェアを用いるもの、第三国競争も考慮に入れたものを用いるものなど様々ある。これらはいずれも、データ上の制約を有していたり、一定の前提を置いたりするものであるため、その結果として算出される実質実効為替レートも、ある程度の幅をもって解釈する必要がある。

② 購買力平価（絶対的購買力平価、相対的購買力平価）

為替レートの決定理論には様々なものがあるが、為替相場の長期的な水準を説明する理論として、広く知られているのが「購買力平価仮説」である。購買力平価仮説には、「絶対的購買力平価」と「相対的購買力平価」の考え方がある。

i　絶対的購買力平価

絶対的購買力平価説は、「一物一価の法則」（同一の製品はあらゆるところで同一価格となるとの考え）が国境をまたいで働き、二国間の為替レートは、二国間の製品価格が均等になるところで決定され、それぞれの通貨の購買力はいずれ均等になるとする。また、その時の為替相場を絶対的購買力平価という。例を挙げよう。議論を単純化するため、ある製品バスケットが日本で1,000円、米国では10ドルで購入でき、絶対的購買力平価が1ドル＝100円だと仮定する。ここで、実際の為替レートが１ドル＝90円であったとすると、実際の為替相場は円高ということになり、絶対的購買力平価説によれば、１ドル＝100円に向かって調整が進むこととなる。

ⅱ　相対的購買力平価

相対的購買力平価説は、過去の一時点を基準に置き、二国間の為替レートはその後の二国間の物価の変化率に基づいて決定され、通貨の購買力が均衡するとする。日米を例にとると、基準時点のドル円相場×（日本の物価指数／米国の物価指数）で求められる。【図表2-16】は、変動相場制に正式に移行した1973年を基準とした相対的購買力平価の推移グラフである。過去の日米両国の物価上昇率の差異（米＞日）から、趨勢的にドルの購買力が低下してきたことがみてとれる。

なお、現実の世界では、輸送コストや関税・非関税障壁、情報格差などの貿易障壁が存在するため、一物一価の法則が必ず成り立つとは限らない。また、相対的購買力平価については、基準時点や、採用する物価指数の種類次第で、推定される均衡レートの水準が大きく変わり得ることなどにも留意する必要がある。

【図表2-16】購買平価とドル円レート

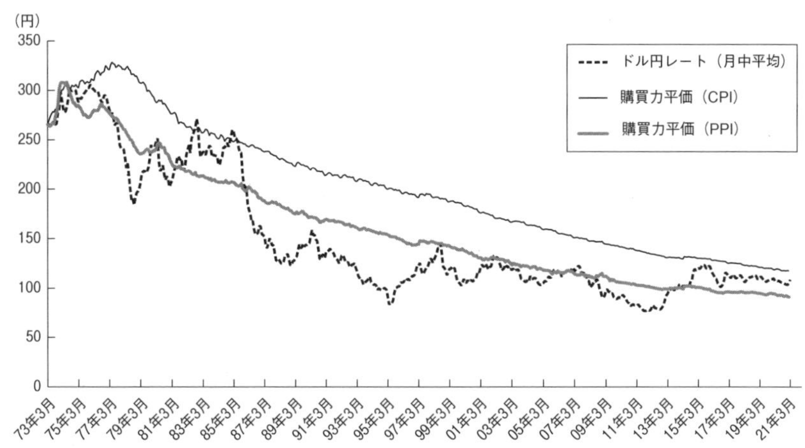

（出所）「消費者物価（CPI）」：日本総務省、米国労働省「企業物価（卸売物価）（PPI）」：日本銀行、米国労働省「ドル円相場」：日本銀行
（注）1973年３月を月中平均の為替レート基準（265.3円）としている。

(5) その他市場の動向（債券・株式・コモディティ）

① 債券市場（米国・ユーロ圏・日本・中国）

i 米国

米国のサブプライム・ローン問題に端を発した世界金融危機を受けてFRBは2007年9月に利下げを開始、利下げ開始前に5.25%だった政策金利（FF金利の誘導目標）は、2008年12月には0.00～0.25%まで引き下げられた。また、FRBは2008年11月に債券買入れ（QE）を開始した。利下げ開始前に5%を超えていた米10年国債金利は、FRBが政策金利を実質ゼロ%に引き下げた2008年12月には2%付近まで急低下した。その後、株式市場の急反発や景気先行き見通しの改善を背景に米10年国債金利は4%付近に反発したが、欧州債務危機を受けた投資家のリスク回避姿勢の高まり等もあり、2012年7月には過去最低の1.3%台まで低下した。その後数年間には、2013年のバーナンキ・ショックによる金利上昇や2015年のチャイナ・ショック後の金利低下、トランプ政権のリフレ政策への期待を背景とした2016年末の金利上昇などの動きがあったが、総じてみれば、米10年国債金利は1.5%～3.0%を中心としたレンジ内で推移した。2015年12月に利上げを開始したFRBは2018年12月には2.25～2.50%まで政策金利を引き上げたが、米中貿易摩擦等を背景とした景気先行き懸念を受けて、2019年7月には利下げに転じた。米10年国債金利は2018年10月に2011年以来の水準となる3.2%台まで上昇したが、その後は低下基調に転じた。2020年には新型コロナウイルスの感染拡大を受けて景気の急激な悪化への懸念が強まる中、FRBは3月4日の緊急FOMCで50 bp、3月15日の緊急FOMCで更に100 bpの利下げを実施して、政策金利を一気に0.00～0.25%まで引き下げた。投資家のリスク回避姿勢が大きく強まる中で米10年国債金利は3月9日に過去最低の0.3%台まで急低下したが、その後はドル・キャッシュに対する需要が強烈に強まる中で1.2%台に急上昇するなど、荒っぽい値動きとなった。大規模な債券買入れを含む一連のFRBによる施策を受けてその後市場は落ち着きを取り戻し、米10年国債金利は概ね0.5～1.0%のレンジ内で方向感に乏しい値動きとなったが、2021年1月に行われたジョージア州上院選

【図表2-17】米国の政策金利（FF 金利誘導目標）、FRB のバランスシートの規模、米10年国債金利

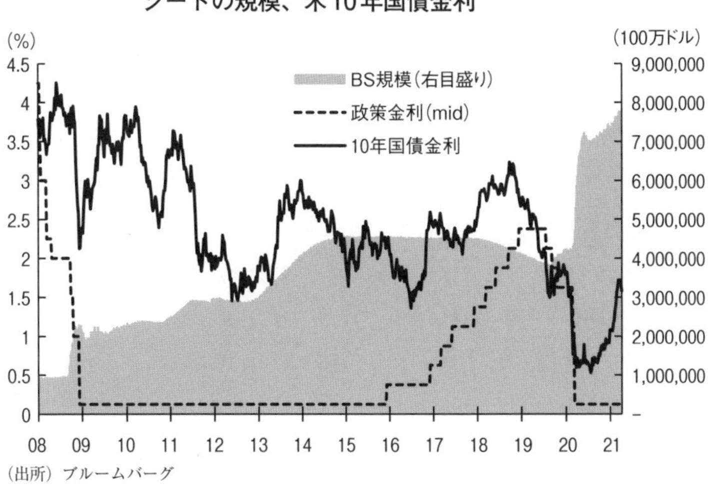

（出所）ブルームバーグ

挙決選投票の結果「トリプルブルー」（大統領、上下両院をいずれも民主党が抑えること）が実現すると、大規模な財政出動への期待等から10年金利は１％を超えて上昇した。

ii　ユーロ圏

1999年１月のユーロ発足以降、世界金融危機の前まではユーロ圏各国国債の金利水準には大きな差は無かったが、危機以降、パフォーマンスにバラツキがみられるようになった。リーマン・ショック後のリスクオフ局面では、域内で最も信用力が高い独国債金利が大きく低下した一方で、相対的に信用力が低いイタリア、スペインなどの国債金利の低下は小幅にとどまった。2009年秋にギリシャの財政統計の不正が明らかになったことをきっかけに欧州債務危機が発生すると、ユーロ参加国国債金利の乖離が一段と拡大、危機の震源地であるギリシャの10年国債金利は2012年３月のピーク時には44％台(7)に達し、イタリア、スペインの10年国債金利も一時７％台に上昇した。一方で独10年債金利は低下基調を辿り、2012年半ばには1.1％台に低下した。2012年９月にECBが（条件付きではあるが）ユーロ圏国債を無制限に買い取る制度（Outright

(7)　ブルームバーグのデータによる。

Monetary Transactions：OMT）を発表すると市場は落ち着きを取り戻し、独国債金利が概ね横ばいで推移した一方で伊西などの周辺国国債金利が急低下した結果、危機時に大きく拡大した周辺国国債金利の対独スプレッドは大きく縮小した。2014年にはECBの政策金利の一つである預金ファシリティ金利がマイナス圏に引き下げられたことやECBによる国債買い入れ（ソブリンQE）に対する期待からユーロ圏国債金利は大きく低下、独10年債金利は2015年4月には0％台まで低下した。その後暫く、ユーロ圏国債金利は方向感に乏しい値動きを続けたが、2019年には米中貿易摩擦等を受けた世界経済の先行き懸念やECBによる利下げ（同年9月に預金ファシリティ金利をマイナス0.5％に引き下げ）を背景に金利低下圧力が強まり、独10年国債金利はマイナス0.7％台まで低下した。2020年3月のコロナ・ショック時には独国債が買われた一方で周辺国国債が売られ、周辺国国債金利の対独スプレッドは拡大したが、欧州債務危機時に比べれば遥かに小幅な動きにとどまった。その後はECBによる国債買い入れや欧州復興基金設立合意などを背景に、独国債金利が低位で安定的に推移した一方で周辺国国債金利は低下基調を辿り、同年12月にはスペインの10年債金利も一時マイナス圏に突入した。

【図表2-18】ユーロ圏各国の10年物国債金利とECBのバランスシートの規模

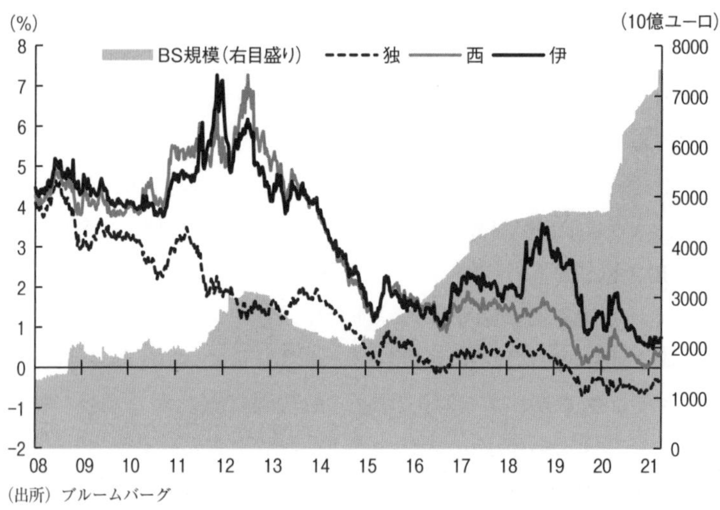

（出所）ブルームバーグ

iii　日本

世界的に長期金利が低下基調を辿る中、2010年10月の「包括的な金融緩和政策」、2013年4月の「量的・質的金融緩和第1弾（QQE1）」、2014年10月の「量的・質的金融緩和第2弾（QQE2）」、2016年1月の「マイナス金利付き量的・質的金融緩和」など、日銀による一連の金融緩和策を背景に日本国債の金利は低下基調を辿り、10年物金利は2016年7月にマイナス0.3%付近まで低下した。その後はレンジ取引に移行し、2019年の世界的な金利低下局面でも2016年7月に記録した過去最低値を更新するには至らず、コロナ・ショック時の上下動も相対的に小幅にとどまった。その後10年物日本国債金利は0％近傍で安定的に推移している。

iv　中国

従来、海外投資家による中国のオンショア債券市場へのアクセスは極めて限られていたが、近年では市場開放が段階的に進められる中(8)、世界的な低金利

【図表2-19】日10年国債金利と日銀のバランスシートの規模

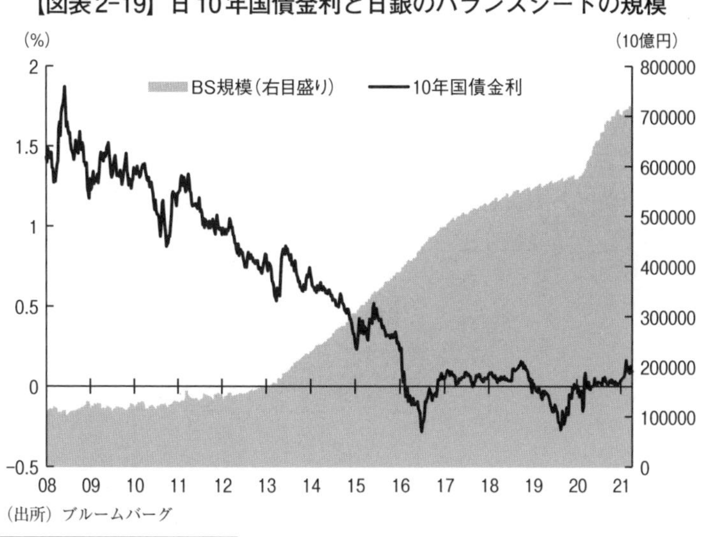

（出所）ブルームバーグ

(8)　当初は2002年に導入されたQFII（Qualified Foreign Institutional Investor）が中国のオンショア債券市場への唯一のアクセスだったが、2011年にRQFII（Renminbi Qualified Foreign Institutional Investor）、2016年にCIBM、2017年にボンドコネクト（債券通）と、近年急激に拡充。また、2020年2月にQFII、RQFIIの投資上限が撤廃されるなど、従来の制度内でも規制緩和が進行（QFIIとRQFIIは2020年11月に統合された）。

環境下で中国国債が比較的高い利回りを提供していることもあって、オンショア債券市場への資金流入は増加傾向にある。世界金融危機時の10年物中国国債の金利水準は米10年物国債とそれほど変わらなかったが、足元では米10年国債金利が1％近傍で推移している一方で、中国10年国債金利は3％を超えている。また、外貨準備における人民元の保有増加や主要な債券指数への中国国債の組み入れ[9]も、中国国内債券市場への資金流入をサポートしているとみられる。こうした中、近年では中国国債の海外投資家保有比率が大きく高まっており、Asian Bonds Onlineによると2020年9月時点で9.4％に達している。中国国債の発行残高は既に米国に次いで日本と世界第2位を争う規模にまで拡大しており、利回りの魅力も相俟って世界の債券投資家にとって無視できない存在となっている。上述したように海外投資家による中国国債保有比率は近年急拡大しているとはいえ、更なる上昇の余地は依然大きいと考えられることから、今後の動向には注目が必要である。

【図表2-20】10年物国債金利の米中比較

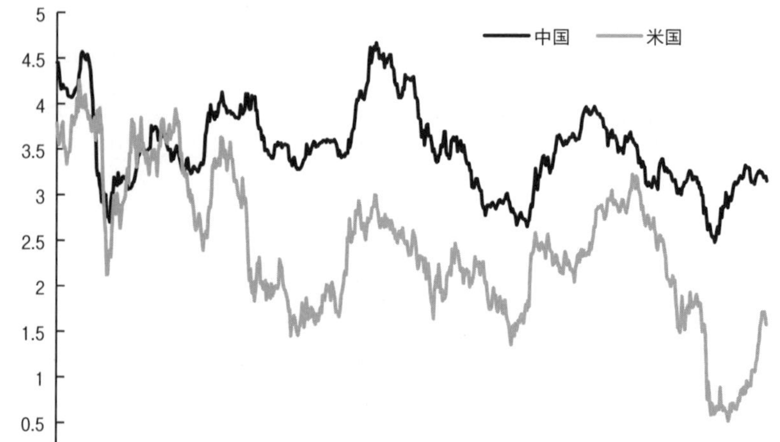

（出所）ブルームバーグ

(9)　中国は2019年4月にブルームバーグ・バークレイズ・グローバル総合インデックス、2020年2月にJPモルガンGBI-EM（Government Bond Index-Emerging Markets）に組み入れられた。2021年にはFTSE世界国債インデックスに組み入れられる予定。

② 株式市場（米国、欧州、日本、中国）

i　株式市場の推移

主要国の株価は、2015年のチャイナ・ショックや2018年以降の米中貿易摩擦などを受けて、一時的に下落する場面も見られたものの、緩やかに株高が進行。2020年2月～3月にかけては、新型コロナウイルスの感染拡大を受けて大きく下落するも、その後は各国の積極的な財政・金融政策によって回復し、軒並み史上最高値を更新するなど、堅調に推移している。

ii　米国

米国の株式市場においては、NYダウ平均株価（以下、「ダウ平均」）が、2016年11月の大統領選をトランプ大統領が制して以降、大幅な法人減税等の税制改革を筆頭とした大胆な政策への期待を背景に上昇を続けた。2018年以降は、保護主義的な通商政策による貿易摩擦が深刻化したことや、経済指標の回復による利上げなどから株価の調整を何度か挟んだものの、2020年2月12日に当時の史上最高値（29,551.42ドル（終値、以下同じ））をつけた。しかし、上述の新型コロナウイルスの影響を受け2020年3月23日に18,591.93ドルまで下落した。

その後4兆ドルを超える経済対策やFRBによるゼロ金利政策、新型コロナウイルスワクチン開発による経済の回復期待等を背景に、上昇基調で推移し、11月16日に前述の史上最高値を更新した後、2月24日に更に史上最高値を更新し、一時32,000ドルを突破するなど高い水準で推移している。

iii　日本

日本の株式市場においては、日経平均株価（以下、「日経平均」）は、2013年以降、日銀金融政策等を背景に上昇し、2015年4月22日には15年ぶりに20,000円台を回復したものの、同年8月には中国株の急落を受けた世界同時株安の影響で、1週間で3,000円近い下落幅を記録した。しかし2016年以降、日経平均は、日銀の金融政策の影響などもあって底堅さを見せ、安倍政権が安定した政権を築く中でアベノミクスへの期待も高まり上昇していった。2017年11月7日にはバブル崩壊後の最高値（96年6月：22,666.80円）を更新、2018年には26年ぶりに24,000円台を回復した。その後、米中貿易摩擦や消費税引き上げ、新型コロナウイルスの感染拡大等から、一時的に下落する場面も見られたものの、2020年11月６日に29年ぶりの高値を更新するなど、上昇傾向を維持し、2021年２月15日には30年ぶりに30,000円台を回復した。

ⅳ　中国

追加景気対策への期待や金融緩和などを背景に、2015年初から中国株への資金流入が過熱。年初は3,300ポイント台だった上海総合指数は、６月12日には5,166ポイント台と、リーマン・ショック後の最高値まで上昇した。ただこうした急激な上昇への警戒感や株価高騰を警戒する当局による規制強化の動きなどを背景に急激な下落に転じ、３週間余りで３割以上急落した。更に８月には事実上の人民元切り下げ、2016年初には経済指標の悪化などをきっかけに上海総合指数は2,600ポイント台まで暴落した（チャイナ・ショック）。その後は堅調に推移していたものの、2018年以降、米中貿易摩擦などの影響から再び下落基調となった。2020年の新型コロナウイルスの感染拡大では、一時的に落ち込んだものの、他国に先がけて感染を抑え込み、経済指標も好転したことから、その影響は相対的に限定的で、年半ばから後半にかけては上昇基調で推移した。

【図表2-21】各国株式市場①（日本、米国、中国）の推移（2015年１月～）

【図表2-22】各国株式市場②（ドイツ、英国）の推移（2015年1月～）

v　欧州

欧州の株式市場においては、2014年以降のユーロ安や金融緩和を背景に、ドイツ DAX 指数（以下、「DAX」）、英国 FTSE 100指数（以下、「FT 100」）ともに株価は軒並み上昇した。

2015年に入り、ギリシャ債務危機やチャイナ・ショック等を背景に一時下落する場面も見られたものの、2016年夏以降は概ね堅調に推移し、2018年初にはDAX は13,000ポイント台、FT 100も7,700ポイント台まで上昇。2018年はVIX ショックやトルコショック、ユーロ圏の経済指標も低迷し始める中で徐々に下落するも、2019年には再び上昇に転じた。2020年は新型コロナウイルスの影響を受け大きく下落するも、欧州復興基金合意や ECB の金融政策などの政策対応もあり上昇基調に転じ、DAX は2020年末に過去最高値を更新するまで上昇してきている。

③　商品市場

i　原油・天然ガス価格

原油価格（WTI 先物）は、リーマン・ショック以前は、イラク戦争や新興国の需要増大等によって上昇を続けていたが（2008年7月には過去最高値の1バレル当たり147.27ドルを記録）、リーマン・ショック後の世界的な景気後退を受け、同年12月には30ドル台へ大きく下落した。その後、中国をはじめとする新興国の需要の回復や中東の政情不安等を受けて価格が上昇し、2011年初めごろから80ドルから120ドルの間で推移してきた。

2014年に入り、米国のシェールオイル増産やメキシコ湾岸油田再稼働等の供給要因、欧州や中国等の景気減退といった需要要因により価格が下落しはじめ、2016年の初めには一時30ドルを割った。

2016年11月にOPEC諸国による減産が合意（8年ぶり）され、続く12月には非OPEC諸国においても減産の合意（15年ぶり）がなされた。以降、原油価格は上昇基調であったが2018年10月の76.41ドルを境に下落し、米中貿易摩擦の影響による中国経済の減速等による原油需要の減退懸念に加え、同11月に日本を含む8カ国・地域に対してイラン産原油の禁輸が一定期間において適用除外となったことから再度原油価格は下落（当該適用除外措置は2019年5月に終了）した。以降、2020年初頭までは原油価格は40ドル台後半から60ドル台前半で推移。

2020年初頭に新型コロナウイルス感染症の感染拡大により各国で入国制限

【図表2-23】原油と天然ガス価格の推移

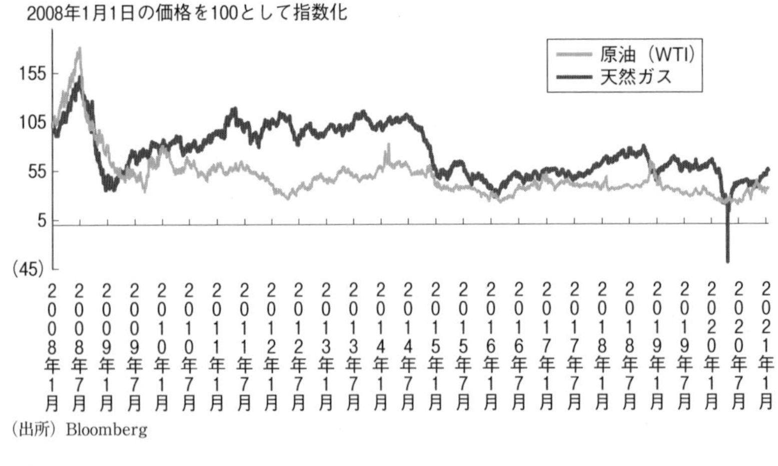

2008年1月1日の価格を100として指数化

原油（WTI）
天然ガス

155
105
55
5
(45)

2008年1月 2008年7月 2009年1月 2009年7月 2010年1月 2010年7月 2011年1月 2011年7月 2012年1月 2012年7月 2013年1月 2013年7月 2014年1月 2014年7月 2015年1月 2015年7月 2016年1月 2016年7月 2017年1月 2017年7月 2018年1月 2018年7月 2019年1月 2019年7月 2020年1月 2020年7月 2021年1月

（出所）Bloomberg

を含む移動規制が敷かれたこと等により、原油価格は暴落。WTI先物においては史上初のマイナス（4月20日にマイナス37.63ドル）となった。その後、世界的な金融緩和による下支え、世界経済の一部活動再開、新型コロナウイルスのワクチンに対する期待等により足元では50ドル台まで回復している。

天然ガス価格（NY天然ガス先物）は、2000年代前半は100万BTU(10)当たり2～9ドル前後で推移したが、新興国の需要増大等により2008年7月には13ドル台まで上昇した。その後、米国での非在来型ガス（シェールガス）生産拡大により需給が緩和したことで、2012年4月に一時、2ドルを割り込むなど、スポット価格が下落した。

2015年以降は、冬季の暖房用需要等の需給変動に伴う多少の価格変動はあるものの、概ね2ドル台から3ドル台で推移した。2020年においても上半期は新型コロナウイルス感染症の感染拡大により2ドルを割っていたが、下半期には2ドル台後半まで回復している。

ii 穀物価格

穀物価格（シカゴ先物（期近））は、リーマン・ショック後に大きく下落（例えばトウモロコシはリーマン・ショック直前の1ブッシェル(11)当たり8ドル弱

【図表2-24】穀物価格の推移

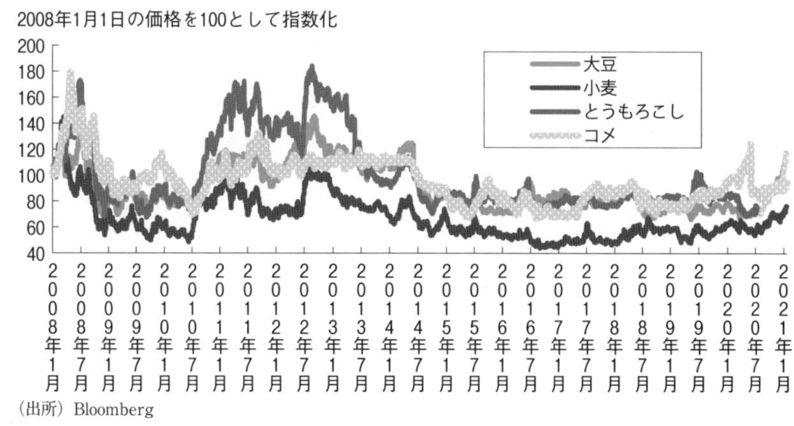

（出所）Bloomberg

(10) 英国熱量単位。1BTUは、1ポンドの水を華氏で1度上げるのに必要な熱量。
(11) 主に穀物の計量に用いる体積の単位。トウモロコシ1ブッシェルは、重さ約25.4kg。

から3ドル台まで下落）したが、2010年半ばより、新興国における人口増加や生活水準向上による食肉需要の増加、干ばつや洪水等の天候要因により、需給が逼迫したことで、穀物価格は上昇した。中長期的には2014年以降は、概ね安定的な価格で推移。足元の変動では、天候不順等により2020年後半より上昇（トウモロコシは2014年5月以来の高値）している。

iii　金属価格

金属価格は、金を除き、リーマン・ショック後に大きく下落したが、その後の世界的な景気回復観測を受け回復している。金価格（NY 金先物）は、欧州債務危機等に際しても安全資産として買われ、リーマン・ショック直前の1トロイオンス当たり1,000ドル前後から、2011年8月には過去最高値の1,911.3ドルをつけるなど大きく上昇した。その後は金価格は1トロイオンス当たり1,000～1,500ドル台で概ね推移してきたが、足元においては世界的な金融緩和による下支え等もあり、2020年8月に2,000ドルを突破し過去最高値を更新した。他の非鉄金属も価格上昇基調にあり、銅価格（LME 銅）については2013年以来の1トン8,000ドル台を回復している。

【図表2-25】金属価格の推移

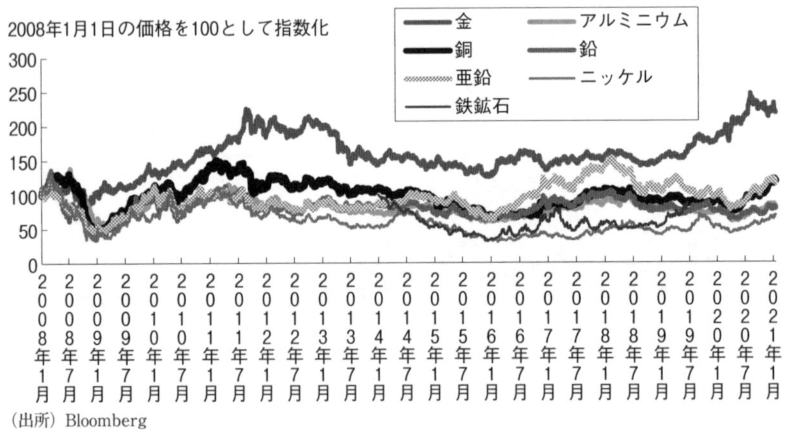

（出所）Bloomberg

コラム 史上初のマイナスをつけたWTI先物取引価格

金子祐二（財務省国際局調査課課長補佐）
千住将太（財務省国際局調査課国際資金係長）

WTIとは、West Texas Intermediateの略であり、WTI原油とは米国のテキサス州とニューメキシコ州を中心とする複数の油田から産出される原油の総称。マイナス価格をつけたWTI原油先物はニューヨークマーカンタイル商品取引所（NYMEX）で取引されている、WTI原油の先物価格。

原油先物取引は、予め決められた限月（期限）の原油を売買するものであるが[注1]、WTI原油先物については、設定された最終取引日時点でポジションを保有していると、原油の現物を引き受ける義務がある。また、受け渡し場所もオクラホマ州クッシングにある貯蔵庫と決まっている。このため、WTI原油先物の価格は貯蔵庫の在庫状況の影響を受けるが、新型コロナウイルスの感染拡大により、外国への渡航制限を含む経済活動の停滞により、原油需要が急減し、貯蔵庫のキャパシティが限界に達する可能性が高まっていた。貯蔵できない可能性から、5月限のWTI原油先物のポジション保有者は、原油の引き受けを避けるためにポジションの解消に急ぐ一方で、原油の引き受け手は限られることから、需給バランスが崩れ、お金を払ってでも引き受けてもらうという事態が発生した。なお、2020年5月限の原油先物がマイナス価格を付けた2020年4月20日は5月限の最終取引日の前日である。

石油市場は北米、欧州、アジアの三大市場が形成されており、それぞれWTI原油、ブレント原油、ドバイ原油及びオマーン原油が主なマーカー（指標）原油となっている。マイナス価格を付けたのはWTI原油の先物のみであるが、ブレント原油の先物は現物の引き受け義務が無いこと、ドバイ原油及びオマーン原油は先物取引ではなく現物取引に基づく価格であることから、WTIの様に貯蔵庫の逼迫と引き受け義務を主因するマイナス価格とはならなかった。

なお、原油は産地や油田により、さまざまな種類があり、それぞれ成分や性質が異なっている。API度[注2]や原油に含まれる硫黄量で分類されるが、WTIはAPI度が高く、硫黄や硫化水素等の含有物が少ないことから、ブレント原油やドバイ原油、オマーン原油と比較し高品質とされ通常高価格で取引されている。

(注1) 先物取引には取引最終日があり、限月(期限)の異なる先物が多数ある。WTI原油先物の取引は、1カ月後のWTI原油価格や2ヵ月後、3ヵ月後のWTI原油価格というように、将来のWTI原油の価格に対する市場の予想が織り込まれた価格で取引されている。

(注2) API度とは、米国石油協会(American Petroleum Institute)が定める原油の比重単位で、数値が高いと軽質、低いと重質と分類される。軽質の原油は、重質の原油よりも多くの石油化学製品原料を抽出することが可能。

3. 外国為替平衡操作と外国為替資金特別会計

(1) 外国為替平衡操作

① 概要

為替相場は、基本的には、各国の実体経済を反映し、マーケットの需給により市場において決定されるが、時には、思惑等により、実体経済から乖離して、短期間のうちに一方向へ大きく変動する場合がある。このような場合、財務大臣は、外国為替及び外国貿易法第7条第3項「財務大臣は、対外支払手段の売買等所要の措置を講ずることにより、本邦通貨の外国為替相場の安定に努めるものとする」との規定を踏まえ、市場において、外国為替取引(介入)を行うことがある。直近では、欧州債務問題や米国の景気減速懸念等を背景に、円が買われ、短期間のうちに急激に円高方向へ推移したことを受け、2011年10月31日から11月4日にかけて約9兆円のドル買い円売り介入を実施したものの、それ以降の介入実績はない。

また、こうした為替介入の実施に関し、通貨当局が介入した実績額についてはその総額を1カ月ごとに、また介入実績の詳細(実施日、介入額、売買通貨)については四半期ごとに、それぞれ対外公表している(いずれも財務省HP http://www.mof.go.jp/international_policy/reference/feio/index.htm に掲載)。

② 仕組み

i 主体

財務大臣が決定し、日本銀行が代理人として財務大臣の指示に基づいて市場において実施する。

ii 資金調達

円売り・外貨買い介入の場合、政府短期証券の発行により円貨を調達し、外国為替市場において円貨を売却し、外貨を購入する。また、逆に円買い・外貨売り介入の場合、外貨建て債券の売却等により外貨を調達し、外国為替市場において外貨を売却し、円貨を購入する。為替介入で得た円貨は政府短期証券の償還に充当される。

iii 単独・委託・協調介入

一つの当局が決定・実施のすべてを行う介入が単独介入であり、委託介入は、ある国の通貨当局が自国の資金を用いて他国の中央銀行に委託して他国の市場において実施するものをいう。これに対し、協調介入は二つ以上の国が事前に合意したうえで各々の資金で介入を行うことを指す。

(2) 外貨準備

① 外貨準備とは

外貨準備とは、外国為替相場の安定のために行う為替介入に使用する資金であるほか、通貨危機などによって、他国に対して外貨建債務の返済が困難になった場合などに使用する準備資産をいう。我が国では、外国為替資金特別会計及び日本銀行が外貨準備を保有している。

IMF 作成の「外貨準備の公表にかかるガイドライン(International Reserves and Foreign Currency Liquidity：Guidelines for a Data Template)」では、外貨準備は通貨当局が為替介入等の目的で即時利用可能な形で保有する外貨建ての対外債権と定義されており、我が国は、当ガイドラインに沿って、毎月末の外貨準備残高(ドル建て)を翌月上旬に対外公表している(https://www.mof.

【図表2-26】為替介入時の資金の流れ

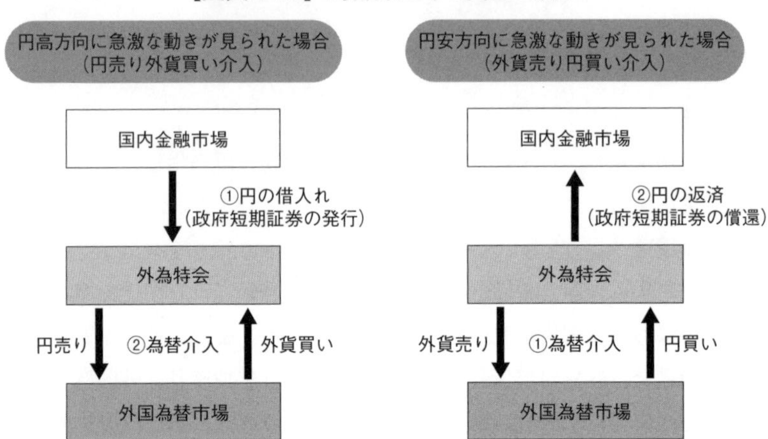

go.jp/international_policy/reference/official_reserve_assets/index.htm)。

外貨準備を構成する通貨は、国際取引での支払に使われたり、主要な取引市場で取引されたりする割合が高い国際通貨であることに加え、為替介入等に備え、十分な流動性（自由に交換可能な通貨、厚みがある債券市場）が求められる。

② 外貨準備の増減要因

外貨準備の増減要因には、外国為替市場において外国為替資金特別会計が行う外貨の売買のほか、外貨資産を証券・預金等で運用していることに伴う運用収入等がある。例えば、金利変動により保有債券の時価評価額が変動したり、ユーロの対ドルでの増減価によりユーロ建資産のドル換算額が変動したりする場合、我が国の外貨準備高は増減することになる。

他方、外国為替資金特別会計による国際協力銀行（JBIC）に対する貸付等は、対外資産（非居住者に対する債権）であることを基本的な要件とする外貨準備の定義に合致しないため、外貨準備高の減少要因となる。

③ 我が国の外貨準備の状況

2021年3月末時点で、1兆3,685億ドルとなっており、外貨証券を中心に、

【図表2-27】外貨準備高と為替介入額

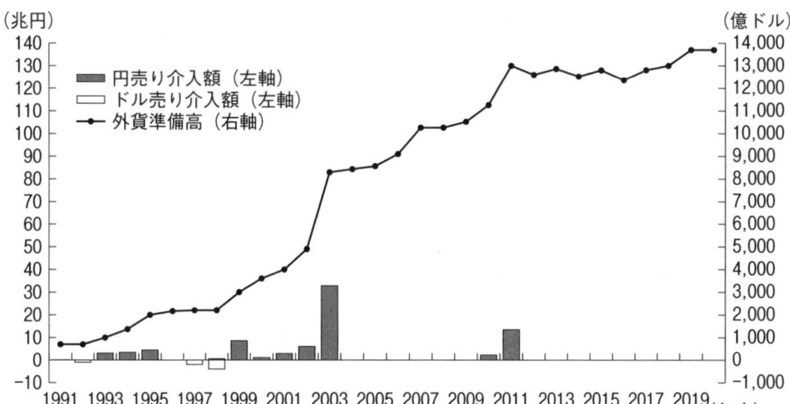

(注) 外貨準備高は年度末時点の値・公表基準変更に伴い、必ずしもデータの連続性はない。
(参考1) 2020年度末の外貨準備高は、1兆3,685億ドル。
(参考2) 2010年度は、2010年9月15日に2兆1,249億円、2011年3月18日に6,925億円の為替介入を実施。
2011年度は、2011年8月4日に4兆5,129億円、2011年10月31日～11月4日の各日にそれぞれ8兆722億円、2,826億円、2,279億円、2,028億円、3,062億円の為替介入を実施。

【図表2-28】外貨準備等の状況（令和３年３月末現在）

Ⅰ．外貨準備及びその他外貨資産　　(百万ドル単位)

A. 外貨準備	**1,368,465**
1．外貨	**1,287,752**
(a) 証券	**1,147,660**
うち本邦発行体分	—
(b) 預金	**140,092**
ⅰ．外国中央銀行及びBISへの預金	139,414
ⅱ．本邦金融機関への預金	578
うち：海外拠点分	—
ⅲ．外国金融機関への預金	100
うち：本邦内拠点分	100
2．IMFリザーブポジション	**14,222**
3．SDR	**19,895**
4．金	**45,995**
(重量［百万トロイオンス］)	(27.20)
5．その他外貨準備	**601**
(a) 金融派生商品	—
(b) 非銀行非居住者に対する貸付	—
(c) その他	601
B. その他外貨資産	**41,609**

(参考) B. その他外貨資産のうち、国際協力銀行に対する貸付（額面）は41,581百万ドルである。

外国中央銀行等への預金、金、SDRなどで構成される。IMFの統計によれば、中国に次ぐ第2位となっている。

なお、外貨準備における金の保有が、主要国に比べ、保有量、外貨準備に占める割合とも低い水準である中、2021年3月、市中売却により金市場に不測の影響を与えず、政府が保有する金を海外に流出させないとの考えに立ち、貨幣回収準備資金が売却する金（80.8 t）を取得した。

④ 世界の外貨準備の状況

IMFの統計によると、2020年12月末時点で世界の外貨準備高は12兆ドルを超える水準となっている。2000年以降、中国、韓国をはじめとしたアジア新興諸国や、ロシア、サウジアラビアといった資源国が外貨準備の保有を増加させた。

2020年の世界の外貨準備における通貨別割合は、ドル59.0%、ユーロ21.2%、円6.0%である。ドルは、2000年代前半と比べるとやや低下しているものの、6割超の割合を維持してきたが、直近は6割を下回っている。1999年にスタートしたユーロは上昇基調をたどっていたが、欧州債務危機後は低下傾向となり、直近では2割程度で推移している。円は約4～5%で推移してきたが、直近は6%となり、20年ぶりの水準となっている。人民元は、2016年に

【図表2-29】諸外国の外貨準備高（2020年12月末・SDR建て）

順位	国	外貨準備高
1位	中国（本土）	22,509億SDR
2位	日本	9,342億SDR
3位	スイス	7,095億SDR
4位	インド	3,820億SDR
5位	台湾	3,684億SDR
6位	香港	3,414億SDR
7位	ロシア	3,199億SDR
8位	サウジアラビア	3,150億SDR
9位	ユーロエリア	3,058億SDR
10位	韓国	3,036億SDR

（2020年12月末時点：1SDR＝1.44027米ドル）
（出所：IMF「International Financial Statistics」）

【図表2-30】世界の中央銀行・公的機関による金保有

順位	国名	重量［トン］	金額［億ドル］	外準占有率［%］
1	米国	8,133	4,422	77.6%
2	ドイツ	3,362	1,828	74.2%
3	IMF	2,814	1,530	—
4	イタリア	2,452	1,333	69.0%
5	フランス	2,436	1,325	64.3%
6	ロシア	2,295	1,248	21.8%
7	中国	1,948	1,059	3.2%
8	スイス	1,040	565	5.4%
9	日本	846	460	3.4%
10	トルコ	714	388	45.7%
	世界計	35,391	19,244	—

（出所）IMF International Financial Statistics
（注）2021年3月時点

【図表2-31】世界の外貨準備における通貨別割合の推移（2000年以降）

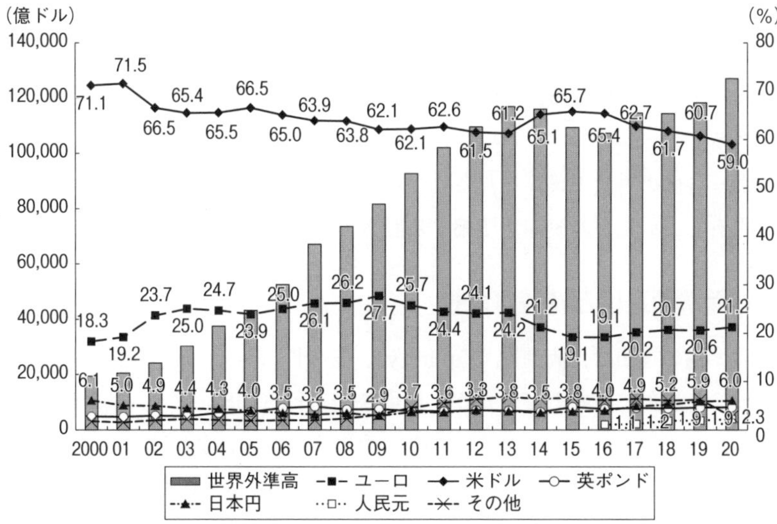

（注1）通貨別の割合は外準総額のうち、通貨別の分類がなされている部分（Allocated Reserves）に対する割合。
（注2）2016年10月からのSDR通貨入りを受け、2016年Q4より中国人民元は項目立て表示されている。
（出所）IMF COFER

【図表2-32】世界の外貨準備における通貨別割合（2020年12月末）

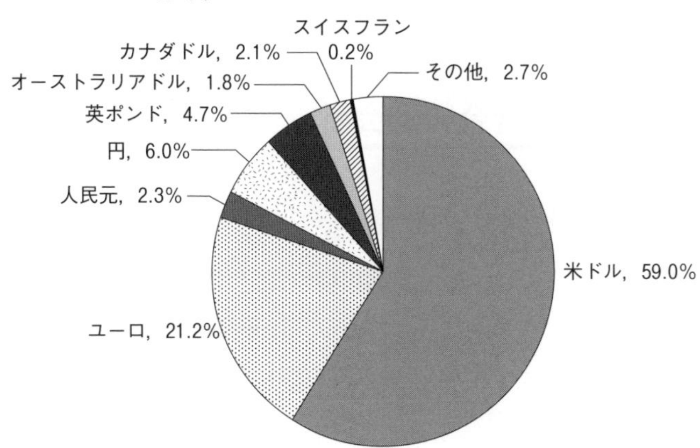

（出所）IMF COFER

IMFの特別引出権（SDR）通貨バスケットに採用されたが、資本規制等により取引の自由度や流動性が低いため、約２％にとどまっている。

また、近年では、カナダドル、豪ドルのような、いわゆる「new safe haven status」とも呼ばれる通貨の保有が増加するなど、通貨構成の多様化の動きが見られる。

なお、各国の外貨準備高を見ると、中国やロシア等では、近年、外貨準備として保有していたドル資産を圧縮する動きも見られる。

⑤ 外貨準備運用と持続可能性

外貨準備の運用は、流動性（liquidity）、安全性（safety）、収益性（return）の３つを伝統的に重視してきたが、国際決済銀行（BIS）や「気候変動リスクに係る金融当局ネットワーク」（NGFS）等のサーベイによれば、各国通貨当局の間で、最近、持続可能性（sustainability）への関心が高まっている。例えば、オランダ（オランダ銀行）と香港（香港金融管理局）は準備金や保有資産についてESGを考慮した運用を行うことを明確化し、国連の責任投資原則（PRI）に署名している。そのほか、外貨準備の投資除外基準を気候変動の観点から調節する（スイス）、外貨準備の投資方針に持続可能性の視点を盛り込む（スウェーデン）など、外貨準備を含む自らのポートフォリオの管理に持続可能性の要素を統合させることにより、ESGリスクとレピュテーションリスクを軽減する動きが見られる。

(3) 外国為替資金特別会計

① 外国為替資金特別会計の概要

外国為替資金特別会計は、外国為替相場の安定（為替相場の急激な変動の際の為替介入など）のために設けられている。1949年、外貨管理権がGHQから我が国に委譲されたことに伴って創設された外国為替特別会計を前身とし、その後、1951年に外国為替資金特別会計となった。

外国為替資金特別会計は、円売り・外貨買い介入に伴って取得した外貨を資産、円貨を調達するために発行した政府短期証券を負債として保有している。

【図表2-33】外国為替資金特別会計の概要

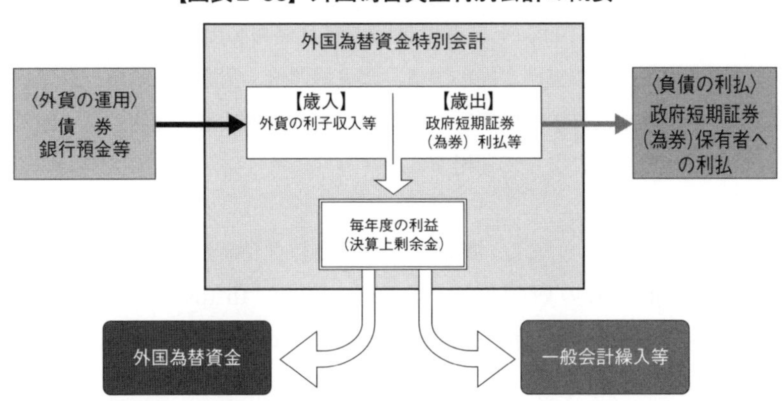

また、保有外貨資産の利子収入等を歳入とし、政府短期証券の利払い等を歳出として経理している。歳入と歳出の差額である毎年度の利益（決算上剰余金）は、一部を外国為替資金特別会計の運用資金である外国為替資金に組み入れ、残りを一般会計や翌年度の外国為替資金特別会計の歳入に繰り入れている。

② 保有外貨資産の運用

保有外貨資産の運用に当たっては、「外国為替資金特別会計が保有する外貨資産に関する運用について」（平成17年4月4日公表）に基づいて、以下の方針で運用している。

1. 運用目的

外為特会の保有する外貨資産の運用に当たっては、我が国通貨の安定を実現するために必要な外国為替等の売買等に備え、十分な流動性を確保することを目的とする。

2. 基本原則

上記運用目的にかんがみ、以下の点を基本原則とする。

(1) 外為特会保有外貨資産は安全性及び流動性に最大限留意した運用を行うこととし、この制約の範囲内で可能な限り収益性を追求するものとする。

(2) 金融・為替市場へ攪乱的な影響を及ぼさぬよう最大限配慮しつつ運用を行い、必要に応じ関係する通貨・金融当局と密接な連絡を取るものとする。

3. 運用対象

外貨資産については、上記運用目的の観点から必要とされる各通貨ごとに、流動性・償還確実性が高い国債、政府機関債、国際機関債及び資産担保債券等の債券や、外国中央銀行、信用力が高く流動性供給能力の高い内外金融機関への預金等によって運用する。

外貨の運用状況については、毎年度、「外国為替資金特別会計の外貨建資産の内訳及び運用収入の内訳等」を公表している（https://www.mof.go.jp/international_policy/reference/gaitametokkai/index.htm）。外貨資産は、８割以上を債券で運用している（債券86.4%、預金8.5%、SDR 1.4%、金0.1%、その他3.6%（2019年度末））。債券は、国債約７割、政府機関債、国際機関債等約３割で運用している。

【図表2-34】外貨証券の国債・非国債の割合

	2019年度末	2018年度末
国債	74.5%	73.8%
国債以外の証券	25.5%	26.2%

【図表2-35】外貨定期預け金及び外貨証券に係る運用資産利回り

	2019年度	2018年度
運用資産利回り	2.08%	1.93%

③ 保有外貨資産による金融危機対応等

外国為替資金特別会計においては、外国為替相場の安定に資するとの観点から、様々な取組を行ってきた。

2008年秋以降の世界的な金融・経済危機を受け、IMFの資金基盤を十分に確保し、IMFが加盟国に対して適時かつ効果的に国際収支上の支援を行う目的で、IMFに対する最大1,000億ドル相当の貸付を行った。また、2011年以降の欧州債務問題の深化に対し、IMFの資金基盤強化のため、600億ドルの追加資金貢献を行った。

（参考）外為特会のIMFに対する貸付残高　2020年度末　14億ドル相当

また、アジア通貨危機を教訓として、アジア諸国との間で、外貨準備を使って短期的な外貨資金の融通を行う通貨スワップ取極を拡充（マルチ化、規模倍増）している。金融セーフティネットの強化により、世界の金融市場の不確実性が増す中、アジア経済の発展を金融面から安定的に支えている。

更に、国際協力銀行（JBIC）に対する外貨資金の貸付を通じて、日本企業の海外展開支援を推進している。直近では、新型コロナウイルスの影響を受けた日本企業の海外事業を支援するとともに、ポストコロナに向けた経済構造の転換・好循環の実現を図るため、日本企業による、脱炭素社会に向けた質の高いインフラの海外展開や、サプライチェーン強靱化等を支援している。

（参考）外為特会のJBICに対する貸付残高　2020年度末　416億ドル

国際通貨金融体制と危機対応

第3章

1. 概説

本章では、**2**において、国際金融システムの安定の中心的な役割（国際社会の「最後の貸し手」ともいわれる）を担う国際通貨基金（IMF：International Monetary Fund）と、世界最大のシンクタンクともいわれる経済協力開発機構（OECD：Organisation for Economic Co-operation and Development）という、国際通貨金融体制を支える組織について説明する。

IMFは第二次世界大戦後に発足し、現在では190カ国という、ほぼすべての国が加盟する国際機関となっている。その主な活動としては、①国際収支困難（外貨不足）に直面した加盟国からの要請等に応じて行う融資、②世界、地域及び各国の経済・金融情勢を注視し、加盟国に政策助言を行うサーベイランス活動、そして、③IMFの知見を必要としている加盟国に対して専門家の派遣等を行い、加盟国の政策立案・遂行能力の向上を図る技術支援がある。IMFは、加盟国からの出資に基づく基金であり、各国の出資額（クォータ）は、その国の世界経済における相対的な地位等を基準として決定されている。また、各国の投票権シェアはこの出資額のシェアにほぼ比例する形で決定される。

OECDは、1948年、欧州復興のためパリに設立された欧州経済協力機構（OEEC）を前身として、その後、欧州経済の復興に伴い、発展的に解組され、1961年に設立された。その活動は、「安定したマクロ経済運営のための国際協力」、「貿易・投資の自由化推進」、「新たな社会問題への対応」、「規制改革推進」、「企業の社会的責任、コーポレートガナバンスへの取組」、「技術革新とその経済・社会的影響の研究」、「持続可能な開発、環境問題への取組」、「開発途上国の健全な経済発展への貢献」など幅広い分野にわたっている。

3では、戦後の国際通貨金融体制の歴史を振り返る。戦後、米国の経済力を背景に、金・ドル本位制を中心とする国際通貨体制（ブレトン・ウッズ体制）が成立した。しかし、米国の国際収支赤字の拡大等によりこの体制の維持が不可能となり、1971年の金交換停止を経て、1973年に全面的な変動相場制（フロート制）に移行した。変動相場制移行後、国際収支不均衡の自動的な是正といった当初期待された目的は必ずしも達成されず、他方で為替レートの大幅な変動が生じることとなった。こうした状況下で、80年代半ばには、先進国各国は、為替の安定を図り、世界経済の持続的な成長を実現するために、G5、G7等の場で政策協調に向けて緊密に協力することに合意し、プラザ合意等の成果を上げた。

その後、90年代に入り、世界経済の拡大や情報・技術革新等により、資本移動の規模も急速に大きくなり、アジア通貨危機といった大規模な通貨・経済危機が発生した。2000年代に入り、新興国の世界経済に占める地位が上昇するにつれ、世界経済の安定的・持続的な成長のために、先進国だけで政策協調を行うのみでは不十分との認識が高まった。そして、2008年秋に生じた世界経済・金融危機を契機に、先進国・新興国双方の首脳により政策対応を議論する必要性が強く認識され、G20が「国際経済協力に関する第1のフォーラム」として位置付けられるに至った。新型コロナウイルスへの対応のための国際協調に当たっても、G20が中心的な役割を果たしている（G7・G20の歴史・意義については第5章で詳しく説明する）。

4(1)においては、アジア通貨危機及びその対応を扱う。1997年7月タイに端を発し、短期外貨資金の急激な流出、脆弱な金融システムといった各国共通の要因により、近隣アジア諸国に波及した通貨危機は、一部の国でIMFのプログラムの導入を始めとする金融支援を招くこととなった。同通貨危機は、アジア諸国が共同して危機への対処を行わなければならないという連帯感を生み出し、アジア通貨基金（AMF）構想が提起され、結果として、域内サーベイランス、金融セクター強化のための技術協力等を柱とする「マニラ・フレームワーク」の合意へとつながった。なお、我が国は、アジア諸国に対する資金支援スキームとして、新宮澤構想を表明するなどの貢献を行った。

4(2)においては、2008年秋以降の世界経済・金融危機及びその後のG20サミット等における対応について触れる。危機に対する喫緊の対応として、国際社会は協調して金融システムの安定確保に取り組んでいくのだが、その詳細は第5章の記載に譲る。

4(3)においては、欧州債務危機とその対応について扱う。ギリシャ危機に端を発する金融市場の動揺は、他のユーロ圏周辺国にも波及し、ギリシャ、アイルランド、ポルトガル等の国々に対して、EU・IMFからの支援が実施された。

ユーロ圏では、欧州安定メカニズム（ESM：European Stability Mechanism）の整備等、危機拡大を防ぎ市場を安定化させるためのセーフティネットの構築とともに、単一銀行監督メカニズムを含む銀行同盟の構築等、危機の再発防止に向けた取組が進められていった。

2. 国際通貨金融体制を支える組織

(1) IMF

① 概要

IMFは、1945年に設立された。現在では190カ国が加盟（2021年4月末時点）しており、国際通貨金融システムの安定を主な目的とし、その中心的役割を担う国際機関として活動している。

IMFの機能は、以下の3つに大別できる。

i　加盟国への融資

IMFは、加盟国からの出資等を原資として、国際収支困難（外貨不足）に陥った加盟国からの要請に応じた短期的な融資等を行い、一時的に外貨を供給する。このことによって、加盟国が、国際通貨基金協定に定められた目的に反する資本移動制限や為替取引の規制といった手段に訴えることなく、国際収支ポジションの健全性を回復させることを促している。融資の多くは、IMFと合意した経済調整プログラムの実施を条件としており、何回かに分けて段階的に行われる（詳細については155頁以降参照）。

ii　サーベイランス活動

IMFは、協定上、加盟国の為替相場政策につき必要な情報提供を加盟国に求めることができ、これを基礎に、すべての加盟国について、マクロ経済運営や金融セクター等につき、広範な協議（コンサルテーション）を実施して政策助言を行っている。世界及び地域レベルでのモニタリングについても、定期的に発表される世界経済見通し（WEO：World Economic Outlook）等を通じて行われており、これらのサーベイランスは、危機予防において中核的な役割を果たしている（詳細は154頁参照）。

iii　技術支援

IMFは、マクロ経済、財政、金融等の分野におけるIMFの知見を必要としている加盟国に対して、政策担当者等の適切な政策立案・遂行能力を高めることを目的として、長期的・継続的に専門家を派遣する等の方法で技術支援を行っている。

IMFは発足当初、固定相場制度の下における既存の準備資産を補完するための特別引出権（SDR：Special Drawing Rights）の創設に代表されるように、いわば固定相場制度の番人としての役割を担っていたが、1970年代前半の主要国の変動相場制度への移行に伴い、為替を中心とする加盟国経済のサーベイランス及び世界経済・金融危機への対応にその役割が変化し、危機に対する国際的支援の枠組みづくりの中心的役割を果たしてきている。資本フローの自由化などの経済のグローバル化が進む中、IMFは、危機予防・対処のあり方に対する批判を時として受けながらも、危機の性質の変化に応じて、融資制度やサーベイランス機能を始めとする効果的な危機対応のための諸改革を進めてきた。また、世界経済における加盟国の相対的地位の変化に対応し、自らが真に加盟国を代表する機関であり続けるため、クォータの見直しやガバナンス改革も行っている。以下においては、このようなIMFの役割と機能について、項目ごとに概観していくこととしたい。

②　組織

IMFにおいては、各加盟国の代表である総務から構成される総務会（Board of Governors）が最高意思決定機関として置かれており、IMFの運営に関する重要事項の決定は総務会が行うこととされている。また、この総務会に助言及び報告を行う位置づけで、国際通貨金融委員会（IMFC：International Monetary and Financial Committee）及び世銀・IMF合同開発委員会（DC：Development Committee）が置かれている。IMFの通常業務の執行については、総務会から理事会（Executive Board）に権限が委譲されており、理事会の監督の下、専務理事（Managing Director）以下のIMF職員が実際の業務執行にあたっている。

基金という性質上、IMFの財源は加盟国の出資がベースとなる。各加盟国の出資額（クォータ）は、各国の世界経済における相対的な地位等を参考にしつつ決定される。IMFの総務会や理事会における各国の投票権シェアは、基本的にはクォータのシェアに比例して割り当てられることから、クォータはIMFと加盟国との間の権利義務関係の基礎とされている[(1)]。これは、経済力の大きな加盟国に大きな出資を求め、それに応じた地位と責任を与えることが、国際金融システムの安定というIMFの使命を有効に果たすことに資するという考え方に基づいている。

IMFの最高意思決定機関としての総務会は、各加盟国がそれぞれ任命する総務1名及び総務代理1名によって構成され、多くの加盟国は、財務大臣又は中央銀行総裁を総務や総務代理に任命している。総務会は、通常年に1回秋に、IMFと世銀の合同による「年次総会」と呼ばれる会合を開催している。総務会としての意思決定は総務投票により行われるが、実際に年次総会等の物理的な会合の場で投票が行われることはまれであり、加盟国政府が電子的手段により随時投票を行うのが通例である。

国際通貨金融委員会（IMFC）は、国際通貨・金融システムに関する課題等について、IMFの総務会に助言及び報告を行うことを目的とする機関である。1974年に設置された国際金融制度に関するIMF総務会暫定委員会（「暫定委員会」）に代わるものとして、1999年9月に常設の機関として設置された。IMFCは、IMF理事の選出母体から1名ずつ選出された24名の委員及びIMF専務理事によって構成され、世銀総裁等の国際機関の代表がオブザーバーとして参加しており、毎年春と秋の2回開催される（会議後、声明を公表）。IMFC声明等において示される見解は、法的拘束力をもつものではないが、IMFの業務運営の方向性を示すガイドラインとして、IMFのマネジメント、スタッフ及び理事会に対して、実務上一定の拘束力を有している。なお、IMFCの議長（任期3年）は、現在、アンデション・スウェーデン財務大臣が務めている（2021年1月就任）。

---

(1) IMFの総務会及び理事会における各国の投票権制度は、一国一票方式の国連関係機関と異なり、基本票（全投票権数の約5.5%の票数を占め、全加盟国に均等に配分される票）に、各加盟国のクォータ10万SDR当たり1票を加える制度を採用している。

【図表3-1】IMF の機構の概要

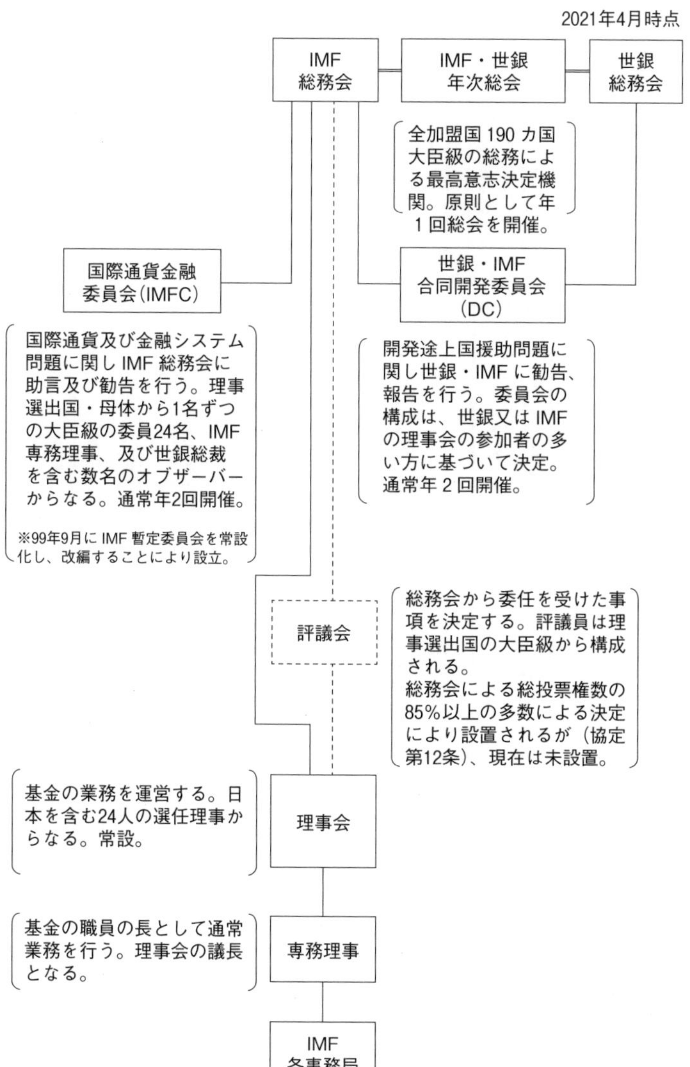
2021年4月時点
IMF
総務会
IMF・世銀
年次総会
世銀
総務会
全加盟国 190 カ国大臣級の総務による最高意志決定機関。原則として年1回総会を開催。
国際通貨金融
委員会(IMFC)
世銀・IMF
合同開発委員会
(DC)
国際通貨及び金融システム問題に関し IMF 総務会に助言及び勧告を行う。理事選出国・母体から1名ずつの大臣級の委員24名、IMF 専務理事、及び世銀総裁を含む数名のオブザーバーからなる。通常年2回開催。
※99年9月に IMF 暫定委員会を常設化し、改編することにより設立。
開発途上国援助問題に関し世銀・IMF に勧告、報告を行う。委員会の構成は、世銀又は IMF の理事会の参加者の多い方に基づいて決定。通常年 2 回開催。
評議会
総務会から委任を受けた事項を決定する。評議員は理事選出国の大臣級から構成される。
総務会による総投票権数の85%以上の多数による決定により設置されるが(協定第12条)、現在は未設置。
基金の業務を運営する。日本を含む24人の選任理事からなる。常設。
理事会
基金の職員の長として通常業務を行う。理事会の議長となる。
専務理事
IMF
各事務局

【図表3-2】IMF組織図

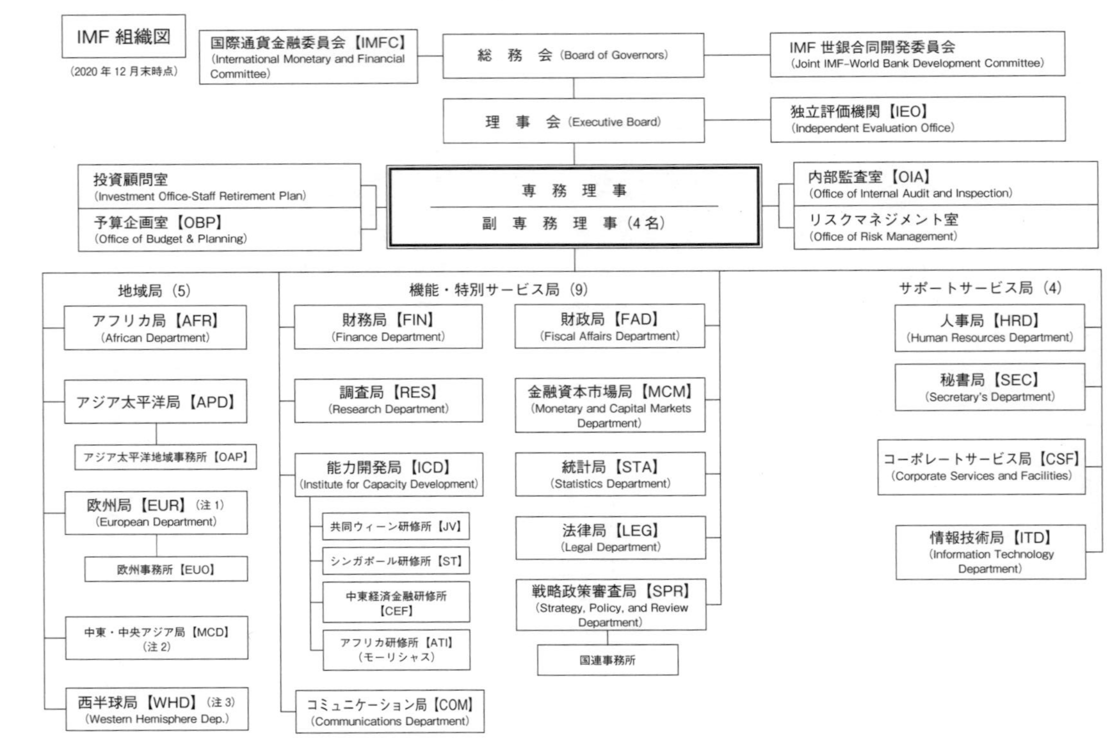

(注1)ロシア、ウクライナ、トルコ等含む。
(注2)カザフスタン、キルギス、タジキスタン、トルクメニスタン、ウズベキスタン及びエジプト等の北アフリカ諸国を含む。
(注3)北米、中南米を担当。

IMFの理事会は、総務会からIMFの業務の運営に関する広範な権限の委任を受け、これを行使する執行・監督機関であり、IMFの政策策定と実施のモニタリング、加盟国に対する融資の承認、サーベイランス等についての議論等を行っている。理事会は、選挙によって選出された24名の理事によって構成される。IMFの総務会及び理事会における多くの決定は、投じられた票の過半数（単純過半数）により行われるが、増資、SDRの配分及び協定改正などの重要な決定は総投票数の70％又は85％の賛成が必要とされている。

専務理事は、理事会の議長であるとともに、IMF職員のトップとして、理事会の指揮の下にIMFの通常業務を執行し、IMFの内部管理や運営、外部とのコミュニケーションのすべての面について責任を負う。専務理事は、理事会により選出され、2019年10月から、クリスタリーナ・ゲオルギエヴァ氏が専務理事を務めている（任期5年）。また、専務理事は、理事会の同意を得て、補佐役として1名の筆頭副専務理事と3名の副専務理事を任命することができる。4名の副専務理事は、分担して各加盟国との関係を監督するほか、一部の理事会において専務理事の代理として議長を務める等、それぞれの担当分野におけるIMFの業務遂行の監督を行う。副専務理事の人数は、IMF設立当初の1名から、1994年に3名、2011年に4名へ増設された。1997年以降副専務理事の1名は日本人が任命されている。

IMFの組織は、18の局、マネジメントが直轄する4の室、国連事務所、及び独立評価機関からなっている。18の局は、世界全体を地域で分割して担当する5の地域局と、分野別に担当を分けた9の機能・特別サービス局、その他4のサポート・サービス局等からなる。IMFは、積極的に世界各地から候補者を募り、職員をなるべく広い地理的基礎に基づいて採用することの重要性にも十分な考慮を払っており[2]、2021年4月末時点で、IMFには、専門職、管理職職員2,414名とアシスタント職員412名が勤務している[3]。

(2) IMFのスタッフ採用情報は、https://www.imf.org/en/About/Recruitment にて入手可能。

(3) このうち、日本人職員は、専門職、管理職職員が65名となっている。

【図表3-3】IMF理事会の概要

【2021年4月末時点】

理事国 (理事代理国)	選挙母体(投票権順)及び上位3カ国投票権数	投票権数合計	シェア(%)
アメリカ	アメリカ(831,400)	831,400	16.51
日本	日本(309,663)	309,663	6.15
中国	中国(306,287)	306,287	6.08
ベルギー (オランダ) (ウクライナ)	**オランダ(88,823)、ベルギー(65,565)、ウクライナ(21,576)**、イスラエル、ルーマニア、ルクセンブルク、ブルガリア、クロアチア、キプロス、ボスニア・ヘルツェゴビナ、ジョージア、モルドヴァ、北マケドニア、アルメニア、モンテネグロ、アンドラ	275,236	5.47
ドイツ	ドイツ(267,802)	267,802	5.32
スペイン (メキシコ) (コロンビア)	**スペイン(96,813)、メキシコ(90,585)、コロンビア(21,903)**、グアテマラ、コスタリカ、エルサルバドル、ホンジュラス	228,483	4.54
タイ (インドネシア)	**インドネシア(47,942)、シンガポール(40,377)、マレーシア(37,796)**、タイ、フィリピン、ベトナム、ミャンマー、ブルネイ、カンボジア、ネパール、ラオス、フィジー、トンガ	218,454	4.34
イタリア (ギリシャ)	**イタリア(152,158)、ギリシャ(25,747)、ポルトガル(22,059)**、マルタ、アルバニア、サンマリノ	207,906	4.13
フランス	フランス(203,009)	203,009	4.03
イギリス	イギリス(203,009)	203,009	4.03
韓国 (オーストラリア) (ニュージーランド)	**韓国(87,285)、オーストラリア(67,182)、ニュージーランド(13,979)**、パプアニューギニア、モンゴル、ヴァヌアツ、セイシェル、ソロモン諸島、サモア、キリバス、ミクロネシア、マーシャル諸島、パラオ、ナウル共和国、ツヴァル	190,437	3.78
カナダ (アイルランド)	**カナダ(111,697)、アイルランド(35,957)、ジャマイカ(5,287)**、バハマ、バルバドス、ベリーズ、グレナタ、セントルシア、アンチグア・バーブーダ、セントキッツ アンド ネイヴィス、セントヴィンセント アンド グレナディーン諸島、ドミニカ	170,034	3.38
フィンランド (アイスランド)	**スウェーデン(45,758)、ノルウェー(39,005)、デンマーク(35,852)**、フィンランド、リトアニア、ラトヴィア、アイスランド、エストニア	165,404	3.29
ハンガリー (オーストリア) (トルコ)	**トルコ(48,044)、オーストリア(40,778)、チェコ(23,260)、ハンガリー**、スロバキア、ベラルーシ、スロベニア、コソヴォ	162,352	3.22

ブラジル (ブラジル) (ドミニカ共和国)	**ブラジル（111,878）**、**エクアドル（8,435）**、**ドミニカ共和国（6,232）**、トリニダードトバゴ、パナマ、ニカラグア、ガイアナ、ハイチ、スリナム、東ティモール、カーボヴェルデ	154,513	3.07
インド (スリランカ)	**インド（132,602）**、**バングラデシュ（12,124）**、**スリランカ（7,246）**、ブータン	153,634	3.05
ボツワナ (ジンバブエ) (ナイジェリア)	**南アフリカ（31,970）**、**ナイジェリア（26,003）**、**ザンビア（11,240）**、アンゴラ、ジンバブエ、ケニア、タンザニア、ウガンダ、エチオピア、リベリア、南スーダン、モザンビーク、シエラレオーネ、ボツワナ、ナミビア、スーダン、ソマリア、ブルンディ、マラウィ、エスティワニ、レソト、ガンビア、エリトリア	150,661	2.99
ポーランド (スイス)	**スイス（59,169）**、**ポーランド（42,412）**、**カザフスタン（13,042）**、セルビア、ウズベキスタン、アゼルバイジャン、トルクメニスタン、キルギス、タジキスタン	145,250	2.88
ロシア (ロシア)	ロシア（130,495）、シリア（4,394）	134,889	2.68
イラン (モロッコ)	**イラン（37,129）**、**パキスタン（21,768）**、**アルジェリア（21,057）**、リビア、モロッコ、ガーナ、チュニジア、アフガニスタン	127,990	2.54
エジプト (レバノン)	**アラブ首長国連邦（24,570）**、**エジプト（21,829）**、**クウェイト（20,793）**、イラク、カタール、レバノン、バーレーン、イエメン、ヨルダン、モルディブ	127,087	2.52
サウジアラビア	サウジアラビア（10184）	101,392	2.01
マダガスカル (ギニア) (コンゴ民主共和国)	**コンゴ民主協和国（12,126）**、**コートジボワール（7,970）**、**セネガル（4,702）**、カメルーン、マダガスカル、ガボン、ギニア、マリ、コンゴ共和国、ルワンダ、赤道ギニア、トーゴ、モーリシャス、チャド、ニジェール、モーリタニア、ベナン、ブルキナファソ、チュウオウアフリカ、ジブチ、ギニアビサウ、コモロ、サントメ・プリンシペ	81,667	1.62
アルゼンチン (チリ)	**アルゼンチン（33,339）**、**チリ（18,909）**、**ペルー（14,811）**、**ウルグアイ**、ボリビア、パラグアイ	80,115	1.59
TOTAL		4,996,418	99.23

（注1）投票権数：基本票（投票権総数の5.502％を等分）＋割当額（クォータ）10万 SDR 毎に1票。
（注2）ベネズエラ（票数38,693、シェア約0.77％）は、政情不安のため一時的に理事会への代表権が停止されている。
（出所）IMF ホームページ（https://www.imf.org/external/np/sec/memdir/eds.aspx）等

③ IMFのサーベイランス

サーベイランスとは、IMFが世界全体、各地域及び各国の経済と金融の情勢をモニターし、加盟国に政策助言を行う活動であり、IMFの主要業務の一つである。加盟国は協定上、為替政策を始めとして、外貨準備、国際収支、国民所得、物価指数等のIMFの活動に必要と認められる情報提供を行う義務が課されている。IMFのサーベイランスには、大きく分けて、（i）個別の加盟国ごとの経済状況の分析やマクロ経済政策等に関する政策提言を行う4条協議をはじめとするバイラテラル・サーベイランスと、（ii）世界経済全体あるいは、地域レベルについての状況分析や政策提言を行うマルチラテラル・サーベイランスがある。

IMFのサーベイランスについては、2008年秋以降の世界経済・金融危機の発生を未然に防止できなかったとの反省を踏まえ、マクロ経済と金融セクターの関連性や、国境を越えるリスクの波及等の分析能力を強化するため、様々な取組が進められた。

まず、マクロ経済と金融セクターの関連性に関する分析を強化すべく、日本を含むシステム上重要な金融セクターを有するとされる29カ国（当初は25カ国）に対して、4条協議の一環として、FSAP（Financial Sector Assessment Program：金融セクター評価プログラム）を、2010年以降5年ごとに実施することとした。また、金融安定理事会（FSB：Financial Stability Board）と協働し、テイルリスクを特定した上で望ましい政策対応を提示する早期警戒取組（EWE：Early Warning Exercise）を、2009年4月以降半年毎に実施することとした。更に対外不均衡に関するサーベイランスの有効性を向上するため、主要29カ国及びユーロ圏の対外ポジションを分析する「対外セクター報告書」（ESR：External Sector Report）を、2012年以後毎年公表することとした。

2012年には、今後のサーベイランスのあり方の指針とされる「統合サーベイランス決定（Integrated Surveillance Decision）」が採択された。同決定においては、バイとマルチのサーベイランスの統合を一層進めることでサーベイランスの強化を図ることとしており、また、サーベイランスの範囲に為替政策のみならず経済・金融政策も含まれることが明確にされ、4条協議をマルチ・

サーベイランスの手段としても活用し、加盟国の政策から生じる各国の波及効果の分析を強化することとされている。

④ IMF 融資の概要

IMF は、国際収支困難（外貨不足）に陥った加盟国からの要請に応じ、主として短期的な融資を行う。国連関係援助機関と異なり、基本的に無償資金は供与せず、世銀等の国際開発金融機関が実施するような特定目的あるいは特定プロジェクトのための長期の融資も行わない。IMF 融資を受けている国は、一般的に、その国が適切な経済政策等を実行していると認知され、対外的信用力が高まり、二国間ベースの他の公的資金や民間資金も入ってきやすくなる。このように、IMF 融資は、他の支援の呼び水となる、いわば「触媒機能」を果たすものとされる。

IMF の融資を受ける加盟国は、原則として、自国の国際収支ポジションの健全性の回復を目的とした、コンディショナリティ（融資条件）を含む経済調整プログラムの策定が必要となる。このプログラムは、財政、金融、為替、賃金等のマクロ経済・構造面全般にわたり一定の期間中に実施する政策を盛り込んだものである。プログラムの実施を担保するため、特定の経済・金融政策上の条件（「パフォーマンス基準」）の達成状況に応じて、融資は数回に分割して供与され、「パフォーマンス基準」を遵守できない状況になると、原則として残額の融資の引出が認められない。これは、加盟国の国際収支上の困難を解決し、強固かつ持続可能な経済成長に貢献し、IMF 融資の返済を担保することを目的としている。IMF のプログラムにおいて課されるコンディショナリティの遵守状況は、各回の資金引出に際して開催される理事会で評価され、遵守が確認されれば資金引出が可能となる。理事会では、加盟国のマクロ経済状況等の変化により、新たなコンディショナリティの設定や各コンディショナリティの完了期限の延期等の変更が行われることもある。

なお、コンディショナリティについては、アジア通貨危機時の IMF 支援プログラムのコンディショナリティが広範かつ過度に厳格で、かえって社会不安を助長したとの批判もあったことから、IMF は、支援対象国自身が改革に向けたモメンタムを維持することがプログラムの成功に資するとの理解の下、2002

【図表3-4】IMF融資の役割

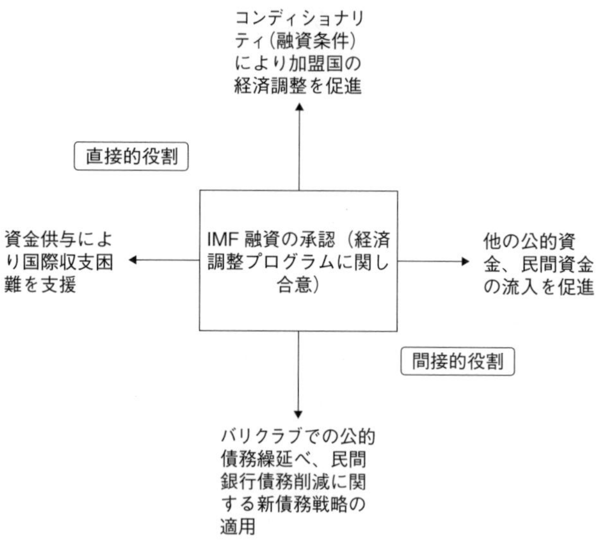

年以降、コンディショナリティの設定に際して加盟国の自主性を重視することや、範囲を必要最小限に限定する方向での改革を行ってきている。その結果、IMF支援プログラムは、以前に比べて加盟国の自主性が尊重され、柔軟性が確保されるようになってきている。

コンディショナリティ(融資条件)の種類

(ア) 事前行動(PA:Prior Action)

IMFによる融資の承認又はプログラム実施状況のレビューの完了を理事会で審議する前提として、加盟国が実施しなければならない政策。

(イ) パフォーマンス基準(PC:Performance Criteria)

IMFからの資金引出しが認められるために「ある特定の時期までに」達成されなければならない条件。なお、税制改革、年金制度の改革、金融セクターの業務改善、エネルギー等の主要セクターの再編等の構造改革が必要な場合、以前は構造パフォーマンス基準(Structural PC)が融資の条件とされていたが、この制度は2009年春に廃止された。

(ウ) 指標的目標 (Indicative Targets)

プログラム対象国の経済見通しが非常に不透明で、PC の設定が困難な場合に設定される。政策が適切に運営されているかどうかを判断する参考指標として設定されるが、PC とは異なり、達成されていないという理由で融資が中断されることはない。

(エ) 構造ベンチマーク (Structural Benchmark)

実施の状況についてプログラム・レビュー理事会の際にモニターされる、特定の構造改革。2009 年春に廃止された構造パフォーマンス基準と類似しているが、達成されていないという理由で融資が中断されることはない。

⑤ IMF 融資の基本的な仕組みと各種融資制度

i　基本的仕組み

加盟国が IMF の一般資金を利用するべく外貨を引き出す場合、自国通貨を対価として IMF から外貨（又は SDR）を買い入れるという形をとり、逆に返済をする場合には外貨（又は SDR）で自国通貨を買い戻すという形をとる。従って、加盟国による IMF 資金の引出や返済が行われた場合、IMF が保有する通貨の構成割合は変化するが、IMF が保有する通貨の合計額は変わらない仕組みとなっている。

IMF の一般資金による融資については、引出残高に対し、金利に相当する手数料が被支援国に課される。この手数料は、SDR の利子率（168 頁参照）をベースに、IMF の運営費に充てるためのマージン及び IMF に対する加盟国の履行遅滞債務を他の加盟国が分担して補うための負担を加算して算出される。

ii　IMF の各種融資制度

IMF は、加盟国の国際収支困難の程度や態様に応じ適切な支援を行うべく、各種融資制度を設けている(4)。ここでは、一般資金を財源とした制度を紹介する（低所得国向けの融資制度については 170 頁参照）。なお、2008 年秋以降の世界経済・金融危機を契機として、IMF において融資制度について包括的に見直す機運が高まった結果、2009 年春以降、融資の迅速性、融資規模等について大幅な改革が行われた。更に、2020年初からの新型コロナウイルスの世界的な感染拡大を受けて、加盟国が新型コロナウイルス感染症の感染拡大に伴う外生的なショックに適切に対応できるよう、短期流動性ライン（SLL）の創設や、アクセス・リミットの一時的引上げ等の対応が取られた（157頁参照）。

ア　スタンド・バイ取極（SBA：Stand-by Arrangements）

一般資金勘定による代表的な融資制度としては、1952年に設立された「スタンド・バイ取極（SBA）」がある。SBAは、短期的な国際収支困難に直面する加盟国を支援する融資制度であり、プログラム期間は通常12～24カ月間（最長3年間）で、返済期間は5年間となっている[5]。なお、2009年には、プログラム期間の初期段階に多額の資金を引き出すことを可能とし、アクセス・リミットを超える「例外的アクセス（Exceptional access）」を予防的な利用の場合にも認めることで、多額のSBAを危機予防のために利用できる仕組み（HAPAs：High-Access Precautionary Stand-by Arrangements）を整え、制度の柔軟性及び利便性を高めた。

イ　拡大信用供与措置（EFF：Extended Fund Facility）

SBAより長期の融資制度として、1974年に設立された「拡大信用供与措置（EFF）」がある。これは、主として構造面の問題から生じる長期的な国際収支困難に直面し、資本市場へのアクセスが限られた加盟国を支援することを目的とした融資制度であり、プログラム期間が通常3年間（最長4年間）、返済期間が10年間となっている。

ウ　フレキシブル・クレジット・ライン（FCL：Flexible Credit Line）

SBAやEFFを通じた資金の引出が、危機に直面した国に対して、プログラム期間中、四半期ごと等に分割されたうえで実行される仕組みであるのに対し

---

(4)　加盟国は、IMFの保有する自国通貨が出資額（クォータ）の100％に達するまでは無条件で、125％に達するまでは当該国が妥当な国際収支改善努力をしていれば、引き出し可能となっている。加盟国がこの上限を上回る規模の引き出しを行う際には、コンディショナリティ（融資条件）が課され、本項で紹介するSBAを始めとした各種融資制度が通常利用されることになる。

(5)　IMFの融資は、プログラム期間中に融資が実行され（通常は分割方式）、融資実施後3年3カ月の据置期間経過後から、四半期ごと8回に分けて均等額を返済する仕組みがとられる。

て、「フレキシブル・クレジット・ライン（FCL）」は加盟国が危機予防のためにも用いることができる融資制度として2009年3月に創設された。これは、外生的ショックの波及に備え、経済状況が強固な周辺国に対して、引出に際しての条件を課すことなく一度に多額の資金を支援することを目的とされており、強固な政策運営を行っている加盟国が利用することができ、融資の承認と同時に資金の一括引出が可能で、承認後のコンディショナリティを伴わない。

エ　予防・流動性ライン（PLL：Precautionary and Liquidity Line）

FCLに準じる健全な政策運営を行っている加盟国に対しても予防的な融資制度の利用を確保するため、2010年8月に「予防的クレジット・ライン（PCL：Precautionary Credit Line）」が導入された。PCLは、2011年11月、実際の資金ニーズがある場合にも利用可能とするなど、融資制度の柔軟化による利用の促進を目的として改善され、「予防・流動性ライン（PLL）」に名称が変更された。PLLでは、従来の1年から2年のプログラムに加え、6カ月という期間の短いプログラムを用意したことで、短期で国際収支上の脆弱性を解消できると見込まれる健全な周辺国に対して、外生的ショックの波及に備えるための一時的な流動性を供給することが可能となった。

オ　短期流動性ライン（SLL：Short-term Liquidity Line）

新型コロナウイルス感染症（COVID-19）の流行に伴い、世界的に流動性に対する需要や先行きの不確実性が高まる中、2020年4月に「短期流動性ライン（SLL）」が新設された。SLLはFCL適格に準じる健全な政策運営を行っている加盟国に対して、潜在的かつ中規模で一時的な国際収支の資金需要への支援を行うための融資制度であり、コンディショナリティなしで、クォータ比145％までの融資を可能とする。

カ　ラピッド・ファイナンシング・インストルメント（RFI：Rapid Financing Instrument）

自然災害、紛争等を想定し、緊急の国際収支問題への迅速な金融支援を与えるため、2011年に設立された融資制度である。事前や事後のコンディショナリティが原則なく、比較的少額の資金を一括で供与する。年間の上限はクォータ比の50％とされているが、新型コロナウイルスの影響に鑑み、2020年4月から一時的に100％に引き上げられている。

⑥ クォータと増資

IMFの加盟国は、それぞれクォータを割り当てられ、これに応じた出資を行う。クォータは、IMFの主な融資原資であるとともに、加盟国のIMFにおける投票権シェア等の基礎となる等、IMFと加盟国との間の権利義務関係の基礎をなす。これまで累次にわたる加盟国の出資額の増加（増資）が行われてきており、増資に当たっては、増額分については、加盟国の世界経済における相対的な経済的地位を反映すること等を目的とした「クォータ計算式」（【図表3-5】参照）に基づき算出される「計算クォータ」に、必要な調整を加えて決定される。

近年は、世界経済における加盟国の相対的地位がクォータ配分に反映されておらず、特に、増大する経済力に比してIMFのクォータ配分が過小な新興市場国等に、実力相応の責任と役割を果たさせるようクォータ配分を改革することが課題とされ、増資が行われてきた。2006年に合意、2007年5月に発効した特別増資(6)（第1段階特別増資）では、中国、韓国、メキシコ、トルコ4カ国への増資が、2008年に合意、2011年3月に発効した特別増資（第2段階特別増資）では、クォータ・シェアが過小な54カ国への増資が行われた。更に、2010年12月に合意、2016年1月に発効した第14次一般見直し(7)における増資では、全加盟国の出資総額を倍増させるとともに、出資割合について、「過大代表国から過小代表国へ」、及び「ダイナミックな新興国・途上国へ」、合計6％の移転が行われた。

第14次一般見直しに続く第15次一般見直しでは、2020年1月16日に、クォータ増資を行わない旨を含むパッケージが合意され、同年2月7日に、総務会決議案が賛成多数で承認された。今後は、2023年12月を見直しの期限として、第16次一般見直しの議論が行われていくこととなる。

(6) 加盟国は、いかなる時でも、自国のクォータの調整について総務会に要請することができる。この要請に基づく増資を、一般増資（注7参照）と区別して、特別増資と呼ぶ。
(7) IMFの流動性強化、及び加盟国のクォータに世界経済における相対的地位をより良く反映させるために、IMF協定では加盟国のクォータについて、「5年を超えない間隔をおいて一般的検討を行うこと」と定められている。これをクォータ一般見直しと呼び、これまで過去15回実施されている。

【図表3-5】クォータ計算式

クォータ計算式は、簡素かつ透明性のあるものにするとの観点から、2008年4月に合意された増資にあたり、以下の式に改定された。

計算クォータ・シェア
＝（0.5×GDP＋0.3×開放性＋0.15×可変性＋0.05×外貨準備）$^{0.95}$

（1）GDP　　：市場レート60％、PPP（購買力平価）40％で加重平均
（2）開放性　：経常支払額と経常受取額の合計の平均値
（3）可変性　：経常受取額と純資本フローの変動
（4）外貨準備：近時12カ月の平均値

（注）4変数については、世界全体に占める各加盟国のシェアを計算式に代入して算出。

⑦ IMFのガバナンス改革

IMFが、世界経済・金融の安定により効果的に貢献できるよう、増資及び新興国へのシェア移転を目的とするクォータ改革と併せ、2008年の第2段階特別増資、及び2010年の第14次増資の際、IMFの正当性を高めるためのガバナンス改革についても合意がなされた。

ガバナンス改革以前は、複数回の増資により、各国の、クォータに比例して配分される投票権数が増加する一方、小国の発言権を確保するために全加盟国に均等に配分される基本票数の増加が行われなかったことから、基本票の総投票権数に占める割合が減少しており、クォータ・シェアの低い国の発言力を強化することが課題となっていた。また、同様に低所得国の参加の強化という観点から、アフリカ諸国を選挙母体とする2名のアフリカ理事については、IMFの融資や技術支援の対象となっている多数のアフリカ諸国を代表すべき立場にあること等から、理事代理の増員による理事室の機能強化が必要となっていた。

これらの課題に対処するため、2008年4月には、第2段階特別増資と併せて、基本票の3倍増（250票から約750票へ）、及び一定数以上の加盟国からなる理事室に理事代理を1名追加することを主たる内容とする協定改正案が承認され、2011年3月に発効した。

また、2010年12月には、クォータ改革に加え、理事選出方法について、出資額の上位5カ国（当時、米日独英仏）に認められている任命理事制度を廃止し、全24名の理事を選挙によって選出する選任制へ移行すること、及び欧州先進国に割り当てられている理事席を新興国・途上国へ2席移転すること等を内容と

【図表3-6】IMFの増資・各国のクォータ・シェア・基礎票の推移

	IMF設立時			我が国の加盟時			臨時増資			第4次増資			第5次増資			第6次増資			第7次増資		
加盟国数	30			53			68			108			117			134			141		
総務会決議採択							1959.2.2, 1959.4.6			1965.3.31			1970.2.9			1976.3.22			1978.12.11		
増資発効	1945.12.27(協定発効)			1952.8.13			1959.4.6			1966.2.23			1970.10.30			1978.4.1			1980.11.29		
		クォータ(百万$)	シェア(%)		クォータ(億$)	シェア(%)		クォータ(億$)	シェア(%)		クォータ(億$)	シェア(%)		クォータ(億$)	シェア(%)		クォータ(億SDR)	シェア(%)		クォータ(億SDR)	シェア(%)
1	米	2750.0	35.90	米	27.50	31.48	米	41.25	30.23	米	51.60	25.07	米	67.00	23.56	米	84.05	21.66	米	126.08	21.16
2	英	1300.0	17.14	英	13.00	14.88	英	19.50	14.29	英	24.40	11.86	英	28.00	9.85	英	29.25	7.54	英	43.88	7.36
3	中	550.0	7.44	中	5.50	6.30	仏	7.88	5.77	独	12.00	5.83	独	16.00	5.63	独	21.56	5.56	独	32.34	5.43
4	仏	450.0	6.15	仏	5.25	6.01	独	7.88	5.77	仏	9.85	4.79	仏	15.00	5.28	仏	19.19	4.95	仏	28.79	4.83
5	印	400.0	5.50	印	4.00	4.58	印	6.00	4.40	印	7.50	3.64	日	12.00	4.22	日	16.59	4.28	日	24.89	4.18
6	加	300.0	4.20	独	3.30	3.78	中	5.50	4.03	加	7.40	3.60	加	11.00	3.87	加	13.57	3.50	加	20.36	3.42
7	蘭	275.0	3.88	加	3.00	3.43	加	5.50	4.03	日	7.25	3.52	伊	10.00	3.52	伊	12.40	3.20	伊	18.60	3.12
8	白	225.0	3.23	蘭	2.75	3.15	日	5.00	3.66	伊	6.25	3.04	印	9.40	3.31	印	11.45	2.95	中	18.00	3.02
9	南ア	100.0	1.62	日	2.50	2.86	蘭	4.13	3.02	中	5.50	2.67	蘭	7.00	2.46	蘭	9.48	2.44	印	17.18	2.88
10	墨	90.0	1.49	白	2.25	2.58	豪	3.00	2.20	蘭	5.20	2.53	白	6.50	2.29	白	8.90	2.29	蘭	14.22	2.39
増資後クォータ合計		6979.5	100.00		87.34	100.00		136.44	100.00		205.81	100.00		284.33	100.00		388.05	100.00		595.96	100.00
基礎票の割合	11.3%（0.38%）			15.2%（0.29%）			15.6%（0.23%）			14%（0.13%）			12.1%（0.1%）			10.3%（0.08%）			8.1%（0.06%）		

	第8次増資			第9次増資			第11次増資			第1段階特別増資			第2段階特別増資			第14次増資			2021年4月現在		
加盟国数	146			155			183			184			185			186			190		
総務会決議採択	1983.3.31			1990.6.28			1998.1.30			2006.9.18			2008.4. 28			2010.12.15					
増資発効	1983.11.30			1992.11.11			1999.1.22			2007.5.21			2011.3.3			2016.1.26					
		クォータ(億SDR)	シェア(%)		クォータ(億SDR)	シェア(%)		クォータ(億SDR)	シェア(%)		クォータ(億SDR)	シェア(%)		クォータ(億SDR)	シェア(%)		クォータ(億SDR)	シェア(%)		クォータ(億SDR)	シェア(%)
1	米	179.18	20.06	米	265.27	18.14	米	371.49	17.52	米	371.49	17.08	米	421.22	17.67	米	829.94	17.40	米	829.94	17.44
2	英	61.94	6.94	日	82.42	5.64	日	133.13	6.28	日	133.13	6.12	日	156.29	6.56	日	308.21	6.46	日	308.21	6.48
3	独	54.04	6.05	独	82.42	5.64	独	130.08	6.14	独	130.08	5.98	独	145.66	6.11	中	304.83	6.39	中	304.83	6.41
4	仏	44.83	5.02	英	74.15	5.07	英	107.39	5.06	英	107.39	4.94	英	107.39	4.51	独	266.34	5.59	独	266.34	5.60
5	日	42.23	4.73	仏	74.15	5.07	仏	107.39	5.06	仏	107.39	4.94	仏	107.39	4.51	英	201.55	4.23	英	201.55	4.24
6	サウジ	32.02	3.59	サウジ	51.31	3.51	伊	70.56	3.33	中	80.90	3.72	中	95.26	4.00	仏	201.55	4.23	仏	201.55	4.24
7	加	29.41	3.29	伊	45.91	3.14	サウジ	69.86	3.30	伊	70.56	3.24	伊	78.82	3.31	伊	150.70	3.16	伊	150.70	3.17
8	伊	29.09	3.26	加	43.20	2.96	加	63.69	3.00	サウジ	69.86	3.21	サウジ	69.86	2.93	印	131.14	2.75	印	131.14	2.76
9	中	23.91	2.68	蘭	34.44	2.36	露	59.45	2.80	加	63.69	2.93	加	63.69	2.67	露	129.04	2.71	露	129.04	2.71
10	蘭	22.65	2.54	中	33.85	2.32	蘭	51.62	2.44	露	59.45	2.73	露	59.45	2.50		110.42	2.32	伯	110.42	2.32
増資後クォータ合計		893.02	100.00		1367.00	100.00		2120.29	100.00		2175.28	100.00		2459.77	100.00		4767.78	100.00		4758.08	100.00
基礎票の割合	5.6%（0.04%）			2.7%（0.02%）			2.1%（0.01%）			2.1%（0.01%）			5.5%（0.03%）			5.5%（0.03%）			5.5%（0.03%）		

（注1）次数は一般増資検討の回次。検討の結果、増資が行われないこともある。
（注2）発行済の増資に同意ないし払込をしていない国があるため、足元と理論値のクォータの額・シェアは一致しない。上記の数字は総務会決議時点の理論値。
（注3）総務会決議採択と発効の間に加盟国に変更があった場合、加盟国数及びクォータ・シェアは変動する。上記数字は総務会決議時点の数値。
（注4）基礎票の割合は投票権数全体における各国の基礎票の合計が占める割合（カッコ内は加盟国毎の割合）。

するガバナンス改革がIMF総務会において合意された。これは、新興国及び途上国のIMFにおける代表性を拡大させ、IMFの意思決定へのより積極的な関与を促し、もってIMFの世界的な経済・金融問題への対応能力を高めることを目的とするものであった。この改革は、クォータの第14次一般見直しと併せて、2016年1月に発効した。ガバナンス改革の議論は、第16次一般見直しにおいても継続することとされている。

⑧ 資金基盤強化

IMFの資金（融資財源）は、現在加盟各国からの出資（クォータ）と、有志の加盟国からの借入資金（バイ（二者間）及びマルチ（多国間）の融資枠の取極）を基盤としている。IMFの貸付可能資金は、1990年代後半のアジア通貨危機以降の経済危機に対して大規模な融資プログラムが組まれたことから低水準で推移した後、世界的な景気拡大によりIMFの資金支援に対する需要が減退し、貸付可能資金が大幅に増加した結果、2008年の世界経済・金融危機までは2,000億ドル前後の水準で推移していた。

その後、世界経済・金融危機の発生以降、多くの加盟国への融資の承認によりIMFの貸付可能資金が大きく低下する中、危機の影響が世界的な広がりを示し、IMFの資金が大幅に不足する可能性が出てきた。このような状況下、IMFの資金基盤を十分に確保し、国際金融市場の安定に資するため、我が国は、いち早くIMFに対して最大1,000億ドルのバイの融資枠の設定を行う用意があることを2008年11月に表明し、2009年2月には、融資枠の取極を締結した[(8)]。その後、各国からもIMFに対してバイの貢献の意向が表明される中、2009年4月には、IMFの資金基盤を、危機発生前の2,500億ドル程度から、各国によるバイの貢献を組み入れた新規借入取極（NAB：New Arrangements to Borrow）[(9)]の拡大を通じて最大7,500億ドルまで拡大することが合意された。

(8) IMFとの間での融資枠の取極は、外為特会の保有資産を、IMFの要請に応じてIMFに貸し付ける融資枠を設定するものであり、通常の歳出のような財政負担を伴うものではない。

(9) NABとは、国際金融上の緊急事態におけるIMFの資金基盤を拡充することを目的として、クォータ資金を補完する位置付けで設けられた有志の参加国からなる多国間の融資枠組。1994年のメキシコ金融危機を受け、1997年に創設された。

2009年9月には、拡大されたNABに対する5,000億ドルを超えるコミットが確認された[10]。2010年12月には、IMFのクォータ総額を約3,600億ドルから約7,200億ドルに2倍増とし、併せてNABを縮減（5,400億ドルから2,700億ドルに半減）するという内容で、第14次一般見直しに関する総務会決議が採択された。

しかしながら、主に米国の国内手続の難航を原因に、第14次一般見直しが発効しない状態が続いた。そうした中で、2010年のギリシャを端緒とする欧州債務危機が深刻化したため、国際金融市場のセーフティネットを強化するべく、IMFの資金基盤を更に確保する必要性についての議論が行われた。日本は、2012年4月のG20において資金基盤強化の合意形成に向けた流れを作るため、会議に先立ち、IMFに対し600億ドルのバイ融資枠を設定する貢献を行う方針を表明した。日本による貢献表明を皮切りに各国からの貢献表明が相次ぎ、6月のG20ロスカボス・サミットにおいて、各国からのバイ融資枠設定による貢献総額は4,500億ドルを上回った。その後、2016年に、米国の国内手続完了を受けて第14次クォータ一般見直しが発効に至り、2010年12月の総務会決議に

【図表3-7】IMF資金基盤の規模・構成の推移

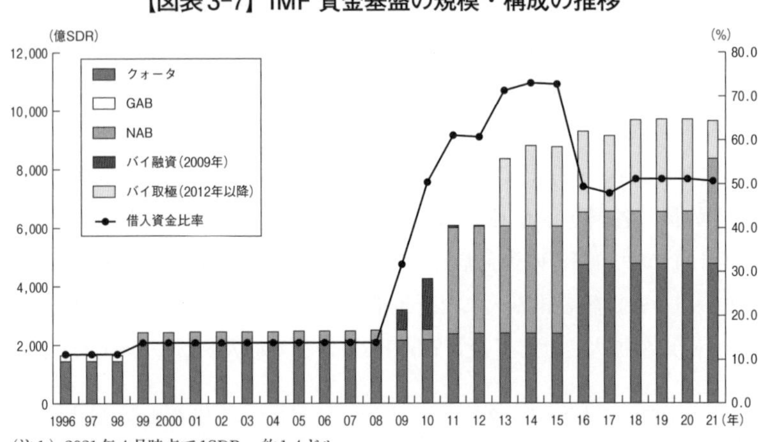

（注1）2021年4月時点で1SDR＝約1.4ドル
（注2）横軸はIMF年度（前年5月～4月）

---

(10)　2009年11月にはNABを6,000億ドルまで増額すること、及び発動要件をより柔軟にするために借入取極を改定することについて、各国が合意（2011年4月より発動）。

【図表3-8】NAB（新規借入取極）参加国一覧（2021年4月時点）

国名	NAB信用供与額（億ドル）	NAB全体に占めるシェア	（参考）出資比率（クォータ・シェア（%）
日本	965.3	18.57%	6.48%
米国	812.5	15.63%	17.44%
中国	456.9	8.79%	6.41%
ドイツ	371.3	7.15%	5.60%
フランス	273.1	5.25%	3.24%
英国	273.1	5.25%	4.24%
イタリア	198.7	3.82%	3.17%
サウジアラビア	162.8	3.13%	2.10%
スイス	159.6	3.07%	1.21%
オランダ	132.4	2.55%	1.84%
ブラジル	127.9	2.46%	2.32%
インド	127.9	2.46%	2.76%
ロシア	127.9	2.46%	2.71%
ベルギー	115.1	2.21%	1.35%
カナダ	111.6	2.15%	2.32%
スペイン	98.1	1.89%	2.00%
韓国	96.4	1.85%	1.80%
メキシコ	73.1	1.41%	1.87%
スウェーデン	65.0	1.25%	0.93%
オーストラリア	64.0	1.23%	1.38%
ノルウェー	56.7	1.09%	0.79%
オーストリア	52.4	1.01%	0.83%
デンマーク	47.0	0.90%	0.72%
ポーランド	37.0	0.71%	0.86%
フィンランド	32.7	0.63%	0.51%
ポルトガル	22.6	0.43%	0.43%
チリ	19.9	0.38%	0.37%
シンガポール	18.7	0.36%	0.82%
ルクセンブルク	14.2	0.27%	0.28%
フィリピン	9.8	0.19%	0.43%
イスラエル	9.8	0.19%	0.40%
キプロス	9.8	0.19%	0.06%
香港金融管理局	9.8	0.19%	
マレーシア	9.8	0.19%	0.76%
ニュージーランド	9.8	0.19%	0.26%
南アフリカ	9.8	0.19%	0.64%
タイ	9.8	0.19%	0.68%
クウェート	4.9	0.09%	0.41%
G20計	4252.4	81.82%	64.48%
BRICS計	850.5	16.37%	14.84%
合計	5197.0	100.00%	80.42%

（注）1SDR ＝約1.44ドル　　（2021年4月現在）

沿い、クォータの総額は倍増し、それに伴いNABの総額は縮減した。他方、危機時のバックストップとしての柔軟な借入資金の必要性は引き続き認められ、2016年10月には、バイ融資とNABの失効期限が、当初の2016年から、それぞれ最長2020年と2022年まで延長することが決定された。

IMFが有するべき資金基盤の規模や構成については、第15次一般見直しの議論においても行われ、バイ融資、NABのあり方について意見が交わされた。最終的に、2020年2月に総務会で決議された第15次一般見直しは、現状の資金基盤を維持することとされ、①クォータ増資は行わない、②NABを倍増する、③バイ融資取極を縮減する、というパッケージでの合意に至った(11)。

現在IMFはクォータ、NAB、各国のバイ融資の総額として約1兆ドルの資金基盤を有している(12)。今後の資金基盤のあり方については、現在進行中である第16次一般見直しの中で議論されることとなる。

⑨ SDR(特別引出権:Special Drawing Rights)

1960年代に入り、ドルに対する信認低下が国際通貨制度を不安定化させるとの議論が行われる中、世界経済の拡大を継続するためには国際流動性(国際通貨)の供給が不可欠との問題意識により、国際的に供給が管理可能な国際通貨を創出し、金やドル等の既存の準備資産を補完しようとの機運が高まった。こうした流れを受けて、69年にIMF協定第1次改正により、SDR(特別引出権:Special Drawing Rights)が創出され、70年1月に初めての配分が行われた。配分されたSDRは各国において外貨準備の増加として計上される。

SDRは、「通貨提供請求権」として準備資産の機能を有しており、SDR制度参加国(現在はIMFの全加盟国)は、他の参加国からSDRと引き換えに自由利用可能通貨(日本円、米ドル、英ポンド、ユーロ、人民元)を取得すること

---

(11) その後各国の国内承認手続を経て、新たなNABは2021年1月に発効し、新たなバイ融資取極は2021年4月現在、40カ国で締結されている。

(12) 2021年4月現在のIMFリソースは、クォータは約6,800億ドル、NABは約5,210億ドル、バイ融資総額は約1,920億ドルとなっている(SDRレートは2021年4月時点の数値を参照)。なお、実際の融資にあたっては、現在、第一にクォータ資金から拠出することとされ、クォータ資金が不足するなど一定の条件を満たした場合に、有志の加盟国からの借入枠組みであるNAB、バイ融資をこの順番で使用することができる。

ができる。他方、請求を受けた国は、「通貨提供義務」(「SDR 受領義務」) を負い、SDR と引き換えに自由利用可能通貨を提供しなければならない。なお、SDR は IMF 加盟国と IMF 及び限定列挙された国際機関等以外による保有はできない。また、SDR は、i 「国際通貨」として IMF 出資額 (クォータ) 表

【図表3-9】 SDR 構成通貨の歴史

1974 年：16 通貨バスケット制

・金と価値が連動していた SDR は世界輸出額シェアが 1 % 以上の 16 通貨による通貨バスケット方式となり、SDR の価値は 16 通貨の加重平均、SDR 金利は主要 5 通貨 (米ドル、独マルク、英ポンド、仏フラン、日本円) の市場における金利指標を加重平均する仕組みに移行。

1980 年：5 通貨バスケット制

・事務合理化を図る観点から SDR バスケットの構成通貨を 16 から主要 5 通貨(米ドル、独マルク、英ポンド、仏フラン、日本円) に変更。

2000 年：4 通貨バスケット制

・独マルクと仏フランをユーロに置き換え、4 通貨体制へ。
・SDR バスケット構成通貨の要件として、従前の「輸出額基準」(過去 5 年間の輸出額が最も多い国・地域の発行通貨であること) に加え、「自由利用可能通貨」(①国際取引上の支払を行うため広範に使用され、②主要な為替市場において広範に取引されていると IMF が認めている通貨) であることを追加。
・原則 5 年毎にレビューを行うことを決定。

2010 年：人民元構成通貨入り検討

・人民元は輸出額基準(ユーロ圏、米国に次ぐ 3 位) を満たすものの、自由利用可能通貨の条件は満たしていないと判断。

2015 年：人民元構成通貨入り

・2010 年時と比較して、自由利用可能通貨の判定に係る諸指標 (世界における人民元建の貿易決済額や為替取引額等) が急速に改善したことを受け、人民元を自由利用可能通貨と認定。SDR 構成通貨に人民元を加え、2016 年 10 月から 5 通貨体制へ移行。

【図表3-10】 SDR の配分額の推移

(単位：億SDR)

創設時 第1基本期間(1970～72年)後 (配分額:93億SDR)			第3基本期間(1978～81年)後 (配分額:121億SDR)			一般配分(2009年8月28日)【ロンドン・サミット合意の新規一般配分】後 (配分額:1,612億SDR)			特別配分(2009年9月9日)【第4次協定改正による配分】後 (配分額:214億SDR)		
1	アメリカ	23.1	1	アメリカ	49.0	1	アメリカ	324.4	1	アメリカ	353.2
2	イギリス	10.1	2	イギリス	19.1	2	日本	107.7	2	日本	122.9
3	ドイツ	5.4	3	ドイツ	12.1	3	ドイツ	108.5	3	ドイツ	120.6
4	フランス	4.9	4	フランス	10.8	4	イギリス	98.7	4	イギリス	101.3
5	日本	3.8	5	日本	8.9	5	フランス	90.4	5	フランス	101.3
6	カナダ	3.6	6	カナダ	7.8	6	サウジアラビア	53.7	6	中国	69.9
7	インド	3.3	7	イタリア	7.0	7	イタリア	59.4	7	サウジアラビア	66.8
8	イタリア	3.2	8	インド	6.8	8	カナダ	55.0	8	イタリア	65.8
9	オランダ	2.4	9	オランダ	5.3	9	ロシア	44.1	9	カナダ	59.9
10	オーストラリア	2.3	10	ベルギー	4.9	10	オランダ	43.6	10	ロシア	56.7
累積配分額合計		93.2	累積配分額合計		214.3	累積配分額合計		1826.2	累積配分額合計		2040.6
			先進国計		147.2	先進国計		1125.3	先進国計		1237.3
			新興国・途上国計		67.1	新興国・途上国計		701.0	新興国・途上国計		803.3

(※1) SDR配分は、5年の基本期間ごとに検討され、各加盟国への配分はそれぞれの国のIMFクォータ(割当額)に比例して行われるが、これまで一般配分が行われたのは第1基本期間(1970-72年)、第3基本期間(1978-81年)、第9基本期間(2007年－2011年)の3回。2021年4月現在、SDRの累積配分額は2042億SDRで、これはクォータ総額の約43%にあたる。

示、IMFの一般会計における資産の価額の表示及び維持等の際の単位、ii クォータ増資の払込資産（増資の際75%は自国通貨で、残りの25%はSDR又は自由利用可能通貨で払い込むこととされている）、iii IMFとの取引手段（加盟国によるIMFの一般資金の利用に係る手数料及び報酬はSDRによって支払うことが原則とされている）、としても使用されており、SDRに係るすべての操作及び取引は、IMFの一般会計とは区別されたSDR会計を通じて行うこととされている。

SDRの価値は、当初、純金1オンス＝35SDR（従って、1971年12月の米ドル切下げ以前は1SDR＝1米ドル）となるように定められたが、2000年からは、米ドル、ユーロ、日本円、英ポンドの4通貨のバスケットにより定められ、その後2016年10月に人民元が加わり、現在は5通貨のバスケットによって定められている。通貨構成比については、輸出額とその通貨が外準として保有される額の和を求め、比率化することで算出することとなり、米ドル41.73%、ユーロ30.93%、人民元10.92%、日本円8.33%、英ポンド8.09%とされている（2021年4月現在、1SDR＝1.43ドル、155.0円）。なお、世界の貿易制度と金融制度における通貨の相対的な重要性を反映するため、バスケットの構成通貨・構成比は5年ごとに見直されることとなっている。また、SDRを保有することにより各国が受け取る利子率は、前述したSDRの価値決定の基礎となる上記5カ国・地域の短期金利をSDR価値決定の際の通貨構成比に従って加重平均することにより毎週設定される（SDR金利）。

SDRの配分については、現行協定上、既存の準備資産を補充する長期的かつ全体的な必要性が生じた時に、世界経済においてインフレやデフレを回避するような方法で行うこととされており、これまで通算4回配分が行われている。また、2021年3月のIMF非公式理事会において、新型コロナウイルス感染症に伴う低所得国支援の一環として、6,500億ドルのSDRの新規配分について広範な支持が得られ、併せて、SDRの新規配分が真に低所得国の利益となるためには、SDRの使用に係る透明性・説明責任の確保が不可欠との観点から、その具体策が導入されることとなっている。この新規配分の提案は、3月のG7、また4月のG20やIMFC等においても支持が得られ、現在、8月末までに新規配分が実施できるよう、手続が進められている。

【図表3-11】IMF の SDR（Special Drawing Rights：特別引出権）の新規配分について

SDR の概要

- SDR は、国際的な流動性を創出するために、**IMF が生成し、加盟国に無償で配分**する合成通貨。
  ✓加盟国に配分された SDR は、**外貨準備**としてカウント。
- 配分された SDR は、**「自由利用可能通貨」（米ドル・ユーロ・円・ポンド・人民元）に交換可能**。
  ✓交換には SDR 金利（現在0.05％）を支払。交換した通貨の**使途制限はなし**。
- SDR の新規配分には、**85％の特別多数決**が必要。**（米国が拒否権）**
  ✓米国への配分額が、米国の IMF への出資額以下なら、米国内法上、新規立法は不要。
  ⇒世界で約**6,800億ドル**が実質的な上限値
- 各国への SDR 配分額は、**IMF への出資額に比例**。（米17.44％、日6.48％、中6.41％、**低所得国3.2％**）

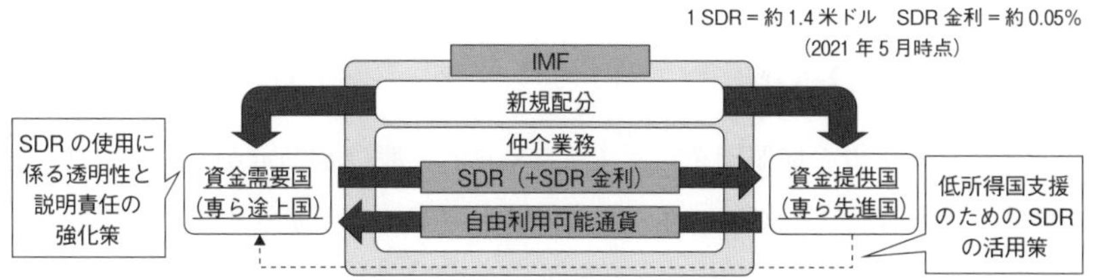

【図表3-12】IMF の SDR（Special Drawing Rights：特別引出権）の新規配分について

IMF プレスリリース（3月23日）

- SDR の新規配分について、理事会で非公式に議論。**6,500億ドル相当の SDR 新規配分の提案を IMF スタッフが策定することに対し、幅広い支持が得られた。**
- 専務理事は**正式な提案を理事会に示す予定。**
  ✓ SDR の使用についての**透明性と説明責任を強化**するための新たな措置を考案。
  ✓**新規配分と平行として**、強い財務ポジションを有する加盟国が、**脆弱国・低所得国を支援するために SDR を活用**するための選択肢についても検討。

〈主な透明性・説明責任強化及び SDR の活用に関し想定される具体的な措置〉

- **透明性・説明責任の強化策**
  ✓加盟国の SDR 取引・保有量を、より詳細な形で対外公表
  ✓新規配分と併せて、SDR 使用の政策指針となるガイダンス・ノートを作成
  ✓新規配分の2年後に、SDR が各国でどのように使用されたかについて、分析レポートを作成
- **低所得国を支援するための SDR 活用策**
  ✓先進国等が自国に配分された SDR を自発的に貧困削減・成長トラスト（PRGT：IMF が低所得国に譲許的融資を行うための信託基金）に貸し出し、IMF はその資金を活用し、低所得国を支援

なお、各国は、新規配分されたSDRを使用してドル等の自由利用可能通貨に交換したことで、SDR保有額が純累積配分額（IMFより加盟国に対して配分されたSDRの累計額）を下回った場合には、IMFに対して手数料（SDR金利と同率）を支払わねばならない。この点、現在は低金利環境下でSDR金利も低く抑えられている（2021年5月末で0.050％）こともあり誤解されやすいが、SDRの使用は全くの「無償」ではない。

SDRは、IMF協定上、「国際通貨制度における中心的な準備資産」にしていくと規定されているものの、現在までのところ、SDRは「中心的な準備資産」としての地位を占めるには至っておらず、「将来の不測の事態のための安全網」と位置付けられるべきとの議論もある。

⑩ 低所得国向け支援

IMFは、低所得の加盟国を支援するために、一般資金勘定から供与される通常融資とは別に信託基金を設け、低所得国向けの譲許的融資を供与している。低所得国向け譲許的融資の場合、融資原資を市場金利で加盟国から調達したうえで、これを市場金利より低利で低所得国に対して融資を行っている。そして調達金利との差分は、加盟国（主として先進国）からのグラント（無償資金供与）などを原資に充当（利子補給）する仕組みとなっている。2021年3月末時点で、69カ国が低所得国向け譲許的融資の適格国として認定されている。

2009年4月のG20ロンドン・サミットにおいて、世界経済・金融危機への対応の一部としてIMFによる低所得国向け譲許的融資の能力を倍増することが合意されたことも踏まえ、IMFは2009年7月の理事会決定により、それまでの低所得国向け融資制度の後継として貧困削減・成長トラスト（PRGT：Poverty Reduction and Growth Trust）を設立した（運用開始は2010年）。同時に新たな譲許的融資制度として、中長期的支援を提供する「拡大クレジット・ファシリティ（ECF：Extended Credit Facility）」、短期的もしくは予防的ニーズに対応する「スタンドバイ・クレジット・ファシリティ（SCF：Standby Credit Facility）」、緊急支援を提供する「ラピッド・クレジット・ファシリティ（RCF：Rapid Credit Facility）」を創設した。また、低所得国の危機対応を支援するため、それまで有利子であった譲許的融資の利払いを2011

【図表3-13】PRGTの仕組み

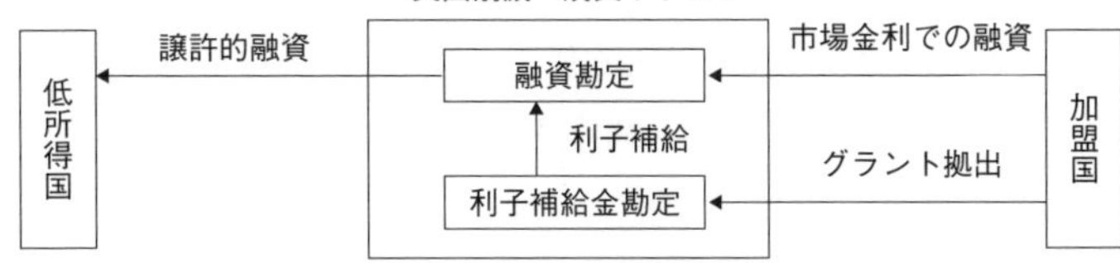

PRGTの融資制度

		ECF (Extended Credit Facility)	SCF (Standby Credit Facility)	RCF (Rapid Credit Facility)
目的		中長期的な国際収支問題への支援	短的な国際収支問題への支援（予防的な使用が可能）	緊急の国際収支問題への支援
金利	SDR金利＜2% 2%≦SDR金利≦5% 5%＜SDR金利	0.00% 0.25% 0.50%		0.00%
返済期間		10年（措置期間5年半）	8年（措置期間4年）	10年（措置期間5年半）

年末まで一時的に免除する措置を決定。その後、措置の延長や定期的な金利体系の見直しを経て、2021年3月末時点で、すべてのファシリティでゼロ金利が継続している。

更に、低所得国の中でも最も貧しく脆弱な国を支援するため、2015年2月、前年のエボラ流行を機に、IMFに対して有する債務の返済を相殺する資金を提供するための基金である大災害後債務救済（PCDR：Post-Catastrophe Debt Relief）基金を改変し、以下の2つのウィンドウから構成される大災害抑制・救済基金（CCRT：Catastrophe Containment and Relief Trust）を設立した。CCRTは、新型コロナウイルス対応の中でも活用されている（72頁参照）。

ア　PCR（Post-Catastrophe Relief）window

大規模自然災害が、重大な経済の混乱を招いた貧困国・脆弱国に対して、災害発生から2年以内に返済期限を迎える債務（フロー）を対象にグラントを提供（被害が甚大な場合、残存債務（ストック）の債務救済も可能）

イ　CC（Catastrophe Containment）window

感染症が、重大な経済の混乱を招いた貧困国・脆弱国（感染症の世界的流行が加盟国全体への深刻な経済的混乱をもたらし、貧困国・脆弱国支援のための協調的な国際的努力が必要とされる場合も支援可）に対して、認定日から6カ月を超えない範囲で返済期限を迎える債務（フロー）を対象にグラントを提供（認定日から2年の範囲で、CCRTの財源残高に応じて追加グラント供与も可能）

コラム　国際機関における日本人職員の活躍

緒方健太郎（財務省国際局総務課長）

国際機関の役割は近年ますます大きくなっているが、日本ではまだ馴染みが薄い。そこで、7年間のIMF勤務で感じたことを簡単に紹介したい。

国際機関勤務というと、英語で尻込みする人が多い。もちろん英語力は武器になるが、英語が母国語でなく流暢でもない職員も多い。むしろ、経済学の基礎知識や、各分野の専門用語、国際議論の潮流など、議論の共通基盤という意味での「共通言語」の方が重要だ。これが分からないと英語ネイティブでも役に立たないし、分かっていれば英語が多少苦手でも問題ない。

この「共通言語」を話すには、他国と比較し、一般化することが必須。例えば、日本のことを日本の文脈で話しても、全く理解してもらえない。比較し、一般化する。共通の土台で研究し、理論化する。その知見を個別事例に適用する。この繰り返しだ。この訓練は日本に戻っても大いに役立つ。国際会議での日本の主張は、「共通言語」にすると通りが良いのだ。

ただし、結局は中身が勝負。国際機関の醍醐味は、多くの国の経済や文化に直に触れる経験だ。そこで考えたことの蓄積が力になる。私が担当した案件からいくつか例を挙げよう。

• 東チモールでは、独立し、国際機関へ加盟するプロセスを間近に見た。その後のコソボと併せ、独立前の国連統治の課題や、国の運営の根幹を学んだ。途上国唯一の成功例である石油基金の創設にも関わった。潤沢な天然資源をどう管理し、隣国や将来世代と分かち合うかという重要なテーマだ。

• キルギスでは、美しい自然に恵まれた豊かな遊牧民の生活を見ながら、統計の数字の意味を考えさせられた。資源国に囲まれながらエネルギー資源に乏しく、天山山脈がもたらす豊かな水を戦略的に使うのも印象的。冬の暖房需要に水力発電を使うと、下流のウズベキスタンでは夏に綿花栽培用の水が不足する。冬に燃料をもらい夏に水を流す枠組みがあるが、争いが絶えない。分業を強制できたソ連システムと、独立国家間の協調の功罪は今も続くテーマだ。

• モルドバのワインをめぐる議論も興味深い。世界最大の地下貯蔵庫を擁する世界最古のワイン産地だが、販路をロシアに握られた。そして、ウクライナとの国境紛争を理由に流通を止められた。行き場を失ったワインをどうしたか。皆で飲んだ。笑い話のようだが、これが「花見酒経済」なのか、消費主導の内需拡大への構造改革なのかなど、重要な論点は多い。

• エストニアは、デジタル化で有名だが、税制も先進的。ゼロ法人税は有名だ。無税ではなく、利益が国内産業から個人や外国に配分される際にまとめて取る。企業活動を活性化するか、逆に有害税制か、法人税議論に一石を投じた。

このような日本では想像もつかない貴重な経験ができる。多くの日本人にこの醍醐味を味わってほしい。

(2) OECD

① 設立経緯

1948年、戦後の欧州復興のため欧州経済協力機構（OEEC）がパリに設立され、その後、欧州経済の復興に伴い、OEECは発展的に解組され、1961年に経済協力開発機構（OECD：Organisation for Economic Co-operation and Development）が設立された。

② OECDの主な活動

OECDの主な活動は、「安定したマクロ経済運営のための国際協力」、「貿易・投資の自由化推進」、「国際課税」、「新たな社会問題への対応」、「規制改革の推進」、「企業の社会的責任、コーポレートガナバンスへの取り組み」、「技術革新とその経済・社会的影響の研究」、「持続可能な開発、環境問題への取り組み」、「開発途上国の健全な経済発展への貢献」など幅広い分野にわたっている。各分野を横断する問題にも取り組む能力も備えており、「世界最大のシンクタンク」であるといえる。OECDは更に、加盟国等との議論・協調により国際標準を策定する役割を担っている。

日本は、1964年にOECDに加盟し、OECDの資本移動及び貿易外取引の自由化規約に沿った自由化努力の結果、資本自由化の面で顕著な発展を遂げることとなった。また、OECDとアジアの関係強化に積極的に貢献しており、2007年及び2013年に行われたOECDの拡大と関与強化の議論でも、東南アジアとの関係強化を働きかけるなど、大きな役割を果たしている。特に日本のOECD加盟50周年に当たる2014年は、36年ぶり２度目の閣僚理事会議長国として、OECDと成長著しい東南アジアとの関係強化を主導し、「OECD東南アジア地域プログラム」の立ち上げに貢献した。

また、OECDはG20との連携にも力を入れており、その例として、税源浸食及び利益移転（BEPS）プロジェクトがあるが、同プロジェクトは2012年にOECD租税委員会において日本の議長下で立ち上がるなど、日本が主導的な役割を果たしている。

③ OECDの組織

OECDの事務総長はアンヘル・グリア氏（メキシコ人）で、2006年６月から事務総長を務めている。なお、グリア事務総長は2021年５月末で退任予定であり、後任にはインド太平洋地域から初の事務総長となるマティアス・コーマン氏（豪州人）が2021年６月に着任予定（任期５年）。

また、事務総長の下に４名の事務次長がおり、日本から河野正道氏が2017年８月に就任している。OECD事務局には約1,900名の専門職員がおり、そのうち日本人の職員は91名（2019年末時点）となっている。

経済協力開発機構（OECD）
（Organisation for Economic Co-operation and Development）

【本部】パリ

【設立年】1961年
【日本の加盟】1964年
【事務総長（任期5年）】アンヘル・グリア（メキシコ出身、2006年6月就任、現在3期目、任期は2021年5月末まで）
【OECDの主な目的（OECD設立条約第1条）】
- 経済成長：財政金融上の安定を維持しつつ、できる限り高度の経済成長及び雇用並びに生活水準の向上を達成し、もって世界の経済の発展に貢献すること
- 開発途上国援助：経済発展の途上にある加盟国及び非加盟国の経済の健全な拡大に貢献すること
- 自由かつ多角的な貿易の拡大：国際的義務に従って、世界の貿易の多角的かつ無差別な拡大に貢献すること

【加盟国分担金】2億250万ユーロ（2019年I部予算）
【加盟国の分担比率】米20.5%、日9.4%、独7.2%、英5.4%、仏5.2%（2019年、上位5カ国）

【加盟国（38カ国、加盟順）】
カナダ、アメリカ合衆国、イギリス、デンマーク、アイスランド、ノルウェー、トルコ、スペイン、ポルトガル、フランス、アイルランド、ベルギー、ドイツ、ギリシャ、スウェーデン、スイス、オーストリア、オランダ、ルクセンブルグ、イタリア、日本、フィンランド、オーストラリア、ニュージーランド、メキシコ、チェコ、ハンガリー、ポーランド、韓国、スロバキア、チリ、スロベニア、イスラエル、エストニア、ラトビア、リトアニア、コロンビア、コスタリカ

OECDの意思決定は、すべての加盟国によって構成される理事会において行われるが、理事会には常駐代表（各国の大使）による通常の理事会と、加盟国の関係閣僚が出席して通常毎年1回開催される閣僚理事会がある。閣僚理事会では、OECDの今後の活動計画につき議論するとともに、経済政策、雇用、貿

易、環境、開発、租税等主要な検討課題につきOECDとしての指針が示される。

また、理事会の下に設置されている委員会や作業部会においては、OECDが取り組んでいる経済・社会の各分野について、各国代表が討議を行っている。

例えば、OECDの委員会のうち、マクロ経済分析を行っている委員会が経済政策委員会（EPC：Economic Policy Committee）である。OECD加盟国、ロシア及びキー・パートナー国（ブラジル、中国、インド、インドネシア、南アフリカ）の経済政策のあり方につき、下部の作業部会からの報告を踏まえながら、各国の代表と意見交換を行っている。通常年に2回開催されており、当委員会の結果を踏まえた各国の経済見通しは「Economic Outlook」として公表されている。

国別の政策の審査を行っている委員会が、経済開発検討委員会（EDRC：Economic Development and Review Committee）である。当委員会での各国審査の結果は「Economic Surveys」として公表されている。直近の対日経済審査報告書（OECD Economic Surveys Japan）は、2019年4月に公表されている。

租税委員会（CFA：Committee on Fiscal Affairs）では、OECDモデル租税条約や移転価格ガイドラインの作成・改訂等、租税分野における国際的なルール策定、共通の問題への対応に取り組んでいる。近年は、G20と協働して「税源浸食と利益移転（BEPS：Base Erosion and Profit Sharing）プロジェクト」を進めている。同プロジェクトは、2016年には「BEPS包摂的枠組み」へ名称を改めるともに参加国を大幅に増やす形で拡大した（現在約140の国・地域が参加）。2019年には、日本が議長を務めたG20大阪サミットにおいて、経済のデジタル化に伴う課税上の課題に対する解決策の策定に向けた作業計画が承認され、現在も作業が進められている。

コーポレートガバナンス委員会ではOECDコーポレートガバナンス原則を策定・改訂している。2015年には、金融危機において明らかになったコーポレートガバナンス上の問題点等を踏まえ、同原則を改訂、G20サミットに提出し、G20/OECDコーポレートガバナンス原則として承認された。現在は、各国における同原則の実施状況の評価をはじめ、各国のコーポレートガバナンスを

【図表3-14】OECD組織図

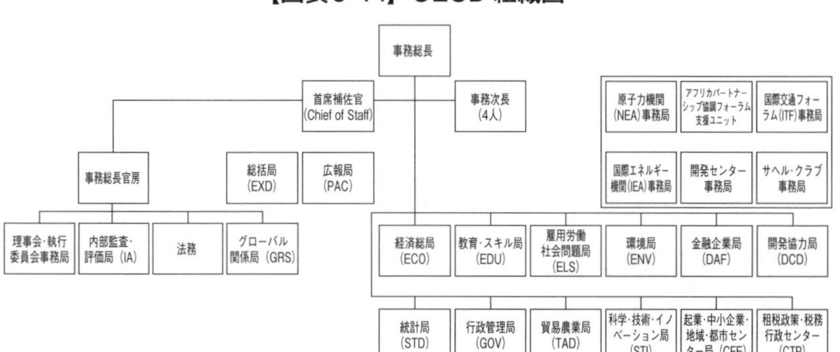

向上させるための活動を行っている。また、世銀、IMF等と協力し、アジア・中南米等の新興市場国に対し、これらの国のコーポレートガバナンスを向上させるための支援活動を実施している。なお、当委員会の議長は、本書の著者である神田眞人が2016年11月から務めている。

―OECDの今後の課題と日本の役割―

世界経済において新興国が果たす役割が増大する中、OECDが「世界経済の発展に貢献」するという設立目的を果たし、グローバルに有用な国際機関として存在意義を発揮していくためには、主要な新興国との関係を強化するなど、非加盟国への関与を強めることが必要である。このため、OECDは2007年にブラジル、中国、インド、インドネシア及び南アフリカの5カ国をキー・パートナー国に指定し、それらの国との協力強化を図っている。また、OECDの基準やルールを非加盟国の新興国に広める観点から、G20等との連携を重視し、知見を提供している。

更に、近年世界経済における成長センターとしてのアジアの存在感が増す中、アジアにおけるOECDの活動を強化することは、同地域の経済成長を促すと共に、OECDの設立目的である世界経済の発展にもつながるため、極めて重要である。こうした観点から、2014年に日本主導により立ち上げられた、東南アジア地域プログラム等の推進により、OECDとアジアとの関係強化を支援していくことは、日本の重要な役割の一つであるといえる。
グローバル化や新型コロナウイルスの感染拡大により、経済・社会のあり方に大きな変革が求められている今、世界の英知を結集し、政策協調を行うOECDの役割はますます高まっている。

3. 国際通貨体制の歴史

(1) 国際通貨の意義

国際通貨とは、文字どおり一国や一地域を越え、国際的に利用される通貨をいう。一般的に、通貨は、価値基準としての機能、支払手段としての機能、価値保蔵手段としての機能、という3機能を有しているものとされる。このような通貨の一般的な機能を踏まえたうえで国際通貨の機能を考えてみると、①表示通貨（原油価格の表示等国際的な取引の単位としての機能）、②基準通貨（金又はある外国通貨に対して固定相場制（ペッグ）をとる場合の当該金や外国通貨の機能）、③取引通貨（国際的取引の支払手段としての機能）、④介入通貨（通貨当局による為替レートのコントロールの手段としての機能）、⑤資産通貨（民間部門による国際的な価値の保蔵手段としての機能）、⑥準備通貨（公的当局による国際的な価値の保蔵手段としての機能）、の6機能に分類されよう。国際通貨の中でも、特にこれらの機能を中心的に果たしている通貨のことを、基軸通貨と呼ぶ。

ある通貨が国際通貨として受け入れられていくプロセスは様々であろうが、一般的に国際通貨の要件として挙げられるのは、①当該通貨発行国が経済的に大きな規模を有していること、②当該通貨の運用、他通貨への交換が可能であるような自由で発達した金融市場が存在していること、③当該通貨の価値に対する国際的信認があること、等である。

国際通貨発行国の利益としては、①国際収支が赤字となっても当該赤字を自国の通貨発行でファイナンスできる、②金融業の業務拡大がもたらされる、③

【図表3-15】国際通貨の機能

	価値基準機能	支払手段機能	価値保蔵手段機能
民　間　部　門	表示通貨	取引通貨	資産通貨
通　貨　当　局	基準通貨	介入通貨	準備通貨

【図表3-16】国際通貨の流れ

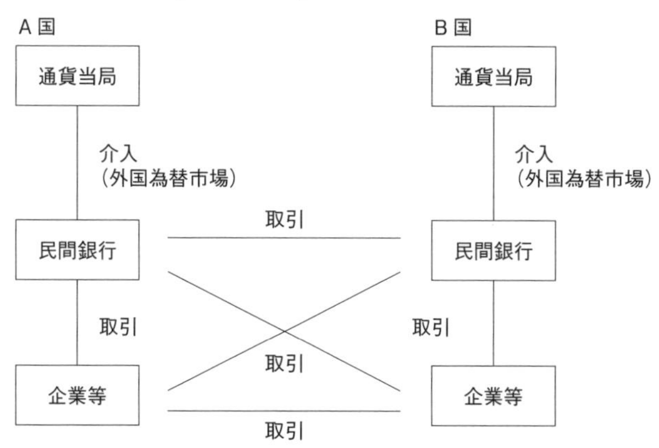

自国通貨建ての対外取引が増大することにより、為替変動リスクが小さくなる、等がある。他方、国際通貨発行国には、自国通貨資産が安全な準備資産として他国からの需要を集める結果、自国通貨高圧力を受けやすくなるといった負担がある。基軸通貨の発行国は、必然的に、これらの恩恵と負担を大きく受けることとなる。第二次世界大戦後の世界においては、米国がその地位を占め、国際通貨体制の安定の鍵を握る存在であり続けた。

(2) 金本位制の崩壊とブレトン・ウッズ体制の成立

19世紀末、金本位制が国際的通貨制度として確立した。金本位制とは、国際通貨である金との関係で、ある国が自国通貨の金平価（金との交換比率）を設定・維持し、金の裏付けの下でのみ通貨を発行する制度である。

もともと、金本位制の下では、国際収支の均衡が自動的に達成されるものと考えられていた[13]。しかし、現実的には、①金の供給が、世界経済の成長や貿易の拡大に見合って増加していくとは限らず、金供給と経済成長の差異により持続的なインフレ又はデフレが起きうる、②国内に流通している通貨量と国内物価水準、輸出入価格の変化と輸出入の増減の結びつきが短期的には必ずしも強くない、といった問題があり、上記のメカニズムが理論どおりには機能しなかった。

こうした理論と現実との乖離を背景に、金本位制に基づく国際通貨体制は、第1次世界大戦の後、次第に世界経済の実態にそぐわなくなった。1929年10月、ニューヨークの株式暴落を契機として世界恐慌が発生し、多くの国は大戦後復活していた金本位制から再び離脱し、輸入抑制のための高関税障壁、輸出拡大をめざした競争的平価切下げといった保護主義への道をたどることとなった。一つの保護主義的な動きが他国の報復的措置を呼び、ブロック経済主義と相まって、第2次世界大戦へと導く一つの要因となっていった。こうした苦い経験に鑑み、大戦が終わりに近づく頃、既に米・英を中心とする連合国の間では、戦後の国際通貨体制をいかなる形のものにすべきかが検討されていた。

【図表3-17】金本位制の想定したメカニズム

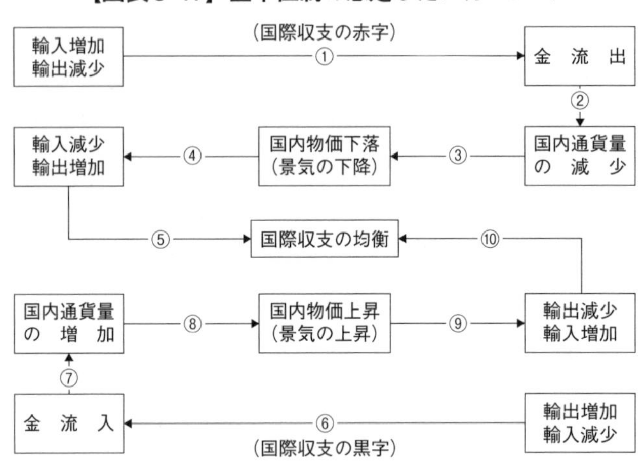

⒀　例えば、ある国の輸入が増加した場合、この支払のため金が国外に流出することとなるので、国内の貨幣供給は減少し、それによって景気が下降し国内物価が下落する。これは、輸入品物価の相対的上昇、輸出品価格の相対的下落を意味し、輸入の減少と輸出の増加をもたらす。また、国際収支が黒字になった場合は、これと対照的なことが生じる。この結果、国際収支は自動的に均衡に向かうと考えられていた。

【図表3-18】主要国で金本位制がとられた時期

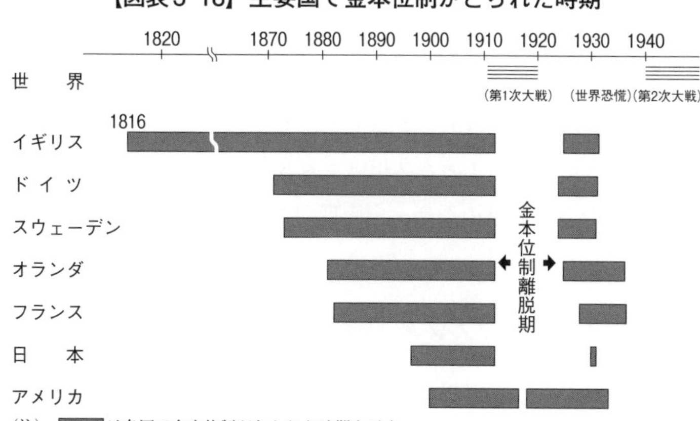

【図表3-19】ブレトン・ウッズ体制の仕組み

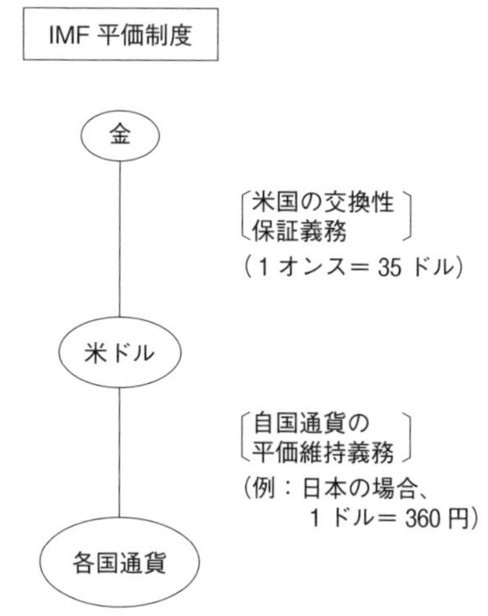

1944年7月、米国のブレトン・ウッズにおいて、連合国45カ国の代表が参加し、連合国通貨金融会議（いわゆるブレトン・ウッズ会議）が開催され、戦後の国際通貨秩序を律すべきものとして、「国際通貨基金（IMF）協定」と「国際復興開発銀行（IBRD）協定」が合意された。両協定は1945年12月27日に効力を発生し、IMFは1947年3月1日からその業務を開始した。

新たな国際通貨制度として構築されたブレトン・ウッズ体制は、金・ドル本位の固定相場制に立脚したもので、IMFはその体制を支える中心的な国際機関として通貨に関する国際協力を促進することが期待された。加盟国（当初30カ国）は金、又は1オンス＝35ドルで金とリンクした米ドルを基準とする平価の上下1％の範囲内に自国通貨の為替相場をおさめるべく介入が義務付けられるとともに、経常収支の調整のため一定限度でIMFの信用供与制度を利用できることとされた。

(3) ブレトン・ウッズ体制の問題点

金・ドル本位制による固定相場制度に基づく国際通貨制度は、戦後の世界経済の回復と発展に寄与してきたが、1958年西欧諸国の通貨の交換性が回復された頃から、既にこのブレトン・ウッズ体制の問題点が次第に浮き彫りになってきた。すなわち、西欧諸国及び日本の経済力の回復・増大とともに米国の経済力は相対的に低下し、米ドルの信認が揺らぎだした。また、そもそも基軸通貨国である米国の国際収支が赤字にならなければ国際流動性は供給されず、逆に、国際流動性を供給するために赤字を続ければ米ドルに対する信認が失われ、基軸通貨としての条件に欠けることとなるという矛盾（流動性ジレンマ）も指摘された。

米国の国際収支は、1958年から、貿易収支赤字の拡大等により悪化の傾向を示した。米国の金準備も1960年には180億ドルを割ることとなって、米ドルに対する不安を助長し、米国からの短期資金流出を招いた。このことは金投機を招き、金価格が上昇したが、この際はロンドン金市場への金の放出を含む米国のドル防衛策の発表（1961年1月）により沈静化した。

その後1967年末のポンド切下げ後、米ドルの切下げをおそれた投機家が米ドルを金に交換した結果、1968年初めには、民間との間の金取引については、公定価格ではなく市場価格が適用されるようになり（金の二重価格制）、金・ドル本位制平価制度の崩壊の懸念が更に現実のものとなりだした。

他方、ブレトン・ウッズ体制のもう一つの問題点である国際流動性が世界経済の拡大に応じて必ずしも供給されないという問題については、1963年から準備資産創出のための公式の検討がG10（10カ国財務大臣・中央銀行総裁会議）

【図表3-20】米国の金保有高の推移

（単位：百万ドル、１オンス＝35ドルで換算）

各年末	合　計	合計の増減	各年末	合　計	合計の増減
1945	20,083		1958	20,582	−2,275
1946	20,706	＋ 623	1959	19,507	−1,075
1947	22,868	＋2,162	1960	17,804	−1,703
1948	24,399	＋1,531	1961	16,947	− 857
1949	24,563	＋ 164	1962	16,057	− 890
1950	22,820	−1,743	1963	15,596	− 461
1951	22,873	＋ 53	1964	15,471	− 125
1952	23,252	＋ 379	1965	13,806	−1,665
1953	22,091	−1,161	1966	13,235	− 571
1954	21,793	− 298	1967	12,065	−1,170
1955	21,753	− 40	1968	10,892	−1,173
1956	22,058	＋ 305	1969	11,859	＋ 957
1957	22,857	＋ 799	1970	11,072	− 787

（出所）Federal Reserve Bulletin

を中心に進められた。その結果、1969年のIMF協定第１次改正により、既存の準備資産を補充するための新しい準備資産として、IMFの特別引出権（SDR）（166頁参照）が創設された。SDRは1970年１月、1981年１月、2009年８月及び９月と、これまで４回の配分が行われてきたものの、184頁でみていくとおり、創設当時のブレトン・ウッズ体制の維持という目的は果たすことができなかった。

「流動性ジレンマ」（「トリフィンのジレンマ」）について

イェール大学のロバート・トリフィン教授は、1960年の米国議会証言において、「もし米国が国際収支赤字を計上しなくなると、国際社会は、外貨準備の最大の供給源を失う。この結果生ずる流動性の不足は、世界経済を収縮スパイラルに陥れる可能性がある。他方、もし、米国の赤字が続けば、安定的なドルの供給が世界経済の成長を促す。しかし、過剰な米国の赤字（ドル過剰）は、ドルの価値に対する信認を損なうであろう。ドルに対する信認がなくなれば、ドルは、世界の準備通貨として受け入れられなくなり、固定為替相場制度は崩壊し、不安定が生ずる可能性がある」という趣旨の主張を行った。またトリフィン教授は、金や既存の通貨に依存しない新たな準備資産の創設を提案し、その創設により、米国が国際収支赤字を縮小しても、世界経済の拡大が可能になると主張した。

(4) ブレトン・ウッズ体制の機能停止とIMF協定第2次改正

1971年8月15日ニクソン米大統領は、長年の懸案であった国際収支問題を解決するため、①ドルと金の交換性の停止、②輸入課徴金賦課、③対外援助の10%削減などを骨子とする一連の経済政策を発表した。これを受けて、各国通貨当局は変動相場制あるいは二重為替市場を採用して急場をしのぐ一方、G10等の場において固定相場制への復帰の方法を模索した。その結果、同年12月17～18日ワシントンで開催されたG10において、①米ドルの対金切下げを含む多国間通貨調整（日本円は1米ドル＝308円へと切上げ)、②為替変動幅の拡大（上下各1％から2.25％に）が合意された（スミソニアン合意)。これはドルの金との交換性やIMF体制の改革という中長期的な問題は後の検討に委ね、固定相場制を前提に、とりあえず緊急を要する当面の通貨調整を行うという考え方に基づいている。しかし、その後も米国の国際収支は改善せず、73年3月1日再びドル売りが激化すると、2日から約2週間主要国市場は閉鎖され、その後主要国通貨は全面的に変動相場制（フロート制）に移行した。

この全面的なフロートの状態は一部に波乱を含みながらも一応円滑に機能した。この間IMFに設置された20カ国委員会（C-20）を中心に通貨改革作業が進められ、1974年6月には、同委員会の報告書としての「通貨制度改革概要」が採択された。更に1976年1月には、新たに設立されたIMF暫定委員会がIMF協定第2次改正案につき合意し、同改正案は、1978年4月1日に発効した。

このIMF改正協定においては、将来世界経済が安定した時点で、IMFは85％の特別多数の賛成があれば、「安定的な、しかし調整可能な」平価制度（固

【図表3-21】ニクソン演説からIMF第２次改正協定発効までの国際通貨情勢

71年 5月	西独マルク、蘭ギルダー、フロートに移行
71年 8月	ニクソン米大統領、ドル防衛等緊急対策発表 （その後、英ポンド、伊リラ……事実上小幅フロート。西独マルク……フロート。仏フラン……二重為替市場。蘭ギルダー、白フラン……共同フロート。日本円……フロートに移行。）
71年12月	スミソニアン合意により新平価を設定
72年 6月	英国、変動相場制に移行　各国為替市場閉鎖
73年 2月	米国、ドルの対金・SDR10％切下げ（金1オンス＝約42.22ドル）日本、イタリア、フロート移行
73年 3月	通貨危機再燃 EC 6カ国、共同フロートに移行
74年 6月	20カ国委員会大臣会議（ワシントン）「通貨制度改革概要」発表
76年 1月	第5回暫定委員会においてIMF協定改正案の概要等につき合意（ジャマイカ合意）
76年 4月	IMF協定第2次改正案が総務会において承認
78年 4月	IMF新協定発効

【図表3-22】C-20における通貨制度改革概要（1974年6月）

1．第1部「新制度」では、国際通貨制度が将来進展していくべき次のような大筋の方向が示された。
　(a)効果的かつ均整のとれた国際収支調整過程
　　•客観的指標の使用による効果的な国際協調
　　•執行委員会の設置と段階的強制過程
　(b)安定的な、しかし調整可能な平価制度（SDR平価上下2.25％）
　　•シンメトリカルな介入義務
　　•特別な状況の下でのフロート制の採用も可能
　(c)交換性、既存の準備通貨残高の不胎化と通貨準備の管理
　　•シンメトリカルな資産決済
　　•既存の準備通貨残高の不胎化（コンソリデーション）（IMFにSDR代替勘定）
　(d)SDRを中心的準備資産とし、金及び準備通貨の役割を縮小
2．第2部「当面の措置」では将来の制度に向けての漸進的取組を記述（フロートのガイドライン、通貨バスケットを基礎とするSDR価値決定、オイルファシリティー、IMFの拡大信用供与、暫定委・開発委の設置に言及）。

【図表3-23】IMFの目的

(1) 通貨に関する国際協力機関となること。

(2) 国際貿易の拡大と雇用・所得の増大。

(3) 為替の安定。

(4) 経常取引に関する多角的支払制度の樹立と為替の自由化。

(5) IMFの資金を加盟国に利用させ、国内的・国際的繁栄を破壊するような措置に訴えることなしに国際収支の不均衡を是正する機会を与え、加盟国に安心感を与えること。

(6) 国際収支不均衡の持続期間を短縮し、その程度を軽減すること。

（出所）国際通貨基金協定

定相場制）へ移行することができるとされている一方、それまでの間は、各国はフロート制を含め自由に自国の為替制度を選択することができるとされている。また、金の役割は大幅に縮小され、SDRを中心的な準備資産にしていくこととされた。

このように、1971年の米ドルの金交換制停止により、金・ドル本位制としてのブレトン・ウッズ体制はその機能を停止したが、新たな国際通貨制度を模索する様々な動きを経て、1978年4月1日には主要通貨の変動相場制（フロート制）移行を踏まえたIMF協定第2次改正に基づき、新しいIMF体制が正式にスタートすることとなった。

(5) 変動相場制下の経験

1973年に変動相場制に移行した当初は、変動相場制は、国際収支不均衡の自動的な是正のほか、インフレ遮断、為替相場調整を見込んだ投機的な短期資本移動の抑制、為替レートの安定化、外貨準備の節約等多くの機能が期待されていた。

しかし、現実には、変動相場制移行後、①為替レートは短期的に予見し難い大幅な変動を示しその方向も不規則、②中期的に経済のファンダメンタルズの動向と相容れない水準が持続、③特に主要国間において大幅な対外不均衡が持続、④上記①、②等の理由により各国の準備資産の必要性もそれほど減少しない、等の問題点が生じてきた。

変動相場制下で生じてきたこうした点を踏まえ、G10の場で国際通貨制度改善のための検討が行われた。1985年6月に発表された報告書の中では、変動相場制に代わる体制は考えられないという認識が示される一方で、変動相場制における様々な問題に対処するため、その機能改善が必要であるとの指摘がなされた。具体的な改善策としては、経済政策及び為替市場における主要国間の緊密かつ継続的な協力が重要である旨が強調されている。

こうしたG10報告書の考え方を受け、1985年9月のG5（5カ国財務大臣・中央銀行総裁会議）におけるプラザ合意、1987年2月のルーブル合意、その後のG7における合意等を通じ、政策協調の実現・強化を行うことにより、変動相場制の機能改善を図る努力が続けられ、一定の成果を上げた。

【図表3-24】変動相場制下の経験

1．変動相場制に期待されていた機能

① 国際収支不均衡の是正と国内金融・財政政策の独立性の確保
② インフレ遮断
③ 投機的短資移動の抑制
④ 為替レートの安定化
⑤ 平価変更に伴う恣意的裁量の排除
⑥ 外貨準備の節約
⑦ 国際取引の規制排除
⑧ 適正な資源配分

2．現実の変動相場制の問題点

① 為替レートは短期的に予見し難い大幅な変動を示しその方向も不規則、また市場関係者の期待がレートの変動をより増幅し、貿易、物価、雇用等に悪影響（volatility の問題）。
② 中期的に経済のファンダメンタルズの動向と相容れない水準が持続（misalignment の問題）。
③ 大幅な対外不均衡が継続（資本移動が大きい場合には、為替レートが経常収支を均衡させる必然性なし）。
④ 金融政策は変動相場制の下でも制約。
⑤ ２極化現象の発生（黒字国は変動相場制の海外インフレ遮断機能により物価安定、赤字国は輸入物価上昇によりインフレ促進）。
⑥ ①、②等の変動相場制の持つ欠陥により、各国の準備資産の需要はそれ程減少せず。

3．G10レポート（1985. 6）

1983年５月のウイリアムバーグ・サミットの合意に基づきG10の場で国際通貨制度のための検討がなされ、1985年６月に報告書が発表された。その概要は以下のとおり。

(1) 現行の変動相場制について、「２度の石油ショックを含む世界経済の激動の中で効果的に機能。これに代わり得る体制は考えられない」と基本的に肯定（多数意見）。
(2) 他方、現行変動相場制については、これまでの経験に照らし、volatility と misalignment のような問題があり、その機能改善が必要と指摘。
(3) 具体的に為替相場安定のためには、主要国間の緊密かつ継続的な協力が必要。

（参考） プラザ合意（1985年９月22日）抜粋
「大臣及び総裁は、為替レートが対外不均衡を調整する上で役割を果たすべきであることに合意した。このためには、為替レートは基礎的経済条件をこれまで以上によく反映すべきである。彼らは、ファンダメンタルズを一層改善するために合意された政策行動が実施、強化されなければならず、またファンダメンタルズの現在及び今後の変化を考慮すると、主要非ドル通貨の対ドル・レートのある程度の更なる秩序ある上昇が望ましいと確信している。彼らは、そうすることが有用であるときには、これを促進するためにより緊密に協力する用意がある。」

（参考） ルーブル合意（1987年２月22日）抜粋
「大臣及び総裁は、世界経済のより均衡のとれた成長を促進し、現在の不均衡を縮小させるために、経済政策協調の努力を強めることに合意した。黒字国は、物価の安定を維持しつつ、内需を拡大し、対外黒字を縮小させるための政策をとることにコミットした。赤字国は、国内不均衡及び対外黒字を縮小させつつ、着実な低インフレの成長を促すための政策をとることにコミットした。」

1993年4月には、1992年9月以降の欧州通貨制度（EMS）[14]の動揺等を踏まえ、国際資本移動の拡大が為替市場に与える影響についてのG10報告が出された。

(6) G7におけるサーベイランス

1985年9月22日のいわゆる「プラザ合意」を契機に、主要先進国間でインフレなき経済成長の下で対外不均衡是正及び為替安定を図るための協調的政策運営がG7（7カ国財務大臣・中央銀行総裁会議）を機軸として行われるようになった。

プラザ合意の直接の動機となったのは、1980年代前半のアメリカの経常収支の悪化とそれにもかかわらず続いていたドル高である。1985年にアメリカが純債務国になると、ドルの暴落の懸念が指摘されるようになり、ドル暴落を回避するためには秩序あるドル高の是正が必要であることが認識された。こうした中、ニューヨークのプラザ・ホテルで行われたG5（5カ国蔵相・中央銀行総裁会議）においては、ドル高是正のため各国が緊密な協力を行うことが合意され、そのために必要な政策に各国がコミットした。

その後、1986年5月の東京サミット、1987年2月のルーブル合意を経て政策協調の枠組は固まった。東京サミットでは、政策協調推進の重要性が確認され、サミット参加国の蔵相及び中央銀行総裁からなるG7の設置及び、政策協調の手段強化としてG7サーベイランスの導入が合意された。ルーブル合意では、為替相場の安定のためには、為替市場における協力とともに政策協調が重要であるという認識が定着し、G7サーベイランスの手法が確定された。

このような政策協調が始まったのは、第1に、各国経済の相互依存関係が強まり、ある国のとる政策の効果が他国にも波及するようになったため、各国が個々に政策を展開するよりも、政策協調を行った場合の方が、各国の経済厚生が増大すると認識されたこと、第2に、当初期待されていた変動相場制の国際

---

(14) 欧州通貨制度（EMS）とは、1979年に欧州において設立された制度。参加国通貨間の為替変動幅を一定の範囲内に抑える為替相場メカニズム（ERM）、EUの通貨当局間における決済手段としての欧州通貨単位（ECU）の使用、介入資金の相互融通のための信用供与制度の拡充といった内容からなる。

収支調整効果は上がらずかえって為替レートの乱高下がもたらされたため、変動相場制の下でも、為替安定のための政策協調の必要性が認識されたことからである。

(7) 多極化する世界

1989年のベルリンの壁崩壊、1991年のソ連崩壊による、旧社会主義国の市場経済及び民主主義への移行に伴い、新興国における金融の自由化・国際化が進展し、資本移動の急増と、金融のグローバル化をもたらした。新興国・途上国の成長は、同時に新興国への資本流入の急増を招くこととなり、アジア通貨危機を始めとした21世紀型の「資本収支危機」への対処が、国際通貨体制の安定にとっての新たな課題となった。アジアでは、通貨危機の経験を踏まえ、危機の再発防止に向け、アジア域内における通貨・金融面での協力の重要性・必要性が認識され、IMFなどグローバルな枠組と各国の対応を補完する地域的な枠組として、チェンマイ・イニシアティブ（CMI）が創設された。また、1999年にはユーロ圏における通貨統合が進展し、地域的国際通貨としてのユーロが誕生した。

2000年代に入ると、新興国や産油国が経常黒字を膨らませ、米国は経常赤字を増加させる世界的対外不均衡（グローバル・インバランス）が発生した。中国や東南アジア諸国は、ドルに対する自国通貨の上昇を防ぐためのドル買い介入により、外貨準備を蓄積させ、米国債等による運用により米国の財政赤字や経常赤字をファイナンスし、世界経済は長期の景気拡大を経験した。この間、緩和的な金融政策や金融技術の発展を背景とした、過度なリスク・テイクや米国等における住宅バブルが醸成され、その後の世界経済・金融危機の要因の一つとなったといわれている。

新興国の世界経済に占める地位が上昇するにつれ、世界経済における政策協調を先進国のみで行うのでは不十分との認識が高まった。実際、G7の対全世界GDP比は、1986年の創設以来2000年代初頭までは7割近いシェアを占めてきたものの、その後新興国・途上国の台頭により、2000年代後半には5割程度まで低下した。こうした中、世界金融危機が発生し、先進国・新興国双方により対応を議論する必要性が強く認識されたことから、2009年9月のG20ピッツバーグ・サミット以降、G20が「国際経済協力に関する第一のフォーラム」として位置付けられることとなった。他方で、G7については、発達した金融市場を有する少数の国が密度の高い意見交換を行い、必要がある場合には即座に協調行動をとるといった重要な役割を引き続き果たしている。今般の新型コロナウイルスによるパンデミックという世界的な危機に際しても、G20はG20行動計画の策定、「債務支払猶予イニシアティブ」(DSSI：Debt Service Suspension Initiative) 及び「DSSI後の債務措置に係る共通枠組」の合意など、国際協調において中心的な役割を果たしている。G7はいち早く政策協調に合意し市場へのメッセージを打ち出しつつ、長年政策協調を行ってきた中核グループとして、G20の議論へのインプットを行っている。

4. 危機への対応（セーフティネットの強化）

(1) アジア通貨危機とその対応

① 通貨危機の発生とその対応（1997年7月～）

1997年7月タイに端を発した通貨・経済の混乱は瞬く間に近隣アジア諸国に波及した。通貨危機に見舞われた各国に共通する背景（要因）としては、実質ドルペッグ制による為替の過大評価、短期外貨資金の急激な流出、脆弱な金融システムといったことが挙げられている。

通貨危機の深刻な影響を受けたタイ、インドネシア及び韓国はIMFに支援を要請し、IMFとの間で合意された経済調整プログラムの実施を条件に、IMF、世銀、ADB及び関係各国からなる国際的な枠組の下で金融支援を受けた。

我が国はいずれの枠組においても二国間支援としては関係各国中最大の支援を表明した（タイ40億ドル、インドネシア50億ドル、韓国100億ドル、タイ以外は第二線準備として用意されたが、実際には使用されなかった)。

② アジア通貨基金（AMF）構想〜マニラ・フレームワーク

アジア通貨危機は、アジア諸国が共同してこの危機に対応しなければならないという連帯感を生み出し、アジア各国間で通貨危機に対応するための常設ファシリティとしてアジア通貨基金（AMF：Asian Monetary Fund）構想が提起された（参考１）。

この構想自体は、IMFの機能を損ないかねないことやモラル・ハザードの問題があるといった批判により、その時点では実現に至らなかった。しかしながら、アジアの通貨危機の経験を踏まえ、IMFのサーベイランスを補完する域内のサーベイランスを行うとともに、IMFの経済調整プログラムを前提とした二国間支援の枠組を作るため、1997年11月に、アジア地域を中心に14カ国の蔵相・中央銀行総裁代理による会合がマニラで開催され、アジア通貨基金構想を発展させる形で、「金融・通貨の安定に向けたアジア地域協力強化のための新フレームワーク」（いわゆる「マニラ・フレームワーク」）が合意された（参考２）。「マニラ・フレームワーク」は、その後の地域協力の進展を受け、2004年に全会一致で終了した。

【参考１】1997年秋のアジア通貨基金構想の概要
(97年秋IMF・世銀総会へ向けて議論されていたもの)

① アジア通貨基金はIMFを補完する役割を有する独立した常設機関であり、独自の事務局を有する。
② 通貨危機を未然に防止するために、域内で普段から経済政策について意見交換（域内サーベイランス）を行う。

【参考２】マニラ・フレームワーク

アジア通貨基金構想自体は実現に至らなかったが、1997年11月18-19日に、アジア地域を中心に14カ国の財務大臣・中央銀行総裁の代理による会合がマニラで開催され、「通貨・金融の安定に向けたアジア地域協力強化のための新フレームワーク」、いわゆる「マニラ・フレームワーク」について合意された。

本フレームワークの柱となる４点のイニシアティブ
① 域内サーベイランス
② 金融セクター強化のための技術協力
③ 金融危機へのIMFの対応能力の強化
④ アジア通貨安定のための協調支援アレンジメント

※マニラ・フレームワーク会合参加国・機関（14カ国・地域、４機関）
オーストラリア、ブルネイ、カナダ、中国、香港、インドネシア、日本、韓国、マレーシア、ニュージーランド、フィリピン、シンガポール、タイ、米国、IMF、世銀、アジア開銀、BIS

③ 実体経済の建て直しに向けた取組（1998年夏・秋〜1999年春頃）

○ 新宮澤構想

我が国は1998年10月、通貨危機に見舞われたアジア諸国の経済困難の克服を支援し、国際金融資本市場の安定化を図るため、「アジア通貨危機支援に関する新構想（新宮澤構想）」を表明した（参考３）。

本構想では、アジア諸国の実体経済回復のための中長期の資金支援として150億ドル、これらの諸国が経済改革を推進していく過程で短期の資金需要が生じた場合の備えとして150億ドル、合わせて全体で300億ドルの資金支援スキームを用意した。

④ 実体経済の本格的回復に向けた取組（1999年春頃〜）

○ 新宮澤構想の第２ステージ

1999年春以降、生産指数、輸出等の指標が改善してくるとともに、アジア諸国の経済は総じて回復に向かったものの、安定的な経済発展のため、金融セクター改革や民間債務のリストラなどの構造改革等を、引き続き推進していくことが必要な状況にあった。我が国は、1999年５月のAPEC蔵相会議の際に、「アジアの民間資金活用構想（新宮澤構想の第２ステージ）」を表明した（参考４）。これまでの借款による支援は引き続き着実に実施することとしつつも、より市場との関係を重視した支援に注力することとし、保証等を中心に民間資金の動員を支援した。

併せて、通貨危機に陥りにくい安定的な金融システム構築の必要性を表明し、域内の債券市場の整備・育成に取り組むことについて各国に呼びかけ、検討を行った。更に、各国の取組に対し必要な技術・人材支援についても、積極的に推進した。

本項で紹介したアジア地域の金融安定のための各種施策はその後、ASEAN+3（日中韓）における、アジアにおける地域金融協力の各種議論につながっていくこととなる。アジアにおける地域金融協力については第6章にて詳述する。

（参考3）アジア通貨危機支援に関する新構想（新宮澤構想）
（1998年10月発表）

通貨危機に見舞われたアジア諸国の経済困難の克服を支援し、国際金融資本市場の安定化を図るため、実体経済回復のための中長期の資金支援として150億ドル、短期の資金需要が生じた場合の備えとして150億ドル、合わせて全体で300億ドル規模の資金支援スキームを用意する。

(1) アジア諸国に対する中長期の資金支援

① 我が国からの直接的な公的資金協力による支援

② アジア諸国が国際金融資本市場から円滑に資金調達できるようにするための支援

i．保証機能の活用

ii．利子補給

iii．国際開発金融機関との協調による資金支援

iv．技術支援

(2) アジア諸国に対する短期の資金支援

アジア諸国が経済改革を着実に推進していく過程で、貿易金融円滑化等の短期の資金需要が生じた場合に備えて、スワップ等を用いた総額150億ドルの短期資金を用意する。

（参考４）アジアの民間資金活用構想（新宮澤構想の第２ステージ）
（1999年５月 APEC 蔵相会議にて表明）
(1) 民間資金活用のための支援策
① アジア諸国の国際金融・資本市場からの資金調達支援
② アジアの民間企業向けエクイティーファンド等に対する支援
(2) 通貨危機に陥りにくい安定的な金融システムの構築
① アジア域内の債券市場の整備、育成
我が国金融部門のノウハウを活かしつつ、上記システム構築を実施していく上で必要な技術・人材支援を行う

(2) リーマン・ショック後の世界経済・金融危機とその対応

2008年秋以降の世界経済・金融危機は、100年に一度の経済危機ともいわれ、世界経済全体に深刻な影響を与えた。2007年夏の米国における住宅バブルの崩壊に端を発し、2008年秋にサブプライム・ローン問題に関する損失によるリーマン・ショックをきっかけに発生した危機の影響は米国内にとどまらず、世界的な危機へと発展していった。

危機に対する喫緊の対応として、国際社会は強調して金融システムの安定確保に取り組み、その中で G7・G20が国際的なフォーラムとして大きな役割を果たすこととなる。この金融危機時の対応及びその後の国際協調のあり方については、第５章で詳述しているため、そちらの説明に譲りたい。

(3) 欧州債務危機とその対応

① 概要

ギリシャ等のユーロ圏周辺国では、ユーロ導入以降、資金調達コストが低下し、他国からの資本流入が加速したことで高成長を実現した。一方で、労働コストの上昇による対外競争力の低下や、経常収支赤字の拡大が進んだ。また、ユーロ圏は、各国が独自の金融政策を行うことができないという構造的な問題点も抱えていた。

【図表3-25】欧州諸国の財政収支・債務残高の推移

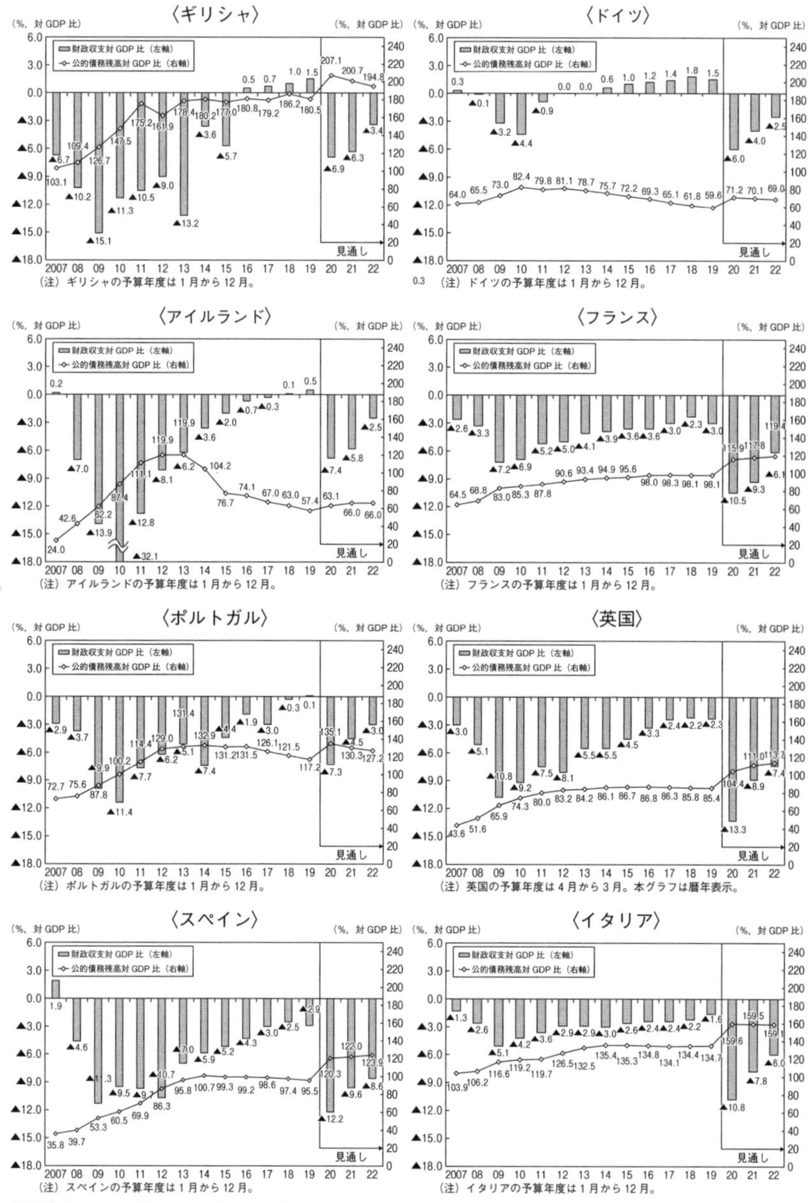

(出所) Eurostat, European Economic Forecasts Autumn 2020

【図表3-26】欧州債務危機の全体像

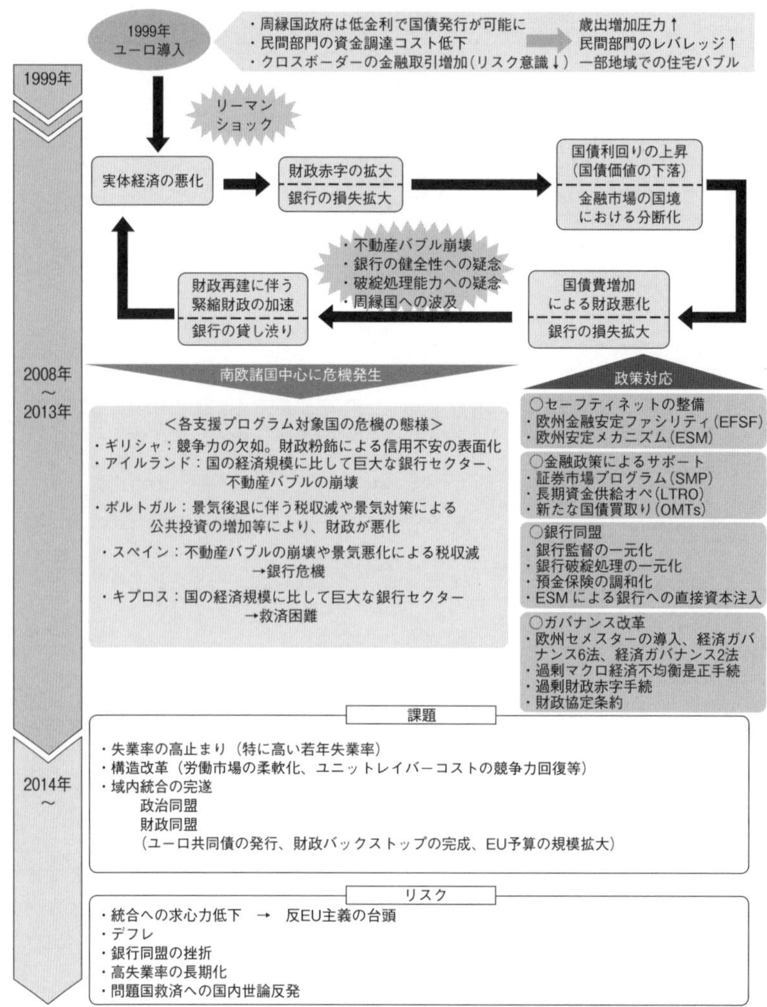

リーマン・ショックにみられる世界経済・金融危機やそれに伴う景気後退の中で、税収の減少、景気対策等に伴う支出の増加等により、ユーロ圏の多くの国において財政収支が悪化した。こうした中、ギリシャに端を発する金融市場の動揺は、他のユーロ圏周辺国にも波及し、ギリシャ、アイルランド、ポルトガルについては、EU・IMFからの支援が実施され、スペインでも、同国の金

融セクターに対してEUからの支援が実施された。

こうした問題が生じた国々への個別の対応のほか、ユーロ圏では、欧州金融安定ファシリティ（EFSF：European Financial Stability Facility）や欧州安定メカニズム（ESM）の整備等、危機拡大を防ぎ市場を安定化させるためのセーフティネットの構築や、単一銀行監督メカニズムの推進等、危機の再発防止に向けた取組が進められた。

欧州債務問題の解決には、ユーロ圏各国の主体的取組が基本だが、欧州債務問題が国際金融市場に与え得る影響の大きさに鑑み、我が国は、IMFの危機対応・危機予防能力を高めるための資金基盤強化について、他国に先駆けて貢献を表明、融資取極の締結を行うとともに、外貨準備によりEFSFやESMが発行する債券を継続的に購入することで、欧州の金融安定化に貢献した。

② ギリシャ

2008年、2009年と実質経済成長率がマイナスとなり、手厚い公務員保護や社会保障制度等も相まって財政状況も悪化していた。その後、2009年10月の政権交代を契機に、前政権が公表していたよりも実際の財政赤字が大幅に拡大していたことが判明し、同国国債に対する市場の信認が大きく悪化した。また、2009年11月には、アラブ首長国連邦のドバイ首長国が政府系持ち株会社ドバイワールドの債務返済を公表し、ソブリン（国家）向け投資のリスクが顕在化した。

これらを背景に、ギリシャの債務持続可能性への懸念が高まり、複数の格付け機関が相次いでギリシャ国債の格下げを行った。こうしたことが、ギリシャ国債相場の大幅な下落と利回りの急騰を招き、財政の破綻と債務不履行（デフォルト）への不安が高まる「ギリシャ危機」に至った。その結果、ギリシャと同様の財政状況にある国や、ギリシャ向けエクスポージャーの多い欧州の金融機関の経営への懸念から、ギリシャ国内のみならず、他の欧州諸国への危機の波及（コンテイジョン）が危惧された。

危機に対応するため、2010年5月、ユーロ圏・IMFはギリシャに対して、計1,100億ユーロの支援を決定。条件として、財政収支を2014年までに対GDP比▲3.0%以下（2009年同▲15.6%）とするとともに、経済競争力回復のため、最低賃金引下げ等の構造改革などに取り組むこととされた。しかし、2011年4月以降、財政健全化や構造改革が順調に進捗せず、ギリシャ国債の債務再編（元本削減等）は不可避との懸念から国債利回りが再び高騰した。2012年に予定されていた国債発行再開は困難となり、追加支援が議論されることとなった。

2012年3月、ユーロ圏・IMFは、計1,730億ユーロの2次支援に合意した。この追加支援は、同年6月までにギリシャが財政再建策を策定することが条件の一つとなっていたが、5～6月の議会選挙の実施等で構造改革や財政再建策の策定等が遅れたことや、経済状況の下振れ等の影響で追加支援決定時の財政健全化目標（2014年に基礎的財政収支対GDP比 +4.5%）の達成が困難となり、融資の継続が危ぶまれた。しかし、2012年11月に、ギリシャ政府が年金削減等の財政再建策を策定したことを受け、ユーロ圏・IMFは支援の見直しを発表し、財政健全化目標の達成期限を2014年から2016年へ延期し、融資を再開した。

その後、2015年1月に反緊縮財政を主張するチプラス政権が発足。債権団との対立が深まり、2015年6月に2次支援は打ち切りとなった。しかし、ユーロ圏残留を求めるギリシャが再度緊縮路線へと舵を切り、8月のユーロ圏財務相会合において、債務の返済や銀行の資本増強のため、ギリシャに対する計860億ユーロの3次支援が実施されることとなった。

ギリシャは、2018年8月にはすべての金融支援から脱却を完了した。2019年11月以降はIMFに対する早期返済を実施しており、2020年12月には既に2021年と2022年に期限を迎える債務を前倒しで返済する手続を開始した旨表明している。

③ アイルランド・ポルトガル・スペイン

i アイルランド

1999年のユーロ導入以降、金利低下や移民増加を背景に不動産バブルが発生し、金融セクターが肥大化。2005年末よりインフレ抑制のために行われたECBの利上げや、2008年のリーマン・ショック等を契機として不動産バブルが崩壊し、不動産向け貸出に係る不良債権の増大等により、金融システムは不安定化した。これに対し、2009年以降、同国政府は国内銀行への資本注入等の金融支援を実施したものの、2010年9月には同年の財政収支対GDP比が▲32%まで悪化の見込みとなり、財政悪化や国債保有者の損失負担への懸念から、同国国債の利回りは急騰した。

2010年11月、他国への危機の波及をおそれ、EU・IMFは計675億ユーロの金融支援を決定。同国は付加価値税率の引上げ（21%→23%）等の財政健全化や、最低賃金の引下げ等の労働市場改革等に取り組むこととされた。その後、アイルランドは銀行部門の強化、大規模な財政改革、赤字是正、労働市場改革に取り組んだ結果、財政赤字の縮小や失業率の低下を実現し、2013年12月、EU・IMFによるアイルランドへの支援は終了した。

ii　ポルトガル

2009年、景気後退に伴う税収減や景気対策の為の公共投資の増加等で、財政が急速に悪化した。4回にわたり財政赤字削減策を公表するも、いずれも議会で否決され、財政再建への懸念等から、格付会社が相次いで同国国債の格下げを発表し、同国の国債利回りが上昇した。

このため、2011年5月、EU・IMFは2013年までに財政収支対GDP比を▲3%以下とすることを条件に計780億ユーロの支援を決定した。その後、公務員人件費の削減や増税等により財政収支が改善し、2014年5月、EU・IMFによる金融支援から脱却。債務の利払い費削減のため、2015年にIMFへの早期返済を開始し、2017年にはIMF融資の半額を返済完了した。

iii　スペイン

1999年のユーロ導入以降、金利低下や移民増加を背景に不動産バブルが発生し、金融セクターが肥大化した。2005年末よりインフレ抑制のため行われたECBの利上げや2008年のリーマン・ショック等を契機にバブルが崩壊し、不動産向け貸出に係る不良債権化が進行するとともに、建設業の不振と失業率の増大を招いた。また、2008年以降の財政悪化により、付加価値税率の引上げを含む大規模な財政再建策等を実施し、2011年8月には、同国国債の相次ぐ格下げと利回りの上昇に対応するため、ECBが、証券市場プログラム（SMP：Securities Markets Programme）によって同国国債を買入対象とすることを決定した。

その結果、一時は国債利回りが低下したが、公的資本注入等による財政悪化への懸念と、ギリシャ危機再燃の影響で、再び国債の利回りが上昇。国内の銀行資産は更に悪化し、金融危機と財政危機の悪循環に陥った。2012年6月、同国はユーロ圏に金融支援を要請し、同年7月、最大1,000億ユーロの支援に合意した。

その後、同国は銀行の整理・再編を進め、また資産管理会社を設立して銀行の不良債権の買取を実施した。その結果、株価上昇と銀行資本の流動性回復が見られ、2014年に経済支援は完了した。

④ ユーロ圏によるセーフティネット構築の取組

これまで述べた問題を生じた国への支援と並行して、ユーロ圏やECBは、救済の枠組としてセーフティネットの整備を行ってきた。

まず、ユーロ圏が行ってきたセーフティネット整備について概観すると、2010年5月のギリシャ第1次支援では、ユーロ圏各国がギリシャにそれぞれ直接融資を行ったが、これを機に危機に陥った国に対して融資を行う制度設計が議論され、2010年5月の欧州財務大臣会合の決定に基づき、同年6月、欧州金融安定ファシリティ（EFSF）が設立された。EFSFは、加盟国による政府保

【図表3-27】欧州債務危機下におけるユーロ圏金融安定化のための欧州・IMFの取組の概要

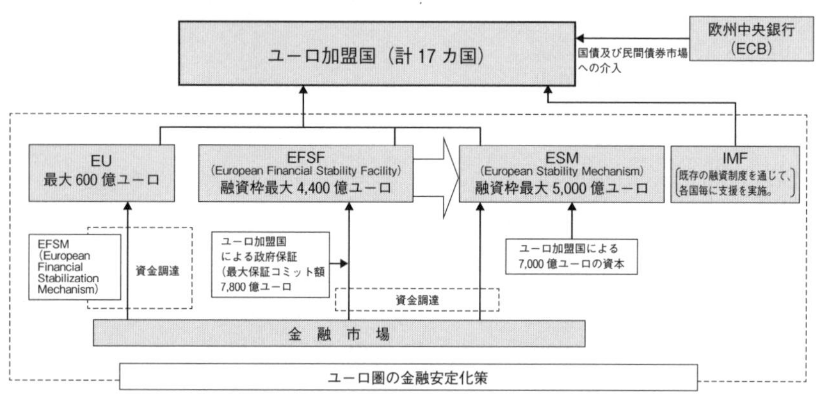

- EFSF：2010年5月9-10日のEU財務相理事会の決定に基づき創設された法人。資金支援が必要となったユーロ加盟国に融資を行うため、加盟国による政府保証を活用して最大で4,400億ユーロの融資を行うこととしている。2013年7月以降は新たなプログラムにコミットしない。
- EFSM：経済危機に陥っているEU加盟国に財政支援を行うため、EU予算による保証を裏付けとして資金調達を行う。
- ESM：EFSFの業務を引き継ぐユーロ圏の恒久的危機対応メカニズム。当初2012年7月設立予定。9月12日のドイツ憲法裁判所によって合憲判断がなされ、10月8日に発足。
- EFSFとESMの並存期間は、EFSFとESMを合わせた融資能力の上限は7,000億ユーロ（2012年3月30日、ユーロ圏財務大臣会合で合意）。

【図表3-28】欧州におけるセーフティネットの拡充

【ユーロ圏】

● EFSF（European Financial Stability Facility：欧州金融安定ファシリティ）
- 資金支援が必要なユーロ加盟国に融資を行う時限的枠組。2010年7月設立。2013年7月以降は、新規プログラムの締結を停止。
- 既コミット融資額は1,920億ユーロ（対象国：ギリシャ、ポルトガル、アイルランド）。

● ESM（European Stability Mechanism：欧州安定メカニズム）
- ユーロ圏の条約に基づく恒久的危機対応メカニズム。2012年10月に発足。
- 融資可能額は5,000億ユーロ、EFSFとの合計で7,000億ユーロ。既コミット融資額は1,090億ユーロ（対象国：スペイン、キプロス）。
- 銀行への直接資金注入も可能に（2014年後半の単一銀行監督メカニズムの稼働、破綻処理・預金保険制度の整備が前提）。上限600億ユーロ。

【ECB（欧州中央銀行）】

● LTRO（Longer Term Refinance Operation：長期資金供給オペ）
- 銀行への長期資金供給により国債保有維持を促す。
- 3年物の資金供給オペ（LTRO）を、2011年12月、2012年2月の2回、約1兆ユーロ実施。（このうち既に68％が期限前に早期償還済）。

〈各国のLTRO残額〉 出所）Bloomberg　注）残額には3年物以外も含む。

	スペイン	イタリア	ポルトガル	ギリシャ	アイルランド	フランス	ベルギー	ドイツ
LTRO残額	1642	2376	187	76	23	1118	226	849

（億ユーロ、2019年6月時点）

● OMTs（Outright Monetary Transactions：新たな国債買取り）
- 2012年9月、流通市場での国債買取りの条件・内容を決定。
  ① EFSF/ESMによる支援プログラムに付与される厳格なコンディショナリティの遵守が必要条件
  ②購入する国債は1～3年満期の短期物
  ③国債買入れ額に上限は定めない（供給された流動性についてはすべて不胎化）
- 未だ発動実績はなし。

証を活用して市場から資金調達を行い、資金支援が必要となったユーロ加盟国に最大4,400億ユーロの融資等が可能な特別目的会社（SPV）であるが、条約に根拠をもたない時限的な危機対応制度であり、2013年7月以降の支援プログラムには適用されていない。

2013年7月以降、EFSFの業務を継承することになるのが、2012年10月に発足した欧州安定メカニズム（ESM）である。ESMは、条約上の設立根拠をもつ恒久的な危機対応制度であり、加盟国による出資を活用し、市場から調達した資金によって融資等を行うことで、最大5,000億ユーロの融資能力を有している（EFSFとESMの並存期間は、EFSFとESM合計の融資能力の上限は7,000億ユーロ）。

次に、ECBの政策について概観すると、国債利回りの高騰から金融資本市場の機能不全が生じたことを受け、2010年5月、ギリシャ国債の買取を行う証券市場プログラム（SMP）を開始。その後、買取範囲をスペイン等に広げたが、各国の改革を減速させたとして、買取を中断した。

2011年12月、2012年3月には、3年物の長期資金供給オペ（LTRO：Longer Term Refinancing Operation）を行い、悪化した銀行の資金繰りを改善させ、周辺国等の国債保有を促した。

2012年9月、SMPの反省を踏まえ、被支援国がユーロ圏の支援条件を遵守し、改革を継続すること等を条件として、被支援国の国債を無制限に買い取るOMT（Outright Monetary Transactions）を発表した。これらの欧州の取組により、欧州債務危機の再燃のリスクが減少し、金融市場の状況は改善した。

⑤ 危機の再発防止に向けた経済通貨同盟深化への取組

ユーロ圏は、危機対応のための制度設計だけでなく、危機の再発を防止するため、欧州債務危機の構造的な要因に対処すべく、経済通貨同盟を更に統合深化するための取組も進めている。

欧州債務危機の要因の一つとして、欧州周辺国の財政が大幅に悪化したことが挙げられる。また、欧州周辺国は、低金利による好調な消費・投資のため経常赤字を計上していたが、財政悪化に伴い債務の持続可能性が懸念されるようになると、金利の上昇や資本の流出等を招いた。このような持続不可能な経常収支の赤字構造も要因として挙げることができる。

また、危機を拡大させた要因として、財政危機に伴う銀行保有の国債価格の下落が、銀行のバランスシートを毀損させ、これに対し、国が銀行に対する公的資本注入等の金融支援を行えば、更に政府支出が拡大し財政危機を悪化させるという財政危機と金融危機の悪循環が、欧州委員会により指摘された。

このため、欧州では、財政・経済政策面において、持続可能でない不均衡の発生を防ぐため、経済ガバナンスの強化策に取り組んでいる。主な具体的な取組としては、前述したⅰ経済ガバナンス6法（Six-Pack）、ⅱ財政協定、ⅲ経済ガバナンス2法（Two-Pack）の発効等が挙げられる。

また、財政危機と金融危機の悪循環から脱するため、金融危機において当事

【図表3-29】金融フレームワークの統合

［経緯］

- 欧州債務危機により財政危機と銀行危機の悪循環が発生
  →ユーロ圏において、より深化・統合した金融規制・金融危機対応メカニズムの必要性が認識
  →2012年6月、ユーロ圏首脳会合において、銀行同盟（Banking Union）の設立に合意

［枠組］

〈ユーロ圏レベル〉

(1) 単一監督メカニズム（SSM：Single Supervisory Mechanism）

現状：2014年11月より実施。

概要：①ユーロ圏の銀行のうち、一定の資産規模を有する「重要性の高い」銀行（120行）について、ECBが直接監督。その他の銀行については各国監督当局を介し間接的に監督。
②監督理事会（構成：議長、副議長、ECB政策理事会が任命したECBの代表4名、各SSM参加当局の代表）を設置し、金融政策とは独立して業務を遂行。

(2) 単一破綻処理メカニズム（SRM：Single Resolution Mechanism）

現状：2014年4月、欧州議会にて、2014年7月、閣僚理事会にて規則案が正式採択。2015年1月より施行（ベイルインは2016年1月より施行）。

概要：① EU全体の破綻処理メカニズムである銀行回復（破綻）処理指令（BRRD）に代えて、ユーロ圏に適用される破綻処理メカニズム。基本的にBRRDの内容を踏襲。適用対象は、SSM参加加盟国に所在するすべての銀行。
②監督当局であるECBの警告を受け、単一破綻処理理事会（構成：議長、常勤理事4名、各SRM参加加盟国の破綻処理当局の代表）が破綻処理計画を策定し、閣僚理事会が最終決定。単一破綻処理理事会の監督の下、各加盟国の破綻処理当局が計画を実行。
③単一破綻処理理事会の管理の下、銀行セクターからの拠出により単一破綻処理基金を設立。基金規模は、SRM参加加盟国に所在する全銀行の付保預金の1.0％（550億ユーロ）。積立期間は8年。

(3) ESMによる銀行への直接資本注入（DR：Direct Recapitalization）

現状：2014年6月、利用の枠組みについて、ユーログループで合意。SSM実施に合わせて、直接的資本注入をESMの機能に追加。

概要：①加盟国からの要請に基づき、当該加盟国が自力では対象となる銀行に対して資本増強できない場合に限り実施可能。
②資本注入に利用可能なESMの融資能力は、上限600億ユーロ。
③損失負担の主な流れは、民間からの資金調達→株主や債権者による損失負担（ベイルイン）→破綻処理基金の活用であり、ESMによる資本注入はその最終的なバックストップ。

〈EUレベル〉

(4) 銀行回復（破綻）処理指令（BRRD：Bank Recovery Resolution Directive）

現状：2014年4月、欧州議会にて、2014年5月、閣僚理事会にて指令案が正式採択。2015年1月より実施（ベイルインは2016年1月より実施）。適用対象はEU域内の銀行。

概要：①予防（事前の再生及び破綻計画の策定）と早期介入（計画の実施等）
②予防や早期介入により状況が改善しない場合は、破綻手続を実施。破綻処理の主な流れは、民間からの資金調達→株主や債権者による損失負担（ベイルイン）→破綻処理基金の活用。
③銀行セクターからの拠出により各国において破綻処理基金を設立。基金規模は自国に所在する銀行の付保預金の1.0％。積立期間は10年。

(5) 預金保険指令（DG：Deposit Guarantee Scheme Directive）

現状：2014年4月、欧州議会にて指令案が正式採択（閣僚理事会でも採択）。

概要：①預金の保護限度額は10万ユーロ。
②付保預金の払戻しまでの期間の短縮（2024年までに段階的に20営業日から7営業日へ）。
③銀行セクターからの拠出により各国において預金保険基金を設立。基金規模は、自国所在銀行の付保預金の0.8％（ただし、集中的な銀行セクターを抱える加盟国は0.5％まで引下げることが可能）。積立期間は10年。

国政府を介さずに対応することの必要性が認識された。このため、金融フレームワークの統合が進められることになり、ユーロ圏において、単一銀行監督メカニズムやESMから銀行へ直接資本注入を行う仕組みの整備が進められるとともに、単一破綻処理制度等の整備が進められている。

【図表3-30】危機再発防止に向けた経済通貨同盟深化への取組

【経済・財政ガバナンスの強化】

●経済ガバナンス6法（Six-Pack）〈2011年12月施行〉

- 過剰財政赤字手続の適用除外要件の債務残高削減幅を数値として明確化。適用除外の範囲を限定的に。
- ユーロ加盟国を対象に過剰財政赤字に関する予防・是正制裁を追加。加盟国に早期是正を促す。
- マクロ経済不均衡に関する予防・是正措置の新設。マクロ経済不均衡を早期に特定し対応することを目的。

●財政協定（Fiscal Compact）〈2013年1月施行〉

- 憲法等へ財政収支均衡規定（または構造的財政収支対GDP比を▲0.5%以内とする規定）の導入を各国に義務付け。
- 過剰財政赤字手続における勧告・警告・制裁の発動要件を強化。欧州理事会が特定多数で反対しない限り自動採択。

●経済ガバナンス2法案（Two-Pack）〈2013年5月施行〉

- 経済政策監視手続の強化（加盟国の予算案の事前提出・評価、必要な場合には各国予算の再提出）。
- 経済危機国に対する監視手続の強化（四半期ごとの欧州委員会のレビューの実施等）

【図表3-31】金融フレームワークの統合

	2012	2013	2014	2015
SSM Single Supervisory Mechanism（単一監督メカニズム）	9月12日、欧州委が規則案提案 12月12日、閣僚理事会で合意	3月19日、閣僚理事会・欧州議会間で合意 9月12日、欧州議会で採択 10月15日、閣僚理事会で採択 11月～ECB・各国当局による資産査定（Asset Quality Review）	4月～ECB・EBAによるストレステスト 11月4日、稼働開始	
SRM Single Resolution Mechanism（単一破綻処理メカニズム）		7月10日、欧州委が規則案提案 12月18日、閣僚理事会で合意	3月20日、閣僚理事会・欧州議会間で合意 4月15日、欧州議会で採択 7月14日、閣僚理事会で採択	適用開始 ※ベイルインは2016年1月
DR Direct Recapitalization（直接的な資本増強）	10月8日、ESM発足	6月20日、ユーログループで大筋合意	6月10日、ユーログループで合意	実施可能
BRRD Bank Recovery Resolution Directive（銀行回復（破綻）処理指令）	6月6日、欧州委が指令案提案	6月26日、閣僚理事会で合意 12月11日、閣僚理事会・欧州議会間で合意	4月15日、欧州議会で採択 5月6日、閣僚理事会で採択	適用開始 ※ベイルインは2016年1月
DGSD Deposit Guarantee Scheme Directive（預金保険指令）	2010年7月12日、欧州委が指令案提案	12月17日、閣僚理事会・欧州議会間で合意	4月15日、欧州議会で採択（閣僚理事会でも採択）	運用開始

国際金融システムの濫用防止への取組と外国為替及び外国貿易法

第4章

1. 概説

(1) 概論

情報通信技術の発達と規制緩和は、金融のグローバリゼーションを加速させ、巨額の資金を瞬時に国境を越えて移動させることを可能とした。この利便性は、様々な不正な行為・取引に関わる者にも恩恵をもたらすこととなった。この章では、国際金融システムが不正な行為・取引に係る資金の移転に濫用されることを防止するための国際社会及び我が国の取組について概観する。

上述の取組の主な根拠法として、外国為替及び外国貿易法（昭和24年法律第228号）（以下、「外為法」という。）があげられる。同法は、国際金融システムの濫用防止のための資凍結措置等を実施する法律としての機能も有するものの、元来は外国為替取引及び外国貿易の管理を目的に制定されており、我が国における対外取引（本邦と外国との間の支払、居住者と非居住者との間の支払及び資本取引等）の基本法である。本章では、対内直接投資審査制度の見直し（令和元年外為法改正）に関しても概説する。

(2) 国際金融システムの濫用防止への主な取組

国際金融システムの濫用を通じた不正な行為・取引は多種多様だが、主なものとしては、①国際約束に違反した核開発、②大量破壊兵器の開発や拡散、テロ、薬物犯罪、③特定国の指導者等による違法・不正な行為（汚職、民主化運動に対する武力による弾圧、国際法に違反した領土の併合等）、④特定国の平和に対する妨害などがある。

不正な行為・取引を行う者は、規制や監視の緩やかな国や金融機関を利用することが多い。このため、国際金融システムの濫用防止に関しては国際的な取組がとりわけ重要となっている。

国際金融システムの濫用防止策の中でも「金融制裁」は、今日、金融システムのグローバル化を背景に、不正な取引・行為を行う者を締め出す有力な解決手段となっている。

我が国が国際社会の一員として取り組んでいる主なものは、ｉ国際連合安全保障理事会（国連安保理）の決議に基づく資産凍結や資金の移転防止措置（資産凍結措置等）、ⅱ先進７カ国（G7）等の有志連合による資産凍結措置等、ⅲ金融活動作業部会（FATF）を通じた資金洗浄対策、テロ資金対策等に関する国際基準の策定及びその履行状況の監視、などである。

我が国は、外為法や犯罪による収益の移転防止に関する法律（犯収法）等を根拠法として、これらの措置に取り組んでいる。

また、資産凍結措置等の実施に当たっては、金融機関が重要な役割を担っていることから、財務省では、金融機関等に対する外為法令に関する指導や、立入検査により、資産凍結措置等の実効性確保を図っている。

【図表4-1】国際金融システムの濫用防止に関する措置の概念図

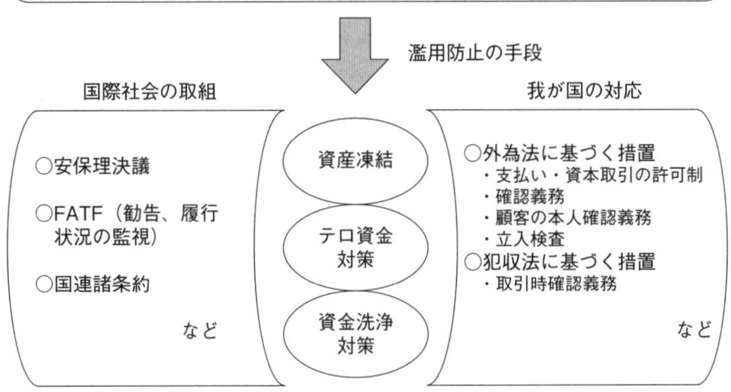

2.
外国為替及び外国貿易法による措置

(1) 概要

外為法は、外国為替取引及び外国貿易の管理を目的に制定された対外取引（本邦と外国との間の支払、居住者と非居住者との間の支払及び資本取引等）の基本法である。制定当初、対外取引は原則禁止であったが、その後段階的に規制が緩和され、現在の「原則自由」の枠組が1998年（平成10年）4月1日施行の改正法によって形成された。

一方、外為法は国際金融システムの濫用防止のための資産凍結措置等を実施する法律としても機能している。外為法では、一定の要件を満たす場合には、特定の対外取引を主務大臣の許可制の対象とし、主務大臣の許可がなければ当該取引を行うことはできないとする措置を取ることができる。外為法上、この許可制発動に当たっては、次の3つの要件のいずれかを満たす必要がある。第1に、条約その他の国際約束の誠実な履行のために、安保理決議等に基づいて措置するものである。第2に、安保理決議がない場合であっても、国際平和のための国際的な努力へ我が国として寄与するため、有志国と協調して措置するもので、1998年の法改正で追加されている。第3に、我が国の平和及び安全の維持（第10条）を目的として措置するもので、2004年に議員立法により追加されている。現在実施している措置の一覧は右表のとおりである。このうち、北朝鮮及びイラン関連の措置については後述する。

外為法の許可制は、外為法が金融機関等に課している他の義務、すなわち、顧客の本人確認義務（第18条、第22条の2）や、外為法上の許可を要する取引であるか否かを確認する義務（第17条）などで担保されている。また、財務省では、外為法に基づき、金融機関等に立入検査を行うことで、外為法の遵守及び履行の確保を図っている（215～217頁参照）。

【図表4-2】現行の措置対象者リスト（2021年２月現在）

送金規制等の対象	実施時期	実施根拠	対象者数（個人・団体）
ミロシェビッチ前ユーゴスラビア大統領及び関係者	2001年2月～	米、EU等との協調	10
タリバーン関係者等	2001年9月～	安保理決議1267号	522
テロリスト等	2001年12月～	安保理決議1373号	
イラク前政権の機関等・イラク前政権の高官又はその関係者等	2003年5月～	安保理決議1483号	132
コンゴ民主共和国に対する武器禁輸措置等に違反した者等	2005年11月～	安保理決議1596号	45
スーダンにおけるダルフール和平阻害関与者等	2006年6月～	安保理決議1591号	4
北朝鮮のミサイル又は大量破壊兵器計画に関連する者等	2006年9月～	安保理決議1695号	16
北朝鮮に関連する国際連合安全保障理事会決議に基づく資産凍結等の措置の対象となる者	2009年5月～	安保理決議1718、2087、2094、2270、2321、2356、2371、2375、2397号	155
国際平和のための国際的な努力に我が国として寄与するために講ずる資産凍結等の措置の対象となる北朝鮮の核その他の大量破壊兵器及び弾道ミサイル関連計画その他の北朝鮮に関連する国際連合安全保障理事会決議により禁止された活動等に関与する者	2013年4月～	米、EU等との協調	118
北朝鮮の核関連、弾道ミサイル関連又はその他の大量破壊兵器関連の計画又は活動に貢献し得る活動	2009年7月～	安保理決議1874号（任意措置）	資金使途規制
北朝鮮に住所等を有する個人等に対する支払	2016年2月～	国際平和のための国際的努力への寄与	支払の原則禁止
ソマリアに対する武器禁輸措置等に違反した者等	2010年6月～	国連安保理決議1844号	16
リビアのカダフィ革命指導者及びその関係者	2011年3月～	国連安保理決議1970、1973、2009号	25
シリアのアル・アサド大統領及びその関係者等	2011年9月～	米、EU等との協調	94
クリミア「併合」又はウクライナ東部の不安定化に直接関与していると判断される者	2014年8月～	米、EU等との協調	82
ロシア連邦の特定銀行等による証券の発行等	2014年9月～		5
中央アフリカ共和国における平和等を損なう行為等に関与した者等	2014年8月～	国連安保理決議2127、2134号	15
イエメン共和国における平和等を脅かす活動に関与した者等	2014年12月～	国連安保理決議2140号	5
南スーダンにおける平和等を脅かす行為等に関与した者等	2015年9月～	国連安保理決議2206号	8
イランの拡散上機微な核活動又は核兵器運搬手段の開発に関与する者	2016年1月～	国連安保理決議2231号	84
イランの核活動又は核兵器運搬手段の開発に関連する活動			資金使途規制
核技術等に関連するイランによる投資を禁止する業種			
マリ共和国における平和等を脅かす行為等に関与した者等	2020年3月～	国連安保理決議2374号	5

(2) 北朝鮮

① 北朝鮮の核・ミサイル問題

国連安保理は、北朝鮮が2006年7月以降繰り返し行っている長距離ミサイルの発射や核実験に対し、北朝鮮のミサイル、大量破壊兵器又は核関連計画の関係者に対する資産凍結等の措置や、北朝鮮のミサイル及び大量破壊兵器関連の資金移転の防止（資金使途規制）等を内容とする11本の決議を採択している。

② 我が国の対応

我が国は、外為法に基づき、国連安保理が指定した北朝鮮の核・ミサイル開発関係者に対する資産凍結措置や、北朝鮮の核活動等に寄与する目的で行う送金等の禁止措置等を実施している。更に、2013年4月には、米国などの主要国と協調して、朝鮮貿易銀行などに対する資産凍結措置を実施した。

このほか、外為法上、我が国から外国に向けた一定額を超える送金と現金の持出しには、各々報告・届出義務を課しているが、取引実態の厳格な把握のため、北朝鮮向けのものについては、2009年以降2度の下限額の引下げを行ってきた。

その後、2014年7月、北朝鮮が、特別調査委員会を立ち上げ、拉致問題等に関する包括的かつ全面的な調査を開始することを契機に、報告・届出下限額の引下げ措置を解除した。

こうした中、北朝鮮が2016年1月に4度目となる核実験を実施したこと及

【図表4-3】 2009年以降の北朝鮮向け支払報告及び現金等携帯輸出届出を要する下限額の推移

	2009年5月	2010年7月	2014年7月	2016年2月
支払の報告下限額	原則（3,000万円超）から1,000万円超へ	1,000万円超から300万円超へ	300万円超から原則（3,000万円超）へ	支払全面禁止
現金等の携帯輸出届出の下限額	原則（100万円超）から30万円超へ	30万円超から10万円超へ	10万円超から原則（100万円超）へ	原則（100万円超）から10万円超へ

【図表4-4】北朝鮮に対する経済制裁の推移

	北朝鮮の動き	北朝鮮に対する制裁措置	
		国際社会の措置	日本独自の措置
2006年7月	弾道ミサイル発射	（7月）安保理：決議第1695号採択 （9月）日　本：15団体・1個人に対する資産締結措置 カネ	（7月）万景峰92号の入港禁止、北朝鮮当局職員の入国原則禁止、在日北朝鮮当局職員等の北朝鮮渡航後の再入国原則禁止、北朝鮮との間の航空チャーター便乗入禁止 ヒト・モノ
10月	核実験実施	（10月）安保理：決議第1718号採択 （奢侈品輸出規制、北朝鮮の核・ミサイル計画関係者の入国・通過禁止等） （11月）日　本：決議1718号に基づき奢侈品（含む貴金属）の輸出禁止 モノ・カネ	（10月）北朝鮮からの輸入・北朝鮮船舶の入港禁止、北朝鮮籍を有する者の入国禁止 ヒト・モノ
2009年4月	弾道ミサイル発射	（4月）安保理：3団体を資産凍結の対象に指定 カネ （5月）日　本：3団体に対する資産凍結措置 カネ	（5月）北朝鮮向け支払報告・携帯輸出届での下限額引下げ（支払報告：3,000万円→1,000万円、携帯輸出届出100万円→30万円）カネ
5月	核実験実施	（6月）安保理：決議第1874号採択 （7月）安保理：5団体・5個人を資産凍結の対象に指定 カネ 日　本：北朝鮮の各関連計画等に貢献し得る資産の移転防止措置（資金使途規制：決議1874の任意措置）、5団体・5個人に対する資産凍結措置 カネ、決議1718に基づき北朝鮮の核・ミサイル計画関係者6個人の入国・通過の禁止 ヒト	（6月）北朝鮮向けの輸出禁止、対北朝鮮貿易・金融措置違反者の入国等禁止 ヒト・モノ
2010年3月	韓国海軍哨戒艦への魚雷攻撃 （注）5月に韓国が調査結果（北朝鮮の攻撃である旨）を発表		（6月）貨物検査法公布（同年7月施行）モノ （7月）北朝鮮向け支払報告・携帯輸出届出の下限額引下げ（支払報告：1,000万円→300万円、携帯輸出届出：30万円→10万円）カネ
2012年4月	弾道ミサイル発射	（5月）安保理：3団体を資産凍結の対象に指定 カネ 日　本：3団体に対する資産凍結措置 カネ	
12月	弾道ミサイル発射	（2013年1月）安保理：決議第2087号採択 （2013年2月）日　本：6団体・4個人に対する資産凍結措置 カネ	
2013年2月	核実験実施	（3月）安保理：決議第2094号採択 （4月）日　本：2団体・3個人に対する資産凍結措置 カネ ：入国禁止対象の拡大・強化 ヒト	（2月）在日北朝鮮当局職員等の活動を実質的に補佐する立場にある者による北朝鮮渡航後の再入国原則禁止 ヒト （4月）1団体・4個人に対する資産凍結措置 カネ （8月）9団体・2個人に対する資産凍結措置 カネ
2014年5月	日朝政府間協議（ストックホルム）		（7月）①北朝鮮との人的往来措置、②北朝鮮向け携帯輸出届出・支払報告の下限額の引下げ措置、③北朝鮮船舶の人道目的に係る入港禁止措置を解除 ヒト・モノ・カネ
7月	パナマ運河を通航していた北朝鮮船舶から無申告軍事物資発見	（7月）安保理：1団体を資産凍結の対象に指定 カネ （8月）日　本：1団体に対する資産凍結措置 カネ	

2016年1月	核実験実施		
2月	弾道ミサイル発射	(3月) 安保理：決議第2270号採択 日　本：①12団体・16個人に対する資産凍結措置、②貴金属の輸入禁止措置 カネ	(2月) ①支払の原則禁止、②1団体・10個人に対する資産凍結措置、③携帯輸出届出下限額引下げ（100万円⇒10万円）カネ ④人的往来規則、⑤北朝鮮籍船舶及び北朝鮮に寄港した第三国籍船舶の入港禁止、⑥北朝鮮との間の航空チャーター便乗入禁止 ヒト ⑦全品目輸出入禁止 モノ
9月	核実験実施	(11月) 安保理：決議第2321号採択 (12月) 日　本：10団体・11個人に対する資産凍結措置 カネ	(12月) ①6団体・9個人に対する資産凍結措置 カネ ②再入国原則禁止対象者拡大、③北朝鮮に寄港したすべての船舶入港禁止 ヒト
2017年5月	弾道ミサイル発射	(6月) 安保理：決議第2356号採択 日　本：4団体・14個人に対する資産凍結措置 カネ	
7月	弾道ミサイル発射		(7月) 5団体・9個人に対する資産凍結措置 カネ
8月	弾道ミサイル発射	(8月) 安保理：決議第2371号採択 日　本：4団体・9個人に対する資産凍結措置 カネ	(8月) 6団体・2個人に対する資産凍結措置 カネ
9月	核実験実施 弾道ミサイル発射	(9月) 安保理：決議第2375号採択 日　本：3団体・1個人に対する資産凍結措置 カネ	
11月	弾道ミサイル発射	(12月) 安保理：決議第2397号採択 日　本：1団体・16個人に対する資産凍結措置 カネ	(11月) 9団体・26個人に対する資産凍結措置 カネ (12月) 19団体に対する資産凍結措置 カネ
2018年4月		(3月) 安保理：21団体・1個人を資産凍結の対象に指定 カネ (4月) 日　本：21団体・1個人に対する資産凍結措置 カネ	
6月	米朝首脳会談		
2019年2月	米朝首脳会談		
6月	米朝首脳会談		

び同年2月に人工衛星と称する弾道ミサイルを発射したこと等を踏まえ、我が国は、拉致、核、ミサイルといった諸懸案の包括的な解決のためにとるべき最も有効な手段について検討を行った結果、北朝鮮に対し我が国独自の措置を講ずることを決定した。同決定を受け、外為法では、同年2月以降、北朝鮮向けの支払を原則として全面禁止する措置のほか、北朝鮮向け現金の持出しに係る届出義務の下限額を再び引き下げる等の措置を実施している。

(3) イラン

① イランの核開発問題

イランの核開発問題は、同国が2002年に国際原子力機関（IAEA）に無申告でウラン濃縮等の核開発活動を行っていたことが判明したことに端を発する。その後、国際社会の非難にもかかわらずイランが当該活動を継続したため、国連安保理は、2006年7月に非難決議を採択し、更に核活動等に関与するイランの団体・個人に対する資産凍結や核活動等に貢献する資金移転の防止等を内容とする4本の制裁決議を採択した。

イランに対する累次の制裁決議が採択される一方、イランとEU3（英独仏）＋3（米中露）はイランの核開発問題の解決に向けた協議を重ね、2013年11月には、イランが一定のウラン濃縮活動等を停止することの見返りに、イランとEU3＋3は、制裁の一部を停止する等を内容とする「共同作業計画」に合意した。

その後、2015年7月14日、イランとEU3＋3は、最終合意文書として「包括的共同作業計画（JCPOA：Joint Comprehensive Plan of Action)」に合意した。本合意は、イランに対し原則期限付で、ウラン濃縮やプルトニウム製造禁止等の核開発活動の制限等を求めるもので、2016年1月16日、イランによる左記合意事項の履行についてIAEA（国際原子力機関）が検認したことにより、核開発関連の安保理決議に基づく制裁や米国・EUの独自制裁は解除・停止された。

2020年10月18日には、JCPOAの採択の日から5年が経過したことを受け、国連安保理決議第2231号に基づき、イランに対する大型通常兵器等の供給、販売、移転、提供、製造、維持又は使用に関連する資金の移転を防止する一方、国連安保理の事前承認を得られる場合、これを許可することが可能となる措置が解除された。

② 我が国の対応

我が国は、外為法により、累次の安保理決議に基づく制裁を実施していたが、2016年1月、JCPOAの履行日到来で大宗の措置を解除し、現在は、決議第2231号に基づく措置のみを実施している。

また、前述の決議第2231号に基づく措置の一部解除を受け、我が国においても、2020年10月27日に、外為法に基づく措置の一部解除を行った。

【図表4-5】イランに対する経済制裁の推移

年	イランの動き・イランとの協議状況	国際社会の対応
2002	(8月) IAEAに無申告でウラン濃縮活動を行っていたことが発覚	
2003	(9月) IAEA理事会決議(ウラン濃縮活動の停止を求める)	
2004	(11月) EU3(英仏独)とウラン濃縮関連活動停止で合意	
2006	(2月) ウラン濃縮活動を再開 IAEA理事会決議(安保理への報告を決定) (6月) EU3(英仏独)+3(米露中)は包括的提案を提示するも正式協議に至らず (8月) IAEA事務局長報告書(安保理決議の不履行)	(3月) 安保理:議長声明採択(ウラン濃縮活動停止を求める) (7月) 安保理:決議1696号採択(核活動停止を警告) (12月) 安保理:決議1737号採択 ⇒日本:資産凍結措置、資金使途規制等
2007	(2月) IAEA事務局長報告(安保理決議の不履行)	(3月) 安保理:決議1747号採択 ⇒日本:資産凍結措置等
2008	(2月) IAEA事務局長報告(安保理決議の不履行)	(3月) 安保理:決議1803号採択 ⇒日本:資産凍結措置等
2009	(10月) EU3+3との協議	
2010	(5月) IAEA事務局長報告(安保理決議の不履行、IAEAに非協力) (12月) EU3+3との協議	(6月) 安保理:決議1929号採択 ⇒日本:資産凍結措置、資金使途規制の範囲拡大等 (7月) 米国:「包括イラン制裁法(CISADA)」成立 (9月) 日本:安保理決議1929号の付随措置(資産凍結措置及びコルレス関係の停止等)
2011	(1月) EU3+3との協議 (11月) IAEA事務局長報告(核計画の軍事的側面の可能性に言及)	(12月) 米国:「2012年度国防授権法」成立 日本:安保理決議1929号基づく追加指定
2012	(3月) EU3+3による共同声明(イランに対し、IAEA代表団の受入れや無条件で対話に戻ることなどを求める) (4～6月) EU3+3との協議	(3月) EU理事会決定を受け、SWIFTは制裁対象のイラン系金融機関との接続を遮断 日本:安保理決議1929号の付随措置(資産凍結措置) (7月) EU:イラン産原油の輸入禁止措置発効 (8月) 米国:「イラン脅威削減及びシリア人権法」成立(同法に基づく改正国防授権法は、2013年2月6日施行) (10月) EU:イラン中銀への規制強化、イラン系銀行との取引を原則禁止
2013	(2月) IAEA事務局長報告(新型遠心分離機の設置開始に言及) (2、4月) EU3+3との協議 (8月) ローハニ大統領就任 (11月) EU3+3と「共同作業計画」に合意	(1月) 米国:「2013年度国防授権法」成立 (2月) 日本:安保理決議1929号に基づく追加指定
2014	(1月)「JPOA」施行(20日) (7月)「JPOA」延長 (11月)「JPOA」再延長	
2015	(4月)「JCPOA」枠組み合意 (7月)「JCPOA」合意	(7月) 安保理:決議2231号採択
2016	(1月)「JCPOA」履行日到来	(1月) 米国・EU:一部の独自制裁解除 日本:決議2231号に基づき制裁解除
2017	(5月) ローハニ大統領再選	(10月) 米国:対イラン戦略を発表
2018		(5月) 米国:JCPOA離脱、対イラン制裁再適用表明 (8月) 米国:対イラン制裁を一部(自動車等)再適用 (11月) 米国:対イラン制裁を全面再適用(日本を含む8ヵ国については180日間適用除外)
2019	(5月) 核合意に基づく一部の義務の履行停止を表明 (7～11月) 段階的に核合意の一部履行停止を実施	(5月) 米国:対イラン制裁に係る適用除外を終了 米国:金属分野に関する追加制裁
2020	(1月) ウラン濃縮活動を無制限に進める方針発表 米国によるイラン革命防衛隊・ソレイマニ司令官殺害に対する報復としてイラク国内の米軍施設攻撃 (8月) IAEAによる核査察受入に合意 (11月) IAEA事務局長報告(ナタンズでの高性能遠心分離機の稼働に言及)	(1月) 米国:建設・建築、鉱業、製造及び繊維部門等に関する追加制裁 (10月) 米国:金融分野に関する追加制裁 日本:「採択の日」から5年経過したことを受け、決議2231号に基づき制裁の一部解除(大型通常兵器等の供給等に関連する資金移転)
2021	(1月) フォルドでの20%の濃縮ウラン製造開始を発表 (2月) IAEA追加議定書を含むJCPOA上の透明性措置を停止	

③ 米国の措置

米国は、現在、イランに対し、安保理決議に基づく措置に加えて、様々な独自の制裁措置を講じている。主要な措置である「2012年度国防授権法」(2011年末に成立) は、イラン中央銀行と相当の金融取引を行う外国金融機関に対する米国の銀行との取引禁止等を内容としている。

米国トランプ政権は、①核合意には核以外の弾道ミサイル開発やテロ支援活動等が含まれていないこと、② IAEAによる査察は対象施設が限定されており、軍事施設が除かれていること、③制約される核開発の期間が期限付となっていること、④現行の核合意すら遵守していない証拠が得られていること等を理由に2018年5月8日にJCPOAから離脱し、同年11月5日より、一時停止していた米国による対イラン制裁が再適用された。

その後、2020年1月には、駐イラク米軍へのイランによるミサイル攻撃を契機に建設・建築、工業、製造及び繊維部門等に関する追加制裁を、また、同年10月からは金融部門に関する追加制裁を実施している。

3. 外国為替検査

(1) 外国為替検査の概要

1998年4月に対外取引を原則自由とする外為法が施行され、外国為替公認銀行制度が廃止されたことに伴い、外国為替公認銀行の国際業務における健全性維持の観点からの立入検査は廃止された。現在の外国為替検査は、主にテロ資金対策の一環として国際的な協力の下で行われる資産凍結等の措置の実効性を担保する観点から外為法令等に基づき課された諸義務の遵守状況を確認するために立入検査 (外為法第68条及び犯収法第16条) を行っている。

(2) 外国為替検査体制の整備及び強化

2001年9月11日の米国における同時多発テロ事件の発生以降、テロ資金対策の強化は国際的な重要課題の一つとなっており、我が国としてこれを確実に実施していく必要があった。そこで、外国為替検査の事務体制について、より一層の整備及び強化を図ることが必要となり、2003年1月に外国為替検査の検査事項及び検査方法等の細目を定めた外国為替検査マニュアルを制定するとともに、2003年7月に国際局調査課内に為替実査室が設置された。

その後、2018年9月に、外国為替検査マニュアルを発展的に改組し、金融機関等に対し適時・適切なリスクの特定・評価及び当該リスクに見合った措置の履行を求めるリスクベース・アプローチの考え方を明示的に取り入れた外国為替検査ガイドライン（【図表4-7】注）を制定した。併せて、外為法令等遵守のための内部管理態勢等に関する定期的かつプロアクティブなオフサイト・モニタリングを実施し、個別金融機関の取引状況等の継続的な把握を行っている。

(3) 外国為替検査の対象先及び検査事項

立入検査の対象先は、外国送金等の外国為替業務を取り扱う金融機関、外国送金を取り扱う資金移動業者、外貨両替業務を取り扱う金融機関及び両替業者である。主な検査事項は、現在、外国為替検査ガイドラインに以下ⅰからⅵまでの事項が規定されている。

ⅰ　外為法令等遵守のための内部管理態勢に関する項目

ⅱ　資産凍結等経済制裁に関する外為法令の遵守状況

ⅲ　金融機関等の本人確認義務等に関する外為法令等の遵守状況

ⅳ　特別国際金融取引勘定の経理等に関する外為法令の遵守状況

【図表4-6】外国為替検査の一般的な手順（外国送金取扱金融機関の例）

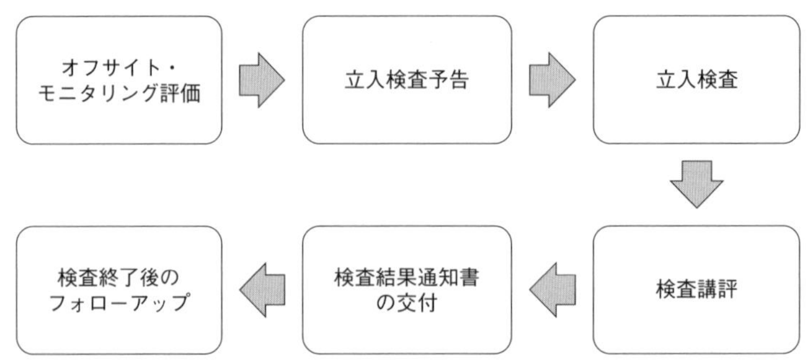

【図表4-7】外国為替検査の組織

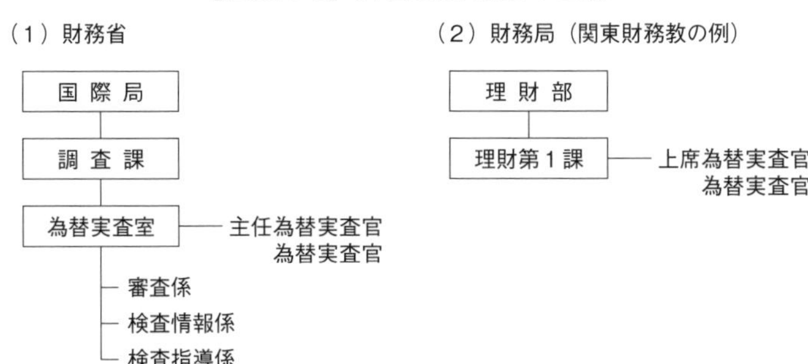

（注）外国為替検査ガイドラインは、外国為替検査の検査事項及び検査方法等に関する細目を整備した外国為替検査マニュアルを発展的に改組し、策定されたものである。外国為替検査における評価基準の明確化、金融機関等における関係法令等遵守のための内部管理態勢の整備に加えて、時々に変化する国際情勢を踏まえたリスクの変化等に機動的かつ実効的に対応する必要性の高まり、また、金融活動作業部会が2012年に公表した「40の勧告」における国際的な要請を考慮し、金融機関等が主体的かつ積極的にリスクベース・アプローチを踏まえた外為法令等の遵守を促進できるよう、必要な態勢整備等に関する具体的な検査項目が詳述されている。

v　両替業務に係る疑わしい取引の届出等に関する犯収法令の遵守状況

vi　外国為替取引に係る通知義務に関する犯収法令の遵守状況

4. FATF

(1) 概要

1989年のG7アルシュサミット経済宣言を受け、資金洗浄対策の国際基準作りを行うための政府間の枠組として、金融活動作業部会（FATF：Financial Action Task Force）が設立された。その後、資金洗浄対策に加え、2001年の米国同時多発テロ事件を機に、テロ資金供与対策にも取り組み、2012年２月以降は、大量破壊兵器の拡散に関する資金供与（拡散金融）対策も担っている。

FATFにはG7を含む37カ国・地域及び２地域機関が加盟しており、その他９つのFATF型地域体（アジア・太平洋、カリブ、ユーラシア等）を加えると、FATFによる資金洗浄・テロ資金供与・拡散金融対策の国際基準は、世界200以上の国・地域に適用されている。

（参考）G7アルシュサミット経済宣言（1989年7月）

麻薬問題

52. 麻薬問題は、危機的なまでの状況に達した。我々は、国内的及び国際的に断固たる行動をとる緊急の必要性を強調する。我々は、全ての国、特に麻薬の生産、取引き及び消費の多い国に対して、麻薬生産に反対し、需要を削減し、更に麻薬取引自体及びその利益の洗浄に対する闘いを進めている我々の努力に加わるよう要請する。

53. 従って、我々は、関係フォーラムにおいて次の措置をとることを決意する。

（中略）

サミット参加国及びこれらの問題に関心を有するその他の諸国からなる**金融活動作業グループを招集すること**。その権能は、銀行制度と金融機関を資金の洗浄のために利用することを防止するために既にとられた協力の成果を評価すること、及び多数国間の司法面での協力を強化するための法令制度の適合等のこの分野における追加的予防努力を検討することである。この作業グループの第1回会合はフランスにより招集され、その報告は1990年4月までに完成される。

【図表4-8】FATF：金融活動作業部会

FATF：金融活動作業部会

AML/CFTの国際基準となるFATF勧告を策定。加盟国間で相互審査を実施。財務面ではOECD規則に準拠しているが、運営は独立。

（FATF加盟国一覧）

アイスランド、アイルランド、アルゼンチン、イスラエル、イタリア、インド、英国、オーストリア、オランダ、カナダ、韓国、ギリシャ、豪州、サウジアラビア、シンガポール、スイス、スウェーデン、スペイン、中国、デンマーク、ドイツ、トルコ、日本、ニュージーランド、ノルウェー、フィンランド、ブラジル、フランス、米国、ベルギー、ポルトガル、香港、マレーシア、南アフリカ、メキシコ、ルクセンブルク、ロシア、欧州委員会（EC）、湾岸協力理事会（GCC）

FSRB：FATF型地域体

【図表4-9】FATF勧告の対応範囲

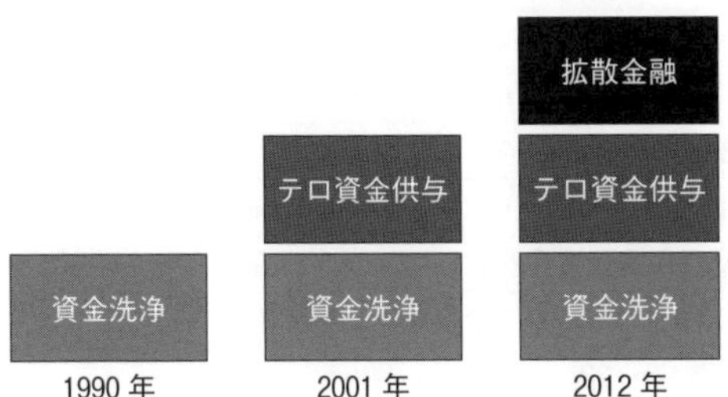

(2) FATFの役割

① 資金洗浄・テロ資金供与対策の国際基準「FATF勧告」の策定

FATFによる国際基準（FATF勧告）は、1990年に資金洗浄対策として各国が取り組むべき措置を規定した「40の勧告」に始まり、その後2001年9月のG7財務大臣からの要請等を受け、テロ資金供与の犯罪化や、テロリストに関わる資産の凍結措置等を内容とするテロ資金対策のための「8の特別勧告（テロ資金に関するFATF特別勧告）」が加わった。また、2004年には、国境を越える資金の物理的移転を防止するための措置に関する項目が追加され、「9の特別勧告」となった。

更に、FATFは、2012年2月の全体会合において、従来の「40の勧告」と「9の特別勧告」を統合し、また、資金洗浄・テロ資金供与対策のリスク評価の実施や大量破壊兵器の拡散に関する資金供与対策等を含む、新たな40の勧告を採択した。

なお、その後も新たなリスクや国際的な要請を踏まえた勧告の見直しを随時行っており、2018年10月には暗号資産サービス提供業者を資金洗浄・テロ資金供与対策規制の対象とする勧告改訂を行っている。

② FATF勧告の実施状況の審査

FATFは、加盟国・地域における勧告の実施状況を確認するため、FATF事務局及び加盟国等の専門家で構成される審査団による相互審査とフォローアッ

【図表4-10】「40の勧告」（2012年採択）の概要

A.　資金洗浄及びテロ資金供与対策及び協力（勧告１、２）

リスク評価及びリスク・ベース・アプローチの適用、国内の協力及び協調

B.　資金洗浄及び没収（勧告３、４）

資金洗浄の犯罪化、資金洗浄・テロ資金供与に関する犯罪収益の没収

C.　テロ資金供与及び大量破壊兵器の拡散に対する資金提供（勧告５～８）

テロ資金供与の犯罪化、テロ資金供与・大量破壊兵器の拡散に対する金融制裁

D.　予防的措置（勧告９～23）

金融機関・DNFBPsがとるべき予防的措置（顧客管理、取引記録の保存、疑わしい取引の届出等）

E.　法人及び法的取極めの透明性並びに実質的所有者（勧告24、25）

当局による、法人及び法的取極めの実質的所有者情報へのアクセスの確保等

F.　当局の権限及び責任並びにその他の制度的な措置（勧告26～35）

当局による金融機関・DNFBPsへの規制・監督、法執行当局の権限の確保等

G.　国際協力（勧告36～40）

関連条約の締結及び完全な実施、法律上の相互援助・犯罪人の引渡し等

【図表4-11】「有効性」に関する審査基準の概要

政策、協調及び協力によって、資金洗浄及びテロ資金供与リスクを軽減（直接的効果１、２）

資金洗浄及びテロ資金供与リスクの理解や国内での協調
資金洗浄及びテロ資金供与に関する情報交換等の国際協力

犯罪収益の金融セクター等への流入防止、金融セクター等による犯罪収益の発見・報告（直接的効果３～５）

資金洗浄及びテロ資金供与に関する金融機関等へのリスクに応じた適切な監督
金融機関等による資金洗浄・テロ資金供与リスクに応じた適切な予防措置
資金洗浄及びテロ資金供与を目的とした法人等の悪用防止、当局による実質的所有者情報の入手

資金洗浄及びテロ資金供与の驚異の発見・遮断、及び違法な収益の剝奪・テロリストの財産剝奪、テロ資金を供与した者への制裁（直接的効果６～11）

資金洗浄及びテロ資金供与の捜査への金融情報等の活用
資金洗浄に係る捜査、訴追及び制裁
犯罪収益及び犯罪供用物の没収
テロ資金供与に係る捜査、訴追及び制裁
テロリスト等に対する金融制裁やNPOセクター悪用の防止
大量破壊兵器の拡散に関与する者に対する金融制裁

プ審査を受ける仕組みとなっている。また、相互審査の結果が著しく不十分であった場合や、相互審査後に顕著な取組をみせていない、あるいは取組への政治的意思が欠如していると判断された場合には、FATF は資金洗浄・テロ資金供与・拡散金融の高リスク国・地域として国名を公表。加盟国・地域に対し、当該国関連の金融取引について顧客管理の厳格化や取引制限などを行うよう要請する。

なお、FATF は、2014年6月の全体会合時に2012年2月に採択したFATF勧告に基づく第四次相互審査ラウンドの開始を公表した。当該第四次相互審査では、法令等の整備状況（技術的遵守状況：40の勧告）に加え、有効性（制度の実効性：11の項目）が審査対象となっている。

日本は、2008年に採択された第三次審査報告書では金融機関等による顧客管理が不十分であること等が指摘され、犯収法の改正等によって対応してきた。日本の第四次相互審査は2019年に開始されている。

5. 対内直接投資審査制度の見直し（令和元年外為法改正）

(1) 対内直接投資審査制度の概要

外為法は、対外取引自由を原則としつつ、対外取引に対する必要最小限の管理調整を行う観点から、外国投資家（非居住者、外国会社等）が国の安全、公の秩序の維持、公衆の安全の保護、我が国経済の円滑な運営の観点から指定される一定の業種を営む企業に対して対内直接投資等（上場会社の一定の閾値以上の割合の株式取得や非上場会社の株式取得など）を行う場合には、事前届出を求めることとしている。

財務省及び事業所管省庁は、外国投資家により届け出られた事前届出に係る対内直接投資等について、国の安全等の観点から審査を行い、国の安全等に影響を及ぼすおそれがあると判断される場合等については、当該外国投資家に対し、変更・中止の勧告及び命令といった是正措置を講ずることができる。

【図表4-12】外為法の対内直接投資制度（改正前）

◎対外取引原則自由（外為法第１条）の下、対内直接投資を行う場合に届出や報告は不要。
➢ただし、以下の場合は外為法上「対内直接投資等」と定義し、原則事後報告を求めている。
✓　上場会社の発行済株式総数の10%以上の取得
✓　会社の事業目的の実質的な変更に関し行う同意　等
➢「対内直接投資等」のうち、「国の安全」等に係る一定の業種に対するものは、事前届出が必要。

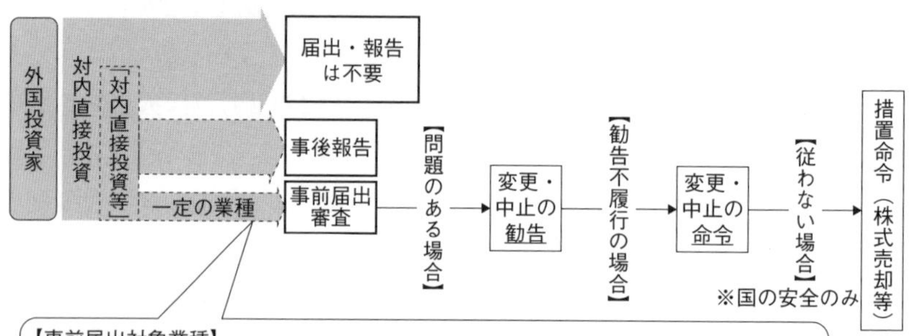

【事前届出対象業種】
「国の安全」―― 武器、航空機、原子力、宇宙関連、軍事転用可能な汎用品の製造業、サイバーセキュリティ関連
「公の秩序」―― 電気・ガス、熱供給、通信事業、放送事業、水道、鉄道、旅客運送
「公衆の安全」―― 生物学的製剤製造業、警備業
「我が国経済の円滑運営」―― 農林水産、石油、皮革監連、航空運輸、海運

【図表4-13】外為法改正の狙い

現行制度	・投資自由の大原則の下、一定の対内直接投資につき事後報告 ・指定業種につき事前届出

健全な投資の一層の促進

安全保障等の寒天からの対応強化の流れ
・2018年8月米国で新法成立
・2019年3月欧州でEU新規則成立

経済の安全な発展につながる対内直接投資を一層促進するとともに、
国の安全等を損なうおそれがある投資に適切に対応。
⇒メリハリのある対内直接投資制度を目指す。

(2) 諸外国の近時の取組

対内直接投資に関する国の安全等の観点から行われる投資審査に関する枠組みは我が国だけでなく、諸外国においても従来より存在するものではあるが、近時、諸外国において、国の安全に影響を及ぼすおそれのある外国からの投資に適切に対応する観点から、累次の法改正等が行われ、対応が強化されている。

米国では、2018年8月に成立（2020年2月より完全施行）した外国投資リスク審査現代化法（the Foreign Investment Risk Review Modernization Act、FIRRMA）によって米国への対内直接投資を審査する、対米外国投資委員会（the Committee on Foreign Investment in the United States、CFIUS）の権限が以下の措置を通じて大幅に拡大されている。

①審査対象取引の拡充
• 重要技術、重要インフラ、機微な個人データに関する米国事業を対象とする非支配的な投資（例：未公表の重要な技術にアクセスする場合、取締役会等のメンバーとなる場合や指名権を取得する場合）を投資審査の対象として追加（従来の審査対象は支配権の取得につながる米国事業への投資のみ）
②一部取引に対する事前申告の義務付け
• （i）外国政府が実質的な持分を有するもの（国有企業等）による重要技術、重要インフラ、機微な個人データに関する米国事業の実質的な持分を取得する投資、及び（ii）外国投資家による重要技術の開発、製造等に従事する米国事業を対象とする一定の投資について事前申告を義務付け（米国は事後介入を基本としており、従来は投資前の審査は当事者が任意に届出を行う場合のみ）
③外国政府との投資審査に関する情報の共有
• 安全保障の目的で、外国政府（同盟国）と投資審査に係る情報共有を可能とする旨を規定（従来は外国政府との情報交換を認める規定は不存在）

また、欧州連合では、欧州議会・理事会規則（Regulation（EU）2019/452 of

【図表4-14】各国の対内直接投資審査制度の概要

		アメリカ	イギリス	フランス	ドイツ	イタリア	カナダ	オーストラリア(注5)	日本 (改正前)→(改正後)
義務的事前通知・審査	対象となる株式所有等の割合	下限なし ※2018年事前通知制度を導入	25% ※2021年事前通知制度を導入	25%(注1) ※2019年33%から引下げ	10% ※2018年25%から引き下げ	3% ※上場企業に適用される閾値	名目額の閾値あり (投資家により異なる)(注4)	株式所有割合と名目額を組み合わせた閾値あり (対象業種により異なる)	10% ↓ **1%** **(免除制度あり)** ※上場企業に適用される閾値
	対象業種	指定業種 (重要技術)	指定業種 ※2021年事前通知制度を導入	指定業種 ※2018～2020年改正で業種拡大	指定業種(注2) ※2020年改正で業種拡大	指定業種(注3) ※2017～2020年改正で業種拡大	全業種	全業種	指定業種
事後介入		業種による限定なし 株式売却命令が可能	業種による限定なし 株式売却命令が可能	指定業種のみ 株式売却命令が可能	業種による限定なし 株式売却命令が可能	指定業種のみ 株式売却命令が可能	業種による限定なし 株式売却命令が可能	業種による限定なし 株式売却命令が可能	指定業種のみ 株式売却命令が可能なのは指定業種の一部のみ ↓ **指定業種すべてで株式売却命令が可能**

(注1) フランスは、COVID-19を受けた対応として、2021年末まで上場会社の事前届出の閾値を10%に引下げ。
(注2) ドイツは、COVID-19を受けた対応として、指定業種の範囲を拡大。
(注3) イタリアは、COVID-19を受けた対応として、2021年6月末まで指定業種の範囲を拡大。
(注4) カナダは、COVID-19を受けた対応として、公衆衛生にかかわる事業等への投資・外国政府等の指揮下にある企業からの投資の閾値を撤廃。
(注5) オーストラリアは、2021年1月より、一定の業種については投資額にかかわらず事前通知を求めること等により審査対象を拡大。

the European Parliament and of the Council of 19 March 2019 establishing a framework for the screening of foreign direct investments into the Union、以下「EU 対内直接投資審査規則」という。）が2019年３月に発効した（2020年10月11日より適用）。EU 対内直接投資審査規則は、加盟各国に対し、投資審査に際して考慮すべき重要技術やインフラの対象などについての一定の指針を示すとともに、加盟国間の投資審査に関する情報交換の枠組みの構築を求めている。

欧州連合加盟国のドイツ、フランス、及びイタリアでは、EU 対内直接投資審査規則の発効と前後して、法令改正や新法による審査対象業種の拡大や閾値の引き下げを行うことにより投資管理強化が行われており、英国においても審査対象業種の拡大や閾値の引き下げが行われている[(1)]。

なお、COVID-19の影響による株価の大幅下落を受け、上記の措置と並行して、フランス、ドイツ、イタリア、カナダ、オーストラリアでは（1）外国投資家による重要企業買収への対応、（2）保健・医療分野の保護強化の観点から、時限措置又は恒久的措置として、保健医療分野の審査対象業種への追加や閾値の引き下げなどの対応が行われている。

（3） 令和元年の外為法改正のポイント

令和元年の外為法の改正は、上記（2）のとおり、米国や欧州の対内直接投資管理が強化されている中、我が国としてもループホールとならないように適切に対応を行う必要があるという要請と、日本経済の健全な発展につながる対内直接投資の一層の促進を図るという二つの要請のバランスを図ることを目指して行われた。

（1） 英国では、投資審査に関する新たな法律（国家安全保障・投資法〔National Security and Investment Act〕が2021年４月に成立した。同法では国家安全保障上の懸念が生じやすい機微な事業分野（データインフラ、AI、自律ロボット工学、量子技術、先端材料を含む17の分野を予定している。）を対象とする取引のうち一定のものについて、政府に対する事前の通知を義務付けるとともに、国の安全保障上のリスクを生じるおそれがある支配権を取得する取引等について、金額規模に関係なく事後の介入を認めるものである。これにより、政府による英国外の投資家による投資審査・事後の介入に関する権限が大幅に強化される。

改正法案は第200回国会（臨時会、財政金融委員会）における審議を経て令和元年11月22日に成立、同月29日に公布され（令和元年11月29日法律第60号）。改正法の附則では、改正外為法は、公布から6カ月以内の政令が定める日に施行するとされ、翌令和2年5月8日より施行された（経過規定に基づき大半の部分は同年6月7日より適用）。

改正の内容は政省令を含めると多岐にわたるが、改正のポイントは、以下のとおりである。

【図表4-15】外為法改正のポイント

問題のない投資の一層の促進

1．取得時事前届出免除制度の導入

一定の基準の遵守を前提に株式取得時の事前届出を免除。
事後報告、勧告・命令により、免除基準の遵守を担保。

国の安全等を損なうおそれのある投資への適切な対応

2．事前届出の対象の見直し

上場会社の取得時事前届出の閾値引下げ（現行10%→1%：会社法上の株主総会における議題提案権の基準）
役員への就任及び指定業種に属する事業の譲渡・廃止について、行為時事前届出を導入

3．国内外の行政機関との情報連携の強化

【図表4-16】対内直接投資審査制度の全体像（外為法改正後）

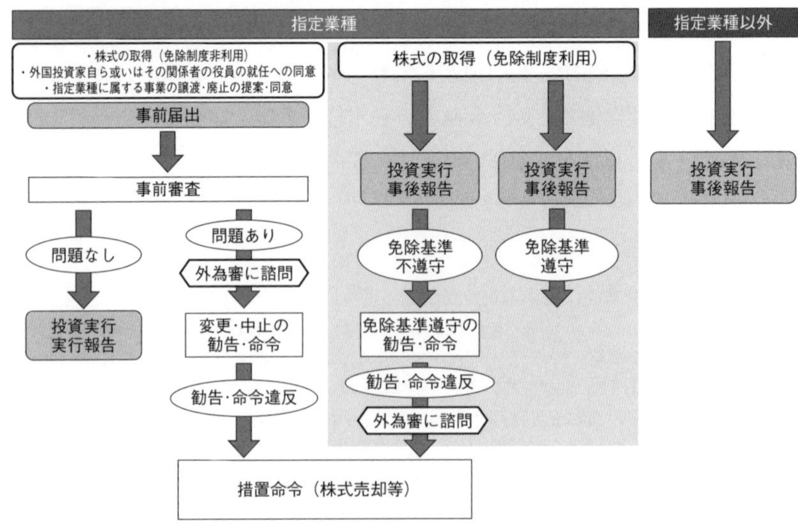

① 事前届出の対象の見直し

ア）上場会社の取得時事前届出の閾値引下げ

令和元年改正以前は、指定業種を営む上場会社の発行済株式総数又は議決権の10％以上を取得した場合に届出を求めていたが、会社への影響力行使を基準に、会社法上、株主が株主総会での議題提案権（会社法第303条）を持つ１％以上へと引き下げることとしている(2)。

イ）行為時事前届出の導入

外国投資家自ら又はその関係者の役員への就任や国の安全等の観点から重要な事業譲渡への同意といった行為は、国の安全等に関わる技術情報の流出や事業活動の喪失につながり得ることをふまえ、こうした行為についても対内直接投資等の類型として追加することにより、制度の実効性を確保することとしている。具体的には、１％以上の株式を保有している外国投資家が自ら又はその関係者を選任する議案に同意する行為、及び指定業種に関する事業の譲渡を株主総会に提案する場合に当該議案に同意する行為を対内直接投資等の類型に追加することとしている。

② 取得時事前届出免除制度の導入

ア）概要

まず問題のない投資の一層の促進という観点から、外国投資家自ら又はその

(2) 令和元年改正以前の閾値10％は、昭和54年の外為法改正当時、①旧外資法においては、法律上規定されていたわけではないものの、その認可の際の基準として、一投資家による持株比率が10％以上となる場合は、当該株式の発行会社の同意がないと個別審査とされ、通常の場合に比べてより慎重な取扱いがされていたこと、②証券取引上、公開買付に際し10％以上は届出を要するとされていたこと、③上場会社等の役員又は主要株主が６カ月以内の短期売買取引により利益を得た場合には、上場会社等がその利益を返還すべきことを会社が請求できる制度において、「主要株主」の定義が議決権の10％以上を保有している株主であること、④国内の上場会社でも個人による筆頭株主は10％前後であること、などをふまえて設定されたものである。なお、１％への引下げに併せて、国の安全等を損なうおそれのない対内直接投資を一層促進する観点から、取得時事前届出免除制度を導入することにより、10％から１％への変更により極端に届出件数が増大し、負担が増えることはないものと考えられた。

関係者が役員に就任しない、重要事業の譲渡・廃止を株主総会に自ら提案しない、国の安全等に係る非公開の技術関連情報にアクセスしないなどの一定の基準を遵守し、国の安全等を損なうおそれがないとみなされる株式取得等について、事前届出を免除する制度（取得時事前届出免除制度）の導入を行うこととしている。

外為法上、事前届出に係る投資審査の期間は原則30日とされており、この間は投資を行うことができないこととされているところ、令和元年の外為法改正以前より、国の安全等の観点から問題のない投資については、当局の審査期間を短縮し、届出受理日から5営業日以内に審査を終了しているものも多く存在していた。かかる審査の運用状況をふまえ、令和元年改正においては、国の安全等を確保する観点から必要な一定の基準を遵守することにより問題がないものと認められる株式取得等について、事前届出及び当局による審査を経ずに、

【図表4-18】取得時事前届出免除制度

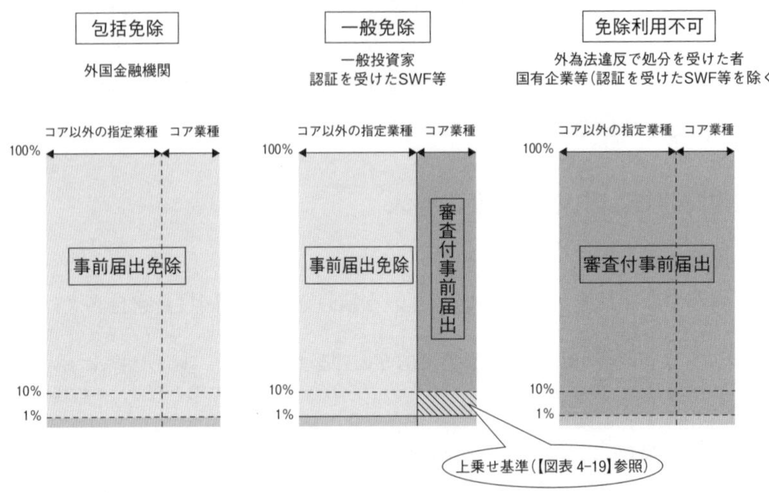

(3)　指定業種のうち、武器や原子力等、国の安全の観点から特に慎重な取扱いが必要な業種や、電力や通信等、重要なインフラサービスの安定供給の観点から特に公の秩序の維持への影響が大きい業種については、一度国の安全等を脅かす事態が生じた場合、その影響が甚大であり、回復も困難であることから、許認可等を得ている外国金融機関が行う投資や、上乗せされた基準を遵守する投資家が行う10%未満の株式取得等である場合にのみ取得時事前届出免除制度の利用を認めることとしている。

【図表4-19】取得時事前届出免除制度の概要（上場企業）

適用投資家	内容		
外国金融機関	包括免除	指定業種（コア以外）	• 基準を遵守すれば、事前届出を免除（**上限なし**） • 事後報告の閾値は10%
		コア業種	
包括免除又は本則が適用されるもの以外のすべての投資家（認証を受けたSWF等を含む）	一般免除	指定業種（コア以外）	• 基準を遵守すれば、事前届出を免除（**上限なし**） • 事後報告の閾値は1％
		コア業種	• 上乗せ基準も遵守すれば、**10％未満の株式取得について**事前届出を免除 • 事後報告の閾値は1％
過去に外為法違反で処分を受けた者、国有企業等（認証を受けたSWF等を除く）	本則	指定業種（コア以外）	• 事前届出免除の利用不可
		コア業種	

［免除基準］
- 外国投資家自ら又はその関係者が役員に就任しない
- 指定業種に属する事業の譲渡・廃止を株主総会に自ら提案しない
- 指定業種に属する事業に係る非公開の技術関連情報にアクセスしない

［上乗せ基準］
- コア業種に属する事業に関し、取締役会又は重要な意思決定権限を有する委員会に自ら参加しない
- コア業種に属する事業に関し、取締役会等に期限を付して回答・行動を求めて書面で提案を行わない

タイムリーかつ迅速な投資実行を行うことができるよう規定の整備を行った。

イ）取得時事前届出免除制度の実効性担保

上記のとおり事前届出免除により事前届出を要しない場合を認める一方で、国の安全等の確保のための実態把握の観点から、外国投資家に対し投資実行後の事後報告を求めるとともに、外国投資家が免除基準に適合していないと認める場合には、当局が外国投資家に対し勧告や命令等を発することにより免除基準遵守を確保できるよう規定の整備を行った。

具体的には、外国投資家は、取得時事前届出免除制度を利用した場合、投資実行後45日以内に免除基準遵守を誓約する旨等を記載した事後報告書を財務省及び事業所管省庁に提出する必要がある。また、財務省及び事業所管省庁は、事前届出免除制度を利用した外国投資家が、免除基準に違反した場合は、免除基準を遵守するよう勧告を行い、勧告に従わない場合は免除基準を遵守するよう命令を行うことができる。更に、財務省及び事業所管省庁は、外国投資家が

かかる遵守命令に従わない場合、株式売却命令を含む措置命令を発することができ、外国投資家が措置命令に従わない場合は、刑事罰（3年以下の懲役もしくは100万円以下の罰金（又は目的物の価格の3倍まで）、または併科）の対象とすることとしている。

③ 国内外の行政機関との情報交換規定の整備

国内外の機関との連携を強化し、もって投資審査に係る審査能力の向上を図る観点から、国内外の行政機関との情報交換に係る規定を整備することとした。

コラム　外為法改正における財務省国際局の取組

石田良（前 財務省国際局調査課国際調査室長・外国為替制度調査室長）

小官は令和元年7月から1年間、外為法改正に携わったところ、その際に経験したことを振り返りつつ概説したい。

1．法改正まで

旧外為法では、外国投資家が指定業種の上場株式を10%以上取得する際に一律に審査付の事前届出を求めていた。今般の法改正では、健全な対内投資を促す観点から一定の場合には事前届出を免除するとともに、国の安全等の観点から10%という閾値を1%まで引き下げるといった改正を行った。結果として細やかな対内直接投資規制の実現に資することとなったと考えているが、同時に大変複雑な法改正であり、令和元年11月の成立まで、駆け抜けるように日々が過ぎていったことを覚えている。

2．政省令改正まで

法改正を終えても一段落ではない。外為法は、刻一刻と変化する社会情勢に対応するため、法律の委任に基づき、その細部を政省令に委ねているところ、そこでは事前届出免除制度の細部だけでなく、ソブリン・ウェルス・ファンドの取扱いや、指定業種の中でも特に重点を置くコア業種を定めたりする必要があり、目の回るような日々だった。最終的に、令和2年4月末に改正政省令の公布に漕ぎ着けられた。

なお、今般の改正は外国投資家が強い関心を持つものであったため、改正法や政省令の英文説明資料をウェブ上に掲載するだけでなく、政省令のパブリックコメントを英語でも受け付けた。実際、340件にも及ぶコメントのうち１割程度は英文であったところ、日本語に塗れる法改正作業の最中にあっても国際局にいることを実感することとなった。

３．政省令改正後

当該政省令が公布される頃には新型コロナが世界的な問題となっていたところ、令和２年６月半ばには医薬品・医療機器の一部を指定業種に追加する旨を公表したが、上で述べた通り、対内直接投資規制は社会情勢の変化に応じた迅速な対応が求められることを改めて痛感した。

このように外為法改正に追われた１年間を過ごしたが、振り返ってみると、世界的な潮流を踏まえ、主要国もまるで示し合わせたかのように対内直接投資規制の見直しやメディカル分野の対象業種への追加を行っている。このように各国の規制の在り方が収斂進化していく中、今後の対内直接投資規制の動向についても、引き続き関心を持って勉強してまいりたい。

(4) 外為法改正後の対内直接投資制度に関する取組

前記のとおり、外為法の改正法は、関連する政省令等と併せて令和２年５月８日より施行された（経過規定に基づき大半の部分は同年６月７日より適用）。

その後、新型コロナウイルス感染症の蔓延をふまえ、関連する告示の改正を行い、感染症に対する医薬品（医薬品中間物を含む。）の製造業及び高度管理医療機器（附属品・部分品を含む。）に係る製造業を、新たに指定業種（コア業種）に追加することとしている（同年６月15日（経過規定に基づき同年７月15日より完全適用））。

また、政府全体の方針として、行政手続における押印の原則撤廃や、行政手続のオンライン化の加速が示されたことを踏まえ、関連する省令の改正を行い、令和2年10月より外為法に基づく報告書及び届出書等の「記名押印又は署名」を全様式につき廃止するとともに、同年12月より、対内直接投資等の事前届出手続のオンライン化を開始している。

【図表4-20】外為法における医薬品・医療機器に関連する業種への対応について

■現行外為法における医薬品・医療機器に関連する業種の取り扱いについては、生物学的製剤製造業（ワクチン等）のみが指定業種（事前届出対象）となっており、治療薬や人工呼吸器は指定対象外。

⇒今般の新型コロナウィルス感染症の蔓延を踏まえれば、国民の人命・健康に関わる重要な医療産業の国内基盤を維持することが不可欠。このため、医薬品・医療機器の一部について、その国内基盤が維持されなければ国の安全等が損なわれるおそれが大きいことから、外為法の指定業種のうち、コア業種に追加する。

【医薬品関連】

感染症の蔓延は、公衆の安全（人命・健康）の保護に支障を来すのみならず、国の安全を損なうおそれが大きいことから、感染症の予防・治療に必要な医薬品製造基盤を維持するため、**感染症に対する医薬品に係る製造業（医薬品中間物を含む）について、コア業種**として指定。
（例：感染症の治療薬・ワクチン、それらの原料等）

【医薬機器関連】

薬機法（医薬品、医療機器等の品質、有効性及び安全性の確保等に関する法律）において、高度な製造・品質管理等が求められる「高度管理医療機器」については、感染症の蔓延時等の緊急時において代替生産が直ちには困難。このため、国の安全を確保する観点から製造基盤を維持するため、**高度管理医療機器に係る製造業（付属品・部分品を含む）について、コア業種**として指定。
（例：人工心肺。人工呼吸器、ペースメーカー人工血管、人工透析器、輸血ポンプ等）

【図表4-21】外為法改正以降の省令改正等

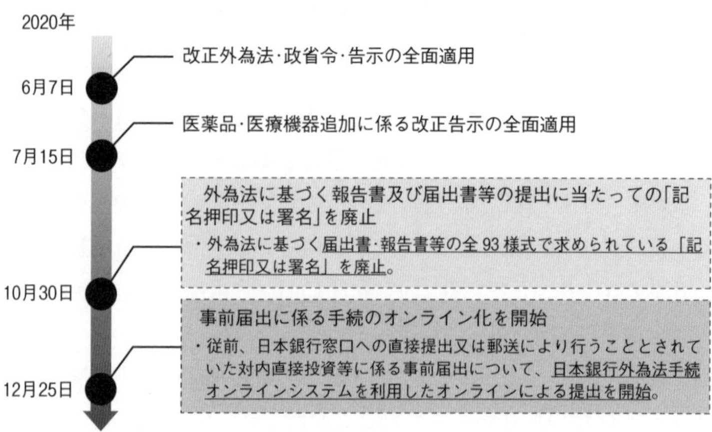

第5章

G7・G20財務大臣・中央銀行総裁会議における政策協調

本章では、G7及びG20の財務大臣・中央銀行総裁会議における政策協調について説明する。まず**1**では、G7財務大臣・中央銀行総裁会議について、その発足と主な議論の内容について扱う。次に**2**では、G20財務大臣・中央銀行総裁会議の発足と、特に世界金融危機以降の主な議論の内容を説明する。**3**では、日本がG20議長を務めた2019年の議論と成果を概観する。最後に**4**において、G7・G20における最近の議論の状況を説明する。

1. G7財務大臣・中央銀行総裁会議

主要国間で経済政策協調を行う場として1973年以来、日、米、英、独、仏によるG5（5カ国財務大臣・中央銀行総裁会議）が開催されていたが、G7は、G5を発展させる形で、世界経済の運営に関する政策協調を行う場として、1986年の東京サミットにおいて設立が合意され、第1回G7は1986年9月にワシントンD.C.で開催された。

メンバーは、日、米、英、独、仏、伊、加の財務大臣及び中央銀行総裁である。なお、ユーロ発足に伴い、欧州中央銀行（ECB）総裁、及びユーログループ議長も出席している。

G20サミットの定例化に伴うG20の開催頻度の増加を受けて、現在G7の開催は不定期となっているが、近年では、春の国際通貨金融委員会（IMFC）及び秋のIMF・世銀総会、G20の機会に開催されることが多い。

また、対面会合とは別に、その時々の経済・金融情勢に応じ、G7では電話やビデオ会議での意見交換や声明の発出を行っており、これまでに、欧州債務危機や石油価格の高騰、ウクライナ問題に対応するための声明などを随時発出してきた。特に2020年3月以降は、新型コロナウイルス感染症拡大に対応するため、電話やビデオ会議が活用され、G7各国の間で緊密な意見交換が実施されている。

G7においては、主に、世界経済情勢やマクロ経済政策、金融規制などについての議論が行われている。G20が声明を作成しフォーマルな議論を行う場としての性格を強めているのに対し、G7では、声明の採択は必ずしも行われてはいない一方で、発達した金融市場を有する少数の国が密度の高い意見交換をし

【図表5-1】G7財務大臣・中央銀行総裁リスト

2021年4月15日現在

国名	財務大臣	中央銀行総裁
日本	麻生　太郎 副総理 兼 財務大臣 兼 金融担当大臣	黒田　東彦 日銀総裁
イギリス (議長国)	リシ・スナック 財務大臣	アンドリュー・ベイリー イングランド銀行総裁
カナダ	クリスティア・フリーランド 副総理　兼　財務大臣	ティフ・マックレム カナダ銀行総裁
フランス	ブリュノ・ル・メール 経済・財務・復興大臣	フランソワ・ヴィルロワ・ド・ガロ フランス中央銀行総裁
ドイツ	オーラフ・ショルツ 財務大臣	イェンス・ヴァイトマン ドイツ連邦銀行総裁
イタリア	ダニエレ・フランコ 経済・財政大臣	イニャーツィオ・ビスコ イタリア銀行総裁
アメリカ	ジャネット・イエレン 財務長官	ジェローム・パウエル FRB議長

【図表5-2】IMF・世銀春会合（2021年4月）の成果について

IMF・世銀春会合の機会に、麻生大臣は、G7（4月6日）、G20（4月7日）、国際通貨金融委員会（4月8日）、世銀・IMF合同開発委員会（4月9日）に出席。

成果のポイント

【世界経済】 世界経済の**見通しは改善**、他方、回復は**各国間・各国内でばらつき**。新たな変異株の拡大やワクチン接種のペースの違いなど**大きな下方リスク**。最も影響を受けた人々の**経済的な傷跡の問題**も含め、**拡大する格差**に対応。**必要とされる間は、すべての利用可能な政策手段を用いる**との決意を再確認。

【為替】 為替レートは経済のファンダメンタルズを反映するという**従来の考え方を明確化**。

【貿易】 開かれた公正な、ルールに基づく貿易の重要な役割を認識。**保護主義と闘う**とのコミットメントを想起。

【低所得国支援】

- **特別引出権（SDR）**：**新規一般配分（6,500億ドル）**に合意。IMFに対し、以下の策定を要請。① SDRの使用に係る**透明性・説明責任の強化策**　②**先進国のSDRの活用策**
- **債務問題**：**債務支払猶予イニシアティブ（DSSI）**について、**最後の延長**に合意（本年末まで）。「**共通枠組**」に基づく債務措置の実施にあたり、①**債権者委員会の来る初回会合**を期待、②参加するすべての**公的二国間債権者**は、**開かれた透明性ある形**で交渉、③**民間債権者等**が、債務措置を**少なくとも同程度の条件で実施**。**債務データの質・整合性の強化、開示の改善**について、IMF・世銀の提案の**進捗を期待**。
- **国際開発協会（IDA）増資**：第20次増資の**1年前倒し**を歓迎（合意期限は本年12月末）。

【国際課税】 **2021年半ばまでに**、グローバルなコンセンサスに基づく**解決策に合意すること**に引き続きコミット。

【気候変動】「気候変動対策に取り組む財務大臣連合」に、**日本（中西副大臣）が米中と共に初参加**。

て、必要がある場合には即座に協調行動をとっている。例えば、日本における東日本大震災直後の2011年3月18日には、為替レートの過度な変動に対してG7としての声明を発表し協調介入を行ったほか、ウクライナ情勢が深刻化した2014年3月以降はG7としてウクライナ支援へコミット、ウクライナの主権及び領土の一体性を侵害しているロシアに対する制裁の発動等について声明を発出した。また、第5章4で詳述するが、2020年には新型コロナウイルス感染症拡大を受けて、下方リスクに対しすべての適切な政策手段を用いることや、各国の財政・金融面での対策や国際的支援を推進することについて声明を発出するなど、依然として重要な役割を果たしている。

2. G20財務大臣・中央銀行総裁会議

(1) 概説

G20財務大臣・中央銀行総裁会議は、1997年のアジア通貨危機等を契機として、主要な新興国を交えて国際金融についての議論を行う場が必要との認識が共有されたことから、1999年にG8ケルン・サミットの合意に基づき新たに設立された。

2008年秋に米国のサブプライム問題に端を発する世界的な金融混乱が実体経済にまで波及し、世界的金融危機の様相を呈するに及び、先進国・新興国双方の首脳により対応を議論する必要性が強く認識されたことから、2008年11月にG20の首脳レベルの初会合となるG20ワシントン・サミットが開催された。その後、2009年9月のピッツバーグ・サミットにおいて、G20は「国際経済協力に関する第一のフォーラム」として自らを位置付けるに至り、定期的に年1回のサミットが開催されている。また、近年は、サミット直前に財務大臣会合が開催されるほか、財務大臣・中央銀行総裁会議が年3回程度開催されている。議長国は、2019年は日本であり、2020年はサウジアラビア、2021年はイタリアとなっている。

【図表5-3】G7とG20との関係

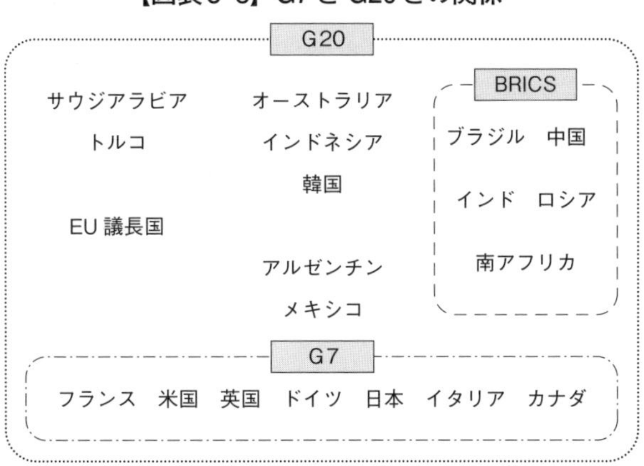

(2) 世界金融危機への対応

① 概要

2008年秋以降の世界経済・金融危機は、その当時、100年に一度の経済危機ともいわれ、世界経済全体に深刻な影響を与えた。2007年夏の米国における住宅バブルの崩壊に端を発し、2008年秋にサブプライム・ローン問題に関する損失によるリーマン・ショックをきっかけに発生した危機は、クレジット・デフォルト・スワップ（CDS）を始めとする金融派生商品取引を通じた巨額の信用リスクの連鎖により欧米の多数の金融機関の深刻な資金調達難を招き、世界的な危機へと発展していった。

2008年11月のG20ワシントン・サミットにおいて、各国首脳は、首脳宣言において、危機の根本的原因を以下のとおり記している。

「この10年弱の高い世界経済の成長、資本フローの伸び及び長期にわたる安定が続いた期間に、市場参加者はリスクを適正に評価せず、より高い利回りを求め、適切なデュー・ディリジェンスの実施を怠っていた。同時に、脆弱な引き受け基準、不健全なリスク管理慣行、ますます複雑で不透明な金融商品及びその結果として起こる過度のレバレッジが組み合わさって、システムの脆弱性を創出した。いくつかの先進国において政策立案者、規制当局及び監督当局は、金融市場において積み上がっていくリスクを適切に評価、対処せず、また金融の技術革新の速度について行けず、あるいは国内の規制措置がシステムにもたらす結果について考慮しなかった。」

危機に対する喫緊の対応として、国際社会はまず、金融システムの安定確保に取り組んだ。システム上の重要性を有する金融機関の連鎖的な破綻を防ぎ、システミック・リスクを回避するため、リーマン・ブラザーズ破綻直後の10月のG7では、中央銀行による大量の流動性供給・預金保険の拡充・公的資金による資本増強等を含む緊急のアクション・プランが取りまとめられた。その後、金融危機が実体経済に波及するに至り、各国は協調して、拡張的な財政政策や非伝統的な政策を含む金融緩和を実施した。中東欧諸国を始めとした新興国における国際収支上の危機に対しては、IMF等による迅速な資金支援プログラムが実施された（IMFの仕組み等は146頁以降参照）。

また、上記の直接的な危機対応に加え、今後の世界経済・金融危機の再発を防止するための方策として、金融セクターの規制・監督の見直しや、国際金融機関の資金基盤・ガバナンスの改革等が、G20を主たる議論の場として各国で合意され、実施されていった。

【図表5-4】米国のサブプライム・ローン問題の構図

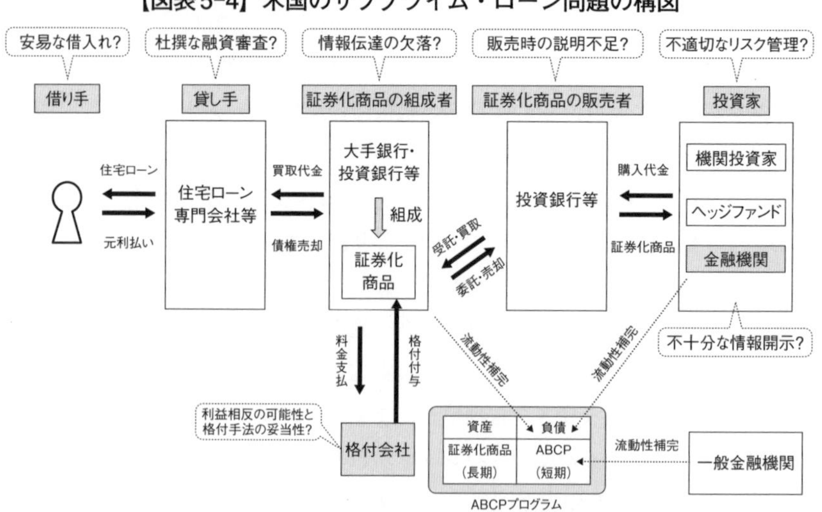

② 対応

i　G20サミット等における危機対応

2008年9月のリーマン・ショックの直後、10月にワシントンで開かれたG7では、5つのポイントからなる行動計画が発表され、これに沿って各国による対応が迅速に実施された。

また、2008年11月にワシントンにおいて開催された第1回G20サミットにおいては、危機の根本的な原因の分析及び危機の再発のための行動計画等を策定し、世界全体の80%超のGDPを占めるG20各国が、金融安定化に向けたあらゆる追加的措置をとり、状況に応じ、即効的な内需刺激の財政施策を活用する方針の下、危機への対処に協調して行動することを市場に示した。

2009年4月、ロンドンで開催された第2回G20サミットでは、新興国や途上国における景気刺激策、貧困対策、債務の円滑な借り換え及び貿易金融等を支援することで、世界経済全体の収縮を抑制するため、IMFや世銀を始めとした国際開発金融機関の資金基盤を拡大させることに合意した。

このような国際的な努力の下で、我が国は、2008年11月に、麻生総理（当時）により、IMFに対する1,000億ドルの融資枠の設定による資金貢献を他国に先駆けて表明し、2009年2月にいち早くIMFとの融資取極を締結するなど、他国を主導し、国際的な合意形成に貢献した。

2009年春以降、先進国は依然回復のペースが緩慢であったものの、世界経済全体は、危機後の各国の迅速な危機対応と、比較的危機の影響を受けなかった中国を始めとした新興国の強固な景気回復に支えられて、回復を示していた。こうした流れを受け、2009年9月にピッツバーグにおいて行われた第3回G20サミットでは、持続力のある景気回復が確保されるまで、強固な政策対応を維持するとしつつも、短期的な危機対応から、中長期的な着実な成長に軸足を移すこととし、これまでとられてきた例外的措置について、出口戦略の作成の検討に着手することとなった。また本サミットにおいては、G20を正式に「国際経済協力に関する第一のフォーラム」として位置付け、今後定期的に会合を開催することとされた。

【図表5-6】G7（7カ国財務大臣・中央銀行総裁）の行動計画（2008年10月10日）

G7は本日、現下の状況は緊急かつ例外的な行動を必要としていることに同意する。我々は、世界経済の成長を支えるため、金融市場を安定化させ、信用の流れを回復するために共同して作業を続けることにコミットする。我々は、以下のことに同意する。

1. **システム上の重要性を有する金融機関を支援し、その破綻を避ける**ため、断固たるアクションを取り、**あらゆる利用可能な手段を活用**する。
2. 信用市場及び短期金融市場の機能を回復し、**銀行及びその他の金融機関が流動性と調達資金に広汎なアクセスを有していることを確保するため、すべての必要な手段を講じる**。
3. 銀行やその他の主要な金融仲介機関が、信認を再構築し、家計や企業への貸出しを継続することを可能にするに十分な量で、**必要に応じ、公的資金、そして民間資金の双方により資本を増強することができるよう確保**する。
4. 預金者がその預金の安全に対する信認を引き続き保つことができるよう、**各国それぞれの預金保険・保証プログラムが、頑健であり一貫していることを確保**する。
5. 必要に応じ、モーゲージその他の証券化商品の流通市場を再開させるための行動をとる。**資産の正確な評価と透明性の高い開示、及び質の高い会計基準の一貫**した実施が必要である。

これらの行動は、納税者を保護し、他国に潜在的な悪影響を与えないような方法で行われるべきである。我々は、必要かつ適切な場合には、マクロ経済政策上の手段を活用する。我々は、**今回の混乱により影響を受ける国々を支援する上でIMFが果たす決定的に重要な役割を強く支持**する。我々は、金融安定化フォーラムの提言の完全な実施を加速し、金融システムの改革の差し迫った必要性にコミットする。我々は、この計画を完遂するため、協力を一層強化し、他の国々と協働する。

【図表5-7】G7/G20等の国際会議で議論された危機への対応策（2008年秋～2009年秋頃）

○ **金融危機への対応**

中央銀行による流動性供給、預金保険、銀行の債務の保証、公的資金による資本増強、不良資産の切り離し、国営化、企業再生、市場対策など

○ **実体経済減速へのマクロ経済政策による対応**

金利引下げ、非伝統的金融政策、減税・公共投資などの財政拡大、出口戦略の検討

○ **途上国支援**

IMF・世銀・アジア開銀などの国際金融機関の活用、地域的な連携、二国間支援の可能性、輸出信用機関や貿易保険も活用した貿易金融の促進

○ **金融セクターの規制・監督体制の見直し**

資本規制、レバレッジ規制、報酬体系、流動性リスク、オフバランスのSPC等、格付機関、投資銀行・ヘッジファンド等の非預金受入機関、システム上重要な機関、OTCの派生商品の集中決済、会計基準、監督カレッジ、クロスボーダーの破綻処理制度、マクロ・プルーデンス、監督体制の見直し

○ **国際金融機関・制度の改革**

IMFの資金基盤強化・支援手法改善、IMFや世銀のガバナンス、世銀及びアジア開銀等地域開発銀行の増資問題、金融安定化フォーラムのメンバーシップと強化（金融安定理事会への改組）、G20とG8・G7の関係

ii 主要各国の政策対応

リーマン・ショックの発生直後、各国は、2008年10月のワシントンG7において発表された行動計画に沿った形で、金融セクターの混乱によるシステミック・リスクを回避するための喫緊の対応として、預金保護や銀行の債務保証、公的資金資本注入による喫緊の対応を行った。また、各国中銀は、金融市場の流動性を回復させるため、政策金利の引下げによる従来の金融調節手段に加え、買入対象資産を拡大させ、信用市場において直接クレジット・リスクをとり介入を行うオペレーションを導入するといった「非伝統的金融政策」を行った。翌年初めには、金融市場の不安定から波及した実体経済の悪化にも対処するため、各国による拡張的な財政・金融政策がとられた。以下では危機後の主要各国の主な政策対応を見ていく。

危機の発端となった米国では、総額7,000億ドルの不良資産救済プログラム（TARP：Troubled Asset Relief Program）により公的資本注入を行うとともに、連邦準備制度理事会（FRB）が政策金利の引下げや、長期資産買取プログラムの実施に加え、ドルの発券銀行としての立場から、各国の中央銀行とスワップ協定を結び、各国のドル供給オペを支援した。2009年2月には、景気刺激策として、州・地方への財政支援、インフラ投資や減税を含む総額約7,870億ドル規模の米国再生・再投資法を成立させた。

欧州では、金融政策に関しては、欧州中央銀行（ECB）が2008年10月以降、リーマン・ショックの対応のため累次の政策金利の引下げを行い、更に、長期資金供給オペの期間拡大（最長1年）、カバードボンドの買取等といった非伝統的手段による対応を行った。財政政策に関しては、2008年12月に「欧州経済回復プラン」が欧州理事会により採択され、同プランにおいて2009年～2010年を対象として、各国予算とEU加盟国予算合計で総額2,000億ユーロの裁量的財政政策を行うこととし、これに基づき各国が財政刺激策を発表した。

日本においても、日銀が、政策金利引下げや、金融市場安定化のための長期国債の買入増額、FRBとの通貨スワップ協定に基づき調達した米ドル資金による米ドル資金供給オペ等を実施した。また、政府は、雇用対策や、政府系金融機関による信用補完を含む景気対策を積極的に行うなど、合計で財政措置12兆円、事業規模75兆円となる大規模な経済対策を累次にわたって実施した。

新興国では、中国が2008年11月に4兆元（約56兆円）の事業規模の経済対策をいち早く公表し、韓国でも2009年1月に環境に配慮した公共投資による雇用創出を目的とする、50兆ウォン（約3.5兆円）の「グリーン・ニューディール政策」を発表した。その他、アジアの新興国各国においても、雇用対策や中小企業支援、公共投資等、各国の実情に応じて必要な対策が行われた。

(3) 金融規制

世界金融危機の原因は、脆弱なモーゲージ・ローン等の審査基準や不健全なリスク管理慣行等が組み合わさって、システムの脆弱性を創出したことにある、という反省に立ち、2008年11月の第1回G20ワシントン・サミットにおいて各国首脳は、金融安定化フォーラム（FSF）による提言に基づき、危機の再来を防止し、金融市場と規制枠組を強化する改革を実施するため、5つの原則からなる「金融市場の改革のための共通原則（【図表5-8】）」及びこれらの原則を実行するための行動計画を策定した。2009年4月のG20ロンドン・サミット以降、定期的に開かれるG20財務大臣・中央銀行総裁会議やG20サミットにおいて、継続的に国際金融規制改革に関する作業の進捗と新たな規制改革について議論を行ってきた。また、2009年には、FSFはすべてのG20メンバーを含むよう参加国を拡大して再構成され、金融システムの安定化策等を協議する場として金融安定理事会（FSB）が創設された。

G20やFSB等の国際的なフォーラムで議論されてきた国際金融規制改革のうち、主要な取組を二つ取り上げ、以下に説明する。

① 自己資本比率規制・流動性比率規制等（バーゼル規制）

銀行の自己資本比率に関する国際的な規制（バーゼル規制）については、リーマン・ショックに伴う金融危機の経験から、これまでのバーゼルⅡの自己資本比率規制では不十分であったとの認識の下、今後の新たな危機を防止するため、2010年11月のG20ソウル・サミットにおいて、新たな規制の枠組が合意された。バーゼルⅢでは、バーゼルⅡを土台にしつつ、自己資本比率規制の質・量双方の強化や流動性規制の導入・開示規制の見直し等が進められてきた。2017年12月にはこれらの見直し作業を完了させるものとして、リスクア

【図表5-8】第1回G20サミット（2008年11月15日　於：ワシントンD.C.）首脳宣言（コミュニケ）抜粋

金融市場の改革のための共通原則

- 危機の再来を防止するため、金融市場と規制枠組みを強化する改革を実施する。規制当局間の国際連携、国際基準の強化及びその一貫した実施が必要。金融機関もまた混乱の責任を負い、その克服のために役割を果たすべし。
- 我々は以下の改革のための共通原則と整合的な政策の実施にコミット。
  - ➢**透明性及び説明責任の強化**：複雑な金融商品に関する義務的開示の拡大、金融機関の財務状況の完全・正確な開示の確保を含め、金融市場の透明性を強化。インセンティブは、過度のリスク・テイクを回避するよう調整されるべし。
  - ➢**健全な規制の拡大**：すべての金融市場・商品・参加者が、状況に応じて適切に規制され、あるいは監督の対象となることを確保することを誓約。合意され強化された国際的行動規範に整合的に、信用格付会社に対する強力な監督を実施。規制枠組みを景気循環に対してより効果的にする。国内規制制度の透明性の高い審査にコミット。
  - ➢**金融市場における公正性の促進**：投資家・消費者保護を強化し、利益相反を回避し、不法な相場操縦、詐欺行為、濫用を防止し、非協力的な国・地域から生じる不正な金融リスクへの対抗などにより、世界の金融市場の公正性を保護することにコミット。
  - ➢**国際連携の強化**：各国・地域の規制当局が規制、その他の措置を整合的に策定するよう要請する。規制当局は、国境を越える資本フローを含め金融市場のすべての部門において、協調・連携を強化すべし。規制当局等は、優先課題として危機の予防・管理・解決のための連携を強化すべき。
  - ➢**国際金融機関の改革**：世界経済における経済的比重の変化を適切に反映できるようブレトン・ウッズ機関の改革推進にコミット。最貧国を含め新興国・途上国がより大きな発言権と代表権をもつべし。金融安定化フォーラム（FSF）は新興国に早急に加盟国を拡大すべし。

金融安定理事会（FSB：Financial Stability Board）について

アジア通貨危機やロシア経済危機の経験等から、財務省、中央銀行に、金融監督当局も交えた議論の場が必要であるとして、1999年2月のG7本会合において金融安定化フォーラム（FSF：Financial Stability Forum）の設立が合意された。FSFは、G7を含む12の国・地域の当局者に加え、IMF、世銀等の国際機関の代表もメンバーとなっており、年2回本会合が開催されてきている。2008年11月のワシントン・サミットにおけるFSF参加国拡大の合意を受け、2009年3月のFSF本会合において、全てのG20諸国を含むよう参加国が拡大され、名称も、金融安定理事会（FSB：Financial Stability Board）に改められた。事務局は、スイス・バーセルの国際決済銀行（BIS）内に置かれている。

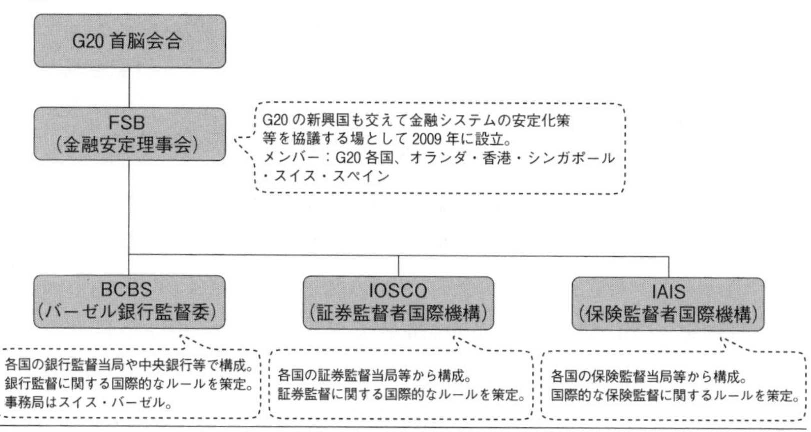

【図表5-9】バーゼルⅢ最終規則

バーゼルⅢ最終規則（2017年12月国際合意）
- リスクの適切な反映と、規制の簡素さ・比較可能性のバランスを確保
  （銀行によるリスク管理の高度化に向けたインセンティブの維持）
- 持続可能な経済成長を支える金融仲介機能の維持と、リスクに見合った資本賦課の適正化

⇒　2020年3月27日、銀行・監督当局の実務上の負担の軽減を目的として、バーゼルⅢ最終規則の実施時期を2022年1月から2023年1月へと1年延期。

バーゼルⅢ最終規則の概要

$$自己資本比率 = \frac{自己資本}{リスクアセット(RWA)} \geq 8\%$$

▲

銀行間のリスク計測のばらつきを抑制するための見直し（内部モデルの利用を制限・廃止等）

（1）信用リスクの標準的手法の見直し
- 中堅企業向け債権（無格付）のリスクウェイト（RW）を引下げ（100%⇒85%）。
- 株式のRWを引上げ（100%⇒250%）。

（2）信用リスクの内部モデル手法の見直し
- 各銀行による内部モデルの利用範囲を制約。
- デフォルト確率等の自行推計値に下限を設定。

（3）マーケットリスクの計測手法の見直し
- 標準的手法はリスク感応的となるよう再設計。
- 内部モデル手法は承認要件見直し等の抜本見直し。

（4）オペレーショナルリスクの計測手法の見直し
- 内部モデル手法を廃止し、新標準的手法へ一本化。
- 銀行のビジネス規模と損失実績を勘案。

（5）資本フロアの導入
- 内部モデルにより算出したリスクアセット（RWA）額は、標準的手法により算出したRWA額の72.5%を下限とする。

セットの過度なバラつきを軽減するためのリスク計測手法等の見直し（バーゼルⅢの最終化）が公表された。最終化されたバーゼルⅢは、2022年から各国において段階的に実施される予定であったが、新型コロナウイルス感染症の影響拡大を受け、2020年3月、金融機関の実務上の負担を一時的に軽減する観点から、実施開始時期を1年間延期（2023年から実施）することが合意された。

②「大きすぎて潰せない（too big to fail）」問題への対処

危機対応において、一部の大規模金融機関を公的資金により救済せざるを得なかった経緯を踏まえ、破綻した場合の国際金融システム上の影響が大きい「システム上重要な金融機関」については「大きすぎて潰せない（too big to fail）」問題をどのように克服するかが重要テーマとなった。2011年11月のG20カンヌ・サミットにおいて、「グローバルなシステム上重要な銀行（G-SIBs）」に対する資本上乗せ規制や監督の実効性強化等の破綻予防のための措置、納税者にできるだけ負担を負わせない円滑な破綻処理枠組を国際協調の下で構築し

ていくことが合意された。この後、資本上乗せ規制（G-SIBバッファー）は、各国において2016年から段階的に実施され、2019年に完全実施された。また、2015年には、FSBとして、破綻時に備えた損失吸収力等の確保をG-SIBに求める枠組みである総損失吸収力（TLAC）規制に合意し、各国において2019年から段階的に実施されている（2022年から完全実施）。

(4) 開発途上国への支援

G20サミットの発足当初は、開発途上国の貧困削減が大きく取り上げられることはなかったが、2010年のG20ソウル・サミットにおいて、世界経済の持続的成長の実現には、低所得国の成長と貧困削減が不可欠であるとの観点から、G20の開発についての取組の6つの原則を示す「ソウル開発合意」が合意された。2011年9月には、米国・ワシントンDCにおいて、G20の財務大臣と国際協力担当大臣が参加する「G20開発に関する閣僚会合」が初めて開催され、G20として開発課題に取り組むことの重要性が確認された。

2016年には、前年に2030年を期限とする持続可能な開発目標（SDGs：Sustainable Development Goals）が策定されたことを受けて、G20杭州サミットにおいて、「持続可能な開発のための2030アジェンダに関するG20行動計画」が策定された。同計画では、G20の開発に関する長期的な取組を反映した15の持続可能な開発セクター（SDS）が示されている。

この中には、インフラ、金融包摂・送金、国内資金動員、国際金融アーキテクチャー、気候変動・グリーンファイナンス、国際保健など、財務大臣・中央

【図表5-10】杭州サミットにおけるSDS一覧（外務省作成）

1. インフラ	9. 貿易投資
2. 農業・食料安全保障・栄養	10. 腐敗対策
3. 人材開発・雇用	11. 国際金融アーキテクチャー
4. 金融包摂・送金	12. 成長戦略
5. 国内資金動員	13. 気候変動・グリーンファイナンス
6. 産業化	14. イノベーション
7. インクルーシブ・ビジネス	15. 国際保健
8. エネルギー	

（出所）外務省「持続可能な開発のための2030 アジェンダに関するG20行動計画」

銀行総裁会議にも関係する分野が含まれており、継続的に議論が行われている（インフラについて第7章2(5)、債務問題について第8章3、気候変動・グリーンファイナンスについて第7章6、国際保健について第8章2を参照）。

3. 日本議長下のG20財務大臣・中央銀行総裁会議におけるプライオリティ

(1) 概説

日本は2019年、G20の議長を務めた。日本は議長就任に当たって、G20議長国として以下のビジョンを財務大臣談話の形で示している。

- 世界経済は、国際金融危機から10年が経過し、安定性を維持しているものの、近年、経済成長は鈍化し、金融の脆弱性も高まるなど、様々な下方リスクが存在する。将来の危機に備えてこれまで以上に警戒を強化していく必要がある。
- 世界は、高齢化社会への対応、途上国におけるインフラ・社会保障制度の整備、気候変動対策など、数多くの伝統的な課題を依然として抱えている。また、急速な技術革新により、経済の生産性が向上する一方、金融サービスや雇用のあり方が劇的に変化するなど、技術革新に伴う大きな変化への対応が新たな課題として顕在化している。
- 経済成長の果実の分配の不均衡から一般市民の不満が高まり、これまで世界に平和と繁栄をもたらしてきた国際経済秩序や国際協調といった価値は危機に瀕している。このままでは国際社会は分断され、各国はいよいよ閉鎖的となり、経済の悪化と社会の不安定化の悪循環が助長される状況に陥りかねない。

以上の認識の下、世界経済の持続可能で包摂的な成長の実現のための基盤づくりこそがG20に求められている役割であるとして、日本議長下のG20財務大臣・中央銀行総裁会議では、以下の3つのテーマに注力することとした。

① 世界経済のリスクと課題の整理

② 成長力強化のための具体的取組

【図表5-11】日本議長下でのG20プライオリティ

Ⅰ．世界経済―リスクと課題
- (A) 世界経済リスクのサーベイランス
- (B) グローバル・インバランス問題への対処
- (C) 高齢化の課題・政策対応

Ⅱ．成長力強化のための具体的取組
- (D) 質の高いインフラ投資
- (E) 自然災害に対する強靱性の強化
- (F) 途上国におけるUHC（Universal Health Coverage）ファイナンスの強化
- (G) 低所得国における債務透明性の向上及び債務持続可能性の確保

Ⅲ．技術革新・グローバル化がもたらす経済社会の構造変化への対応
- (H) 国際租税
- (I) 金融市場の分断を回避する国際的な連携・協力
- (J) 金融セクターにおける技術革新―機会と課題

③　技術革新・グローバル化がもたらす経済社会の構造変化への対応

この3つのテーマの下に合計10の重要議題（プライオリティ）を掲げており、**(2)** 以降でそれぞれの詳細、議論の結果について述べる。

(2) 世界経済―リスクと課題―

G20には、先進国・新興国の双方を合わせ、世界のGDPの80%を超える国々が参加している。こうしたG20の枠組みは、世界主要国の財務大臣・中央銀行総裁が、世界経済が直面する現下のリスクや様々な課題について率直に意見を交わし、国際的な政策協調を行うためのフォーラムとして、大きな役割を果たしているといえる。

日本が議長国としての役割を担った福岡G20では、世界経済について、①現状とリスク、②グローバル・インバランス（世界的な経常収支の不均衡）、③高齢化の3つのプライオリティに焦点を当てた議論を行った。以下、それぞれについて議論の概要と主な成果を紹介する。

① 世界経済の現状とリスク

世界経済の現状やリスクを継続的にモニターすると共に、必要に応じ、国際協調を進めることで、「強固で（Strong）、持続可能で（Sustainable）、均衡ある（Balanced)、包摂的な（Inclusive）成長（Growth)」(SSBIG）を実現することは、G20、特に、財務大臣・中央銀行総裁が率いる財務トラックに求められる中心的な政策課題である。G20サミットが創設された2008年末以来、G20は、リーマン・ブラザーズの破綻を端緒として始まった世界金融危機の克服を始めとして、大きな役割を果たしてきた。金融危機の後、G20には、成長を下支えする観点から、これまで以上に、長期的・構造的な政策課題に注力することが求められているが、同時に、世界的な景気変動や、世界経済が直面する短期的なリスクについても、不断のモニタリングが重要である。

福岡G20では、世界経済について、足元で安定化の兆しを示しており、2019年後半から来年に向け緩やかに上向くとの見通しを共有する一方、リスクは下方に傾いており、何よりも、貿易や地政学的な緊張が増大していることを認めた。その上で、様々な下方リスクから成長を守るため、すべての政策手段を用いるとのコミットメントを再確認した。

このほか、福岡G20では、貿易について、成長・生産性・イノベーション・雇用創出・開発のための重要なエンジンであると位置付けた上で、多角的貿易体制の重要性などを謳った、2018年12月のブエノスアイレス・サミットにおける首脳の合意を再確認している。

② グローバル・インバランス問題への対処(1)

2019年6月8～9日に福岡で開催されたG20財務大臣・中央銀行総裁会議の声明では、グローバル・インバランスについてかなり踏み込んだ文言が盛り込まれた。特に目を引いたのは、以下の文言である(2)。

（ア）我々は、対外収支を評価するにあたっては、サービス貿易・所得収支を含む経常収支のすべての構成要素に着目する必要があることに留意する。

（イ）我々は、対外不均衡の中には、経済のファンダメンタルズに沿ったものもあれば、過度でありリスクを孕むものもあるという見解を共有する。過度

(1) 本項の記述は多くを棚瀬（2019）に拠っている。

(2) 全文は財務省のホームページ参照。https://www.mof.go.jp/international_policy/convention/g20/communique.htm

な対外不均衡の根底にある要素には、過剰な法人貯蓄、誤った財政政策、財・サービス分野の貿易障壁等が含まれうる。

（ウ）我々は、協力推進の精神に基づいたうえで、過度の対外不均衡に対処し、強固で持続性があり均衡のとれた包摂的な成長というG20の目標実現に対するリスクを低減するには、各国の実情に即しつつ、注意深く策定されたマクロ経済・構造政策が必要であることを確認する。

（ア）は、経常収支の不均衡がどの項目で生じているかによって政策対応が異なり得ることを踏まえたものと捉えられる。（イ）においては、過度な対外不均衡の原因（過剰な法人貯蓄、誤った財政政策、財・サービスの貿易障壁等）を具体的に列挙した点が特徴的であった。第2章**1**(**6**)で述べたように、G20の目標である「SSBIG（強固で、持続可能な、バランスの取れた、包摂的な成長）」を達成するためには国ごとにI-Sバランスの最適化を図る必要がある。このためには構造改革等の国内政策と多国間協調の双方が必要不可欠であるが、（ウ）はこのことを踏まえたものといえる。「協力推進の精神」という文言に、多国間協調を重視するG20のスタンスが反映されている。

また福岡G20では、グローバル・インバランスに関して2種類の「付属文書」[(3)]（フレームワーク・ワーキンググループ（FWG）[(4)]による *Summary Document on Global Imbalance* とIMFによる *Global Imbalance*）が公表され、こちらはより踏み込んだ内容となっている。FWGによるペーパー（以下「FWGペーパー」）では、過度な対外不均衡（経常黒字と赤字の両方）に対処するための具体的な政策メニューが提示された点が特徴的であった。政策は「マクロ政策ミックス」と「構造政策」に分類されており、これは各々循環的な

---

(3) 全文（英語）は福岡G20のホームページで利用可能。https://www.g20fukuoka2019.mof.go.jp/ja/outline/annex.html

(4) フレームワーク・ワーキンググループ（FWG）とは、G20財務大臣・中央銀行総裁会議（財務トラック）の作業部会（WG）の一つで、世界経済の枠組み（フレームワーク）全般を扱う。2019年の日本議長下では、世界経済リスクのサーベイランス（監視）に加え、世界経済の「強固で、持続可能な、バランスの取れた、包摂的な成長（SSBIG）」の達成に向けた成長戦略として、グローバル・インバランス問題への対処、及び、高齢化の課題・政策対応を扱った。

不均衡と構造的な不均衡に対処するものと位置付けられる。具体的には、例えば過剰な経常赤字に対処するための政策としては、「マクロ政策ミックス」として「成長志向の財政再建」と「(信用が過剰なケースにおける）マクロプルーデンシャル政策の引き締め」が、「構造政策」としては、貯蓄を奨励するものとして「過大な年金給付の修正」と「金融の深化」、競争力を強化する施策として「労働市場の柔軟性」と「労働者のスキルベースの改善」が挙げられている（【図表5-12】)。

またFWGペーパーでは、為替レートと対外不均衡の関係及び「自由、公正で双方にとって利益となる財・サービス貿易」の重要性についても、興味深い議論がなされている。

為替レートについて、FWGペーパーでは、「為替レートの柔軟性が対外調整のプロセスをサポートする」ものの、そのインパクトは「グローバル・バリューチェーンへの統合の度合いと経常収支の構成によって、各国で異なったものとなり得る」との見方が示された。これは具体的には、以下のようなことを示唆していると考えられる。為替レートの柔軟性が問題となるのは主として通貨制度が硬直的な新興国においてであり、こうしたケースではより柔軟な通貨制度が対外不均衡の修正に寄与し得る。また、為替レートが対外不均衡の修正において有効なのは、不均衡が主に貿易収支で生じており、且つ一定の条件(5)を満たすケースのみであり、不均衡が所得収支において生じている場合には為替によってそれを修正することはできない。

またFWGペーパーは、「dominant currencies」(主に米ドルを指すとみられる）によってファンディングを行っている国（主に新興国）においては、為替レートの対外バランスへのインプリケーションが伝統的なものと逆方向になり得ることを指摘している。すなわち、自国通貨安は通常、貿易収支の改善に繋がり経済にとってポジティブだが、多額の外貨建て債務を抱えている国では自国通貨安は（自国通貨建てで見た）債務負担の増大を通じて、経済に対してネガティブに作用し得るということである。

(5)　具体的には、輸出が相手国通貨でなされ、為替レートの変化に応じて現地における相手国通貨建ての価格が柔軟に調整され、且つ輸出数量の価格弾力性が高いことが求められる（棚瀬（2019))。

【図表5-12】過度な対外不均衡に対応するための政策

	過剰な黒字	過剰な赤字
マクロ政策ミックス	利用可能な財政余地の活用と潜在成長率を高める消費支出の方向付け 金融緩和に対する過度の依存の回避	成長志向の財政再建 （信用が過剰なケースにおける）マクロプルーデンシャル政策の引き締め
構造政策	**〈過剰貯蓄の削減〉** 社会的セーフティネットの拡充 高齢者の労働参加の奨励 **〈投資の促進〉** 特にサービスセクターにおける、参入障壁の撤廃 高水準の企業貯蓄への対応	**〈貯蓄の奨励〉** 過大な年金給付の修正 金融の深化 **〈競争力の強化〉** 労働市場の柔軟性 労働者のスキルベースの改善

出所：G20 FWG *Summary Document on Global Imbalances*

「自由、公正で双方にとって利益となる財・サービス貿易」の重要性との関連で、FWGペーパーは、「貿易コストの低減が資源のより効率的な配分を促進して生産性を高めるため、財のみならずサービス貿易についても、貿易障壁を取り除くことが重要」との見方を示している。

メディア報道等では福岡G20について、「保護主義に抵抗する」との一文が声明に盛り込まれなかったことにフォーカスして、米国の保護主義、ユニラテラリズム、反グローバリゼーションのスタンスに他国が屈したといった論調が多かったが、グローバル・インバランスに関する声明の文言やFWGペーパーにおける議論から受ける印象は、こうした一般的な論調とはかなり異なるのではないだろうか。声明やFWGペーパーを見る限り、一般的なイメージとは裏腹に、自由貿易と多国間協調をリスペクトするスタンスは依然として、G20各国間でかなりの程度共有されているといえよう。また、経常収支の構成の違いによる政策へのインプリケーションの違いや、対外不均衡修正における為替レートの役割が各国間で異なり得ることなどがG20の共通認識として問題提起されたことは大変意義深く、こうした論点について今後更なる研究が進むことが期待される（この点に関して、福岡G20声明及びFWGペーパーでは、IMFが主導的な役割を担うとされている）。

③ 高齢化の課題・政策対応

高齢化は、日本を始めとする先進国だけでなく、G20に参加する多くの新興国においても、今後、急速に進むことが見込まれている。健康寿命の伸長は世界中の人々にとって朗報である一方、財政・金融・金融システムなど、経済運営のあらゆる側面に大きな影響を及ぼすものであることから、高齢化の進捗を見越して、十分な政策対応を検討することが重要である。また、高齢人口の増加を踏まえた金融包摂のあり方についても検討を深める必要がある。

一方、G20に参加する国々は、(1) 高齢化が相当程度進んだ日本を始めとする先進国もあれば、(2) 高齢化が本格化しつつある国（アルゼンチン・中国など）、(3) 現役世代の拡大が続き、高齢化が本格化するには時間がある国（サウジアラビア・インドネシアなど）、といったように多様であり、高齢化の進捗度に応じ、直面する政策課題に大きな違いがあるのも事実である。

こうした点を踏まえ、福岡G20では、G20史上初の試みとして、前述の高齢化の度合いに応じて3グループに分けた分科会で議論を行った上で、全体会合でG20全体に通底する政策課題を検討した。以下、福岡G20において特定された、高齢化の進捗に対応した政策行動を紹介する。

- スキルへの投資、女性・高齢者における労働参加率促進、高齢者に優しい産業の育成などによる生産性及び成長の向上。
- 公共支出・投資の効率性や実効性の向上、世代間及び世代内の公平性に考慮した機能的かつ財政持続的な社会保障の強化。
- 高齢化がもたらす課題により良く対応するための公正で成長を促す税制の設計。
- 金融政策に対する高齢化よるインプリケーションのより良い理解。
- 金融機関がそのビジネスモデルとサービスを必要に応じて適応できるよう支援。
- 人口動態変化による国境をまたがるインプリケーションの管理（資本移動や移民など）。

以上に加え、福岡G20では、「高齢化と金融包摂のためのG20福岡ポリシー・プライオリティ」（GPFI（金融包摂のためのグローバル・パートナーシップ)・OECD策定)も承認された。

(3) 成長力強化のための具体的取組

日本議長下のG20財務大臣・中央銀行総裁会議における第2の柱は、「成長力強化のための具体的取組」である。具体的には、①質の高いインフラ投資、②自然災害に対する財務上の強靱性の強化、③途上国におけるユニバーサル・ヘルス・カバレッジ(UHC)ファイナンスの強化、及び④低所得国における債務の透明性の向上及び持続可能性の確保、について重点的に議論したほか、グローバル金融ガバナンスに関するG20賢人グループ(EPG)の提言を受けたフォローアップに係る議論も行われた。

① 質の高いインフラ投資

日本議長下以前のG20におけるインフラ投資の議論は、新興国・途上国における膨大なインフラ需要、持続的な開発目標(SDGs)達成に向けた資金ギャップを背景に、いかに民間資金を動員するかに主に焦点が当てられてきた。他方、持続可能な経済発展を支えるためには、インフラ投資の「量」だけではなく「質」を確保した「質の高いインフラ投資」(313頁(第7章**2 (5)** 質の高いインフラ投資参照)が必要である。日本はG20議長国として、インフラ投資の「質」の向上と「量」の拡大とは補完的関係にある、という観点から、成長力強化のための具体的取組の筆頭に「質の高いインフラ投資」の推進を掲げた。

具体的には、2016年5月に開かれたG7伊勢志摩サミットにおいて採択された「質の高いインフラ投資の推進のためのG7伊勢志摩原則」を踏まえつつ、同年9月に開かれたG20杭州サミットにおいて合意された質の高いインフラ投資の諸要素を議論の出発点とし、G20における議論では従来必ずしもハイライトされてこなかった要素に焦点を当てて議論することとした。すなわち、利用の開放性や調達における透明性、国レベルでの債務持続可能性などを含むインフラ・ガバナンスの強化を新たな要素として盛り込むとともに、インフラ投資がもたらす経済、環境、社会及び開発面における正のインパクトを最大化し、経済活動の好循環を創出することを目標とする、インフラ投資に関するG20原則を策定することを目指し、G20の作業部会を中心に、各国や関連国際機関と活発な意見交換を行った。

その結果、日本が主張してきた「開放性」「透明性」「経済性」「債務持続可能性」を原則の諸要素として盛り込む形で、「質の高いインフラ投資に関するG20原則」(【図表5-13】)が2019年6月に福岡で開催されたG20財務大臣・中央銀行総裁会議で承認され、そして同月大阪で開催されたG20サミットにおいて首脳レベルでも承認された。

これにより、新興ドナー国を含む国際社会が協力し、「質の高いインフラ投資に関するG20原則」において示されたインフラ投資が考慮すべき要素を国際社会全体に普及させ、個別プロジェクトに反映・実践していくこととなった。

また、併せて、質の高いインフラ投資に関心を有する途上国や国際開発金融機関(MDBs)、バイの開発金融機関などの実務担当者が、「質の高いインフラ投資に関するG20原則」を実施に移す上で参照することができるレファレンス

【図表5-13】質の高いインフラ投資に関するG20原則

原則1：持続可能な成長と開発へのインパクトの最大化

- **雇用創出**や**技術移転**を伴うインフラ投資により、**能力構築**、生産性向上、民間投資促進などを通じて、**経済の好循環**を促進。
- **国別戦略との整合性**をとりつつ、SDGs等に沿ったインフラ投資により持続可能な開発を促進し、**連結性**を強化。

原則2：ライフサイクルコストからみた経済性

- **価格に見合った価値(Value for Money)**を実現すべき。インフラの建設のみならず、その**運営や維持・管理(O&M)**等も含めたトータルコストを考慮することが重要。**事業遅延やコスト・オーバーランのリスク**にも配慮すべき。**革新的な技術**も有用。

原則3：環境への配慮

- 生態系、生物多様性、気候等への影響を考慮すべき。環境関連の情報開示の改善を通じたグリーン・ファイナンス商品の活用も重要。

原則4：自然災害等のリスクに対する強靱性

- 自然災害リスクや人為的リスクの管理は、設計段階から考慮に入れる必要。災害リスク保険は、強じんなインフラを促すもの。

原則5：社会への配慮

- 全ての人々の経済的参加と社会的包摂を促す必要。**利用の開放性**、**安全性**、**ジェンダー**、社会的弱者への配慮が重要。

原則6：インフラ・ガバナンス

- **調達の開放性・透明性**、**腐敗防止**に向けた努力、情報・データへのアクセスが重要。
- プロジェクトごとの財務の持続可能性のみならず、**マクロ(国)レベルの債務の持続可能性**が重要。

【図表5-14】質の高いインフラ投資に係るレファレンスノート

- 途上国や国際開発金融機関（MDBs)、バイの開発金融機関などの実務担当者が、「質の高いインフラ投資に関するG20原則」を基に、具体的なインフラ投資案件を検討する際の参考資料として、国際機関が執筆。G20日本議長下における成果物の一つ。
- 「プロジェクト組成」「調達」というインフラ・プロジェクトのステージに応じたレファレンスノートと、プロジェクトのステージを問わず特定のテーマに着目した「環境社会配慮(E・S)」「ガバナンス（G)」に関するレファレンスノートと、合計4種のレファレンスノートを作成。

ステージに応じたレファレンスノート	テーマに応じたレファレンスノート
「プロジェクト組成」に係るレファレンスノート	**「環境・社会配慮」に係るレファレンスノート**
フィージビリティ・スタディや事前評価などプロジェクト準備における検討事項に加え、インフラ分野への投資を促す環境整備や制度能力強化から、プロジェクトの実施やモニタリングまで、プロジェクトのライフ・サイクルに亘る各段階の課題（例：プロジェクト担当者の専門性向上、予算枠内でのプロジェクト間の優先順位付け、プロジェクト契約の全期間を通じた事業者に対するモニタリング、など）を示すもの。EBRD作成。	G20質高原則における「環境配慮」及び「社会配慮」について、これをインフラ投資における開発関係者や企業、投資家に係る実務に反映させるための検討課題（例：利用の開放性、設計、建設、操業などインフラのライフサイクルを通じた環境・社会配慮の徹底、コーポレートガバナンスに対する持続可能性の要素の反映、環境面での情報開示の充実化、など）を示すもの。OECD作成。
「調達」に係るレファレンスノート	**「ガバナンス」に係るレファレンスノート**
G20質高原則で示された重要コンセプトが、MDBsの調達プロセスにおいて適切に反映されるよう検討事項をまとめたもの。質高原則の各要素（経済性、環境配慮、強靱性、社会配慮、ガバナンス）について調達面で押さえるべき諸点（Value for Money、利害関係者間の開放性や透明性の確保、など）を明示。世銀作成。	G20質高原則における「ガバナンス」について、これをインフラ投資における実務において反映させるための検討課題（例：インフラ・プロジェクトの実施と予算配分の整合性を確保した長期戦略計画の策定、調達の透明性や債務持続可能性の確保、腐敗防止、など）を示すもの。OECD・IMFの共著。

ノート（【図表5-14】)、そして、質の高いインフラ投資の組成や資金調達を行う上での助けとなる支援ツールや政策枠組み等をワンストップで検索できるオンライン・データベースが、関連国際機関により作成された。

② 自然災害に対する強靱性の強化

自然災害に対する強靱性（レジリエンス）の強化は、地球温暖化の影響も受けて、世界各地で自然災害が増加する中、災害多発国として有する知識と経験を世界と共有するため、日本が重要な開発課題の一つとして位置付け取り組んできたテーマである。

G20日本議長下では、レジリエンスと質の高いインフラ投資、マクロ・財政政策のそれぞれをリンクさせることの重要性と、それにより期待される好循環に焦点を当てることとした。具体的には、日本が世界銀行とともに普及・促進を主導してきた「太平洋自然災害リスク評価及び資金援助イニシアチブ(PCRAFI)」(285頁参照)や「東南アジア災害リスク保険ファシリティ(SEADRIF)」(283頁参照)などの災害リスク保険とともに、日本の地震保険なども含む各国の取組事例も含め、様々な形態・方式の災害リスクファイナンス手法の事例、直近の動きをG20メンバーで共有し、自然災害に対する財務の強靭性強化に平時から国際社会が取り組むことの重要性を再認識するとともに、その一層の普及・啓発を図ることとした。

まずキックオフとして、2019年1月に東京で開催したG20財務大臣・中央銀行総裁代理会議に合わせ、財務省・世界銀行・ADB共催で「包摂的な開発のためのイノベーションに関するセミナー」を東京で開催した。同セミナーには、G20各国や国際機関、民間セクターや市民社会団体から幅広い関係者が集い、自然災害に対する財務上の強靭性強化に向けた課題や方策について議論が行われた。

そして、2019年6月、福岡でのG20財務大臣・中央銀行総裁会議では、声明において、「自然災害に対する財務上の強靭性を促進させる手段としての、災害リスクファイナンス・保険スキームの重要性を認識」した。また、世界銀行による報告書「災害ショックに対する財務上の強靭性の強化：グッドプラクティスと新たなフロンティア」(【図表5-15】)を、「マクロ経済・財政計画の策定を通じたものを含む、災害リスクファイナンスに係る手法に関する知識を広げることに役立つものとして」言及した。そして、同月のG20大阪首脳宣言でも、「自然災害に対する財務上の強靭性を促進させる手段としての災害リスクファイナンシング調達及び保険スキームを含む防災に関する更なる取組の重要性を認識する」と言及した。

こうした議論を通じて、自然災害に対する財務の強靭性を強化する取組が、質高インフラ投資と相互補完的に持続可能な成長の基盤を強固にする観点、そしてそのために各国財務省がイニシアチブを取ることの重要性は、これまでになかった切り口と各国から評価された。

災害の予防・備えに関する議論は、大規模災害発生時には議論が活発化する一方、時が経つにつれ注目・危機感は薄れる傾向にある。それゆえ、日本は災

【図表5-15】世銀報告書：「災害ショックに対する財務上の強靱性の強化：グッドプラクティスと新たなフロンティア」概要

- 本レポートは、各国の災害リスク保険（日本の地震保険等）や、地域災害リスク保険プール（PCRAFI、SEADRIF等）など、災害リスクファイナンス・保険の好事例を取りまとめたもの。
- 災害リスクファイナンス・保険は、民間資金を活用しつつ、自然災害に対する財務の強靱性を高め、復旧・復興に向けて迅速な対応を可能とする重要な取組。

（1）各国の災害リスクファイナンス・スキーム

自然災害への強靱性強化をマクロ財政施策の一部として意識し、民間資金も活用しつつ、防災と財務面での備えの両方を一体として強化する国が増加。

例①）メキシコ：災害発生時への備えとして、国家予算の一部を自動的に自然災害リスク基金にプール。

例②）オーストラリア：州政府において主に公的資産向けに民間再保険を活用した保険プールを導入・活用。

例③）日本：損害保険会社が提供する地震保険の一定額以上の損害を政府が再保険する**「地震保険」制度**を通じ、官民の分業・リスク分担、損害査定の簡素化による地震発生時の迅速な支払いを確保。

（2）地域レベルでの災害リスク保険プール

1カ国では国際保険市場にアクセスできない、または保険料が高額になるといった「市場の失敗」を克服すべく、複数国が災害リスクをプールした上で、国際保険市場へのアクセスを可能とする仕組み。

例①）カリブ海諸国災害リスク保険ファシリティ（CCRIF）

例②）**太平洋自然災害リスク保険（PCRAFI）**

例③）**東南アジア災害リスク保険ファシリティ（SEADRIF）**

（3）災害リスクファイナンスにおける新領域

途上国におけるインフラを対象にした災害リスク保険の導入、地球観測システムやビッグデータ等の革新的技術の活用を通じたリスクの計測や評価の精緻化、被害損失状況や保険対象者の特定の迅速化など。

害大国としての経験・知見を基に、今後とも、二国間開発協力や国際機関との連携を通じ、途上国が平時から長期的な視点に立って、災害リスク管理を強化するよう取り組んでいく必要がある。

③ 途上国におけるUHC（Universal Health Coverage）ファイナンスの強化

UHCとは、「すべての人々が経済的困難を伴うことなく必要な質の高い保健サービスを享受すること」を指す。世界銀行が立ち上げたHuman Capital Projectでも指摘されているとおり、健康は人的資本の蓄積に貢献し、ひいては持続可能な経済成長の基礎となる。日本はこの観点から、世界におけるUHC

の推進に積極的に取り組んできた。

日本は特に、UHCを実現するためには、効果的な保健システムとともにそれを支える強固な保健財政制度を構築することが不可欠であるということを強調してきた。これを踏まえ、日本が議長国となった2019年のG20財務トラックにおいては、UHCの推進が急務であり、それによる経済や社会へのインパクトが大きいと見込まれる途上国における成長力強化の取組の一環として、「途上国におけるUHC（Universal Health Coverage）ファイナンスの強化」を重点事項の1つに掲げ、途上国におけるUHCの達成に向けた持続可能な保健財政（ファイナンシング）の実現について議論を行った。G20財務トラックにおいて保健財政を課題として正面から取り上げたのはこれが初めての試みである。

1月のG20財務大臣・中央銀行総裁代理会議以降、世界銀行等の国際機関や各国保健省からのインプットも得ながら、財務当局間でUHCの推進に向けた保健財政の重要性、その構築に当たり財務当局が考慮すべき事項について議論を行い、6月に福岡で開催したG20財務大臣・中央銀行総裁会議及び大阪で開催されたG20サミットにおいて、「途上国におけるUHCファイナンス強化の重要性に関するG20共通理解」へのコミットメントを確認することができた。

この共通理解には、経済発展の早期段階にUHCを推進することの重要性や、国内資金を主な財源とする制度設計、財務当局と保健当局との連携の重要性といった、保健財政制度の構築に当たって留意すべき重要事項が掲げられている。

また、大阪サミットに合わせて開催した「G20財務大臣・保健大臣合同セッション」では、財務当局と保健当局の連携の具体的なあり方について深い議論が行われたほか、途上国におけるUHCの推進に向けた世界保健機関（WHO）と世界銀行の連携について意見が交わされた。そして、本合同セッションにおいても、「途上国におけるUHCファイナンス強化の重要性に関するG20共通理解」への財務大臣、保健大臣双方のコミットメントを確認することができた。

(参考)「途上国におけるUHCファイナンスの強化の重要性に関するG20共通理解：概要」

- 経済発展の早い段階における取組の重要性

- 国内資金を主な財源とした保健財政制度の設計
- 国内資金を補完する形での国外資金の活用
- 費用対効果があり、かつ公平な保健システムの構築
- 保健危機への事前の備え・対応
- 組織的なキャパシティの構築
- 民間セクターの活用
- 財務当局の役割と保健当局との連携

④ 低所得国における債務透明性の向上及び債務持続可能性の確保

近年、公的債務の累積に伴い、低所得国の債務持続可能性が懸念されている。また、非パリクラブ諸国や民間債権者からの融資、担保付貸付等の複雑な融資手法も増加しており、こうした借入についての透明性の欠如が、債務脆弱性の増大につながっているとの指摘もなされている。（第8章3も参照）

低所得国の債務問題に対処するにあたっては、まずは低所得国自身が、財政管理の強化や債務データの適切な収集・管理等に向けて改革を進めることが重要である。しかしながら、低所得国による取組だけでは十分ではなく、債権者や国際社会による取組が不可欠であり、こうした観点から、G20は、債務の透明性を向上し、債務の持続可能性を確保するための、債務国及び公的・民間の債権者双方による協働を促してきた。2019年6月に福岡で開催されたG20財務大臣・中央銀行総裁会議では、そうした三者の協働の重要性を再確認するとともに、それぞれの取組の具体的な進展を確認することができた。

第一に、債務国側における取組として、IMF及び世界銀行グループが、現在、新たに生じつつある債務脆弱性に対処するための「様々な角度からのアプローチ」の下で実施している債務国の能力強化を含む取組について、G20は進捗を確認し、これを歓迎した。両機関は同アプローチの下、引き続き、債務国の債務透明性の向上及び債務持続可能性の確保に向けて取り組んでいる。

第二に、公的債権者側の取組として、G20は、「G20持続可能な貸付に係る実務指針」の実施に関する任意の自己評価を行うとともに、その評価結果と政策提言をまとめたIMF及び世界銀行グループのノートを歓迎した。G20は、貸付慣行の改善を目指し、このノートで強調された課題を踏まえた取組を継続して

【図表5-16】低所得国の債務問題に対する取組

債務国

IMF・世銀による債務脆弱性対処のための取組の着実な実施。債務国の能力構築などを図る。

- IMF・世銀は、複数年単位の様々な取組をまとめた両機関の戦略的アプローチとして、「様々な角度からのアプローチ（MPA：multi-pronged approach）」を推進中。
- 同アプローチの下、両機関は、
  1. 債務分析ツールの強化
  2. 債務透明性向上の取組（能力構築支援や債務データの改善等）
  3. 債務管理能力強化の取組（債務管理強化のためのファシリティ立ち上げ等）
  4. 債務関連ポリシーの見直し（非譲許的借入（注）の累積を制限する政策の強化）

  （注）ODA等とは異なり、金利・返済期間・据置期間等の条件が譲許的ではない（緩和されていない）借入。
- G20はこれら取組の成果・進捗を確認。両機関はこうした取組を引き続き着実に実施。

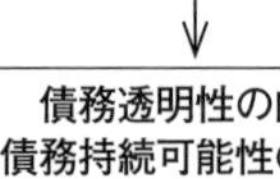

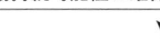

公的債権者

公的債権者による貸付実務の自己評価。持続可能な貸付の定着を目指す。

- 「G20持続可能な貸付に係る実務指針（OGSF：Operational Guidelines for Sustainable Financing）」に照らした自己評価を実施。

  （参考）OGSFは、持続可能な貸付の定着を目的として、債権国・債務国双方が取り組むべき事項を整理したG20の指針。2017年3月のG20財務大臣・中銀総裁会議（於：独・バーデン＝バーデン）にて歓迎。
- G20の15メンバー、非G20の5カ国が自己評価に参加。
- IMF・世銀が各国の自己評価結果を取りまとめ、改善点や見習うべき点をハイライト。ただし、個別の国名や自己評価結果は非公表。

民間債権者

民間債権者による「債務透明性のための任意の原則」の策定。民間ファイナンスの透明性の向上を図る。

- 国際金融協会（IIF：Institute of International Finance）による任意のイニシアティブ

  （参考）IIFは、1983年に設立された、世界の約500の民間金融機関が加盟する国際的組織（本部：ワシントンDC）。国際金融に関する調査、政策提言等を実施。日本からは、三菱UFJフィナンシャルグループ（FG）、みずほFG、三井住友FG、野村ホールディングス、日本政策投資銀行、国際協力銀行（JBIC）等が参加。
- 民間金融機関が途上国政府や公的機関との間で締結する融資等の契約に関する情報開示（例：債務者名、金額、通貨、返済条件、金利等）を進めるもの。

おり、2021年イタリア議長下の取組として、2回目の任意の自己評価を実施することとしている。

第三に、民間債権者側の取組として、国際金融協会（IIF）が、民間債権者による低所得国への透明かつ持続可能な貸付を定着させる観点から、「債務透明性のための任意の原則」を策定し、G20は、この取組を支持するとともに、フォローアップへの期待を表明した。現在、IIFは民間貸付データの収集に向けて具体的な検討を進めており、OECDがデータの保存先として立候補している。

(4) 技術革新・グローバル化がもたらす経済社会の構造変化への対応

① 国際租税

租税回避及び脱税への対抗や税関連の途上国支援といった国際租税分野の取組は、G20の成功事例とされ、近年大きく進展してきた。他方、現行の国際課税原則が経済の電子化によるビジネスモデルの変容等に十分に対応していないという大きな課題が残されており、国際租税は引き続き、G20における主要アジェンダの1つとなっている。

経済の電子化への対応については、従来、2020年までの長期的解決策の合意に向け議論が進められてきた。約130もの国・地域の税の専門家で構成されるBEPS（税源浸食と利益移転）包摂的枠組み（IF：Inclusive Framework on Base Erosion and Profit Shifting）における精力的な議論の結果、2019年5月には、解決策の策定に向けた作業計画が合意された。福岡G20では、この作業計画の提出を受けて2020年の合意に向けてどのように議論を加速していくかが大きな課題であった。また、租税回避及び脱税への対抗については、2012年に立ち上げられたBEPSプロジェクトの下、IFに参加する国・地域においてBEPS対抗措置の実施が進んでいる他、2018年までに90カ国・地域の税務当局間で非居住者の金融口座情報の自動的交換が開始された。

こうした中で、日本議長下においては、（ア）経済の電子化への対応、（イ）BEPSへの対応、（ウ）税の情報交換に関する取組、（エ）税に関する途上国への能力構築支援、を4つのテーマとして議論を進めてきた。福岡G20では、多くの参加者から、租税回避や脱税に対抗するためには多国間主義に基づく取組が必要であり、(イ) BEPSプロジェクトを引き続き支持していくとの見解が示されたほか、(エ) 税関連の途上国支援強化に関する支持が再確認された。そして、最も議論となった (ア) 経済の電子化への対応に関しては、2020年までにコンセンサスに基づく解決策を見つけるための取組を更に強化することに大臣間で合意するとともに、IFから提出された作業計画が承認された。

この作業計画においては、(1) 多国籍デジタル企業などが恒久的施設 (いわゆるPE) のないまま活動する国に対して、課税権を配分する国際課税原則の見直しと、(2) 軽課税国への利益移転に対し、最低税率による課税を実質的に確保するルールを導入する、という相互補完的な2つの柱について一緒に検討を進めることや、2020年1月に解決策の大枠について合意し、2020年末までに最終報告書を取りまとめるといった今後の具体的な検討の進め方が示されている。

【図表5-17】G20プライオリティ・国際租税

世界規模で公正、持続可能、現代的な国際課税制度の構築が重要。そのためには国際協調が鍵であり、「BEPSプロジェクト」を主導してきた我が国として、国際的な議論及び政治的気運の維持に貢献する。

※BEPS：Base Erosion and Profit Shifting（税源浸食と利益移転）

主な議論内容

・経済の電子化への対応：2020年までの長期的解決策のとりまとめに向け、議論を進展
・BEPSへの対応：「BEPSプロジェクト」の実施を促進するとともに、今後の課題について議論
・税の透明性：税の情報交換に関する取組を推進
・税と開発：「税に関する協働のためのプラットフォーム」（PCT）を中心に、税に関する能力構築支援を強化
⇒これらを議論する大臣級シンポジウムを、G20財務大臣・中央銀行総裁会議（於：福岡）の機会に開催

G20大阪サミットまでの進展

経済の電子化への対応

○ 現行の国際課税原則が経済の電子化に十分に対応しておらず、価値創造の場で課税されていないおそれ。
○ こうした課題に対し、2020年までに解決策に合意できるよう、以下の2つの柱をふくむ作業計画を策定し、G20福岡会合及び大阪サミットに提出・承認。

長期解決策の概要

Pillar 1： ネクサス及び利益配分に係る 国際課税原則の見直し （市場国又はユーザー所在国に対しより課税権を配分）	Pillar 2： 税源浸食への対抗措置 （無税又は軽課税国への利益移転というBEPSの残された課題に対応）

※ネクサス原則：各国の非居住者たる企業に対する課税権の決定ルール
※利益配分原則：課税対象所得の算定及び配分ルール

租税回避・脱税への国際的な対応

➤ 約130カ国が「BEPSプロジェクト」を実施するための包摂的枠組みに参加
➤ 約90カ国がBEPS防止措置実施条約に署名
➤ 90カ国の税務当局間で非居住者の金融口座情報の自動的交換を開始
➤ 新たな税の透明性基準に基づく審査を実施
➤ PCTパートナー等が途上国支援を強化、PCTから進捗報告を提出

※ PCT（Platform for Collaboration on Tax）：税に関する途上国支援の効果を最大化するため、PCTパートナー（IMF、OECD、国連、世銀）が協働するプラットフォーム。共同支援の調整や支援情報の集約・共有等を実施。

この他、（ウ）税の情報交換を更に強化し脱税等に対抗するため、税に関する金融口座情報の交換などの進捗やその成果を確認するとともに、昨年強化された国際的な税の透明性に関する基準を満たしていない国の暫定的なリストが公表された。

② 金融市場の分断を回避する国際的な連携・協力

世界金融危機以降、G20は金融規制改革を進め、国際共通ルールに合意し、持続的な経済成長の基盤である「開かれた強靱な金融システム」の維持・強化を目指してきた。日本が議長を務めた2019年においては、世界金融危機から10年が経ち、国際的な金融規制改革のほとんどは最終化されていた。一方で、国際銀行市場の資本と流動性の囲い込みや、デリバティブズ市場における意図せざる分断など、各国の規制・監督上の齟齬や重複等が金融市場を分断させるリスクを懸念する声が高まっていた。日本は、これら金融市場の分断が、危機時に流動性の低下等を通じ、金融システムの安定性を脅かすことや、金融仲介機能の効率性を損なうことを回避する必要があるとして、G20でこの問題を初めて本格的に取り上げた。福岡G20では、金融安定理事会（FSB）と証券監督者国際機構（IOSCO）が日本の要請に応じて策定した報告書が歓迎され、こうした市場の分断の問題に、規制・監督上の協力等により、対処していくことに合意した。

③ 金融セクターにおける技術革新—機会と課題

急速にデジタル技術が進展する中、技術革新がもたらすリスクに適切に対処しつつ、その機会を活かすための取組を進めることが重要である。福岡G20では、技術革新が、金融システムや経済全体に広く便益をもたらし得るとの認識を共有した。

暗号資産のリスクに対しては、マネロン・テロ資金対策の強化に加え、新たに、暗号資産当局者台帳や、消費者・投資家保護や市場の健全性確保に関する暗号資産当局者向けの手引書の策定を歓迎した。

また、金融機関の仲介なしでの直接の金融取引を可能にする分散型金融技術の便益を十分に引き出すため、金融当局・金融機関に加え、技術開発者や学識

【図表5-18】福岡G20財務大臣中央銀行総裁会議の結果（1/3）

世界経済の評価

◆ 世界経済は、**足元で安定化の兆し。本年後半及び2020年に向けて緩やかに上向く見通し。**
◆ この回復は、緩和的な金融環境の継続や、中国等の経済対策の奏効等によってもたらされている。リスクは下方に傾いており、何よりも、**貿易と地政を巡る緊張が増大**。これらのリスクに対処し続けるとともに、更なる行動をとる用意。
◆ 貿易が成長の重要な原動力であることを強調。**貿易に関するブエノスアイレス首脳合意を再確認**。国際的な協力や枠組みを強化するために、引き続き共同行動をとる。
◆ 為替相場については、これまでと同じコミットメントを再確認。

グローバル・インバランス

◆ **対外収支の評価には、**すべての構成要素（**サービス収支や所得収支を含む**）**に着目する必要**。
◆ 経常収支は、**国内経済状況及び海外からの波及効果**を反映。有益な不均衡もある一方、世界経済の健全な成長へのリスクとなる不均衡もある（**過剰な法人貯蓄、誤った財政政策、財・サービス分野の貿易障壁**）。
◆ 協力推進の精神に則り、経常収支不均衡への対処には、各国の経済状況に応じた**マクロ経済政策・構造改革**が必要であることを確認。
（＝**二国間の貿易措置**では経常収支不均衡は解消しない。）

高齢化　金融包摂に関する「G20福岡ポリシー・プライオリティ」

◆ 高齢化の度合いに応じた３グループでの分科会（G20初）
◆ 高齢化は、財政・金融政策・金融システム等の広範な分野に政策インプリケーションを与える。

【図表5-19】福岡G20財務大臣中央銀行総裁会議の結果（2/3）

質の高いインフラ投資　「質の高いインフラ投資に関するG20原則」

◆ 成長と開発への正のインパクトの最大化、ライフサイクルで見た経済性、環境社会配慮、自然災害等に対する強靭性のほか、**インフラ・ガバナンス**を原則の一つに掲げる。
◆ 日本が主張してきた**「開放性」「透明性」「経済性」「債務持続可能性」**を原則の諸要素として盛り込み。

低所得国の債務問題

◆ 債務透明性の向上・債務持続可能性の確保のためには、**債務国及び債権者（公的・民間）双方による協働**を推進していく重要性を再確認。
◆ **債務国**の債務脆弱性への対処に向けた**IMFと世銀の取組**（キャパビルなど）の継続的な実施を歓迎。
◆ **公的債権者**による持続可能な貸付に関する自己評価の完了を歓迎。**（G20で15カ国、その他５カ国）**
◆ 国際金融協会（IIF）による、**民間債権者**が参照する「債務透明性のための任意の原則」の取組を支持。

途上国におけるUHCファイナンス　「UHCファイナンス強化の重要性に関するG20共通理解」

◆ 途上国におけるUHC（ユニバーサル・ヘルス・カバレッジ）の達成に向けた、**財務省と保健省の協働**、国内資金の活用、経済発展の早い段階でのUHCの追求の重要性等を含む共通理解へのコミットメントを確認。
◆ 大阪サミットのマージンで開催される**財務大臣・保健大臣合同セッション**（G20初）に期待。

自然災害に対する強靭性

◆ **災害リスクファイナンス・保険スキームの重要性を認識。**

【図表5-20】福岡G20財務大臣中央銀行総裁会議の結果（3/3）

国際租税　「デジタル課税に関する解決策に向けた作業計画」

- ◆ **デジタル課税に関する解決策を**2020年までに合意すべく、相互補完的な「**２つの柱**」を設定。
  ① 多国籍デジタル企業などが物理的拠点（PE）なく活動する市場国にも、課税権を配分するための国際課税原則の見直し
  ② 軽課税国への利益移転に対し、最低税率による課税を実質的に確保するルールの導入
- ◆ デジタル課税等の諸課題を議論する、**国際租税に関する大臣級シンポジウム**を開催。
  ―11カ国の財務大臣等とグリアOECD事務総長が参加。

金融セクター

- ◆ 各国の規制・監督上の齟齬や重複等によって生じた「**金融市場の分断**」に、規制・監督上の協力等により、対処していくことに合意。
- ◆ **技術革新**が金融セクターにもたらす「機会とリスク」を議論。
- ◆ **暗号資産**について、マネロン・テロ資金供与対策に関するコミットメントを再確認。また、新たに投資家・消費者保護策に関する作業を歓迎。
- ◆ **分散型金融技術**の便益を十分に引き出すための議論を開始。

経験者など幅広いステークホルダーとの対話の強化などについて問題提起し、議論を開始した。更に、マネロン・テロ資金対策について、金融技術革新がもたらすリスクと機会について、金融活動作業部会（FATF）に更なる作業と報告を求めることで合意した。

なお、福岡G20の機会を捉え、技術革新に係るハイレベルセミナーを開催し、技術革新の機会とリスクやブロックチェーンのガバナンスのあり方等について、多様な関係者間で議論を深めている。

4. 最近のG7・G20における議論

ここでは、2020年以降のG7・G20における議論の概要を説明する。

（1）新型コロナウイルス感染症への対応（第８章１参照）

2020年、2021年のG7・G20では、新型コロナウイルス感染症への対応が最大の課題となった。サウジアラビア議長の下で2020年２月にとりまとめられたG20声明では、「我々は、新型コロナウイルスの最近の流行を含む、グローバルなリスク監視を強化する」旨が盛り込まれた。

同年３月初めには、米国議長の下でG7の財務大臣・中央銀行総裁が電話会議を行い、声明を発出した。声明では、コロナの感染拡大に係る下方リスクか

ら経済を守るため、すべての適切な政策手段を用いるとのコミットメントを再確認するとともに、適時かつ効果的な施策について、更なる協力を行う用意がある旨を示している。その数日後、G20財務大臣・中央銀行総裁も同様の声明を発出している。これらの対応は、WHOが３月11日に新型コロナウイルスのパンデミックを宣言するよりも前に行われた。３月にはG7・G20の首脳もそれぞれテレビ会議を開催し、首脳宣言を発出している。これ以降、G7・G20各国は、事務レベルも含めて数多くのテレビ会議・電話会議を開催し、コロナに対して連携して対応してきている。

【図表5-21】G20財務大臣・中央銀行総裁会合
（2020年２月22-23日、於：リヤド）

サウジアラビアが議長国となり最初の会合。議長国としての今後のアジェンダ（「女性・若者等への機会提供」「国内金融市場育成」等）を承認。今次会合の声明において、日本の主要な関心事項は以下のとおり。

(1) 世界経済

―「2020年及び2021年に緩やかに上向くことが見込まれる一方、見通しに対する下方リスクは根強い」との前回の認識を踏襲。
― 新型コロナウイルス（COVID-19）について、監視を要するグローバルなリスクの中で唯一具体的に記載。
― これらの下方リスクに対処するため、更なる行動をとる用意があり、全ての利用可能な政策手段を用いることに引き続きコミット。
※世界経済では新型コロナウイルスに関心が集中し、貿易に関する議論はほとんど行われなかった。

(2) 国際租税

―「BEPS包摂的枠組み」の場において合意された、第１の柱（市場国への課税権配分）の統合的アプローチに係る「制度の大枠」をG20として承認し、第２の柱（国際的な最低税負担水準の設定）の進捗報告書を歓迎。
― 未だ残された相違点があることを認識した上で、その解消に向けた更なる進捗を奨励。
― 2020年末までのコンセンサスに基づく解決策に向けたコミットメントを再確認。そのために2020年７月までに主要事項について「BEPS包摂的枠組み」の場で合意することの重要性を強調。

(3) 金融セクター関連

― ステーブルコイン等を含む金融技術革新に関連し、金融安定、消費者・投資家保護、マネロン・テロ資金対策、及び通貨主権を含むマクロ経済上の影響等の潜在的なリスクに引き続き警戒。
― より安価で迅速な送金のためのクロスボーダー決済の強化のロードマップの作成を、金融安定理事会（FSB）に指示。
※日本議長下で取り上げた、質の高いインフラ投資、債務の透明性及び持続可能性についても、議論を前進させていくことを確認。
※なお、各国の意見に大きな隔たりがあったのは、今後、気候変動の問題をどのように財務プロセスで取り上げていくかという点。

【図表5-22】G20行動計画の更新（1/2）

20カ国財務大臣・中央銀行総裁会議声明（2021年4月7日）・付表

国際公共財としての保健

- 我々は、新型コロナウイルスとその変異株への効果的、迅速かつ公平な、グローバルな対応を確保するとのコミットメントを新たにする。
- 我々は、パンデミックの予防、備え、対応のための長期的かつ持続可能な資金調達の解決策に取り組むことにコミットする。
- 我々は、特に世界保健機関（WHO）を含む多国間機関や国際金融機関との、また各機関間の協力や政策の一貫性を強化する必要性を強調する。
- 我々は、強靱な保健システムを構築するため、国際機関、特にWHOや、専門家団体・アライアンスと引き続き協調する。

回復を支援し、形作る

- 我々は、引き続き、政府及び中央銀行それぞれのマンデートと整合的に、補完的な形で、必要とされる間は、財政政策、金融政策及び規制上の手段を用いて、強固で、持続可能で、均衡のとれた、包摂的な回復を支援するため、あらゆる対応を行うことにコミットする。
- 我々は、パンデミックによる経済的な傷跡を最小化し、雇用創出に焦点を当て、構造的再配分、生産性向上の改革、グリーンでデジタルな回復を支えるものも含む投資を促進することにコミットする。
- 我々は、引き続き、不均衡な影響を受けているグループ（女性、若者、未熟練労働者、非正規労働者を含む）や、パンデミックによって最も深刻な打撃を受けている中小企業を含む生産部門やビジネスカテゴリーを支援することにコミットする。
- 我々は、協力・経験と分析の共有にコミットし、関係国際機関に対して、世界経済の回復を支えながら、危機関連の政策から脱却する適切なタイミング、ペース、方法についての政策助言を提供するよう要請する。
- 我々は、成長及び雇用創出の回復において、開かれた公正な、ルールに基づく貿易の重要な役割を認識する。
- 我々は、引き続き、新型コロナウイルスへの対応に関する金融安定理事会（FSB）の原則に従うことにコミットする。
- 我々は、G20のグローバルなリスク監視を強化する。
- 我々は、質の高いインフラ投資を促進する取組を強化し、我々の回復戦略のためのインフラ金融における民間資金動員の取組を加速するという我々のコミットメントを再確認する。
- 我々は、より包摂的な金融システムを促進することにコミットする。

【図表5-23】G20行動計画の更新（2/2）

脆弱国を支援する

- 我々は、脆弱な国々が新型コロナウイルスのパンデミックに伴う課題に対処するにあたり、これらの国々への支援を更に強化する。
- 我々は、引き続き債務脆弱性に対処する。
- 我々は、国際通貨基金（IMF）、世界銀行、地域開発銀行が、危機の変化する段階に応じ支援を継続的に調整してくことを支持する。
- 我々は、国際開発金融機関（MDBs）が、パンデミックへの対応として、2020年4月から2021年半ばまでに、新興国及び低所得国向けに2,300億ドルのコミットメントを行ったことを歓迎するとともに、引き続き債務支払猶予イニシアティブ（DSSI）適格国にネットでプラスの資金フローを供与することを奨励する。
- 我々は、すべての関係する国際機関が、多国間、地域レベル、国レベルで、政策及び業務の協調を一層強化することを改めて支持する。
- 我々はまた、金融の強靱性を引き続き強化する。
- 我々は、グローバル金融セーフティ・ネットの中心にあり、強固で、クォータを基礎とし、かつ、十分な資金基盤を有するIMFへのコミットメントを再確認する。
- 我々は、民間セクターの債権者を巻き込んだ国家債務再編のアーキテクチャを改善する方策を、さらに検討する。

地球を守る

- 我々は、回復の戦略を、よりグリーンで包摂的な社会への移行を促進する方向とすることにコミットする。
- 我々は、よりグリーンな経済への公正な移行の促進における、サステナブルファイナンスの役割を認識する。
- 我々は、国際金融機関がグリーンへの移行支援を強化することを奨励する。

4月のG20では、G20各国がコロナ危機に連携して対応するためのコミットメントを示すG20行動計画がとりまとめられた。10月に開催されたG20では同計画が更新され、ワクチン・薬の開発・製造・普及に向けた包括的取組を進めることや、UHC（ユニバーサル・ヘルス・カバレッジ）を資金面から支えることが盛り込まれている。これは、9月に開催された第2回G20財務大臣・保健大臣合同会議の共同声明を踏まえたものである。G20行動計画は2021年のG20議長であるイタリアにも引き継がれ、2021年4月に更新されている。

(2) 途上国支援（第1章3(1)、第8章2参照）

先進国に比べて政策対応余地が限られる途上国は、コロナに伴ってより深刻な危機に直面しているとして、G7・G20等の場で各種の支援策が議論されている。特に最貧国の債務問題については、2020年4月に「債務支払猶予イニシアチブ」(DSSI）が、同年11月に「DSSI後の債務措置に係る共通枠組」が、G20及びパリクラブにより合意された。

また、2021年3月のG7と4月のG20において、6,500億ドルのSDRの新規配分実施の合意の道筋がつけられ、現在、8月末までに新規配分が実施できるよう、手続が進められている。併せて、SDRの新規配分が真に低所得国の利益となるためには、SDRの使用に係る透明性・説明責任の確保が不可欠との観点から、その具体策が導入されることとなっている。

2021年4月のG20では更に、国際開発協会（IDA）の第20次増資の1年前倒しにも合意している。

【図表5-24】IMFのSDR（Special Drawing Rights：特別引出権）の新規配分について

SDRの概要

- SDRは、国際的な流動性を創出するために、**IMFが生成し、加盟国に無償で配分**する合成通貨。
  ✓加盟国に配分されたSDRは、**外貨準備**としてカウント。
- 配分されたSDRは、**「自由利用可能通貨」（米ドル・ユーロ・円・ポンド・人民元）に交換可能**。
  ✓交換にはSDR金利（現在0.05%）を支払。交換した通貨の**使途制限はなし**。
- SDRの新規配分には、**85%の特別多数決**が必要。**（米国が拒否権）**
  ✓米国への配分額が、米国のIMFへの出資額以下なら、米国内法上、新規立法は不要。
  ⇒世界で約**6,800億ドル**が実質的な上限値
- 各国へのSDR配分額は、**IMFへの出資額に比例**。（米17.44%、日6.48%、中6.41%、**低所得国3.2%**）

1 SDR＝約1.4米ドル　SDR金利＝約0.05%
（2021年5月時点）

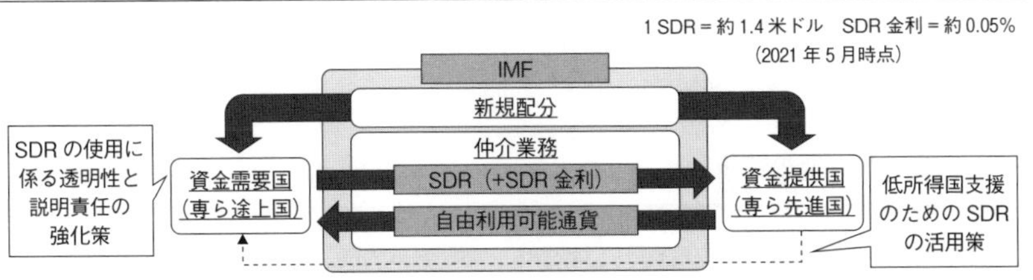

【図表5-25】IMFのSDR（Special Drawing Rights：特別引出権）の新規配分について

IMFプレスリリース（3月23日）

- SDRの新規配分について、理事会で非公式に議論。**6,500億ドル相当のSDR新規配分の提案をIMFスタッフが策定することに対し、幅広い支持が得られた。**

- 専務理事は**正式な提案を理事会に示す予定。**
  ✓SDRの使用についての**透明性と説明責任を強化**するための新たな措置を考案。
  ✓**新規配分と平行として、**強い財務ポジションを有する加盟国が、**脆弱国・低所得国を支援するためにSDRを活用**するための選択肢についても検討。

〈主な透明性・説明責任強化及びSDRの活用に関し想定される具体的な措置〉

- **透明性・説明責任の強化策**
  ✓加盟国のSDR取引・保有量を、より詳細な形で対外公表
  ✓新規配分と併せて、SDR使用の政策指針となるガイダンス・ノートを作成
  ✓新規配分の2年後に、SDRが各国でどのように使用されたかについて、分析レポートを作成

- **低所得国を支援するためのSDR活用策**
  ✓先進国等が自国に配分されたSDRを自発的に貧困削減・成長トラスト（PRGT：IMFが低所得国に譲許的融資を行うための信託基金）に貸し出し、IMFはその資金を活用し、低所得国を支援

(3) デジタル関係

国際租税については、3(4)①で述べたとおり、2つの柱からなる解決策について、2020年末までの解決策取りまとめを目指していた。コロナの影響もあって2020年末までの合意には至らなかったものの、2020年10月のG20では、解決策の合意に向けた強固な土台となる「青写真」が提出され、これを歓迎するとともに、2021年半ばという新たな合意期限を設定した。現在、2021年半ばの期限までに合意に至るべく、関係者の間で精力的に議論が進められている（第8章5(2)参照）。

また、2020年10月のG7では、米国議長の下、グローバル・ステーブルコイン、中央銀行デジタル通貨といったデジタル・ペイメントについて議論し、声明を取りまとめている（第8章5(1)参照）。

(4) 気候変動

2021年は、英国がG7の議長に加えて、第26回気候変動枠組条約締約国会議

(COP26) の議長も務める年に当たる。そのため英国は、G20議長のイタリアとも密接に連携して、気候変動をめぐる議論、各国の取組を前に進めたいという強い意向を持っている。米国において、気候変動を主要政策課題として掲げるバイデン政権が成立したことも、こうした動きを後押ししている。

今後、2021年6月のG7サミット、10月のG20サミットに向けて、気候関連財務開示の改善、サステナビリティ報告に係る開示基準の策定、カーボン・プライシングといった論点について議論が進められることが想定される。

コラム 福岡G20（G20財務大臣・中央銀行総裁会議）の舞台裏

津田夏樹（財務省国際局総務課国際企画調整室長）

2019年に日本は初めてG20議長国を務めました。G20を開催する意義は、成果文書（コミュニケ）をまとめることです。このコラムでは、その舞台裏を解説したいと思います。

コミュニケの作り方

2019年は6月28-29日に大阪サミットを開催することになっていたので、それに先立つ6月8-9日の福岡G20でコミュニケをまとめ、サミットでの首脳宣言に繋げる必要がありました。そのため1月のG20代理級でのキックオフ会合以降、内部的にはコミュニケでどういう文言とするかを念頭に、様々な事務レベルの会合を進めました。GW明け頃には全体を統合したドラフトを作成し、G20各国に対して複数ラウンドの書面協議を経て、福岡G20直前の6月6-7日代理級ドラフティングセッションに臨みました。

決戦の地、福岡

二日間の昼夜を問わない交渉の結果、多くの論点で妥結できましたが、ある論点を巡り主要国間の見解が収れんせず、福岡G20の開始時間になっても合意できませんでした。業を煮やしたある欧州参加国が福岡G20で大臣間で議論させようと主張しましたが、約60人の大臣・総裁級の参加者がいる中で細かな文言調整などできようもなく、福岡G20の初日が終わっても妥結を見ませんでした。

最後の切り札、美食

コミュニケはソーシャル・ディナー終了後に代理級での交渉を再開することとなり、大臣・総裁と代理級はディナー会場に向かい、私を含め事務方は暗澹たる気持ちになっておりました。ところが、各国の代理は福岡が誇る美食と日本酒・ワインを堪能し、ドラフティングはさっさと終わらせようという雰囲気が生まれ、交渉再開後30分とかからずに最後の論点で妥結。翌日の福岡G20でコミュニケを採択できました。

そして頂（サミット）へ

福岡G20から約二週間後の大阪サミットの前日に、G20各国の財務省と外務省の代理級が合同で開催するドラフティングセッションで首脳宣言のドラフトを協議しました。そのうち財務省関連部分は、福岡G20のコミュニケをほぼそのまま踏襲した原案を示し、ほぼすべての国が変更なく了承しました。司会進行役の日本外務省のシェルパが、「このようなスムーズなコミュニケセッションは見たことがない。」と驚きを隠せない発言を漏らすと、ある国の財務省の代理級が、「なぜなら、このコミュニケはマサ（浅川元財務官）が一生懸命頑張って作ったものだからだ。」と改めて全面的な支援を述べ、それを受けて異例の30分程度で合同会合は終了しました。なお、その後、財務関連部分以外の部分のドラフティングは難航し、首脳宣言の採択の直前まで揉めに揉めたこととは対照的であったことを付言します。

第6章

アジアにおける地域金融協力

1. 概説

第3章に前述したように、1997年7月、タイの通貨制度変更に伴う通貨減価、それに伴う経済の混乱は近隣アジア諸国に波及し、とりわけインドネシア及び韓国に深刻な影響を及ぼした（アジア通貨危機)。事実上とられていたドル・ペッグ制による為替の過大評価、短期外資資金の急激な流出、脆弱な金融システムといったことが、各国共通の要因として挙げられている。また、当時のアジア諸国では、ドル等の外貨を海外から短期で借り入れ、自国通貨建ての国内長期融資に向ける動き（「ダブル・ミスマッチ」）がみられたが、アジア通貨危機の背景にはこうした構造的要因があったともいわれている。アジア通貨危機の教訓を踏まえて、アジア諸国には地域金融協力の重要性が強く認識されるようになった。

1997年12月、マレーシア・クアラルンプールにおいて第1回 ASEAN+3（日中韓）首脳会議が開催され、通貨・金融問題を中心とする地域の課題等について意見交換が行われた。その後1999年4月に、フィリピン・マニラにて第1回 ASEAN+3財務大臣会議が開催され、2000年5月の第2回会議ではチェンマイ・イニシアティブ（CMI、276頁参照）が合意された。以降、我が国はASEAN+3財務大臣会議（2012年5月より中央銀行総裁も参加、後述）を中心として、地域セーフティネットの構築やアジア債券市場の育成等地域金融協力の強化に積極的に取り組んでいる。

2000年5月、通貨危機に陥った国に対し、各国が外貨準備として保有しているドルを融通し合うため、二国間の通貨スワップ取極のネットワークであるチェンマイ・イニシアティブ（CMI）が合意された。2010年3月にはチェンマイ・イニシアティブのマルチ化（CMIM）が発効し、世界経済・金融危機を背景として、2012年5月にはその強化策（資金枠の倍増、危機予防機能の導入など）に合意し、2014年7月にその改訂契約が発効した。2019年に5年毎に行われる最初の CMIM 契約の定期見直し及び2020年に CMIM 契約の臨時見直しが行われている（これを受けた改訂契約はそれぞれ2020年6月、2021年3月に発効）。

また、CMIMの迅速な発動と客観性のある域内経済のモニタリングを促進することを目的として、2011年4月にASEAN+3マクロ経済リサーチ・オフィス（AMRO）がシンガポール法人として設立された。その後、組織強化の取組が進み、更に、2014年10月にはAMROを国際機関化するための設立協定案が署名され、各国による協定の承認を経て、2016年2月に国際機関となった。

上述の構造的要因の改善策として、2003年より、アジアにおける貯蓄をアジアに対する投資へと活用するため、効率的で流動性の高い債券市場を育成することを目的とした「アジア債券市場育成イニシアティブ（ABMI）」を開始した。これまでに、日本を除くASEAN+3各国の債券市場の規模は、2002年末の1兆1,861億米ドルから2020年末には20兆円859億米ドルと、20年弱で約17倍に拡大した。

この他、2018年12月には、世界銀行の技術支援のもと、東南アジア諸国の自然災害に対する財務強靱性強化を目的とした「東南アジア災害リスク保険ファシリティ（SEADRIF）」の設立に関する覚書に署名した。

こうしたマルチの金融協力に加えて、我が国はアジア各国との間で二国間金融協力を進めている。日中両国間の拡大する経済・金融関係を支えるため、2011年12月、日中両国首脳は「日中両国の金融市場の発展に向けた相互協力の強化（日中金融協力）」に合意した。更に、我が国は、これまで中国、韓国と行ってきた政策対話の枠組や二国間金融協力をASEAN各国との間にも広げるため、2013年5月にASEAN各国との金融協力を強化していくことを発表し、それ以降各国と協議を行ってきた。

2.
マルチの金融協力

(1) ASEAN+3財務大臣・中央銀行総裁会議

ASEAN+3財務大臣・中央銀行総裁会議は、ASEAN加盟10カ国と日本、中国、韓国の3カ国の財務大臣及び中央銀行総裁が出席する、東アジアの金融協力を議論する中心的なフォーラムである。2012年5月にフィリピン・マニラで開催された第15回会議からは、各国大臣に加え中央銀行総裁が参加している。毎年、原則としてアジア開発銀行（ADB）年次総会の際に併せて開催され、ASEAN側及び+3（日中韓）から持ち回りで1カ国ずつ共同議長を出している。また、ASEAN+3側各国の財務省・中央銀行の代理レベルが出席するASEAN+3財務大臣・中央銀行代理会議が年2～3回開催されている。

① チェンマイ・イニシアティブ（CMI・CMIM）

1997-98年のアジア通貨危機後、ASEAN+3地域において、急激な資本流出により外貨支払に支障をきたすような危機的な状況が生じた国に対し、IMFによるグローバルな支援とともに、地域としての金融協力の必要性が強く認識された。このため、2000年5月の第2回ASEAN+3財務大臣会議（於：タイ・チェンマイ）において、各国の外貨準備を用いて短期的な外貨資金（米ドル）の融通を行う二国間通貨スワップ取極（BSA：Bilateral Swap Arrangement）のネットワークを構築し、危機の連鎖と拡大を防ぐことを目的としたチェンマイ・イニシアティブ（CMI：Chiang Mai Initiative）が合意された。CMIに基づく各国間の二国間通貨スワップの合計額は、2009年には合計640億ドルに達した。

2009年2月、リーマン・ショックに端を発する世界経済・金融危機を背景として臨時に開催されたASEAN+3財務大臣会議（於：タイ・プーケット）では、アジアの金融市場の安定を確保し市場の信頼醸成を図るため、CMIのマルチ化が重要であることが大臣間で強調され、2010年3月に、通貨スワップ発動のための当局間の意志決定の手続を共通化し一本の契約とするCMIのマルチ化（CMIM：Chiang Mai Initiative Multilateralisation）が発効した（総額1,200億ドル）。CMIMは、CMIと同様、基本的にスワップの発動がIMF融資とリンクしている（総額の一部はIMF融資とのリンク無しに発動が可能）。

2011年5月のASEAN+3財務大臣会議（於：ベトナム・ハノイ）以降、欧州債務危機を受け、他の地域からの伝播を防ぎ、地域の金融市場の安定を図るためには金融セーフティネットの強化が重要であるとの考えから、CMIMの強化策に関する議論が進められ、2014年7月に、(1) 規模の倍増（1,200億ドルから2,400億ドル）、(2) IMF融資とのリンク無しに発動できる割合の引き上げ（20%から30%）、(3) 他地域における金融危機等の余波に対し予防的に資金措置を講じることができる危機予防機能の導入等を盛り込んだ改訂CMIM契約が発効した。2019年には、5年毎に行われる最初のCMIM契約の定期見直しが行われ、2020年6月に2度目の改訂CMIM契約が発効した。これにより、CMIMはIMFとの協調融資がより柔軟に行えるようになり、IMFとの連携が更に強化されることになった。

CMIMマルチ化から10年という節目の年に行われた2020年9月のASEAN+3財務大臣・中央銀行会議では、(1) IMF融資とのリンク無しに発動できる割合の引き上げ（30%から40%）に最終合意するとともに、(2) CMIMの円滑な実施を可能にするCMIMコンディショナリティ・フレームワークの明確化など、CMIMの更なる強化のための歴史的な成果が歓迎された。こうした支援実施の際のルールの整備等を通じ、域内国に対し今後支援が必要となった場合に、CMIMによる、より円滑・機動的な発動が可能になる。また、同会議では要請国・供与国双方の自発性及び需要に応じた（voluntary and demand driven）CMIMでの現地通貨による支援の制度化についても合意された。これらの成果が盛り込まれた改訂CMIM契約は、2021年3月に各国による署名手続を経て発効した。

2021年5月に開催された直近のASEAN+3財務大臣・中央銀行総裁会議では、地域のマクロ経済情勢について意見交換がなされるとともに、コロナ禍のパンデミックがもたらすリスクや不確実性の高まりの中で地域の金融セーフティネットを更に強化することの重要性について、各国の認識が共有された。特にCMIMに関し、①現在指標とされているLIBORに代わる新たな参照金利を2021年中に導入すること、②ドル以外の現地通貨の活用の可能性について具体的な制度設計を進めるにあたっては広範に及ぶ様々な課題があることから、まずはより簡素な、通貨発行国の自国通貨を活用した支援（例：日本が日本円で支援）に関する運用ガイドラインの改訂について検討を行うこと、等が合意された。

《2000年5月～2010年3月》

チェンマイ・イニシアティブ（Chiang Mai Initiative：CMI）

- 複数の二国間取極により構成され、日中韓及びASEAN 5カ国（※）が参加（8カ国間、16本の取極）

※ ASEAN新規加盟国（ブルネイ、カンボジア、ラオス、ミャンマー、ベトナム）を除く

《2010年3月～》

CMIのマルチ化（Chiang Mai Initiative Multilateralisation：CMIM）

- 一本の多国間取極により構成され、すべてのASEAN+3（全13カ国）が参加

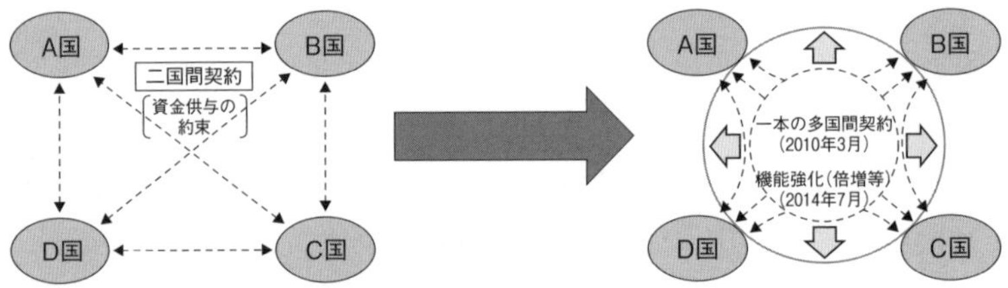

② ASEAN+3マクロ経済リサーチ・オフィス（AMRO）

イ 設立の経緯と概要

チェンマイ・イニシアティブ（CMI/2010年から上述のとおりCMIM）の円滑かつ効率的な意思決定には、域内経済のサーベイランスの強化が重要との認識から、2002年以降、ASEAN+3財務大臣・中央銀行総裁代理会議において、域内経済を議論するセッション（域内の経済情勢に関する政策対話（ERPD：Economic Review and Policy Dialogue））が導入された。

2008年末以降は、リーマン・ショックに端を発する世界経済・金融危機を受け、域内経済のモニター・分析を行うとともに、CMI/CMIMの意思決定の一助とするため、地域の実情を踏まえたサーベイランスを行う独立した監視・分析機関の必要性についての議論が加速し、2009年2月に臨時に開催されたASEAN+3財務大臣会議（於：タイ・プーケット）において、独立した地域サーベイランス・ユニットを設立することが合意された。サーベイランスを実施するグローバルな機関としては、既にIMFがあったが、経済・金融サーベイランスや危機の要因・性格の判断は様々な視点から多角的に行うことが重要であり、IMFとは異なる地域の実情を踏まえた視点も必要とされた。

その後、ASEAN+3財務大臣・中央銀行総裁プロセスで議論が進められ、2011年4月、シンガポールに、「ASEAN+3マクロ経済リサーチ・オフィス（AMRO：ASEAN+3 Macroeconomic Research Office）」がシンガポール法人として設立された。

AMROは、ASEAN+3地域のサーベイランス・ユニットとして、地域経済の監視・分析及びCMIMの実施支援を通じて、地域の経済及び金融の安定性の確保に貢献することを目的としている。

AMROの代表的な活動としては、①メンバー国とのコンサルテーション（年1回）の実施、②コンサルテーションをもとにした、各メンバー国の経済動向に関するレポートの作成、及びASEAN+3財務大臣・中央銀行総裁会議や同代理会議における報告、③ASEAN+3地域の経済動向に関するレポートの作成が挙げられる。

ロ　AMROの国際機関化

AMROは、早期設立のためシンガポール法人として設立されたが、AMROに対する市場の信認を高めることが域内の経済・財政の安定性確保を更に強固なものにするために重要であるとして、IMF等と同等の国際機関とする議論が進められてきた。

加えて、AMROには、適切なマクロ経済政策についてメンバー国に提言を行うとともに、CMIM発動の意思決定を左右する客観的情報を準備・提供することが求められている。かかる任務を効果的に遂行するためには、AMROがメンバー国から必要な情報を入手するとともに、独立した形での客観的な経済分析・政策提言の実施が重要との観点からも、国際機関となることが必要とされた。

また、各メンバー国も、AMROの提言に沿った政策を国内で着実に実施していく観点から、AMROがIMF等と同等の国際機関としての信頼や「格」を高めることが重要と認識し、2012年5月のASEAN財務大臣・中央銀行総裁会議（於：フィリピン・マニラ）では、強化されたCMIMの下でAMROが重要な役割を果たすことができるよう、①AMROの更なる組織強化の検討及び②国際機関化に向けた準備の加速が合意された。翌年、2013年5月のASEAN+3財務大臣・中央銀行総裁会議（於：インド・デリー）では、シンガポール法人であるAMROを国際機関化するためのAMRO設立協定案文に基本的に合意し、各国での国内手続を経た後、翌年、2014年10月、ワシントンD.C.におけるIMF世銀総会の機会に、AMRO設立協定の署名が行われた。2015年5月、日本は国会においてAMRO設立協定の締結を承認し、同年6月には受託書をASEAN事務総長に寄託した。翌2016年2月にAMRO設立協定が発効要件（日中韓3カ国及びシンガポールを含むASEAN5カ国が批准書、受諾書又は承認書を寄託した日から60日目に効力を生じるもの）を満たし、AMROは国際機関となった。これによって、IMF等の国際機関と覚書を締結する等、他の国際機関とも対等の立場で連携することが可能になるとともに、より効果的な経済・金融の監視・分析を行うための情報を得やすくなった。AMROの国際機関化はASEAN+3地域の金融セーフティネットの更なる強化に向けた大きな進捗といえよう。

③ アジア債券市場育成イニシアティブ（ABMI）

アジア通貨危機（1997-98年）以前、アジア諸国の国際収支は、ドル等の外貨を海外から短期で借り入れ、自国通貨建てで国内の長期の融資に向けていたため（いわゆる「ダブル・ミスマッチ」）、急激な国外への資本流出に脆弱な構造となっていた。

そこで、ASEAN+3において、このダブル・ミスマッチを解消し、アジアにおける貯蓄をアジアに対する投資へと活用する観点から、効率的で流動性の高い債券市場を育成することを目的として、「アジア債券市場育成イニシアティブ（ABMI：Asian Bond Markets Initiative)」が、2003年より開始された。

2003年のABMIの開始以降、ADB、世銀等の国際機関やJBIC等の政府系金融機関が現地通貨建て債券を発行するなど、域内における債券の発行体及び種類が多様化した。また、日本を除くASEAN+3各国の債券市場の規模は、2020年末には20兆845億ドルと約17倍に拡大した。更に、域内の債券市場に関する情報やABMIの活動を紹介する「アジア・ボンド・オンライン（ABO：“AsianBondsOnline”)」も開設された。

また、ABMIでは2005年以降、今後取り組む重点分野等を明確化したABMIロードマップを定期的に策定しており、2019年に策定された現在の「ABMI中期ロードマップ2019-2022」においては、今後の方向性として以下の4つが提示された。

i 継続：域内の現地通貨建債券市場発展に向けたこれまでの取組を継続。

ii 深化：インフラファイナンスの支援を深化。

iii 拡大：新技術の活用も含め、債券市場発展に資する域内での活動を取り込むべく、議論を拡大。

iv 協業：ADB、CGIF、AMRO及びASEAN事務局間の連携強化。

そして、2020年9月に開催されたASEAN+3財務大臣・中央銀行総裁会議では、ABMIの各種の取組が着実に進展していることが改めて認識された。特に、企業が発行する社債に保証を供与し、現地通貨建て債券の発行を支援する信用保証・投資ファシリティ（CGIF：Credit Guarantee and Investment Facility）によるインフラファイナンスの支援に向けた継続的な努力や、ABOの有用性向上を目的とした新規の技術支援プロジェクトの開始などが歓迎された。

イ　信用保証・投資ファシリティ（CGIF）

「信用保証・投資ファシリティ（CGIF)」は、債券での資金調達が困難な域内の企業が発行する社債に保証を供与することで、当該企業の信用力を補完し、現地通貨建て債券の発行を支援するものである。CGIFは、2010年11月に資本金7億ドル（うち我が国はJBICを通じ2億ドルを出資）で設立された。その後、2013年4月に第1号案件に保証が供与され、2013年11月には保証可能規模を資本金額の2.5倍に拡大（レバレッジ）したほか、2017年12月には5億ドルの増資案が成立するなど、順調にその業務を拡大している。なお、2021年5月現在、累計33社に対して保証を供与している。

ロ　ASEAN+3債券市場フォーラム（ABMF）

「ASEAN+3債券市場フォーラム（ABMF：ASEAN+3Bond Market Forum)」は、ASEAN+3各国当局及び域内外の民間の専門家による官民合同の取組で、ASEAN+3域内のクロスボーダー債券取引の促進に向け、市場慣行の標準化や規制の調和化を議論する場として、2010年9月に設置された。

ABMFでは、域内の債券発行に係る手続を共通化する取組であるASEAN+3債券共通発行フレームワーク（AMBIF：ASEAN+3 Multi-currency Bond Issuance Framework）を推進しており、2015年には、域内のプロ投資家向け債券市場への上場に必要な書類を共通化した共通申請書類（SSF：Single Submission Form）を作成した。同年9月にはSSFを利用した債券（AMBIF債）の第一号が発行され、2021年5月時点で合計10件のAMBIF債が発行されている。

また、ABMFでは、ASEAN+3域内の各国の規制や市場慣行、並びに取引慣行及び決済上のメッセージ・フォーマットについて取りまとめた域内債券市場に関する報告書（ASEAN+3債券市場ガイド）を公表している。更に、2019

【図表6-1】ASEAN及び中韓　現地通貨建て債券市場規模

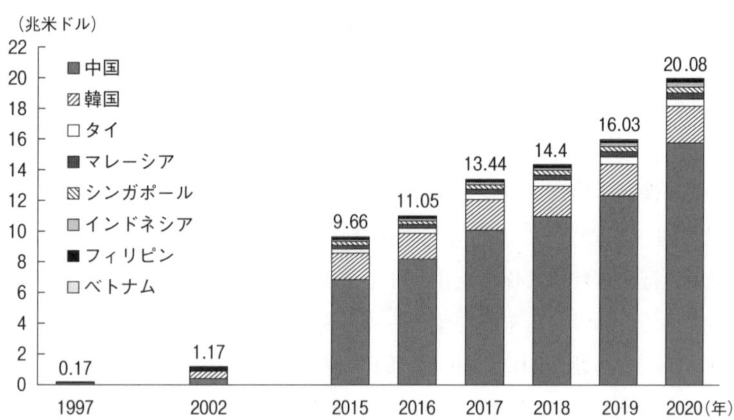

(注) 国債及び社債の発行残高の合計
(出所) アジア開発銀行 "AsianBondsOnline"

【図表6-2】信用保証・投資ファシリティ（CGIF）

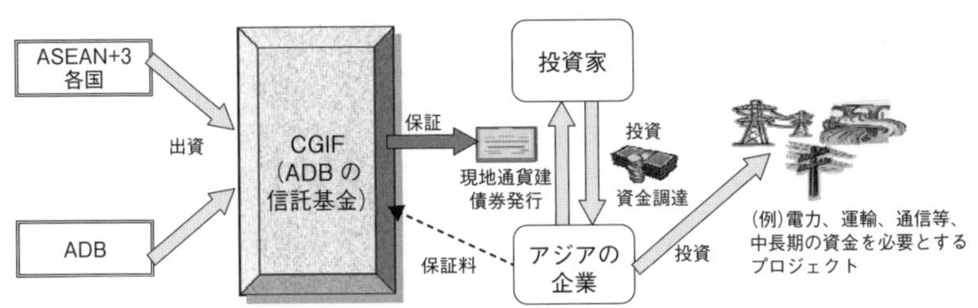

年5月には、ABMIの知見を他地域に共有することを目的にした報告書「債券市場育成のグッドプラクティス―ABMIからの教訓（Good Practices for Developing a Local Currency Bond Market ― Lessons from the ASEAN+3 Asian Bond Markets Initiative)」を公表した。

ハ　技術協力調整チーム（TACT）

2003年10月より、我が国がASEAN事務局に拠出している日・ASEAN金融技術支援基金を通じて、アジア債券市場育成のための技術支援が実施されている。この技術支援はABMIの技術協力調整チーム（TACT：Technical Assistance Coordination Team）の枠組で調整が行われ、これまでにASEAN諸国のうちシンガポールを除く9カ国に対して、民間金融コンサルタントの派遣による技術支援が行われている。

④　東南アジア自然災害リスク保険（SEADRIF）

「東南アジア災害リスク保険ファシリティ（SEADRIF：Southeast Asia Disaster Risk Insurance Facility)」は、保険スキームを活用し東南アジア地域における自然災害への財務強靭性を強化することを目的としたASEAN+3の枠組みである。東南アジアは洪水や台風など自然災害が多発する地域であり、被害による経済損失への影響も大きいことから、そうしたリスクへの強靱性を高めるべく、2018年12月、日本、カンボジア、ラオス、ミャンマー、シンガポール、インドネシアの6カ国がSEADRIF設立に関する覚書に署名した。その後、2019年5月、フィリピンが新たに覚書に署名し、2021年4月現在、7カ国がSEADRIFに参加している。

現在、SEADRIFが取り組んでいる主要な活動としては、①低所得国向けの洪水リスクを対象とした自然災害保険と、②公共財産保護プログラムがある。①低所得国向けの自然災害保険は、SEADRIF設立当初から準備が進められ、2021年2月に保険が開始された。この保険は主に洪水リスクを対象としており、災害発生後の損害査定は行われず、予め決められた指標（降水量など過去の災害データに基づき設計されたモデル）に基づき推定損害額が算定され、一定規模以上の場合には迅速に保険金を支払う仕組みとなっている。

②公共財産保護プログラムに関しては、インドネシア、フィリピンなどのASEAN諸国において、公共財産保護に対するニーズが強かったことから、2019年12月、公共財産を軸とした取組を検討する作業部会の設立が合意された。現在は、SEADRIFのリードテクニカルパートナーである世界銀行による、SEADRIF参加各国へのキャパシティビルディングや、公共財産保護プログラムを具体化するための議論が進められている。

(2) 日中韓財務大臣・中央銀行総裁会議

アジアのマルチの地域金融協力の中で、特に、日本と中国・韓国の3国間で金融協力等を議論する対話フォーラムが日中韓財務大臣・中央銀行総裁会議である。第1回日中韓財務大臣会議は、2000年9月のブルネイで開催された第7回APEC財務大臣会議に併せて開催され、以降、原則として、ASEAN+3財務大臣会議に併せて開催されている。2012年5月にフィリピンで開催された第12回会議には、中央銀行総裁が初めて参加し、枠組を拡大している。なお、直近では、第21回会議が2021年5月にバーチャル形式にて開催され、各国のマクロ経済情勢や地域金融協力について議論された。

(3) APEC財務大臣会合

APEC（アジア太平洋経済協力）は、アジア太平洋地域の21の国と地域が参加し、アジア太平洋地域の持続可能な成長と繁栄に向けて活動を行う経済協力の枠組である。APEC財務大臣会合については、1993年に開催されたAPEC非公式首脳会議において、マクロ経済・資本フロー等の幅広い経済問題を討議するため設立に合意され、1994年の第1回会合以降、毎年開催されており、開催と合わせ、大臣共同声明が公表されている。なお、直近では、第27回会合が2020年9月にバーチャル形式で開催され、新型コロナウィルスに対処するための、①財政・金融政策、②デジタル化の活用策等について議論された。

(4) ASEM 財務大臣会合

ASEM（アジア欧州会合）は、アジア及び欧州の51カ国とASEAN事務局・欧州委員会の2機関が参加し、アジアと欧州との間のパートナーシップを強化するための枠組である。ASEM財務大臣会合については、1997年に開始され、現在は隔年で開催されている。

【図表6-3】各フォーラムのメンバー

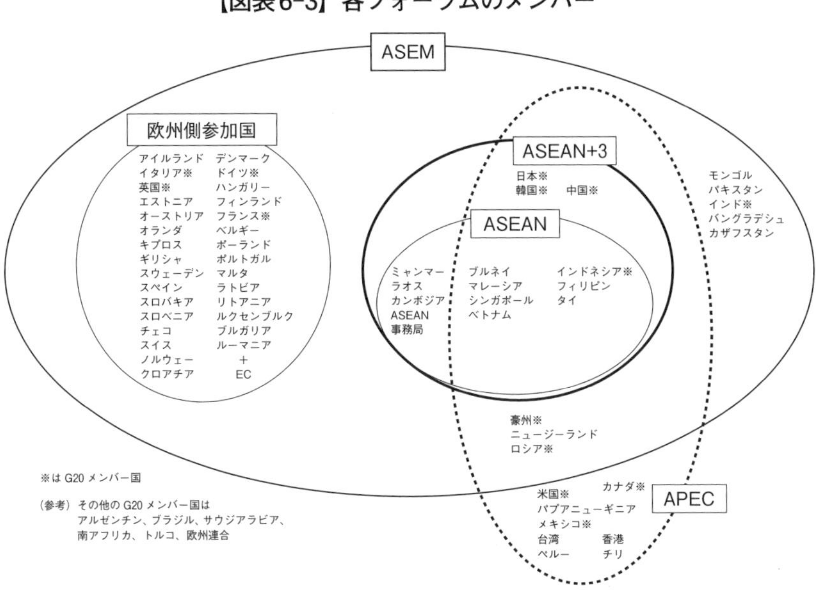

(5) 太平洋自然災害リスク保険イニシアティブ
(PCRAFI : Pacific Catastrophe Risk Assessment & Financing Initiative)

① 創設の背景・経緯

太平洋島嶼国は地震や台風等の自然災害に脆弱であり、こうしたリスクに対応し得る財務能力・体制を整備していくことが必要との認識の下、日本と世界銀行が具体的な対策について検討を行い、2009年に開催された第5回太平洋・島サミット（於：北海道）において、太平洋島嶼国支援の一環として、自然災害保険メカニズムを創設することが表明された。

その後、2012年に開催された第6回太平洋・島サミット（於：沖縄）において、太平洋島嶼国との共同事業として自然災害リスク保険の展開に向けたパイロット・プログラムを世界銀行と協力して実施することが発表され、2013年に「太平洋自然災害リスク保険」のパイロット・プログラムが創設された。日本は唯一のドナー国として、島嶼国が支払う保険料の補助等の資金貢献を行った。

2015年に開催された第7回太平洋・島サミット（於：福島県いわき市）において、日本は、本プログラムの拡充のため、世界銀行と協力して、引き続き資金支援を行う意思を表明。2016年、他のドナー国も参加する形で、パイロット・プログラムの発展形として、太平洋島嶼国の参加国自らが保険料を支払い運営することで、より高いオーナーシップと保険の持続性を確保し、より包括的な防災管理を進めることを主眼としたファシリティを設立することが合意された。本合意に基づき、運営財団としてPCRIF（Pacific Catastrophe Risk Insurance Foundation）及び保険引受会社としてPCRIC（Pacific Catastrophe Risk Insurance Company）が設立され、太平洋島嶼国に対して自然災害リスク保険を提供している。

② 太平洋自然災害リスク保険の概要・特色

PCRAFIに参加する太平洋島嶼国は、2021年1月現在、サモア、トンガ、バヌアツ、マーシャル諸島、クック諸島、フィジーの6カ国。

PCRICが提供する自然災害リスク保険は、地震・津波やサイクロン等の大規模な自然災害が発生した際に、政府の財政対応や海外からの支援等が本格的に動員されるまでの間に必要となる、初期の復興資金ニーズに対応することを目的としている。通常の保険のような事後的な損害査定は行われず、予め決められた指標（地震のマグニチュード、台風の風速等）に基づいて推定損害額が算定され、一定の規模を超えた場合に保険金が支払われる仕組みである（パラメトリック保険）。

【図表6-4】PCRAFIの概要

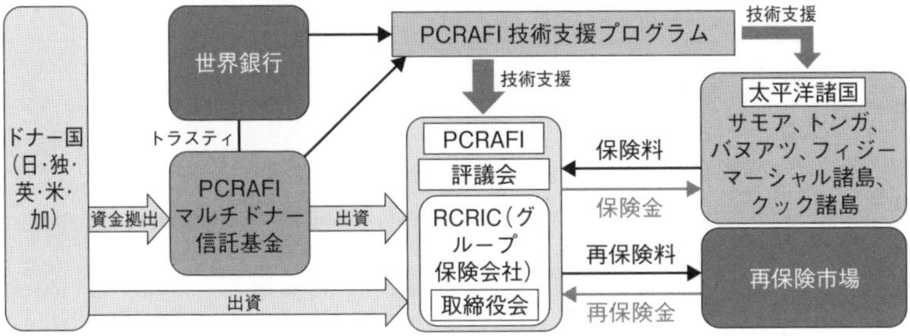

また、各島嶼国が個別に保険会社と交渉するのではなく、各島嶼国と自然災害保険契約を締結したPCRICが、保険全体について必要な再保険契約を民間保険会社と締結することにより、各国毎では保険料が高額になる、国際保険市場にアクセスできない等の問題が解消できるメリットもある。

これまでの保険金の支払実績としては、2020年5月に大型のサイクロンが直撃したトンガ等に対して、合計1,117万ドルの保険金が支払われている(1)。

3. バイの金融協力

(1) 日中財務対話

日中両国の財務当局（日本財務省、中国財政部）は、日中の財務・金融問題に関する協力関係を更に促進するため、2006年から、財務大臣・財政部長、次官級、関係局長が参加する形で、財務対話を開催している。

これまでに7回の財務対話を開催し、主に、日中間の金融協力、国際金融情勢への対応や税制改革・社会保障制度改革など、世界・地域経済や両国経済、両国財務・金融監督当局が抱える課題等について意見交換を行った。

(1) 過去の保険金支払実績は以下のとおり、
- 2014年1月：トンガ（127万ドル、サイクロン）
- 2015年3月：バヌアツ（190万ドル、サイクロン・パム）
- 2018年2月：トンガ（350万ドルサイクロン・ギータ）
- 2020年5月：トンガ（450万ドル、サイクロン・ハロルド）

【図表6-5】日中財務対話の開催実績

日時・場所	参加大臣
第1回 2006年3月25日（土）北京	（日本）谷垣財務大臣 （中国）金財政部長
第2回 2008年3月23日（日）東京	（日本）額賀財務大臣 （中国）謝財政部長
第3回 2010年4月3日（土）北京	（日本）菅副総理兼財務大臣 （中国）謝財政部長
第4回 2012年4月7日（土）東京	（日本）安住財務大臣 （中国）謝財政部長
第5回 2015年6月6日（土）北京	（日本）麻生副総理兼財務大臣 （中国）楼財政部長
第6回 2017年5月6日（土）横浜	（日本）麻生副総理兼財務大臣 （中国）肖財政部長
第7回 2018年8月31日（金）北京	（日本）麻生副総理兼財務大臣 （中国）劉財政部長

（注）日中金融協力を促進するため、第6回（2017年）には、両国の中央銀行も参加し、第7回（2018年8月開催）には、両国の中央銀行及び金融監督当局も参加した。

【図表6-6】日中両国の金融市場の発展に向けた相互協力の強化

（2011年12月25日　日中首脳会談において合意）

日中両国間の拡大する経済・金融関係を支えるため、日中両国首脳は、両国の金融市場における相互協力を強化し、両国間の金融取引を促進することに合意した。これらの発展は市場主導で進められるとの原則に留意しつつ、具体的に以下の分野で協力。

(1) 両国間のクロスボーダー取引における円・人民元の利用促進
- 円建て・人民元建ての貿易決済を促進し、両国の輸出入者の為替リスクや取引コストを低減
- 日系現地法人向けをはじめとする、日本から中国本土への人民元建て直接投資

(2) 円・人民元間の直接交換市場の発展支援

(3) 円建て・人民元建て債券市場の健全な発展支援
- 東京市場をはじめとする海外市場での日本企業による人民元建て債券の発行：
パイロット・プログラムとしての、中国本土市場における国際協力銀行による人民元建て債券の発行
- 日本当局による中国国債への投資に係る申請手続を進める

(4) 海外市場での円建て・人民元建て金融商品・サービスの民間部門による発展慫慂※

(5) 上記分野における相互協力を促進するため、「日中金融市場の発展のための合同作業部会」の設置

※慫慂（しょうよう）：推進・促進の意。

(2) 日中金融協力

① 日中首脳会談等における主な合意事項

2011年12月に北京で行われた日中首脳会談（野田総理-温家宝総理）において、両国の金融市場における相互協力を強化し、両国間の金融取引を促進することが合意された（「日中金融協力」）。合意された具体的な協力分野は【図表6-6】のとおり。

2018年5月に東京で行われた日中首脳会談（安倍総理-李克強総理）においては、金融協力について、以下の成果があった。

1．李総理から、日本に対して2,000億元（約3.4兆円）の人民元適格外国機関投資家（RQFII）枠を付与することを伝達。
2．両首脳は、人民元クリアリング銀行の設置、円-元の通貨スワップ協定の締結のための作業を早期に完了させることで一致。
3．李総理より、日系金融機関への債券業務ライセンスの付与及び中国市場参入について法令に基づき早期に進める旨言及。

更に、2018年10月の日中首脳会談（安倍総理-李克強総理）時には、金融庁・遠藤長官と中国証券監督管理委員会・劉主席との間で、証券市場協力に関してMOUを締結し、日中資本市場フォーラムの相互開催、日系証券会社等の中国市場参入の早期実現、上場投資信託（ETF）の相互上場の早期実現等に合意した。

② 日中金融協力の狙い

日本企業からみた中国のビジネス環境の改善を要望し、中国企業との取引がある日本企業や中国に進出している日系企業にとって、取引コストの低下、為替リスクの低減、資金調達・運用手段の拡大等を図ることにある。

③ 最近の主な進展

2018年5月の日中首脳会談で合意した事項のうち、RQFIIについては、2020年6月に各国の限度枠が撤廃された。また、人民元クリアリング銀行については、中国銀行東京支店（2018年10月）と三菱UFJ銀行（2019年6月）が指定され、円-元の通貨スワップ取極は、2018年10月に日中の中央銀行間で締結された。

加えて、中国債券市場において、邦銀がパンダ債を発行するとともに、事業債の引受ライセンスや債券決済代理人の資格を付与されるなど、中国における取引業務は拡大してきている。

また、証券市場における協力についても進展がみられる。2019年4月に開催された第一回日中資本市場フォーラムでは、日本取引所グループ（JPX）と上海証券取引所の間で、日中ETFの相互上場の早期実現に関する合意文書の調印式が行われ、同年6月に相互上場が実現した。更に2021年1月の第二回日中資本市場フォーラムでは、JPXと深圳証券取引所との間でも、相互上場の早期実現に向けた合意が発表された。

(3) 日韓財務対話

日本と韓国の経済的な相互依存は、グローバリゼーションの進展とともに強まっている。こうした中、財務・金融問題に関する日韓の相互協力を更に促進するため、2006年から、財務大臣・企画財政部長官、次官級、関係局長が参加

【図表6-7】日韓財務対話の開催実績

日時・場所	参加大臣
第1回 2006年2月4日（土）東京	（日本）谷垣財務大臣 （韓国）ハン副総理兼長官
第2回 2007年8月22日（水）ソウル	（日本）尾身財務大臣 （韓国）クォン副総理兼長官
第3回 2009年6月27日（土）東京	（日本）与謝野財務大臣 （韓国）ユン長官
第4回 2011年7月1日（金）東京	（日本）野田財務大臣 （韓国）パク長官
第5回 2012年11月24日（土）ソウル	（日本）城島大臣 （韓国）パク長官
第6回 2015年5月23日（土）東京	（日本）麻生副総理兼財務大臣 （韓国）チェ副総理兼長官
第7回 2016年8月27日（土）ソウル	（日本）麻生副総理兼財務大臣 （韓国）ユ副総理兼長官

する形で、財務対話を開催している。

これまでに7回の財務対話を開催し、国際金融情勢への対応や少子高齢化への対応など、世界・地域経済や両国経済、両国財務省が抱える課題等について意見交換を行っている。

(4) 日印金融協力

① 日印金融協力について

2014年9月1日に日印両首脳（安倍首相・モディ首相）が署名した「日インド特別戦略的グローバル・パートナーシップのための東京宣言」の中で、両首脳は、日本からの官民投資3.5兆円規模の実施等を含む「日印投資促進パートナーシップ」に合意したが、同パートナーシップの一環として、二国間の経済面及び金融面の協力の一層の深化にも合意が得られた。

これを受けて、同年11月、2016年1月、2016年9月、2017年9月、2019年9月、2021年4月の6回日印金融協力に関する協議が開催された（以下②参照）。

② 第6回日印金融協力に関する協議（2021年4月14日）

日印両国の経済・金融協力の議題は多岐にわたるが、本協議においては、金融市場の発展を目的として、各種の官民の協力が議論された。日本側からは、財務省、金融庁、日本取引所グループ、民間金融機関が、インド側からは、財務省、インド証券取引委員会、インド準備銀行、保険監督庁、国際金融サービスセンター監督庁が参加した。

日本とインド両国における金融改革に関するディスカッションのほか、主に以下の議題について協議を行った。

- フィンテック及びGIFT-CITY（Gujarat International Finance Tec-City（グジャラート州における国際金融センター）
- 日本における社債市場の発展の経緯、更なる発展に向けた取組
- 銀行業界及び保険業界におけるインド固有の規制

今後は、上記の議題やその他の優先課題に焦点を当てつつ、協議を継続していく予定である。

【図表6-8】日インド特別戦略的グローバル・パートナーシップのための東京宣言

（仮訳、抜粋）（平成26年9月1日、於：東京）

23. 両首脳は以下の点を含む『日印投資促進パートナーシップ』を表明した。

(a) 両首脳は、今後5年以内に、日本の対印直接投資とインドに進出する日系企業数を倍増するという共同で達成されることとなる目標の設定を決定した。両首脳は、また、二国間貿易関係を次の段階へと更に拡大していくため緊密に協力していくことを決定した。

(b) 安倍総理は、次世代インフラ、連結性、輸送システム、スマートシティ、ガンジス川及び他の河川の再生、製造業、クリーンエネルギー、能力開発、水の安全保障、食品加工及び農産業、農業コールドチェーン及び農村開発といった分野を含む、相互の利益のための適切な政府及び民間のプロジェクトの資金を手当てするため、今後5年間で、インドに対し、ODAを含む、3.5兆円規模の日本からの官民投融資を実現するとの意図を表明した。
この関連で、安倍総理は、インドにおける官民連携のインフラ事業のために、インドインフラ金融公社（IIFCL）に対する500億円の円借款供与を表明した。
（中略）
(e) モディ首相は、投資を促進させるために、税制や行政規制、金融規制を含むインドのビジネス環境の更なる改善を行う決意を強調した。両首脳は二国間の経済面及び金融面の協力を一層深化させていくことを決意した。

	中国	ASEAN	インド
日本からの進出企業数（2020年9月）	1,600社	9,882社	945社
日本からの直接投資額（2019年）	1.4兆円	3.4兆円	0.55兆円
日本との貿易額（2019年）	32.5兆円	20.5兆円	1.5兆円

（注）中国は台湾及び香港を含まない
（出所）JETRO海外進出日系企業実態調査、日本銀行国際収支統計、財務省貿易統計

(5) ASEAN各国との二国間金融協力

我が国は、中国や韓国との間で継続的に実施してきた政策対話や二国間金融協力の枠組を、アジア域内の他の重点国との間にも広げるため、2013年5月に、「日-ASEAN財務大臣・中央銀行総裁会議」をインド・デリーで開催するとともに、ASEAN5カ国（インドネシア、マレーシア、フィリピン、シンガポール、タイ）との間で二国間金融協力を推進することで合意した。これに基づき、財務省、中央銀行等の関係機関が参加する二国間の合同作業部会を各国との間で立ち上げ、継続的に議論を実施してきている。

直近では、2021年2月に日フィリピン合同作業部会、同3月に日インドネシア合同作業部会が新型コロナウイルスの感染拡大の影響によりバーチャル形式

にて開催され、足元の経済情勢の他、ASEAN+3地域金融協力、金融セクターのデジタル化等について議論が行われた。

また、二国間金融協力の一環として、二国間通貨スワップ取極（BSA：Bilateral Swap Arrangement）がCMIMを補完する位置付けとして進められてきている。直近では、2017年以降、フィリピン、シンガポール、タイ、インドネシアとの通貨スワップにおいて、ドルに加えて円とも交換することが可能となる改訂を行うとともに、加えて、2020年9月にマレーシアとの通貨スワップを再締結した。

加えて、ASEAN各国の経済成長に伴い、域内取引の活性化・ボーダレス化が進んでいる一方、域内の貿易・投資は大宗が米ドル建て取引であり、米ドルに依存する状況となっている。こうしたドル依存に係るリスクを低減させるため、ASEANの一部の国の間では、外国為替取引に係る規制の一部緩和を梃子に、現地通貨の利用を促進する取組であるLocal Currency Settlement Framework（LCSF）が構築されている(2)。

我が国としても、これらのASEAN諸国の取組は、アジアにおける金融の安定化につながるものと捉え、2018年3月にはタイ、2019年5月及び12月にはそれぞれフィリピン及びインドネシアとの間で、現地通貨利用促進のための取組に係る協力覚書等を締結。そして2020年8月には、インドネシアとの間で、現地通貨の利用をより具体的に促進するための促進するための協力枠組みを設立した。同枠組みは前出のLCSFを参考としたものであり、双方国において取組へ参加する金融機関をACCD（Appointed Cross Currency Dealer）として選定し、ACCDに対して一定の規制緩和の恩恵を与えることで、現地通貨の利用促進を目指すものである。

新型コロナウイルス感染症の影響により域内経済が低迷する中、ASEAN各国との二国間金融協力の重要性は、一層高まっている。今後も我が国は、前記の取組に加え、各国の金融・資本市場の発展促進、災害リスク・ファイナンス、中小企業の育成支援等の取組について、引き続き議論していく予定である。

(2) 2016年3月にタイとマレーシアとの間でLCSFが構築され、2017年12月にはインドネシアが同取組に参加。また、2019年4月にはフィリピンが同取組への参加に向けた意向表明書（LOI）に署名した。

【図表6-9】アジア諸国との二国間通貨スワップ取極

(2020.9.18現在)

	インドネシア	フィリピン	シンガポール	タイ	マレーシア
契約当事者	日本財務省 と インドネシア 中央銀行	日本財務省 と フィリピン 中央銀行	日本財務省 と シンガポール 通貨監督庁	日本財務省 と タイ中央銀行	日本財務省 と マレーシア 中央銀行
契約日	2018.10.14	2017.10.6	2018.5.21	2018.7.23	2020.9.18
双方向／片方向	片方向	双方向	双方向	双方向	双方向
使用通貨	米ドル・日本円 ⇔ルピア	米ドル・日本円 ⇔ペソ (比要請時) 米ドル⇔日本円 (日本要請時)	米ドル・日本円 ⇔星ドル (星要請時) 米ドル⇔日本円 (日本要請時)	米ドル・日本円 ⇔バーツ (泰要請時) 米ドル⇔日本円 (日本要請時)	米ドル・リンギッド (馬要請時) 米ドル⇔日本円 (日本要請時)
スワップ額	日→尼 227.6億ドル相当	日→比 120億ドル相当	日→星 30億ドル相当	日→泰 30億ドル相当	日→馬 30億ドル
	―	比→日 5億ドル	星→日 10億ドル	泰→日 30億ドル	馬→日 30億ドル

【図表6-10】インドネシアとの現地通貨の利用促進のための協力枠組みの概要

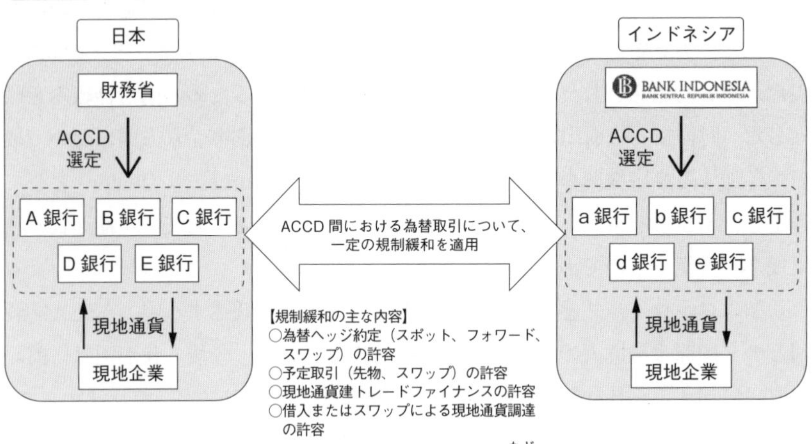

コラム　現地通貨の利用促進に向けた取組（インドネシアとの交渉の経験から）

梶山美奈　（財務省国際局地域協力課　地域協力企画官）

ASEAN各国において、貿易等の決済通貨は米ドル建てが大部分を占めている中、近年、ドル以外の現地通貨の利用促進に関心を寄せる国も出てきた。しかし、各国はアジア通貨危機の経験から、投機的な資金の流入を排除することを重視し、為替取引は実需に裏打ちされた取引のみに限定して認め、証明書類の提出を義務づけるなど、実際には現地通貨の利用促進を阻害する各種規制を敷いている。

今回、日本とインドネシアの間で現地通貨の利用促進に向けた枠組み[i]を新たに立ち上げたことを振返りつつ、概説したい。

1．きっかけ

多くのASEAN各国と同じく、インドネシアルピアも為替取引における各種規制が存在する。既に多くの日本企業がインドネシアに進出している中、日本からの投資をより多く呼び込みたいとのインドネシア当局の強い思いを背景に、検討が本格化したのが2019年9月のこと。

日本円は自由に取引が可能な通貨である一方、規制のあるインドネシアルピアとの為替取引促進に向けて、どのような議論及び取組が展開できるのか、手探りの状況から情報収集を開始した。より具体的な議論を進めるために現地で直接担当者と協議するのが最善と考え、10月下旬にインドネシアに出張し、インドネシア中銀との面談のほか、現地の日系企業や金融機関等にヒアリングを行うこととした。

2．偶然が重なったインドネシア中銀総裁との面談

急遽決めたインドネシア出張であったが、偶然にもインドネシア行きの飛行機で財務省の浅川財務省顧問（元財務官、現アジア開発銀行総裁）と乗り合わせた。ジャカルタ到着後、浅川顧問とインドネシア中銀のペリー総裁との面談に同席させてもらえないか、玉砕覚悟でお願いしてみると、何と快諾。面談ではインドネシアの課題等について意見交換する中、最後にペリー総裁が現地通貨の利用促進に高い関心をお持ちであることに言及。すかさず、これに呼応する形で、浅川顧問より同席者である私を紹介して頂き、今回の出張主旨を説明し、ペリー総裁に理解を頂いた。

インドネシア中銀担当者との面談は翌日に予定されていたところ、旧知の中であるペリー総裁と浅川顧問は「もう明日にでも協力覚書を締結してしまえばよいのではないか」との冗談も飛び出すなど大変和やかな面談となった。その中で、現地通貨の利用促進に向けた力強い中銀総裁のコメントを頂き、翌日の実務者協議がスムーズなものになったことは疑いの余地はない。

3．インドネシア中銀との実務者協議

前日のペリー総裁との面談内容は、実務担当者の耳にもしっかり届いていたようであり、とても前向きで活発な実務者協議が実施された。新たな枠組み構築に当たっては、為替取引規制が存在するインドネシア側で規制緩和を適用する必要があり、こういった場合、規制緩和要望の受け手は消極的な姿勢を取ることがしばしばであるが、予想に反し、先方は大変意欲的に議論に参加。協力覚書の締結についても、12月に予定されているペリー総裁の来日の機会に是非締結しよう、と前日の冗談？を実行に移す意欲もその場で伝えられた。

日本に帰国後、12月の協力覚書締結に向けて関係省庁や金融機関との協議を並行して進め、晴れて2019年12月5日、ペリー総裁が来日し、麻生大臣と協力覚書に署名するに至った。その後、実務担当者との密なやり取りを経て、規制緩和の内容や、この新たな枠組みに参画する金融機関の選定、ガイドラインの策定などの実務を詰めていき、2020年8月31日、インドネシア中銀と現地通貨の利用促進に係る協力枠組みの設立を先方と共同で公表した。

本取組を開始するまでの約1年弱、インドネシア中銀の実務担当者と直接対面することができたのは、コロナの影響も受けて数回に留まった。しかし、限られた面談の機会とその後の膨大なメール等のやり取りを通じて、先方との信頼関係を築き、新たな枠組みの設立に至ることができたと考える。今後、この新たな枠組みに参加いただいている各金融機関からお客様にも制度が周知され、インドネシアとの取引が一層活発化し、両国のより良い関係構築につながることを期待したい。

---

i　日本とインドネシアにおける貿易及び直接投資において、日本円とインドネシアルピアの利用促進のための各種規制緩和や、円とルピアの直接のレート表示等が含まれる。また、この枠組みを推進するため、指定クロスカレンシー取引仲介者（Appointed Cross Currency Dealer）となる金融機関を両国にて選定している。

経済協力

第7章

1. 経済協力をめぐるグローバルな潮流

(1) 概論

経済協力が先進国、開発途上国の共通の問題として国際的な場で大きくとりあげられるようになったのは、アフリカ諸国が相次いで独立した1960年前後からである。当時は、先進国の順調な経済発展、冷戦下での東西両陣営の対立構造もあり、途上国に対する援助額は急速に伸びていった。その後、石油価格引上げによる石油危機に象徴される資源ナショナリズムを背景に、開発途上国、特に産油国の発言力は急速に増大し、世界経済の動向に大きな影響を与えるに至った。他方で、開発途上国の産油国・中進国・低所得国・最貧国等への分極化、森林破壊等の環境問題や先住民・少数民族への圧迫といった社会問題が顕在化するなど、開発課題は複雑化、多様化していった。

80年代には、一次産品価格の低迷、先進国の経済成長の鈍化等が途上国経済の成長に影響を与え、一部の中所得国の債務問題が深刻化した。また、途上国への民間資本の流入も、途上国のカントリー・リスク懸念の拡大、世界的な景気後退等から減少に転じた。

90年代には、計画経済諸国の市場経済への転換のために巨額の資金需要が発生する一方、冷戦終結による安全保障上の観点からの開発援助の必要性の低下や、英米を中心に積極的に推進された規制緩和と民営化の流れの中で、途上国側の「援助慣れ」に対する批判が高まり、政府開発援助（ODA）が伸び悩む「援助疲れ」の傾向が強まった。

他方、1992年にリオデジャネイロで開催された「環境と開発に関する国連会合」等の場で、地球温暖化を始めとする地球規模の課題が討議され、「持続可能な発展（Sustainable Development）」が経済協力を考える上で鍵となるコンセプトとして認識されるようになった。2001年には、経済以外の多様な分野を対象とした、2015年までに達成すべき発展途上国向けの開発目標として「ミレニアム開発目標（MDGs：Millennium Development Goals）」がまとめられた。

その後、世界全体の援助額は増加傾向に転じたものの、様々な地球規模の課題がその深刻さと頻度を増しながら発生していった。例えば、2008年のリーマン・ショックに端を発する世界金融危機は、世界的な信用収縮をもたらし、先進国・途上国双方の経済に深刻な影響を与えた。この危機に対応すべく、IMFや世界銀行、アジア開発銀行（ADB）等の国際開発金融機関（MDBs：Multilateral Development Banks）は途上国支援を飛躍的に増やすとともに、資本基盤の強化に向けた一般増資に合意した。2010年に発生した「アラブの春」と呼ばれる中東・北アフリカ地域の各国における民主化運動は、多くの途上国において拡大する格差の問題を浮き彫りにするとともに、社会における「包摂性（Inclusiveness）」が持続的な成長の実現する上で重要な要素であることを、国際社会が再認識するきっかけとなった。

このような国際的な環境の変化を経て、2015年は、経済協力における国際的な枠組みの構築が大きく進展する節目の年となった。仙台で開催された第3回国連防災世界会議において、東日本大震災の経験と教訓が取り入れられた「仙台防災枠組2015-2030」が採択された。また、MDGsの後継として、「持続可能な開発目標（SDGs：Sustainable Development Goals）」がまとめられた。SDGsは、2030年を期限とする、先進国も対象とした国際社会全体の包括的な開発目標として、民間企業やNGOを含むすべての関係者の役割を重視しており、その後の経済協力における基礎となる考え方として広く浸透していった。加えて、2020年以降の温室効果ガス排出削減等のための新たな国際枠組みとしてパリ協定が採択され、地球温暖化に対する国際社会の対応が大きく進展した。

こうした新たな国際枠組みの構築のほか、近年の途上国開発における大きな潮流として2点挙げられる。

1点目は、途上国開発のプレーヤーとしての中国の台頭である。中国は、自らを「世界最大の途上国」と位置づけるとともに、広域経済圏を志向する「一帯一路」構想の下、積極的なインフラ輸出等を推進している。結果的にアフリカを中心に多くの国で最大の債権国となっている一方、中国からの貸付の透明性の欠如や、途上国による債務の返済が行き詰った際に、その返済の代わりに当該国の重要なインフラ権益の提供を強いる「債務の罠」等の負の側面も指摘されている。また、新たな国際金融機関としてアジアインフラ投資銀行（AIIB）の創設をリードするなど、多国間の枠組みでも国際的な存在感を増している。

２点目は、途上国への民間資本流入の増大である。2008年前後の世界金融危機以降の経済の世界的な安定成長を背景に、途上国に対する民間投資が活発化し、また途上国側も積極的に借り入れを行った。国内の貧富の格差への対応などを背景に先進国が途上国支援に費やす財源が限られている中、民間資金を途上国開発に活用する「民間資金動員」は、途上国開発の様々な分野において大きなテーマとなっている。しかし同時に、途上国の、民間セクターに対する債務残高の増加は、途上国開発を巡る様々な課題に対し、従来の政府間の協調のみでは対処し切れないことを物語っている。

そして2020年、世界は新型コロナウイルスのパンデミックに見舞われた。甚大な人的被害に加え、国境封鎖やロック・ダウン等により世界経済全体が極めて深刻な影響を受けたことで、途上国の経済・債務状況は急速に悪化した。2020年は、世界の極度の貧困層の人口が過去20年以上の間で初めて増加したといわれる。こうした状況に対して、G20財務大臣・中央銀行総裁会議といった国際会議を通じて、途上国の債務負担軽減を目的とした国際的な合意を実現させるとともに、国際保健分野での包括的な協力を進展させている。国際社会が直面する大きな歴史的課題に対し、新型コロナ危機からの「より良い復興」、そしてその先の持続可能な成長に向けて、日本を含めた国際社会の迅速かつ結束した対応が求められている。

(2) 新興国による開発金融機関設立の動き

① アジアインフラ投資銀行（AIIB）

アジアインフラ投資銀行（AIIB：Asian Infrastructure Investment Bank）は、アジア地域のインフラ整備を主な目的とする国際機関であり、2013年10月、習近平国家主席が東南アジアを訪問した際に設立を表明したものである。

中国は設立表明以降、2014年１月より、アジア・中東各国との事務レベル協議を開催。2015年に中国を含む57ヵ国が原加盟国となり設立し、2016年に業務を開始した。2021年４月現在の加盟国数は103ヵ国となっている。このように加盟国は拡大したものの、中国が依然として、出資ベースで３割、投票権ベースで約26.6%の圧倒的なシェアを持っており、特別多数（3/4以上）の議決が必要な事項（増資や総裁選任等）において拒否権を持つ構造である。

2020年末までの融資承認件数は108件、融資承認額は220.3億ドルとなっている。各年の融資承認件数、承認額は、2016年の8件17億ドルから2019年の28件45億ドルまで増加してきており、当初は世銀やADBとの協調融資が中心であったが、AIIB単独での融資も増加傾向にある。他方、2020年4月に、新型コロナウイルス対策としてCOVID-19 Crisis Recovery Facility（CRF）が創設され、加盟国の財政支援や中小企業の資金繰り支援等を実施しており、CRFによる財政支援は世銀やADBとの協調融資で実施しているため、2020年には協調融資が増加している。

上記のとおりAIIBは単独融資や支援規模を増加させてきたが、AIIBの専門職員数は依然としてADB等と比べ相当に少ない水準であり、また、他のMDBsと異なり現地事務所を設置していないことを踏まえると、AIIBの案件組成能力は依然としてADB等と比べ限定的なものと評価できる。AIIBの融資規模は、2020年には前年から倍増し約100億ドルまで増加したが、その約3分の2は前述のコロナ対応を中心とする協調融資によるものであり、同じく支援規模を拡大させたADBとの比較では、協調融資を含めても3分の1程度の水準にとどまっている。

AIIBが世銀やADBと行う協調融資においては、国際標準に沿った世銀・ADBの融資基準（環境・社会セーフガード基準、調達基準、借入国の債務の持続可能性の確保等）が適用される。こうした協調融資を通じて、AIIBは国際標準に沿ったルールの運用の経験を蓄積してきた。AIIBの環境社会フレームワーク等のポリシーや、個別の融資案件の内容は、ウェブサイトで公表されており、一定の透明性も確保されている。

AIIBは、他のMDBsと異なり、常駐理事会を設置していない。また、グラントや譲許的融資は行っておらず、非譲許的融資のみを実施している点も特徴的である。AIIBは、2020年9月には、2021～2030年の10年間を対象とするCorporate Strategyを初めて策定し、民間セクターのプロジェクトや気候変動関連のプロジェクト等について中長期的なターゲットを設定している。コロナ対応においては、本来の目的であるインフラ整備以外の支援が大宗を占めたが、保健分野を含む新たな分野に支援を拡大していくのかを含め、ポストコロナの時代における AIIB のあり方が注目される。

【図表7-1】アジアインフラ投資銀行（AIIB）

2013年 10月 習近平国家主席が設立を表明
2015年 3月 英国が参加を表明して以降、欧州各国が参加を表明
6月 設立協定に署名
12月 設立協定が発効（原加盟国57カ国）
2016年 1月 創立総務会（於：北京）
6月 第1回年次総会（於：北京）
2017年3-6月 カナダ等23カ国・地域の追加加盟を承認
6月 第2回年次総会（於：済州島(韓国)）
12月 クック諸島、バヌアツ、ベラルーシ、エクアドルの追加加盟を承認
2018年 5月 パプアニューギニア、ケニアの追加加盟を承認
6月 第3回年次総会（於：ムンバイ(インド)）
レバノンの追加加盟を承認
12月 アルジェリア、ガーナ、リビア、モロッコ、セルビア、トーゴの追加加盟を承認
2019年 4月 コートジボワール、ギニア、チュニジア、ウルグアイの追加加盟を承認
7月 第4回年次総会（於：ルクセンブルク）
ベナン、ジブチ、ルワンダの追加加盟を承認
12月 クロアチア、セネガルの追加加盟を承認
2020年 7月 第5回年次総会（バーチャル）にて金立群氏が再選、リベリアの追加加盟を承認

AIIB の概要

AIIB ASIAN INFRASTRUCTURE INVESTMENT BANK

本部 北京
資本金 約1,000億ドル(中国の割当資本は約30%)
※払込資本は20%
総裁 金立群
※元中国財政部副部長
元 ADB 副総裁

	ADB	AIIB
設立目的	•アジア及び極東の地域における経済成長及び経済協力を助長。 •域内の開発途上国にある加盟国の共同的なまたは個別的な経済開発の促進。	•インフラ及びその他生産分野への投資を通じた、アジアにおける持続可能な経済発展の助長、富の創造及びインフラ連結性の改善。 •開発課題への取組における他のバイ・マルチの開発機関との緊密な協力を通じた地域協力とパートナーシップの推進。
設立年	1966年	2015年
加盟国数	68カ国・地域（域内49、域外19）	103カ国（域内50、域外53）
本部	フィリピン（マニラ）	中国（北京）
総裁名	浅川 雅嗣（日）	金 立群（中）
副総裁	米、蘭、中、尼、印、豪	英、露、印、独、尼
授権資本	約1,532億ドル（払込資本：約77億ドル） (※総資本約526億ドル)	約1,000億ドル（払込資本：約200億ドル）
年間融資等承諾額(2020年)	約316億ドル	約99.9億ドル
職員数(2019年末)	3,532名（専門職員数：1,271名）	279名
主な業務	準商業的融資＋譲許的融資・無償(低所得向け)	準商業的融資
ガバナンス	常駐理事会	非常駐理事会
格付け	トリプルA	トリプルA
主要国投票権シェア	1. 日本（12.8%） 1. 米国（12.8%） 3. 中国（5.4%） 4. インド（5.3%） 5. オーストラリア（4.9%）	1. 中国（26.6%） 2. インド（7.6%） 3. ロシア（6.0%） 4. ドイツ（4.2%） 5. 韓国（3.5%）

② MCDF（Multilateral Cooperation Center for Development Finance）

MCDFは、中国が主導して立ち上げた多数国間のイニシアティブであり、途上国におけるインフラプロジェクトに対する支援・連携の強化等を目的とするもの。2017年5月の一帯一路フォーラムにおいて締結された、中国とMDBs6機関（世銀、ADB、AIIB、EIB、EBRD、NDB（BRICS新開発銀行））との、一帯一路に関する連携の覚書（MOU）において、各機関の連携促進のためにMCDFを設置することが合意された。

また、2019年3月には、中国・ADB・AIIB・EBRD・EIB・WBG・CAF（アンデス開発公社）・IDB・IFAD（国際農業開発基金）がMCDFに関するMOUに署名。同MOUでは、MCDFの役割として、①情報共有、②キャパシティビルディング、③プロジェクト準備の3点を列挙。

2020年6月のAIIB理事会の承認を経て、AIIBがMCDFの委託管理及びプロジェクト執行機関としての役割を担うことが正式決定し、AIIB内にMCDF事務局をホストすることとなった。2020年7月の中国財政部の発表によると、中国・エジプト・サウジアラビア・ハンガリー・カンボジア・フィリピンが総額約1.8億ドルをMCDFに拠出する予定とされている。

③ BRICS開発銀行（New Development Bank）

BRICS参加国[(1)]は、2006年国連総会のマージンで外相会合を開催したことをきっかけにハイレベルでの対話を開始。2008年のリーマン・ショック以降、特に国際経済問題について活発に協調行動をとるようになり、2009年にロシア・エカテリンブルグで第1回首脳会合を開催した。

2014年7月の第6回BRICS（ブラジル、ロシア、インド、中国、南アフリカ）首脳会合（於：ブラジル・フォルタレーザ）にて、BRICS・新興国・途上国のインフラ整備と持続的な経済発展を目的とした、BRICS開発銀行（※共同

(1) ブラジル、ロシア、インド、中国、南アフリカで構成。南アフリカは、2011年6月の第3回BRICS首脳会合より参加（これに伴い、それまでの“BRICs”から“BRICS”に名称が変更されている）。

宣言下の正式名称は“NDB（New Development Bank)”）の設立文書、及びBRICS緊急外貨準備アレンジメントの設立協定について署名。BRICS開発銀行は、2015年7月にインド出身のK. Vカマト氏を総裁として任命し正式に発足した。

資本金は500億ドル（協定上は1,000億ドル）であり、BRICS 5ヵ国が均等に負担。2021年4月末現在の総裁はブラジル出身のマルコス・トロイジョ氏が務め、加盟国は上記5カ国。2020年末時点までの融資承認件数は72件、融資承認額数は257億ドル。

2. 日本の経済協力概論

(1) 概観

第2次世界大戦終戦後の疲弊した日本が、戦後復興を軌道に乗せ、高度成長を実現する足がかりを得る上では、米国等からの食料・医薬品など生活必需品の援助や、世界銀行の融資による東海道新幹線、東名・名神高速道路等の基幹インフラの整備が大きく貢献した。東京オリンピックが開催された1964年には、日本はインドと並んで世界銀行の最大の借り手国であり、日本が31のプロジェクト向け総額8億6,300万ドルの長期借入資金を返済し終えたのは1990年のことであった。

被援助国だった日本は、戦後処理としての賠償支払いと並行して、1954年のコロンボ・プランへの参加、1958年に行ったインドへの円借款により、援助国として本格的に経済協力を開始し、それ以降、日本の政府開発援助（ODA）は、アジアでの成長支援を重視し、道路や電力などの経済インフラ整備のための円借款を積極的に提供してきた。

1960年代から1990年代にかけて東アジア諸国は、世界銀行から「東アジアの奇跡」と称されるほど経済発展を享受してきたが、日本の経済協力、特に円借款は、こうした国々の経済成長の基盤をつくるとともに、借入資金を着実に返済するための自助努力を促すことを通じて、東アジアの高度経済成長の実現に大きく貢献した。

例えば、マレーシアのマハティール首相は、日本や韓国の労働倫理や経営哲学などを学ぶことにより、マレーシアも経済発展を目指していく構想（「東方政策（Look East Policy）」という）を唱えたように、東アジアに続いて東南アジア諸国が日本の主な支援対象となっていった。また、インドネシアやタイ等の東南アジア諸国に対しても積極的に支援を行い、その発展を長年支えてきた。近年では、ベトナムやフィリピンなど東南アジアでも所得レベルの比較的低い国や、インド、バングラデシュなど南アジアの国々が円借款の主な供与国となっている。

アジア諸国の経済発展に日本の経済協力は相当の貢献を行ってきたといえるが、現在の開発途上国への資金の流れをみると、その約８割を民間資金が占めるようになり、ODA などの公的資金の割合は低下している。

こうした状況のもと、ODA と民間資金が連携して、開発途上国の開発需要に効果的に対応していくことがますます重要となっている。例えば、ODA によるインフラ整備が呼び水となって、開発途上国への民間部門による直接投資が増えれば、途上国は民間部門の資金だけでなく、技術、知識、経験の移転も期待できる。ODA と民間資金が相乗効果を発揮することによって、より効率的に途上国に高い経済成長をもたらすことが可能となるだけでなく、民間企業にとっては海外での事業展開により新たなビジネスの可能性を広げることも可能となる。途上国への経済協力は途上国が恩恵を受けるだけでなく、日本にとってもプラスとなるのである。

日本は、経済・社会の安定と成長に不可欠な様々な要素を海外に依存している。例えば、資源・エネルギー、食料の大半は輸入により賄われている。財やサービスの生産・流通工程や最終成果物の販売先の多くを海外に依存している。他方、グローバル化が進む中で、地球上のいずれかの国・地域で発生した金融危機、感染症、自然災害、紛争といった様々なリスクが瞬時に国境を越え、思わぬ形で遠く離れた日本の経済や社会に深刻な影響を及ぼす事態は、決してまれなことではなくなっている。2020年の新型コロナウイルスの世界的な感染拡大はその実例である。このように、機会とリスクの双方が国境を越えて共有され、国同士や地域間の相互依存が高まる現代において、日本が経済協力の戦略的な活用を通じて、途上国の発展を支援し、日本と途上国双方が利益を享受

【図表7-2】我が国から開発途上国に対する資金の流れ（2019暦年実績）

～開発途上国に対する資金の流れのうち、8割は民間資金によって占められている～

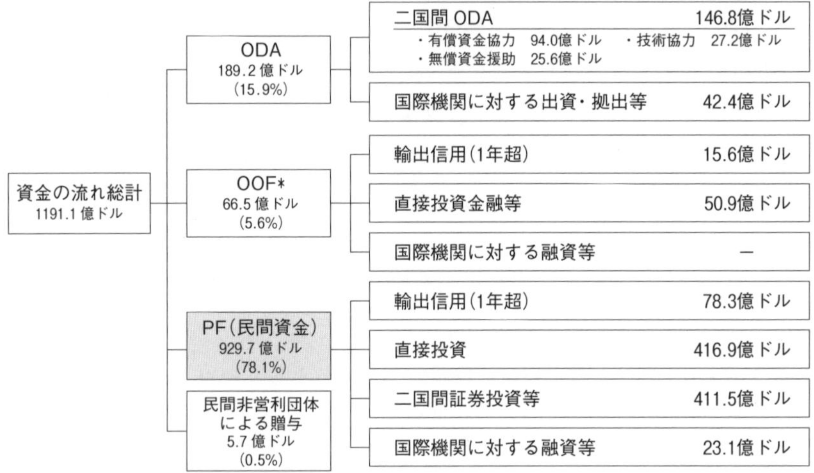

＊ OOF：Other Official Flows（ODA以外のその他の政府資金）
（注）数字は支出総額（グロス）。なお、四捨五入の関係上、合計・割合が一致しない

し、そして、一国だけの努力では対処し得ない地球規模の課題を解決する力となるための経済協力を実施していく必要性は、これまで以上に高まっている。即ち、経済協力は、日本自身の経済・社会の発展に必要な投資であると同時にリスク管理であるといえる。

(2) 開発途上国に対する資金の流れ

開発途上国に対する資金の流れは、経済協力開発機構（OECD）の開発援助委員会（DAC）において、次のように4つに分類されている。

① 政府開発援助（ODA：Official Development Assistance）

ODAは政府が財政資金を使って実施する経済協力の中核となるもので、以下の3つの要件を満たす資金の流れと定義されている。

i　政府ないし政府の実施機関によって供与されるものであること。

ii　開発途上国の経済開発や福祉の向上に寄与することを主たる目的としていること。

iii　有償資金協力については、その供与条件が被援助国にとって重い負担にならないようになっており（実質的譲許性を有しており）、グラント・エレメント（GE：Grant Element）[(2)]が① LDC（後発開発途上国）及び LIC（低所得国）は45％以上、② LMIC（低中所得国）は15％以上、③ UMIC（高中所得国）は10％以上であること[(3)]。

また、ODA は、その支援対象から二国間援助（bilateral aid）と、多国間援助（multilateral aid）に分類される。このうち二国間援助は、形態別に、贈与と有償資金協力（緩和された条件による開発に必要な資金の貸付。円借款等）に分けられ、贈与については、更に無償資金協力（返済義務を課さない資金協力）と技術協力に分類される。多国間援助とは、世界銀行、アジア開発銀行等の国際開発金融機関（MDBs）や、国連開発計画（UNDP）、国連児童基金（UNICEF）等の国際機関に対する出資・拠出等をいう。

② その他の政府資金（OOF：Other Official Flows）

OOF は、開発途上国に対する公的資金の流れのうち、上記①の ODA の条件を満たさない、その他の政府資金をいい、我が国の例では、国際協力銀行（JBIC）の輸出金融や投資金融等が該当する。

③ 民間資金（PF：Private Flows）

PF は、開発途上国に対する民間からの商業的な資金の流れをいい、その中心は直接投資及び二国間証券投資等である。直接投資とは、ある国の居住者（例：民間企業）が、他の国にある企業に対して行うクロスボーダーの投資（証

---

(2)　グラント・エレメント（GE：Grant Element）とは、借款の供与条件の緩やかさを示す指標。貸付金利、返済期間、据置期間が反映されるため、金利が低く、返済期間が長いほど、グラント・エレメントは高くなり、借入人（開発途上国）にとって有利であることを示す。贈与の場合のグラント・エレメントは100％となる。

(3)　2014年12月の DAC ハイレベル会合において、当該条件（割引率・閾値）が見直され、2018年実績から新しい割引率・閾値が適用されることとなった。従来、グラント・エレメント算出に用いる割引率は10％、グラント・エレメントの閾値が25％以上（いずれも一律）であったが、現在、ODA 受取国の所得階層（①高中所得国、②低中所得国、③後発開発途上国及び低所得国）ごとに異なる割引率（①6％、②7％、③9％）及び閾値（①10％以上、②15％以上、③45％以上）が適用されている。

【図表7-3】ODA・OOF・民間資金・民間非営利団体による贈与（概要）

～開発効果を促進するため、様々な資金源を有機的に組み合わせることが重要～

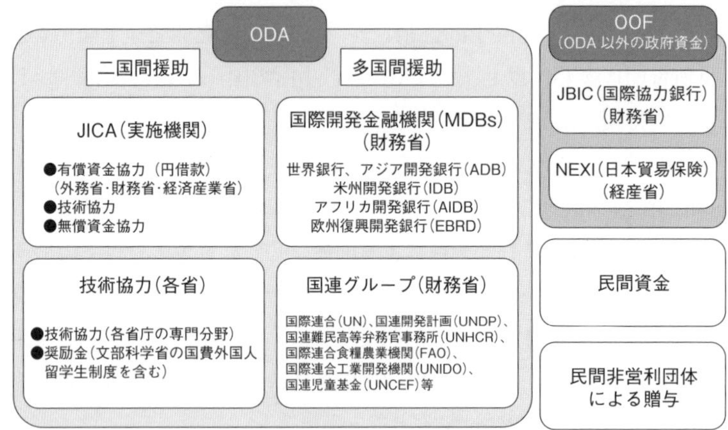

券の取得、金銭の貸付等。当該企業への支配や影響を及ぼすことに関連するもの）をいい、二国間証券投資等とは、直接投資に該当しない証券（株式や債券）の取引をいう。

④ 民間非営利団体による贈与（Private Grants）

民間非営利団体による贈与は、NGO 等による援助である。

(3) 主要国の取組

経済協力開発機構（OECD）の開発援助委員会（DAC）は毎年メンバーのODA 実績をはじめとする開発資金に関する統計（DAC 統計）[(4)]を公表しているが、2018年の ODA 実績から、従来の支出純額（ネット）方式に代えて、贈与相当額計上方式（Grant Equivalent System：GE 方式）[(5)]が標準の ODA 計上方式として導入された。GE 方式で2019年における政府開発援助（ODA）を主

(4) OECD の開発資金統計に関するウェブサイト（http://www.oecd.org/dac/financing-sustainable-development/development-finance-data/idsonline.htm）

(5) 贈与相当額計上方式（Grant Equivalent System：GE 方式）は、有償資金協力について、贈与に相当する額（贈与相当額）を ODA 計上するもの。贈与相当額は、支出額、利率、償還期間等の供与条件を定式に当てはめて算出され、供与条件が緩やかであればあるほど額が大きくなる。

要国（G7）で比較すると、米国、ドイツ、英国、日本、フランス、カナダ、イタリアの順で、日本は第4位。支出総額（グロス）では、米国、ドイツ、英国、日本、フランス、カナダ、イタリアの順で、日本は第4位であり、支出純額（ネット）で比較すると、米国、ドイツ、英国、フランス、日本、カナダ、イタリアの順で、日本は第5位になる。

従来の純額（ネット）方式においては、貸付時に全額をODA実績として計上し、償還期間中の返済額はマイナス計上されるため、完済時には統計上の評価がゼロとなる。そのため、日本の有償資金協力は、過去の貸付の回収額がマイナス計上されることによって相殺されてしまい、合計がマイナスになった年もあった。一方、新たなGE方式では、貸付時に贈与相当分をODA実績として計上し、償還期間中の返済額はマイナス計上されないため、完済時の統計上の評価は当初の贈与相当分となる。日本の有償資金協力は額が大きいうえに供与条件が緩やかであるため、「贈与相当額」も大きくなる。その結果、日本の場合、純額（ネット）方式に比べ、GE方式では、2019年実績では3割以上大きく計上されることになった。

1970年の国連総会において、ODAの量的目標を国民総生産（GNP）の0.7%にする努力目標が採択され、1993年からは国民総所得（GNI）の0.7%となった。その後も、2000年のミレニアム開発目標（MDGs）や後継となる2015年の持続可能な開発目標（SDGs）において採択される等、0.7%目標は、国際会議の場において繰り返し言及されている。しかしながら、前述のDAC統計（2019年）によると、主要国（G7）の中で、英国を除いてこの目標を達成している国はない。

また国連貿易開発会議（UNCTAD）は2014年の世界投資報告書の中で、開発途上国が2030年までに持続可能な開発目標（SDGs）を達成するためには、年間2.5兆ドルもの資金が不足すると指摘しており、開発途上国の開発需要に応えるには、主要国（先進国）からのODAだけでは不十分で、官民連携による民間資金の動員等、ODAを触媒とした幅広い開発資金の動員が必要である。

こうした中、開発資金の新たな財源を確保するための取組として、非従来型の資金調達の仕組み（「革新的資金調達メカニズム」）が検討されてきた。2019年に日本が議長国を務めたG20大阪サミットの成果文書であるG20大阪首脳

【図表7-4】G7諸国のODA実績（贈与相当額：GE）の推移

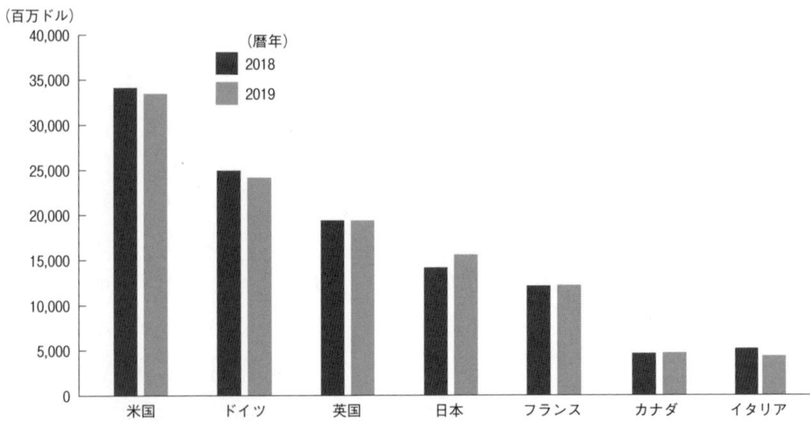

（出所）OECD/DAC、贈与相当額ベース
（注1）最新データについては、OECD/DACのHPより入手（http://www.oecd.org/dac/）
（注2）2019年については、イタリアはOECD推計値を使用。

【図表7-5】G7諸国のODA実績（グロス）の推移

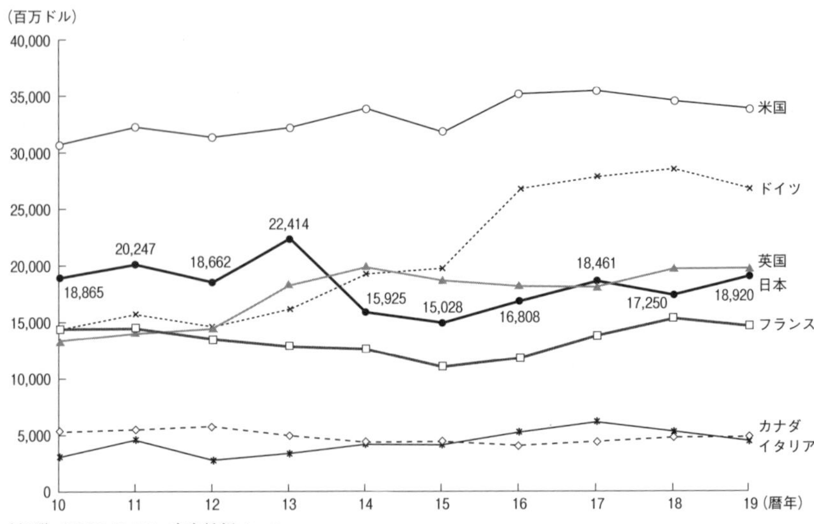

（出所）OECD/DAC、支出総額ベース
（注）最新データについては、OECD/DACのHPより入手（http://www.oecd.org/dac/）

---

(6) 公的資金だけでなく、商業的資金、慈善基金団体の資金など、様々な形態の資金を組み合わせて開発に資する案件に拠出する考え方。

【図表7-6】G7諸国のODA実績（ネット）の推移

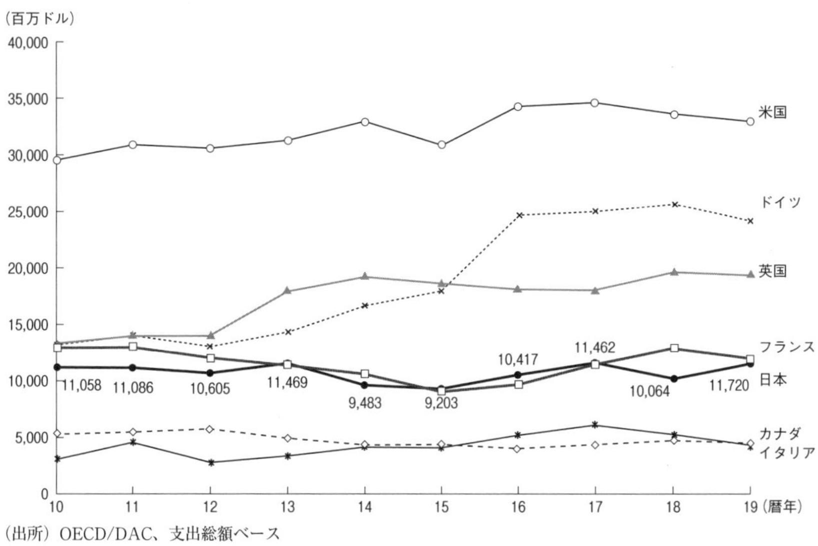

（出所）OECD/DAC、支出総額ベース

宣言において、ブレンディッド・ファイナンス[6]を含む革新的資金調達のメカニズムが重要な役割を担う旨が明記された。その手法には様々なものがあるが、既に導入されている手法として、世界的な広がりは見せていないものの、フランス等の航空券に課税する手法（「航空券連帯税」）や、先進国向けに債券を発行し、調達した資金によりワクチンを購入する手法（「予防接種のための国際金融ファシリティ（IFFIm）」）等があり、例えば、航空券連帯税により調達された資金は、三大感染症（HIV/エイズ、結核、マラリア）の治療薬購入や治療支援などに使用されている。また、新型コロナウイルス感染症対策に関し、ワクチンへの公平なアクセスを確保するための国際的枠組みであるCOVAXファシリティにおいて、途上国向けとして「ワクチン事前買取制度（AMC：advance market commitment）」が導入されている。

加えて、財務的リターンと並行して、ポジティブで測定可能な社会的及び環境的インパクトを同時に生み出すことを意図する投資行動である「インパクト投資」の手法を拡大し、SDGs達成に向けた民間資金の流れを拡大する取組も進められている。UNDPはSDGsに資する投資や事業のガイドラインや世界基準を策定し、それらの基準に適合した案件を認証する「SDG インパクト」という取組を実施している。

また、従来のODAの枠を超えて、新興ドナーからの資金や開発を主目的としない資金も含め、持続可能な開発のための開発途上国向け資金を幅広く捕捉し、可視化する新たな統計システム、「持続可能な開発のための公的総資金（Total Official Support for Sustainable Development）」によるデータ収集の取組も始まっている。

(4) ODA等の効率的・戦略的な活用

貧困、紛争、感染症、地球温暖化といった途上国や地球全体の抱える課題は、先進国を含めた世界の国々が力を合わせなければ解決することはできない。この文脈で、ODA等による途上国支援は有効な手段となる。一方で、日本の財政状況は極めて厳しく、ODA等の実施にあたっては、日本国民からも幅広い理解と支持を得ることが不可欠であり、貴重な政策資源であるODAを効率的・戦略的に活用していかなくてはならない。

日本のODA政策の根幹をなす文書は「開発協力大綱」（平成27年2月10日閣議決定）である。開発協力大綱は、平和国家として、国際社会の平和、安定、繁栄に積極的に貢献するという日本の開発協力の理念を明確化するとともに、重点課題として、①「質の高い成長」とそれを通じた貧困撲滅、②普遍的価値の共有、平和で安全な社会の実現、③地球規模課題への取組を通じた持続可能で強靱な国際社会の構築の3つを示している。また、実施上の原則として、「効果的・効率的な開発協力推進のための原則」と「開発協力の適正性確保のための原則」を定めている。

また、公的資金による経済協力には、ODAに分類される、JICA等による二国間援助及びMDBsを通じた多国間援助や、OOFに分類される国際協力銀行（JBIC）等通じた金融支援等、複数の手法があり、それぞれの特性に応じた効率的・戦略的な使い分けがなされている（各手法の具体的役割については、本章後述の各項目を参照。また、新型コロナウイルス感染症への各手法を用いた対応については、第1章3.「新型コロナウイルス感染症への対応」を参照）。

加えて、ODA等の効率的・戦略的活用のためには関係省庁間での連携強化も欠くことができない。この観点から、一例として、内閣官房長官を議長とする「経協インフラ戦略会議」において、インフラシステムの海外展開等に関して関係大臣・省庁間での情報共有や意見交換が行われている（第7章2(6) 経協インフラ会議参照）。2016年5月にG7伊勢志摩サミットを前に経協インフラ戦略会議で発表された「質の高いインフラ輸出拡大イニシアティブ」においては、円借款の迅速化や民間企業の投融資奨励に向けた、各省・機関横断的な制度改善の方針が示された。

(5) 質の高いインフラ投資

① 質の高いインフラ投資の意義

インフラは、経済・社会活動の重要な基盤であり、経済の生産性を向上させ、貧困をはじめとする開発課題を解決するために重要な役割を果たすものである。新興国・途上国の経済成長を背景に、世界には依然として膨大なインフラ需要が存在しているが、そうした需要に対してドナー側の資金的供給が不足するインフラ需給ギャップの存在が指摘され、インフラ投資の「量」を増加させることが課題とされてきた。また、経済力をつけてきた新興国が新たなドナー国として途上国へのインフラ支援に乗り出す中で、インフラ投資が必ずしも地域の利益になっていないケースが増えるようになった。

これに対して、途上国側に利益をもたらし、その持続可能な経済発展を支えるためには、インフラ投資の「質」を確保した、「質の高いインフラ投資」が不可欠である。「質の高いインフラ投資」とは、長持ちし、自然災害に強いなど、そのインフラのライフサイクルを通じて経済的であるとともに、インフラの利用の開放性や調達における透明性、及び国レベルでの債務持続可能性等のインフラ・ガバナンスの要素が確保されており、かつ、雇用創出や能力構築、環境や地域住民への配慮といった形でその地域の経済や社会に利益をもたらすものである。そして「質の高いインフラ投資」により経済・社会基盤が強化されることで、インフラを含めた民間投資が更に刺激されるといった波及的効果、自律的な好循環をもたらすことが期待される。

日本は、自らの知見や経験を活かし、このような「質の高いインフラ投資」

についてイニシアティブを取って世界に発信してきた。

2015年、日本は、「質の高いインフラパートナーシップ」（以下、PQI）を公表した。PQIは、新興国の経済成長を背景とした膨大なインフラ需要に対応し、持続的な経済成長と包摂的な開発に貢献するとともに、日本企業の技術力や信頼性を活かした質の高いインフラの海外輸出の促進を目的としたものであり、①JICAの支援量の拡大・迅速化、②ADBとの連携、③JBIC等によるリスクマネー供給拡大、④質の高いインフラ投資の国際的スタンダード化・グローバルな展開、の4本柱の施策を提示した。

2016年5月には、G7伊勢志摩サミットを前に、日本の質の高いインフラ整備への更なる貢献策として、世界全体のインフラ案件向けに今後5年間で約2,000億ドルの資金を供給する「質の高いインフラ輸出拡大イニシアティブ」を公表した。G7伊勢志摩サミットでは、日本の重視する質の高いインフラ投資の要素をまとめた投資原則として、「質の高いインフラ投資の推進のためのG7伊勢志摩原則（以下、G7伊勢志摩原則）」を採択した。また、同年9月には、中国議長下でのG20杭州サミットの首脳宣言において、「G7伊勢志摩原則」の主たる要素や、質の高いインフラ投資の重要性について、G20の間で認識が共有された。

そして、2019年6月の日本議長下でのG20大阪サミットでは、「G7伊勢志摩原則」に国際的動向を踏まえて、債務持続可能性を含むインフラ・ガバナンス等の新たな要素を追加し、日本が主張してきた「開放性」「透明性」「経済性」「マクロレベルでの債務持続可能性」の4条件を包含した「質の高いインフラ投資に関するG20原則」を承認した（第5章**3(3)** 質の高いインフラ投資参照）。

以上のように、日本は、国際社会において質の高いインフラ投資の議論及びその国際的なスタンダード化をリードするとともに、バイ・マルチ両面で質の高いインフラ投資の実践を行ってきた。

また、2020年12月、第49回経協インフラ戦略会議において決定された、2021年から5年間のインフラ輸出の目標を定めた「インフラシステム海外展開戦略2025」は、施策の柱の一つに「質の高いインフラと現地との協創の推進」を掲げており、今後とも日本は政府全体として質の高いインフラに係る取組を継続していく（第7章**2(6)** 経協インフラ会議参照）。

② 具体的な取組

○国際協力銀行（JBIC）

インフラ海外展開における国際競争が熾烈を極める中で、JBICは、日本の「質の高いインフラ」の海外展開を推進することで、日本企業の国際競争力の維持・向上に努めている。この取組をより一層推進するため、2018年、地球環境保全目的に資するインフラ整備を幅広く支援する「質高インフラ環境成長ファシリティ」を創設した。現在、「質高インフラ環境成長ファシリティ」を強化した「ポストコロナ成長ファシリティ」の「脱炭素推進ウインドウ」（2021年1月創設）のもとで、日本企業の脱炭素社会に向けた質の高いインフラの海外展開等を支援している。（第7章**4**国際協力銀行（JBIC）参照）。

○国際協力機構（JICA）

PQIを踏まえ、JICAは、支援量の拡大・迅速化を図るため、円借款や海外投融資の迅速化、ドル建て借款の創設等を通じた円借款制度の改善を実施（第7章**3**国際協力機構（JICA）参照）するとともに、実際の円借款案件や技術協力、ADBとの業務協力等を通じて日本の質の高いインフラの途上国における普及・実践を行ってきている。

> （参考）日本による質の高いインフラ投資の事例
>
> • マニラMRT3号線事業
>
> MRT3号線は適切な維持管理業務が実施されず、鉄道システムや車両が劣化し、運行トラブルが頻発する事態に陥っていた。この状況に対してJICAがフィリピン政府に対して円借款の供与を行い、日本企業の支援の下、環境や地域住民への配慮を行いながら、通常運行を妨げることなく改修し、安全で効率的な路線へ復旧させた。また、改修完了後も高い稼働率を維持できるよう、インフラ・ガバナンスの観点から、現地の職員を日本に招聘した研修の実施や職業訓練学校の設立の支援等を通じて能力構築を実施し、長期的な維持・管理（O&M）の実施体制の構築を支援している。

○ MDBs との連携

日本政府は、マルチでの支援として、世銀グループ（WBG）やアジア開発銀行（ADB）を始めとするMDBsの信託基金との連携や増資時における議論を通じて、MDBsのインフラ案件組成・技術支援を行うことにより質の高いインフラ投資を推進している（第７章5(7) 信託基金（Trust Funds）を通じた協力参照）。

(6) 経協インフラ戦略会議

世界各地の現場で働く邦人の安全を確保しつつ、日本企業によるインフラシステムの海外展開や、エネルギー・鉱物資源の海外権益確保を支援するとともに、我が国の海外経済協力に関する重要事項を議論するため、2013年３月、内閣官房長官を議長とした閣僚級会議として、「経協インフラ戦略会議」が創設された。経協インフラ戦略会議は、創設以来計49回開催（2021年３月末時点）され、地域別・分野別の重要事項に関して関係大臣・省庁間で情報共有や意見交換を行うとともに、インフラ海外展開に係る中長期の戦略を策定してきた。

中長期の戦略として、経協インフラ戦略会議は、2013年５月、インフラシステム輸出による経済成長を実現するため、2020年に約30兆円の受注を獲得するとの目標を定めた「インフラシステム輸出戦略」（以下、「戦略」）を策定した。戦略は毎年改訂を重ね、各種政策を推進してきた。受注実績は、基準とした2010年の10兆円から2018年には約25兆円となり、増加基調を維持しており、受注増加により、経済成長及び国富の増加に貢献し、戦略は一定の成果を上げてきたと評価できる。しかし、インフラ海外展開を取り巻く環境は急速に変化するとともに、インフラを提供する側の課題や相手国・地域のビジネス・投資環境を含めた様々な課題も浮き彫りとなっている。

こうした課題を踏まえ、2021年以降のインフラ海外展開の方向性を示すため、従来の戦略を抜本的に見直し、今後５年間を見据えた新たな目標を掲げた「インフラシステム海外展開戦略2025」（以下、「新戦略」）が2020年12月に策定された。

従来の戦略では「経済成長の実現」を単独の目的としていたのに対して、新戦略においては、①カーボンニュートラル、デジタル変革への対応を通じた経済成長の実現、②展開国の社会課題解決・SDGs 達成への貢献、③「自由で開かれたインド太平洋」(FOIP) の実現の３本柱立てとしている。また、2025年のインフラシステムの受注額の目標として、新たに34兆円を掲げている。

この目的及び目標達成のため、①コロナ対応への対応の集中的推進、②カーボンニュートラルへの貢献、③デジタル技術・データの活用促進、④コアとなる技術の確保、⑤質高インフラと現地との協創の推進、⑥展開地域の経済的繁栄・連結性向上、⑦売り切りから継続的関与へ、⑧第三国での外国政府・機関との連携、の８つを施策の柱としている。

3. 国際協力機構（JICA）

国際協力機構（JICA）は、日本の政府開発援助（ODA）の中核を担う独立行政法人である。2017年７月に「信頼で世界をつなぐ」というビジョンを新たに掲げ、多様な援助手法を組み合わせ、開発途上国が抱える課題の解決を支援している。

(1) 総論

ODA は、その形態から、二国間援助と多国間援助（国際機関への出資・拠出）に分けられており、JICA は日本の二国間援助の中核を担う開発機関である。二国間援助の形態は大きく「贈与（グラント)」と「政府貸付等（有償資金協力)」に分類される。

JICA においては、「贈与（グラント)」として技術協力、無償資金協力（外交政策の遂行上の必要から外務省が実施するものを除く）を実施し、「政府貸付等（有償資金協力)」として、円借款、海外投融資を実施している。これら支援メニューを効果的に活用し、世界約150の国と地域で事業を展開している。

(2) 無償資金協力

無償資金協力は、所得水準が低い開発途上国を対象に、返済義務を課さずに資金を供与し、学校・病院・井戸・道路など、社会・経済開発のために必要な施設の整備や資機材の調達を支援する。無償資金協力は、国際社会のニーズに迅速かつ機動的に対応するための有効な手段であり、国際社会の安定確保や我が国のリーダーシップ向上に資する大きな政策的効果がある。

無償資金協力は、外交政策の遂行上、外務省が自ら実施するものもあるが、その大半はJICAが実施主体となっている。

(3) 技術協力

技術協力は、開発途上地域の開発を主たる目的として日本の知識・技術・経験を活かし、同地域の経済社会開発の担い手となる人材の育成を行う協力をいう。技術協力は、日本の技術や技能、知識を開発途上国に移転し、あるいは、その国の実情にあった適切な技術などの開発や改良を支援するとともに、技術水準の向上、制度や組織の確立や整備などに寄与する。また、技術協力は“人と人との接触”を通じて実現され、人の往来が基本となる援助形態であるため、両国国民レベルでの相互理解に果たす役割は大きいといえる。

技術協力は留学生の受入れを始めとして、多様な形態をとっており、その実施主体についても、政府ベースで行われるものから、海外進出企業との関連で行われるもの、更にはボランティア（民間援助）団体の国際協力活動の一環として行うものまで、極めて多岐にわたっている。

(4) 有償資金協力

有償資金協力は、開発途上地域の開発を主たる目的として資金の供与の条件が開発途上地域にとって重い負担にならないよう、金利、償還期間等について緩やかな条件が付された有償の資金供与による協力をいう。有償資金協力に

【図表7-7】日本の政府開発援助（ODA）

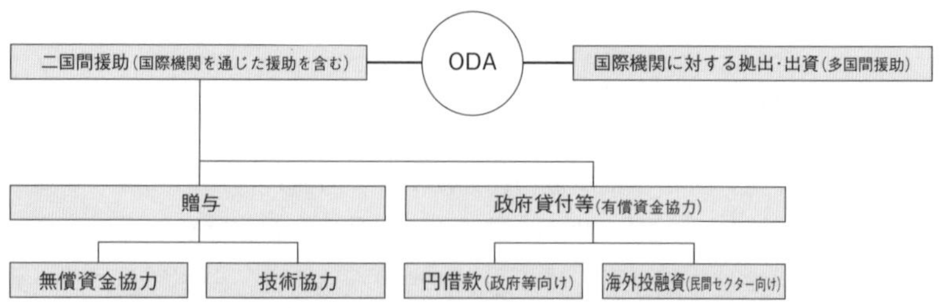

は、開発途上地域の政府等に対して開発事業の実施に必要な資金又は当該開発途上地域の経済の安定に関する計画の達成に必要な資金を貸し付ける「円借款」と、我が国又は開発途上地域の法人等に対して開発事業の実施に必要な資金を融資・出資する「海外投融資」があり、いずれもJICAが実施している。

有償資金協力は、無償資金協力と比較して大規模な支援を行いやすく、途上国の経済社会開発に不可欠なインフラ建設等の支援に効果的である。また、途上国に返済義務を課すことで自助努力を促す効果を持つ。更に、途上国と長期にわたる貸借関係を設定することにより、その国との中長期にわたる安定的な関係の基礎を構築することができる。

① 円借款

開発途上国では、政府等が電力・農業・運輸・教育などの様々な分野にわたって経済社会開発のための基盤づくりに努めているものの、必要な資金が不足していたり、プロジェクトの企画・立案、実施のノウハウが十分でないことが多い。

円借款は、開発途上国がこうした問題を解決するための自助努力を支援するため、低金利で返済期間の長い融資を行うものである。返済を伴う円借款は、途上国に、主体性（オーナーシップ）をもってその活用方法を検討する動機付けを与え、経済成長を実現することで返済原資を捻出するといった自助努力を促す効果もある。

また、返済を前提とする円借款は、貸し手である日本にとっても財政負担が小さく、長期に持続可能な支援といえる。

（ｉ） 融資形態

円借款の形態は、大きく分けると以下のとおりとなっている。

（ア）プロジェクト型借款

○ プロジェクト借款

道路、発電所、灌漑や下水道施設の建設など、あらかじめ特定されたプロジェクトに必要な設備、資機材、サービスの調達や、土木工事などの実施に必要な資金を融資するものであり、円借款の代表的な形態である。

○　エンジニアリング・サービス借款（ES借款）

大型事業や不確定要素の高いプロジェクトなどにおいて、プロジェクト実施に必要な調査・設計段階で求められるエンジニアリング・サービス（現場の詳細データ収集、詳細設計、入札書類作成など）の資金を本体事業に先行して融資するもの。

○　開発金融借款（ツーステップローン）

借入国の政策金融制度の下、開発銀行などの借入国の金融機関を通じて、中小企業や農業などの特定部門の振興や貧困層の生活基盤整備などのために必要な資金を供与するもの。

○　セクターローン

複数のサブプロジェクトで構成される特定セクターの開発計画の実施のために必要な資機材、役務及びコンサルティング・サービスの費用を融資するもの。サブプロジェクトが小規模かつ全国各地に散在している場合には、セクターローンにより円滑なサブプロジェクトの実施が可能となる。

（イ）プログラム型借款

○　開発政策借款

政策や制度の改革を目指している開発途上国の国家戦略、貧困削減戦略の実施のために融資するもの。近年はそうした戦略に沿った改革項目が相手国政府により実施されたことを確認し、その達成に対して借款契約を締結し、資金を融資して相手国予算に組み込まれるタイプのものが主流になっている。

（ウ）その他

○　災害復旧スタンド・バイ借款

災害発生に先立ち、融資支援枠や資金使途等を合意し、災害発生時に借入国からの要請をもって速やかに資金を供与する仕組み。供与資金は当該国予算に組み込まれる。

（ii）　融資条件

円借款の金利は、基本的に借入国の所得水準に応じて水準が設定されており、原資の調達コストの増減等に応じて、定期的に見直されている。また、返済期間は、15年から40年の長期となっており、このうち5年から10年程度の期間は、元本を返済しなくてもよい据置期間が設定されている（案件毎に設定される融資条件によって返済・据置期間は異なる）。

（参考）本邦技術活用条件（STEP：Special Terms for Economic Partnership）

本邦技術活用条件（STEP）は、我が国の優れた技術やノウハウを活用し、開発途上国への技術移転を通じて我が国の「顔が見える援助」を促進するため、平成14年（2002年）7月に導入された。

円借款の対象国であり、OECDルール上タイド借款が供与可能な国（ただしLDCを除く）に対する、日本の事業者の有する技術・資機材がその実現に必要かつ実質的に活かされる円借款案件について、主契約者を日本企業等に限定するとともに、円借款融資対象となる本体契約総額の30％以上については、日本原産とするもの。

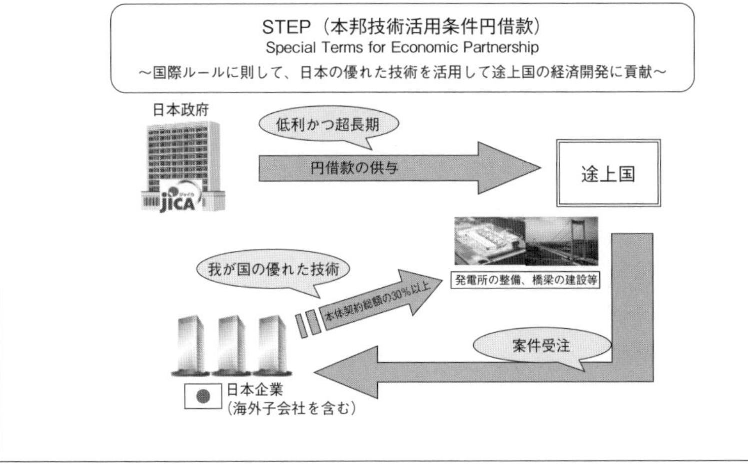

【図表7-8】2021年度　円借款対象国所得階層別分類

2021年4月改定

所得階層	1人当たりGNI	
LDC かつ 貧困国 （US$1,035以下）		アフガニスタン、イエメン、ウガンダ、エチオピア、エリトリア、ガンビア、ギニア、ギニアビサウ、コンゴ民主共和国、シエラレオネ、スーダン、ソマリア、チャド、中央アフリカ、トーゴ、ニジェール、ハイチ、ブルキナファソ、ブルンジ、マダガスカル、マラウイ、マリ、南スーダン、モザンビーク、リベリア、ルワンダ
LDC 又は 貧困国 （US$1,035以下）		アンゴラ、カンボジア、キリバス、コモロ、サントメ・プリンシペ、ザンビア、ジブチ、シリア、セネガル、ソロモン諸島、タジキスタン、タンザニア、ツバル、ネパール、バングラデシュ、東ティモール、ブータン、ベナン、ミャンマー、モーリタニア、ラオス、レソト
低・中 所得国	US$1,036以上 US$4,045以下	アルジェリア、インド、ウクライナ、ウズベキスタン、エジプト、エスワティニ、エルサルバドル、ガーナ、カーボベルデ、カメルーン、キルギス、ケニア、コートジボワール、コンゴ共和国、ジンバブエ、スリランカ、チュニジア、ナイジェリア、ニカラグア、パキスタン、バヌアツ、パプアニューギニア、フィリピン、ベトナム、ボリビア、ホンジュラス、ミクロネシア、モルドバ、モロッコ、モンゴル
中進国 以上	US$4,046以上	アゼルバイジャン、アルゼンチン、アルバニア、アルメニア、アンティグア・バーブーダ、イラク、イラン、インドネシア、エクアドル、ガイアナ、カザフスタン、ガボン、北マケドニア、キューバ、グアテマラ、グレナダ、コスタリカ、コソボ、コロンビア、サモア、ジャマイカ、ジョージア、スリナム、赤道ギニア、セルビア、セントビンセント・グレナディーン、セントルシア、タイ、ドミニカ共和国、ドミニカ国、トルクメニスタン、トルコ、トンガ、ナウル、ナミビア、ニウエ、パナマ、パラオ、パラグアイ、フィジー、ブラジル、ベネズエラ、ベラルーシ、ベリーズ、ペルー、ボスニア・ヘルツェゴビナ、ボツワナ、マーシャル諸島、マレーシア、南アフリカ、メキシコ、モーリシャス、モルディブ、モンテネグロ、ヨルダン、リビア、レバノン

＊下線が付された国は2021年4月時点でSTEPが適用可能な国。

【図表7-9】円借款供与条件表

（2021年4月1日以降に事前通報を行う案件に適用）

所得階層	1人当たりGNI（2019年）	条件	適用金利	基準／オプション	金利（%）	償還期間（年）	うち据置期間（年）	調達条件
LDCかつ貧困国(注1)（US$1,035以下）					0.01	40	10	アンタイド
LDC又は貧困国（US$1,035以下）		ハイスペック（注2：以下同じ）	固定金利	基準	0.25	30	10	アンタイド
				オプション1	0.20	25	7	
				オプション2	0.15	20	6	
				オプション3	0.10	15	5	
		優先条件（注3：以下同じ）	変動金利（注4：以下同じ）	長期オプション	¥LIBOR + 35bp	40	10	
				基準	¥LIBOR + 25bp	30	10	
				オプション1	¥LIBOR + 20bp	25	7	
				オプション2	¥LIBOR + 15bp	20	6	
				オプション3	¥LIBOR + 10bp	15	5	
			固定金利	基準	0.55	30	10	
				オプション1	0.45	25	7	
				オプション2	0.30	20	6	
				オプション3	0.20	15	5	
		一般条件	変動金利	長期オプション	¥LIBOR + 45bp	40	10	
				基準	¥LIBOR + 35bp	30	10	
				オプション1	¥LIBOR + 30bp	25	7	
				オプション2	¥LIBOR + 25bp	20	6	
				オプション3	¥LIBOR + 20bp	15	5	
			固定金利	基準	0.65	30	10	
				オプション1	0.55	25	7	
				オプション2	0.40	20	6	
				オプション3	0.30	15	5	
低・中所得国	US$1,036以上 US$4,045以下	ハイスペック	固定金利	基準	0.50	30	10	アンタイド
				オプション1	0.45	25	7	
				オプション2	0.40	20	6	
				オプション3	0.35	15	5	
		優先条件	変動金利	長期オプション	¥LIBOR + 85bp	40	10	
				基準	¥LIBOR + 65bp	30	10	
				オプション1	¥LIBOR + 55bp	25	7	
				オプション2	¥LIBOR + 45bp	20	6	
				オプション3	¥LIBOR + 35bp	15	5	
			固定金利	基準	0.95	30	10	
				オプション1	0.80	25	7	
				オプション2	0.60	20	6	
				オプション3	0.45	15	5	
		一般条件	変動金利	長期オプション	¥LIBOR + 105bp	40	10	
				基準	¥LIBOR + 85bp	30	10	
				オプション1	¥LIBOR + 75bp	25	7	
				オプション2	¥LIBOR + 65bp	20	6	
				オプション3	¥LIBOR + 55bp	15	5	
			固定金利	基準	1.15	30	10	
				オプション1	1.00	25	7	
				オプション2	0.80	20	6	
				オプション3	0.65	15	5	

中進国以上	US$4,046以上	ハイスペック	固定金利	基準	0.70	30	10	アンタイド
				オプション1	0.65	25	7	
				オプション2	0.60	20	6	
				オプション3	0.55	15	5	
		優先条件	変動金利	長期オプション	¥LIBOR + 105bp	40	10	
				基準	¥LIBOR + 85bp	30	10	
				オプション1	¥LIBOR + 75bp	25	7	
				オプション2	¥LIBOR + 65bp	20	6	
				オプション3	¥LIBOR + 55bp	15	5	
			固定金利	基準	1.15	30	10	
				オプション1	1.00	25	7	
				オプション2	0.80	20	6	
				オプション3	0.65	15	5	
		一般条件	変動金利	長期オプション	¥LIBOR + 125bp	40	10	
				基準	¥LIBOR + 105bp	30	10	
				オプション1	¥LIBOR + 95bp	25	7	
				オプション2	¥LIBOR + 85bp	20	6	
				オプション3	¥LIBOR + 75bp	15	5	
			固定金利	基準	1.35	30	10	
				オプション1	1.20	25	7	
				オプション2	1.00	20	6	
				オプション3	0.85	15	5	
STEP(注5)			固定金利	基準	0.10	40	10	タイド
コンサルティングサービス		コンサルティングサービス部分の金利は0.01%とし、償還期間及び据置期間並びに調達条件は本体部分と同様とする。						
プログラム借款オプション		協調融資の場合は譲許性を確保しつつ、協調融資先の償還期間と同一にすることができる。						

(注1) LDCかつ貧困国は分野にかかわらず0.01%、40年（10年）を適用。LDCかつ貧困国から上位の所得階層に移行する際は、直ちに適用金利を変更せず、3年間の移行期間を設定。

(注2) ハイスペック借款は、「質の高いインフラ」を推進すると特に認められるプロジェクト借款案件に適用（適用に当たっては具体的な案件毎に検討）。

(注3) 優先条件が適用されるのは、環境・気候変動分野、保健・医療分野、防災分野及び人材育成分野。

(注4) 円LIBOR（6カ月物）部分のみ変動し、スプレッドは固定するFixed Spread Loanを適用。変動金利の下限金利は0.1%とする。

(注5) STEP（本邦技術活用条件）は、OECDルール上タイド借款が供与可能な案件のうち、我が国の優れた技術やノウハウを活用するものとして途上国から本条件適用の要請があるもので、かつ我が国の事業者の有する技術やノウハウが必要かつ実質的に活かされる案件に適用。STEP対象国は、OECD公的輸出信用アレンジメント上タイド借款が供与可能な国。但し、LDC（国連開発計画委員会のLDCリスト掲載ページを参照）を除く。

(注6) 災害復旧分野（災害復旧スタンド・バイ借款を含む）は所得階層にかかわらず0.01%、40年（10年）を適用。災害復旧スタンド・バイ借款は、外貨返済型円借款が適用可能な償還期間（据置期間）である20年（6年）、15年（5年）も選択可能とする。

(注7) PPPインフラ信用補完スタンド・バイ借款は所得階層にかかわらず変動金利のみとし、金利6カ月¥LIBOR + 30～50bp、償還期間は最長40年（最長コミットメント期間＝30年＋10年）の範囲内で個別に設定する。ただし、短期流動性支援の場合は、10年を償還期間とする。

(参考)

- EPSA（アフリカの民間セクター開発のための共同イニシアティブ）ソブリン向けは、所得階層に応じて、優先条件を適用（ただし、LDCかつ貧困国については、0.01%、40年（10年）を適用）。
- IMFのプログラムが順調に進んでいる国及びIDAグラント供与国については、IMFの譲許性基準を満たすよう供与条件を変更することができる。
- 一般条件及び優先条件の固定金利については、市場実勢を踏まえ、変動金利と等価の金利水準となるよう、定期的に見直すものとする。
- 中進国以上は固定金利も選択可能であるが、原則変動金利を適用するものとする。

② 海外投融資

JICAの海外投融資は、インフラ整備、貧困削減、気候変動対策などの分野で開発効果の高い事業を行う全世界の民間企業などに対し、「融資」や「出資」による支援を行い、開発途上国の経済活性化、人々の生活向上などを目的とする事業である。

2001年12月の閣議決定「特殊法人等整理合理化計画」において、海外投融資は廃止することとされたが、産業界等から再開の要望が多く寄せられたことを受け、2010年6月の閣議決定「新成長戦略」において、「過去の実施案件の成功例・失敗例等を十分研究・評価し、リスク審査・管理体制を構築した上で、再開を図る」とされ、2011年1月の閣議決定「新成長戦略実現2011」において、「具体的案件の実施を通じて新実施体制の検証・改善と案件選択ルールの詰めを行う『パイロットアプローチ』の下で、年度内に再開を実現」することとされた。これを踏まえ、2012年10月、パッケージ型インフラ海外展開関係大臣会合において、海外投融資の本格再開が決定されることとなった。

JICAが行う海外投融資業務は、開発途上国において、民間企業等が行う開発効果の高い事業であり、かつ、一般の金融機関だけでの対応が困難な場合に出融資という形で支援するものである。こうした取組の方針は「JICA海外投融資に関する案件選択の指針」によって定められている。概要は以下のとおり。

◆ **基本的考え方**

✓ 開発援助機関であるJICAが「有償資金協力」として行う「開発事業」への資金供給

✓ 既存の金融機関では対応できない、開発効果の高い案件への対応（新成長戦略（平成22年6月18日閣議決定））

✓ 企業のニーズに透明性と予見可能性をもって迅速に対応する（インフラ海外展開に関する新戦略の骨子（令和2年7月9日経協インフラ戦略会議決定））

◆ **対象分野**

✓ インフラ・成長加速化

✓ SDGs（貧困削減、気候変動対策を含む）

※例えば、民間企業等が実施する、電力・運輸・上下水・廃棄物処理・保健医療・教育等の分野におけるインフラ事業（PPPインフラ事業等）、産業発展のために重要な人材育成、貧困層の生活を向上させ社会開発に貢献するビジネス（BOP（Base of Pyramid）Business 等）、貧困層・零細企業等を対象とするマイクロファイナンス、雇用拡大に資する中小企業支援、植林・災害対策・省エネ・公害対策等の気候変動対策に資する事業等が対象となる。

◆　**対象国**

✓　ODA 対象国

【図表7-10】海外投融資と円借款の概要比較

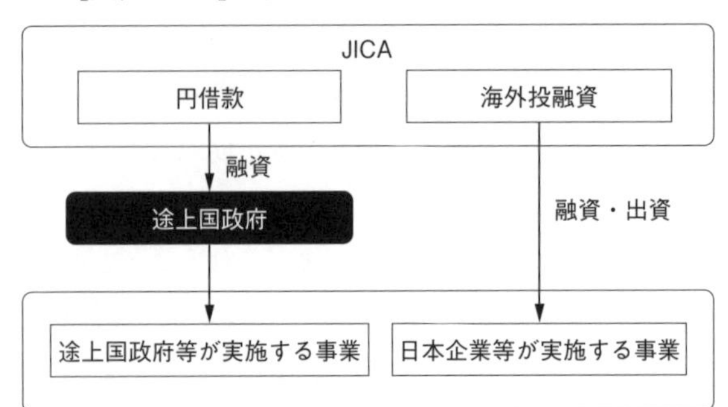

③　円借款・海外投融資の戦略的活用のための改善策

日本の開発協力政策は、開発協力大綱（2015年2月閣議決定）をその根幹としており、政府開発援助（ODA）を戦略的かつ効果的に活用していく観点から、JICA の支援ツールも政府方針に合わせて見直しがなされている。JICA 事業の政策的位置付けについて以下のとおり概観する。

2013年3月、本邦企業によるインフラシステムの海外展開や、エネルギー・鉱物資源の確保など、我が国の海外経済協力に関する重要事項を議論し、戦略的かつ効率的な実施を図ることを目的とし、閣僚レベルによる第1回「経協インフラ戦略会議」が開催された。同会議を通じて、新たな時代の要望に応えるべく「円借款の戦略的な活用のための改善策について」（2013年4月）が検討された。また、2013年5月には、「インフラシステム輸出戦略」が決定され、その後定期的にフォローアップがなされるとともに、「質の高いインフラパートナーシップ」（2015年5月）、「質の高いインフラパートナーシップのフォローアップ」（2015年11月）も発表され、円借款制度が随時見直されている。

★「円借款の戦略的活用のための改善策について」（2013年4月）

我が国の優れた技術やノウハウを開発途上国に提供し、人々の暮らしを豊かにするとともに、特に我が国と密接な関係を有するアジアを含む新興国の成長を取り込み、日本経済の活性化につながるよう、円借款を戦略的に展開していく観点から改善策を打ち出した。主な改善内容は以下のとおり。

i　円借款の重点分野における譲許性の引上げ（金利引下げ）
ii　本邦技術の更なる活用に資する円借款の制度改善
iii　中進国、卒業移行国への支援における円借款の一層の活用
iv　災害復旧スタンド・バイ借款の創設
v　ノンプロジェクト型借款の一層の活用
vi　その他（変動金利制の導入など）

★「質の高いインフラパートナーシップ（2015年5月）」及び「質の高いインフラパートナーシップのフォローアップ（2015年11月）」

2015年5月、新興国の経済成長を背景とした膨大なインフラ需要に対応し、持続的な経済成長と包摂的な開発に貢献するとともに、日本企業の技術力や信頼性を生かした質の高いインフラの海外輸出を促進することを目的として、「質の高いインフラパートナーシップ」を公表。これを受け、2015年11月、「質の高いインフラパートナーシップのフォローアップ」を公表。円借款の制度改善にかかる主な内容は以下のとおり。

➢　円借款制度の改善（主なもの）

○　円借款の迅速化
○　ドル建て借款の創設及び外貨返済型の円借款の活用拡大
○　サブ・ソブリン円借款における新たな対応（政府保証の例外的免除）

その上で、2017年5月、「質の高いインフラパートナーシップ」のフォローアップ（2015年11月）において発表した円借款の新たな制度や対応についての考え方の概要を公表（下記外務省公表資料参照）。

「質の高いインフラパートナーシップ」のフォローアップ策に係る制度拡充

平成29年5月24日

今般、「質の高いインフラパートナーシップ」のフォローアップ（2015年11月）において発表した、円借款の魅力を更に向上させるための新たな制度や対応についての考え方を整理したところ、概要は以下のとおりです。

1 「質の高いインフラ」を推進すると特に認められる案件に対し、譲許性の高い借款を供与するため創設したハイスペック借款については、資料1の「ハイスペック借款の基本的な考え方について」に基づき、当該条件の適用について具体的な案件毎に個別に検討します。

2 途上国の政府機関や地方公共団体等のサブ・ソブリン主体に対して供与する円借款において、例外的に政府保証を免除する場合には、他のファイナンスツールだけでは案件が組成できないこと、当該国のマクロ経済状況・財政事情、国際収支の状況に照らして問題がないこと、プロジェクトのリスク顕在化の蓋然性が小さいこと（政府保証に代わる当該国の実質的かつ十分なコミットメントがあること）、相手国政府の重要政策としてのコミットメントが認められることなど各種要件が満たされることを確認の上、どの程度政府保証を免除するか等を含め、経協インフラ戦略会議においてケース・バイ・ケースで決定します。

3 なお、昨年4月に創設したドル建て借款の供与条件は資料2のとおりです。

（資料1）ハイスペック借款の基本的な考え方について
（資料2）ドル建て借款の供与条件

（資料1）ハイスペック借款の基本的考え方について ※一部抜粋

1．ハイスペック借款制度概要

2016年5月のG7伊勢志摩サミットにて「質の高いインフラ投資の推進のためのG7伊勢志摩原則」を取りまとめたことに基づき、「質の高いインフラ」の推進に資すると特に認められる案件に対し、譲許性の高い円借款を供与する。
①対象案件：プロジェクト型借款
②対象国：すべての円借款対象国（LDC うち貧困国を除く）
③供与条件：円借款供与条件表のとおり（調達条件はアンタイド）

2．基本的考え方

相手国が質の高いインフラの導入を希望し、評価に価格だけでなく、ライフサイクル・コスト（LCC）評価等価格以外の要素を盛り込むこと等を通じて、このようなインフラの発注を推進する。
【質の高いインフラを見る視点（総合的に判断）】
①インフラの質の確保
　LCC の低減等の経済性
　包摂性
　安全性・災害に対する強靱性
　持続可能性
　利便性・快適性
②環境・社会配慮ガイドライン等の質の高いスタンダードの適用
③現地の社会・経済への貢献（人材育成等）
④開発途上国・地域の開発・経済戦略や連結性戦略との整合性
⑤ PPP 等を通じた効果的な資金動員

3．ハイスペック借款の活用が想定される（「質の高いインフラ」を構成する）技術の例

ハイスペック借款が適用可能な「質の高いインフラ」であると特に認められ得る技術の例は別添のとおり。これらは定期的に更新をおこなう。なお、これらの技術の採用がハイスペック借款の適用を保証するものではなく、具体的な案件毎に個別に検討する。他方で、ハイスペック借款の適用対象となる「質の高いインフラ」であると認められる技術は別添に限られないものとする。

（資料2）ドル建て借款供与条件表 ※一部抜粋

（平成28年4月1日以降に事前通報を行う案件に適用）

償還期間（年）	うち据置期間（年）	金利（%）
25	7	米ドル LIBOR ＋110bp
20	6	米ドル LIBOR ＋105bp
15	5	米ドル LIBOR ＋100bp

（注）米ドル LIBOR（6ヵ月物）部分のみ変動し、スプレッドは固定する Fixed Spread Loan を適用。

4. 国際協力銀行

(1) 概要

JBICは、日本政府が全株式を保有する政策金融機関であり、一般の金融機関が行う金融を補完することを旨としつつ、①日本にとって重要な資源の海外における開発及び取得の促進、②日本の産業の国際競争力の維持及び向上、③地球温暖化の防止等の地球環境の保全を目的とする海外における事業の促進、④国際金融秩序の混乱の防止またはその被害への対処、の４つの分野について金融業務を行い、日本及び国際経済社会の健全な発展に寄与することを目的としている。

業務に際しては、融資等の機能（主な金融スキームについては (2) 主な業務（金融手法）参照）を総合的に活用するとともに、開発途上国政府、国際機関及び各国輸出金融機関との協調等を通じ、主としてカントリー・リスクの補完等の面から民間金融機関の活動を補完・奨励している。また、我が国の政策金融

【図表7-11】株式会社　国際協力銀行（JBIC）の概要

・JBIC（Japan Bank for International Cooperation）は、日本政府100%出資の政策金融機関。一般の金融機関が行う金融を補完することを旨としつつ、以下に示した4つの分野について金融業務を行い、もって、日本及び国際経済社会の健全な発展に寄与することを目的としている。
1）日本にとって重要な資源の海外における開発及び取得の促進
2）日本の産業の国際競争力の維持及び向上
3）地球温暖化の防止等の地球環境の保全を目的とする海外における事業の促進
4）国際金融秩序の混乱の防止またはその被害への対処

組織概要

設立年月日：2012年4月1日
根　拠　法：株式会社国際協力銀行法
（平成23年5月2日公布・施行）
総　　　裁：前田　匡史
拠　　　点：《国内》本　　店（東京）
大阪支店
《海外》海外駐在員事務所
（18拠点）

業務運営の原則

政策金融機関として、以下を旨としつつ、国内外の経済・金融情勢等に即応して迅速・的確に、政策上必要な業務を実施。

1．民業補完
政策金融に求められる役割を適切に果たすべく、国際金融分野における民間金融の状況をふまえ、その補完に徹する。

2．収支相償・償還確実性
法律の求めに従って、収支の健全性の確保に努め、その金融判断にあたっても、融資等の回収の見込みについて十分な審査を行うよう努める。

3．国際的信用の維持・向上
業務の的確な実施及び海外での効率的な資金調達のため、これまで築いてきた国際的な信任の維持・向上に努める。

4．業務の専門的・主体的な遂行
国際金融に関する専門性と主体性を発揮し、一貫した体制のもとで、円滑な業務の実施に努める。

機関として、①民業補完、②収支相償・償還確実性、③国際的信用の維持・向上、④業務の専門的・主体的な遂行、を旨としつつ、国内外の経済・金融情勢等に即応して迅速・的確に政策上必要な業務を実施している。

2020年3月末の資本金は1兆8,338億円、出融資残高は15兆5,270億円となっている。また、2019年度の出融資・保証の承諾実績は139件、1兆6,787億円となっている。

JBICの前身は、輸出振興を通じて戦後の復興を促進するために1950年に創設された日本輸出銀行に遡る。日本輸出銀行は、1952年に日本輸出入銀行と改称し、資源エネルギーの確保、対外不均衡の是正、企業活動のグローバル化の支援等、各時代の政策課題に対応しながら金融面の支援を実施した。その後1999年に、日本輸出入銀行と円借款等の海外経済協力業務を担う海外経済協力基金とが統合し、国際協力銀行（JBIC）が創設された。2008年にJBICの業務は分割され、海外経済協力業務は国際協力機構（JICA）に移り、旧日本輸出入銀行が担っていた国際金融等の業務は、日本政策金融公庫の国際部門となった。更に、2012年に同公庫から分離され、日本政府が全株式を保有する政策金融機関として現在に至る。

(2) 主な業務（金融手法）

JBICは、主に下記の金融スキームを活用することで、日本企業による輸出入取引や資源確保を含む海外事業活動などの対外経済活動支援や、それらの基盤となる開発途上国の投資環境整備、地球温暖化の防止等の地球環境の保全に資する事業の促進等を行っている。

① 輸出金融

日本企業や日系現地法人等の機械・設備や技術等の輸出・販売を対象とした融資で、外国の輸入者（買主）または外国の金融機関等向けに供与している。

② 輸入金融

日本企業による資源等、重要物資の輸入に対する融資で、日本の輸入者に対するもの、外国の輸出者に対するものがある。

「【図表7-12】 JBICをめぐる組織再編の経緯」

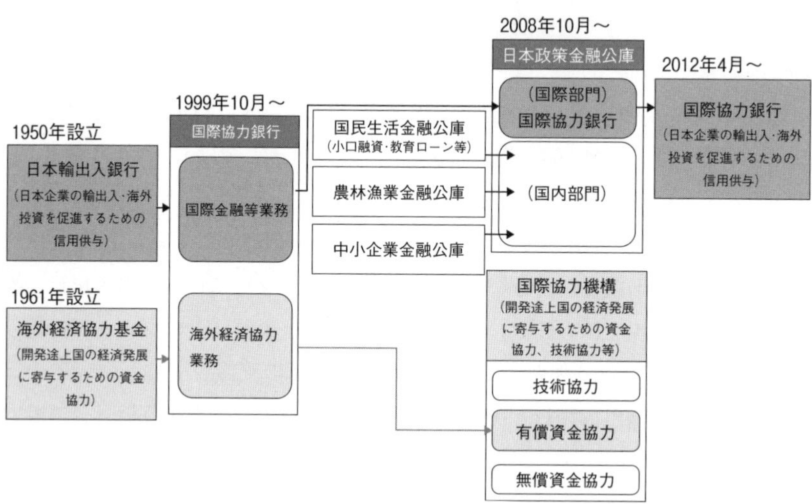

③ 投資金融

日本企業の海外投資事業に対する融資で、日本企業（投資者）に対するもの、日系現地法人（合弁企業含む）またはこれに貸付・出資を行う外国の銀行・政府等に対するものがある。

④ 事業開発等金融

開発途上国等による事業及び当該国の輸入に必要な資金、もしくは当該国の国際収支の均衡、もしくは通貨の安定を図るために必要な資金を供与するもの（日本企業からの投資や資機材の購入を条件としない）。

⑤ 出資

海外において事業を行う日本企業の出資法人や、日本企業等が中核的役割を担うファンド等に対して出資するもの。

⑥ 保証

民間金融機関等の融資及び開発途上国政府や現地日系企業等の発行する公社

債に対する保証、通貨スワップ取引への保証、他国輸出信用機関が行う保証への再保証等、保証機能も活用した支援を行うもの。

【図表7-13】JBIC の金融手法（例）

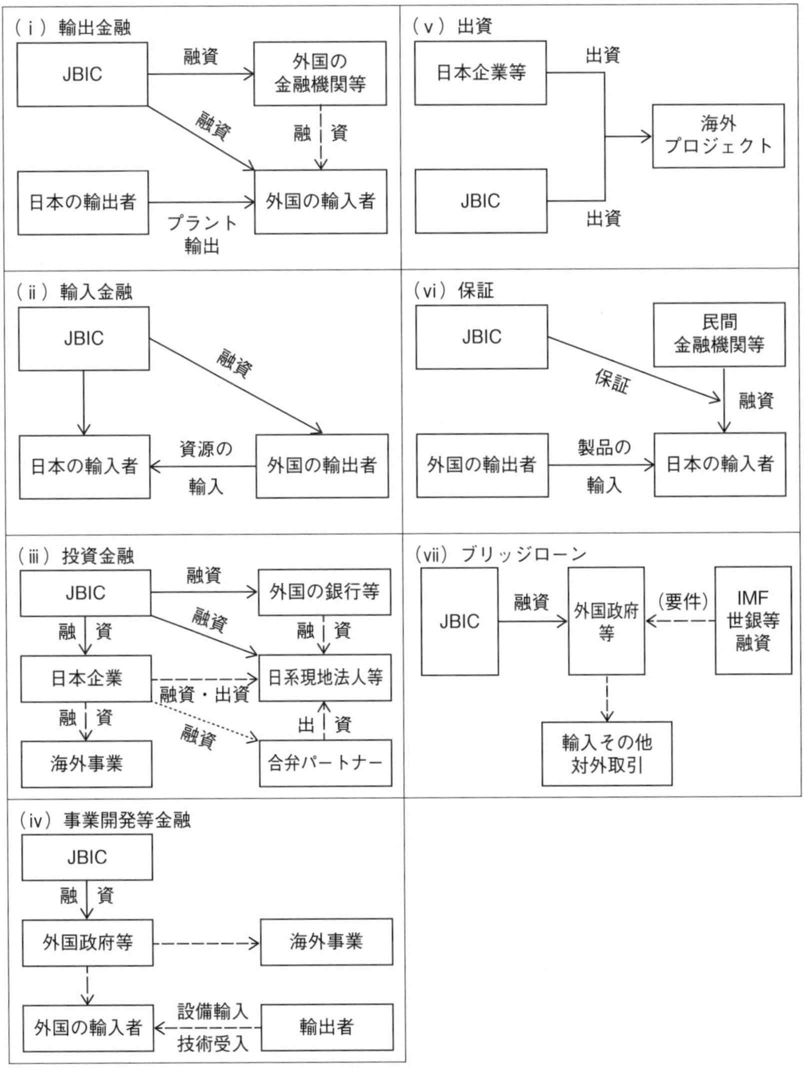

（i）輸出金融
JBIC
融資
外国の金融機関等
融資
融資
日本の輸出者
プラント輸出
外国の輸入者

（v）出資
日本企業等
出資
海外プロジェクト
JBIC
出資

（ii）輸入金融
JBIC
融資
日本の輸入者
資源の輸入
外国の輸出者

（vi）保証
JBIC
民間金融機関等
保証
融資
外国の輸出者
製品の輸入
日本の輸入者

（iii）投資金融
JBIC
融資
外国の銀行等
融資
融資
融資
日本企業
日系現地法人等
融資・出資
融資
融資
出資
海外事業
合弁パートナー

（vii）ブリッジローン
JBIC
融資
外国政府等
（要件）
IMF世銀等融資
輸入その他対外取引

（iv）事業開発等金融
JBIC
融資
外国政府等
海外事業
外国の輸入者
設備輸入
技術受入
輸出者

⑦ ブリッジローン

国際収支上の困難を抱えた開発途上国政府の対外取引に対し、外貨資金繰りを手当するために必要な短期資金の貸付を行うもの。

(3) 日本企業の海外展開等の支援

JBICは、時々の国際政治経済の状況や日本企業の変化する様々な要請に対して、多様な金融スキームの活用や各種融資枠組みの創設等を通じて、日本及び国際経済社会の健全な発展に貢献してきた。

2008年の世界金融危機や2020年以降の新型コロナ危機等の際には、時限的な特例業務を実施することを通じて、国際金融秩序の混乱に対処し、日本企業の海外事業活動等の支援を行った（新型コロナ危機への対応については第1章4(3) 国際協力銀行（JBIC）を通じた支援参照)。

また、経済のグローバル化や新興国の台頭に伴い国際的な競争が激化する中で、日本にとって重要な資源の海外における開発及び取得を促進し、日本の産業の国際競争力の維持・向上を図るため、融資枠組みの創設や法改正等を通じて日本企業の海外展開等を支援してきた。

2011年には、当時急激に進行していた円高のメリットを最大限活用して、日本企業による資源確保や海外M&Aを支援し国富を増大させる観点から、外為特会の外貨資金をJBIC経由で活用する融資枠組みとして「円高対応緊急ファシリティ」が創設された。2013年には、「円高対応緊急ファシリティ」を発展的に改編し、日本企業の海外展開支援をより一層推進する観点から、投資金融、輸入金融で、日本企業の海外展開に資するすべての事業に支援対象を拡大した「海外展開支援融資ファシリティ」を開始した。

2016年に実施した株式会社国際協力銀行法の改正においては、アジア地域で拡大するインフラ整備需要に対応し、日本企業の海外展開をより一層後押しするため、海外における社会資本の整備に関する事業に係る更なるリスク・テイクを可能とする「特別業務」の追加等を実施した。また、2020年1月には、株式会社国際協力銀行法施行令の一部を改正し、日本企業の有する先端的な技術を生かした質の高いインフラの海外展開を支援するとともに、日本企業によるイノベーションを推進するため、水素、蓄電等、支援の対象となる先進国向け事業を追加した。

加えて、グローバルな課題である気候変動問題への対応も強化してきた。2010年に旧日本政策金融公庫法（当時）を改正し、業務の範囲に、地球温暖化の防止等の地球環境の保全を目的とする海外における事業を促進することを追加し、地球環境保全業務（通称：GREEN）を開始した。2018年には、地球環境保全業務の支援対象や支援手法を拡大し、「質高インフラ環境成長ファシリティ」を創設することにより、地球環境分野における取組を一層強化した。

こうした取組を経て、2020年1月に、経済の下方リスクに備えるため、「質高インフラ環境成長ファシリティ」を強化した「質高インフラ環境成長ウインドウ」と、日本企業による海外M&Aやグローバル・バリューチェーンの再編等を支援する「海外展開支援ウインドウ」の2つのウインドウで構成される、「成長投資ファシリティ」を創設した。

更に2021年1月には、日本企業によるポストコロナに向けた経済構造の転換への対処を強力に後押しするため、「成長投資ファシリティ」を再編して「ポストコロナ成長ファシリティ」を創設した。本ファシリティは、①日本企業が脱炭素社会に向けて実施する、地球環境保全目的に資するインフラ整備や水素等の非化石エネルギー源案件に係る資源案件等を支援する「脱炭素推進ウインドウ」、及び②日本企業によるサプライチェーン強靱化に資する海外M&Aや資源確保案件、その他日本企業の海外調達先や販売網等の維持・確保・再編等に資する案件を支援する「サプライチェーン強靱化ウインドウ」から構成される。2021年3月末現在、「脱炭素推進ウインドウ」を通じて5件1,553億円、また「サプライチェーン強靱化ウインドウ」を通じて4件1,628億円、を支援している。

（参考）中堅・中小企業に対する支援

アジアを中心とする新興国の経済成長に伴い、現地生産を行う日系大手企業などの調達ニーズに応えるだけでなく、新興国市場での独自のビジネス拡大を目指す中堅・中小企業が増加している。

こうした海外事業目的の変化に伴って、中堅・中小企業の資金ニーズも多様化している。JBICは、こうしたニーズに応えるため、日本の民間金融機関や現地の地場金融機関との連携を一層強化し、地方銀行や信用金庫を含む日本の民間金融機関との協調融資による個別融資のみならず、民間金融機関を通じたツー・ステップ・ローン（ファイナンスリース支援を含む）で機動的な対応が可能となるように支援を行っている。また、現地通貨建て融資にも積極的に取り組んでいる。

【図表7-14】JBIC等によるリスクマネーの供給拡大（JBIC法改正の概要）

1．改正の趣旨

民間の資金・ノウハウを活用した海外インフラ事業等について、日本企業の海外展開をより一層後押しするため、株式会社国際協力銀行（JBIC）の機能を強化する。

2．改正の概要

（1）JBICによる更なるリスク・テイク

- 期待収益は充分だがリスクを伴う海外インフラ事業向けの貸付け等を行う「特別業務」を追加（「一般業務勘定」と区分して整理）する。
- 特別業務については、必要な財務基盤を確保の上、「収支相償原則」は維持しつつ、個別案件ごとの「償還確実性」要件は免除し更なるリスク・テイクを可能とする。

（2）JBICによる現地通貨建て融資の拡大

現地通貨調達方法として、銀行等からの長期借入れを解禁することにより、途上国のインフラ事業で需要が大きい現地通貨建ての融資を拡大する。

（3）JBICによる支援手法の多様化

- 海外インフラ事業に係る銀行向けツー・ステップ・ローンや社債等の取得を可能とする。
- 日系現地法人等の海外における製品等の販売支援、国産設備の海外向けのリース事業支援、いわゆるイスラム金融による支援を可能とする。

（4）その他所要の規定の整備

3．施行日

公布の日（平成28年5月18日）

（注）上記2のうち、（1）については、政令で定める日。

【図表7-15】ポストコロナ成長ファシリティの創設

○ ポストコロナに向けた経済構造の転換・好循環の実現を図るため、JBICに「ポストコロナ成長ファシリティ」を新設。

○ 日本企業による、①脱炭素社会に向けた質の高いインフラの海外展開やその他の海外事業活動、②サプライチェーンの確保・再編・複線化等による強靱化、を支援（外為特会等を原資とする資金供給）。

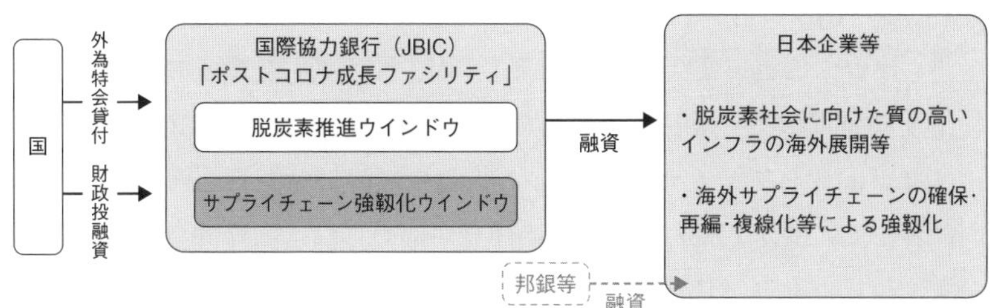

（注）「成長投資ファシリティ（～2021年6月末）」の「質高インフラ環境成長ウインドウ」と「海外展開支援ウインドウ」は新ファシリティに再編。「新型コロナ緊急対応ウインドウ」は2021年6月末まで継続。

(4) 日米豪連携の促進

2018年11月、インド太平洋地域をはじめとする第三国におけるインフラ、エネルギー及び資源等のセクターで、日米豪企業が協調する個別プロジェクトの実現を促進するため、JBIC、米・海外民間投資公社（OPIC、現・米国開発金融公社（DFC））、豪・外務貿易省（DFAT）、豪・輸出金融公社（EFA）の4者間で、「インド太平洋におけるインフラ投資に関する三機関間パートナーシップ」に関する覚書を締結した。JBICは、本覚書を踏まえ、蓄積された案件形成のノウハウを活かし、米や豪の政府系金融機関と共に、具体的な案件組成を行っている。

更に、JBICは、DFCと構築してきた協力関係を一層強化するため、2021年1月、DFCとの間で業務協力に関する覚書を締結した。本覚書は、従来の協力分野である、インフラ、エネルギー及び資源に加え、経済的かつ戦略的に重要である、電力、水素、デジタル、情報通信技術やサプライチェーンの強靱化といった分野でも協力の推進を図るものである。今後、JBICはDFCとの連携のもと、日米企業が参加するプロジェクトの推進を一層支援するとともに、「自由で開かれたインド太平洋」の実現に貢献していく方針である。

(5) 具体的な支援事例

① 投資金融(英国洋上風力発電事業)

JBICは、2018年11月、「質高インフラ環境成長ファシリティ」を活用し、日本企業も出資する英事業会社(MOWEL)が、洋上風力発電所の建設・所有・運営、及び売電事業を実施するための資金を融資するため、MOWELとの間で、プロジェクトファイナンス[7]による投資金融の貸付契約を締結した。欧州諸国において大型洋上風力発電事業の開発が進められ、国際的な事業権獲得競争が激化している中、JBICが長期融資を行うことで、日本の産業の国際競争力の維持・向上や、温室効果ガス排出量の削減に貢献することが見込まれる。

【図表7-16】英国洋上風力発電事業の概要

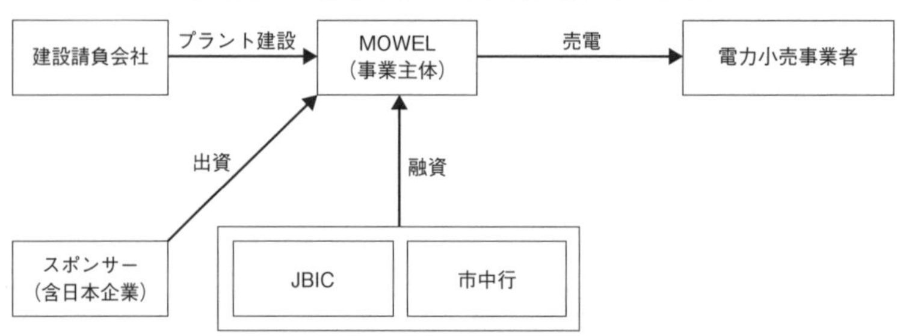

② 輸出金融(パラオ海底ケーブル敷設事業)

JBICは、2021年1月、パラオ国営海底ケーブル公社(BSCC)が日本企業より海底ケーブル関連設備等を購入するための資金を融資するため、BSCCとの間で、輸出金融の貸付契約を締結した。本融資は「特別業務」として実施された。BSCCは、JBIC、米政府及び豪政府の支援を受け、太平洋横断ケーブルのうち、パラオ支線の敷設を実施する。本事業は、「インド太平洋におけるインフラ投資に関する三機関間パートナーシップ」に基づく最初の協力案件であり、インド太平洋地域の社会や経済の基盤となる、信頼できるデジタルインフラの構築を支援するものである。

---

(7) プロジェクトファイナンスは、プロジェクトに対する融資の返済原資を、そのプロジェクトの生み出すキャッシュフローに限定する融資スキームのこと。

【図表7-17】パラオ海底ケーブル敷設事業の概要

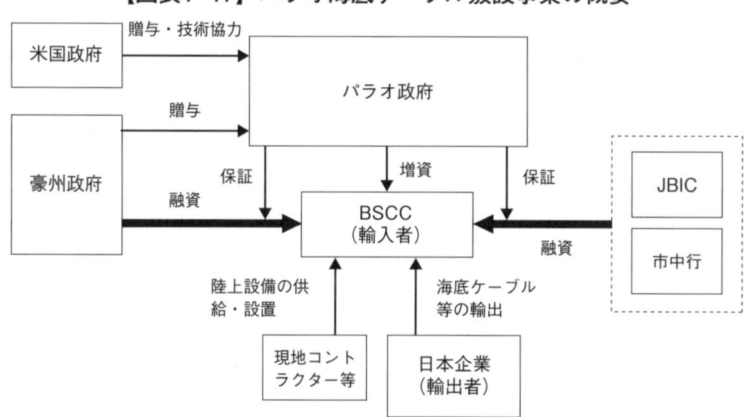

③ 事業開発等金融（在インド日系自動車メーカー生産・販売活動支援事業）

JBICは、2020年10月、日系自動車メーカーのサプライヤー及びディーラーがインドにおいて行う製造・販売事業並びに日系自動車の販売金融に必要な資金を、国営銀行であるインドステイト銀行（SBI）を通じて融資するため、SBIとの間で事業開発等金融の貸付契約を締結した。JBICが、SBIを通じて、成長するインド市場における日系自動車メーカーの生産・販売活動全体に円滑な資

【図表7-18】在インド日系自動車メーカー生産・販売活動支援事業の概要

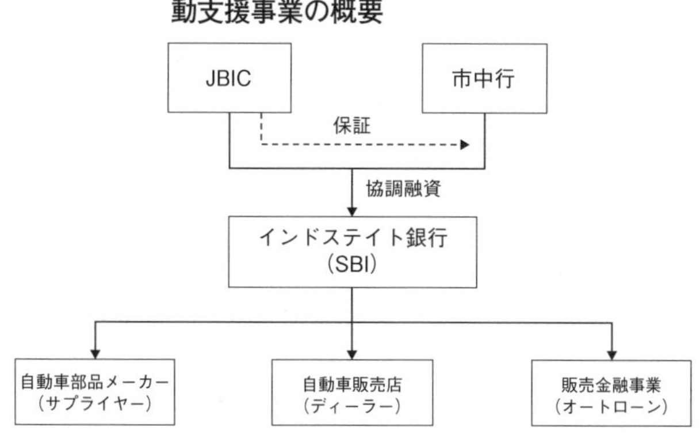

金供給を行うことで、日本の産業の国際競争力の維持・向上に貢献した。

5. MDBsを通じた取組

(1) 概観

世界銀行やアジア開発銀行（ADB）等の国際開発金融機関（MDBs：Multilateral Development Banks）は、一定の所得水準に達し、部分的に市場からの借入も行えるようになった途上国（１人当たり国民所得が約1,000ドルから約7,000ドル程度の中所得国）に対し、G7諸国を含む幅広い範囲の加盟国から得た出資を元に、高い信用力を背景として国際資本市場で資金調達を行い、開発を進める上で不可欠な長期の開発資金（基本的に長期融資）を供与している。また、１人当たり国民所得が約1,000ドル未満の低所得国向けには、先進国を中心とする加盟国から得た援助資金等を活用して、債務の持続可能性に応じ、超長期・低利の融資又は返済を求めない贈与による支援を行っている。更に、こうした融資等による支援の開発効果を高めるため、加盟国から追加的な資金供与を得て信託基金を設置し、技術協力や貧困層を対象とするコミュニティ・ベースの支援を行っている。

MDBsによる支援は、国際社会による途上国支援の中核をなしており、次のような特徴がある。

ア　幅広い分野にわたって専門的な知見を有する優秀な人材が全世界から集まっており、国際協力における豊富な経験に基づく支援を行う。

イ　国際機関として、中立的な立場から、適切な政策アドバイスを行う。

ウ　各地に展開する現地事務所に代表される広範なネットワークを通じ、現地の支援ニーズに応じた、きめ細かな支援を行う。

エ　途上国の債務状況や制度・政策環境についてのデータを集積しており、これらに基づいた的確な支援を行う。

我が国も、戦後復興期から高度経済成長期にかけて、世界銀行から計31件８億6,300万ドルを借り入れ、東海道新幹線や東名・名神高速道路など、日本経済発展の基礎となった基幹インフラの整備を進めた歴史があり、世界銀行への返済が終了したのは1990年7月のことである。我が国は、主要株主としてMDBsの活動に幅広く貢献するとともに、効率的、効果的な開発援助を行いつつ、我が国の開発理念を通じて国際社会に貢献するため、MDBsの積極的な活用を図っている。最近では、我が国が重視する開発アジェンダである、質の高いインフラ投資、国際保健、防災等の分野におけるMDBsの取組に対して、信託基金を通じた資金面の貢献を行うこと等を通じ、MDBsとの連携を強化している。

(2) 世界銀行グループ

① 概要

世界銀行グループは、ワシントンに本部を置く主に4つの機関から構成され、途上国における極度の貧困の削減と繁栄の共有の促進を2大目標として掲げる世界最大の開発金融機関である。その歴史は、第二次世界大戦後の世界経済の安定と発展について協議を行うため、1944年7月に開催されたブレトン・ウッズ会議に遡る。1945年に国際復興開発銀行（IBRD）がIMFとともに設立され、当初は、第二次世界大戦で荒廃した欧州・日本の復興を支援する役割が中心となっていたが、その後、途上国への支援を行う中で、低所得国支援に特化した国際開発協会（IDA）や、途上国で事業を行う民間企業を支援する国際金融公社（IFC）と多数国間投資保証機関（MIGA）が設立されるなど、開発の分野で主導的な役割を果たしてきた。

i　国際復興開発銀行（IBRD：International Bank for Reconstruction and Development）

IBRDは、主に中所得国を支援対象としており、幅広い加盟国からの出資を背景とする高い信用力の下でIBRD債を発行し、準商業ベース（AAA格付けを背景として市場で得られる最優遇金利にコスト分だけを上乗せした長期ローン）の融資を行っている。加盟国からの出資は、払込みが必要な部分（払込資本）とIBRDから請求があった場合に払込みが必要になる部分（請求払資本）に分かれるが、払込資本の割合は低く、加盟国からの払込資本を最大限に活用することで、大きな開発資金を動員することが可能となっている。

【図表7-19】各 MDBs の概要

機関名		発足年月	業務の概要	加盟国数	資本金・拠出金総額（億ドル）	日本の加盟時期	日本の出資額（億ドル）	日本の出資シェア（順位）	融資承認額（億ドル）	専門職員数（うち日本人）
世界銀行グループ	国際復興開発銀行（IBRD）	1945.12	中所得国向け貸付	189	3349（出資総額）	1952.8	241.1	7.2%［2位］	280（152）	6,412（224）
	国際開発協会（IDA）	1960.9	低所得国向け低利貸付・グラント	173	2675（出資総額）	1960.12	470.0	17.6%［2位］	304（305）	
	国際金融公社（IFC）	1956.7	途上国で活動する民間企業向け投融資・保証	185	251（出資総額）	原加盟	18	7.2%［2位］	111（282）	
	多数国間投資保証機関（MIGA）	1988.4	民間対外直接投資を対象とした非商業リスクの保証	182	20（出資総額）	原加盟	1.0	5.1%［2位］	40（47）	
アジア開発銀行（ADB）	通常資本財源（OCR）	1966.8	中所得国向け貸付、低所得国向け低利貸付、途上国で活動する民間企業向け投融資・保証	68	1471（授権資本）	原加盟	229.1	15.6%［1位］	216（156）	1,271（148）
	アジア開発基金（ADF）	1974.6	低所得国向けグラント		338（拠出総額）	原加盟	128.9	38.1%［1位］		
米州開発銀行グループ	米州開発銀行（IDB）	1959.12	中所得国向け貸付、低所得国向け低利貸付・グラント	48	1768（授権資本）	1976.7	89	5.0%［5位］	160.8（439）	2,030（21）
	多数国間投資基金（MIF）	1993.1	途上国で活動する中小零細企業向け貸付・グラント	39	18（拠出総額）	原加盟	6.0	38.0%［1位］		
	米州投資公社（IIC）	1986.3	途上国で活動する民間企業向け投融資・保証	47	21（出資総額）	原加盟	0.7	3.4%［10位］		
アフリカ開発銀行グループ（AfDB）	アフリカ開発銀行（AfDB）	1964.9	中所得国向け貸付・途上国で活動する民間企業向け投融資・保証	81	2118（授権資本）	1983.2	49.7	5.5%［4位］	87（123）	1,470（12）
	アフリカ開発基金（AfDF）	1973.6	低所得国向け低利貸付・グラント	29カ国及びAfDB	428（出資総額）	原加盟	42.5	10.2%［3位］		
欧州復興開発銀行（EBRD）		1991.3	市場経済への移行支援のための、民間企業向け投融資・保証	69カ国及びEU・欧州投資銀行	300（億ユーロ）（授権資本）	原加盟	25.6（億ユーロ）	8.6%［2位］	101（億ユーロ）（452）	2,301（23）

（出所）各機関の年次報告書
※　融資承認額には、グラントや保証等の額が含まれる。
※　職員数については、世銀グループは2020年6月末地点、ADBは2019年12月末時点、AfDBは2020年10月末時点、IDBは2020年12月末地点、EBRDは2020年9月時点の数字

ii　国際開発協会（IDA：International Development Association）

IDAは、低所得国に対し、超長期・低利の融資や贈与等を行っている。主として加盟国からの出資等により原資を賄うこととしつつ、IDA債の発行や内部資金の活用により支援規模を拡大することが可能となっている。

iii　国際金融公社（IFC：International Finance Corporation）

IFCは、途上国で事業を行う民間企業に対して、リスクを勘案した商業ベースでの投融資や保証を行っている。

iv　多数国間投資保証機関（MIGA：Multilateral Investment Guarantee Agency）

MIGAは、途上国向け民間直接投資を促進するため、戦争や送金規制制限等により投資資金の回収が困難になるといった非商業的リスクに対する保険・保証を行っている。

② 国際復興開発銀行（IBRD）増資・国際金融公社（IFC）増資

持続可能な開発目標（SDGs）や途上国の膨大な資金需要を踏まえ、2015年より、IBRD及びIFCにおいて増資の議論が開始され、2018年4月の世銀・IMF合同開発委員会において、IBRD及びIFCに対する合計130億ドル（払込資本）の増資パッケージが合意された。この増資に併せて、各国の投票権の見直しや、所得の低い国に対する支援の重点化（融資配分の見直し）等の改革を実施することとされている。

i　IBRD増資

IBRDに対する増資の払込資本総額75億ドルのうち、日本は5.3億ドルを負担し、米国に次ぐ第2位の投票権シェア（6.8%）を確保した。

増資交渉において合意された主な改革は以下のとおりである。

✓　卒業基準所得以上（1人当たりGNI≧6,795ドル2019財政年度（2018年7月～2019年6月））の国に対する新規融資承認額の割合を、現状の40%から2030年までに30%まで段階的に引下げ

✓　卒業基準所得以上の国に対する融資の対象を、卒業に必要な能力強化や環境など国際公共財の分野に重点化

✓　卒業基準所得以上の国を含む所得の高い国を対象として、借入期間の長

【図表7-20】IBRD 及び IFC の上位出資国

IBRD 上位出資国（累積ベース）	
国名	シェア
米国	16.8%
日本	7.2%
中国	6.0%
ドイツ	4.3%
英国	3.9%
フランス	3.9%

IFC 上位出資国（累積ベース）	
国名	シェア
米国	17.3%
日本	7.2%
ドイツ	5.0%
英国	4.7%
フランス	4.7%

※2018年に合意された増資に係る手続が各国とも完了した場合のもの。

【図表7-22】IBRD 及び IFC の融資状況（2020世銀予算年度）

IBRD 融資の供与先の状況

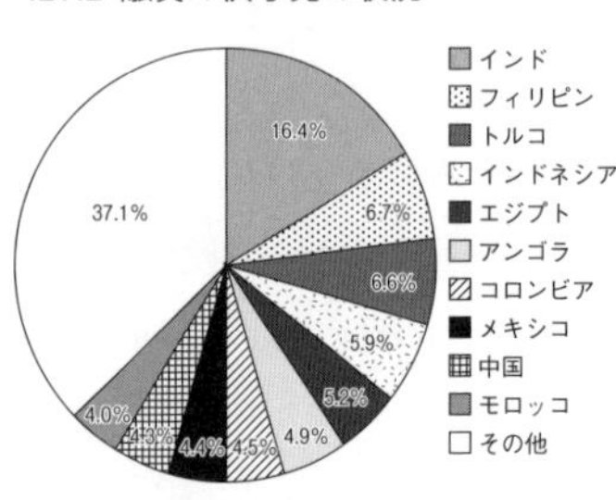

IFC 長期投融資の供与先の状況

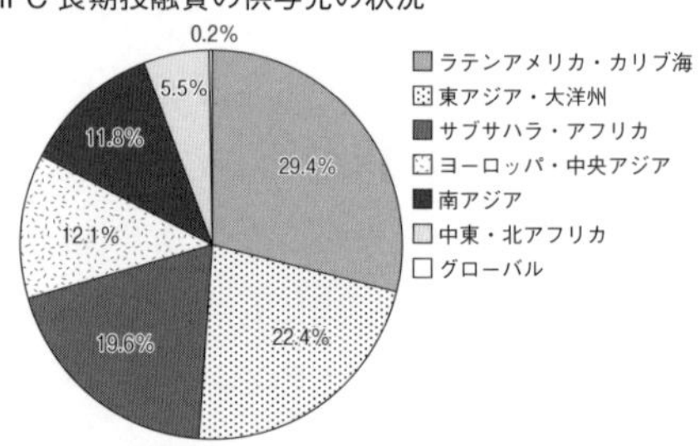

IBRD 部門別融資の状況

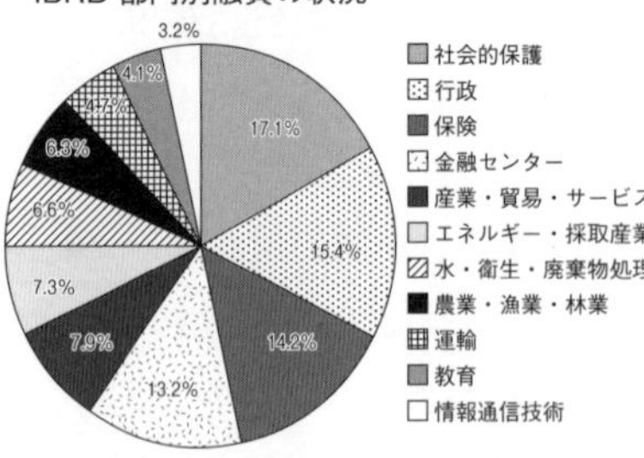

IFC 部門別長期投融資の状況

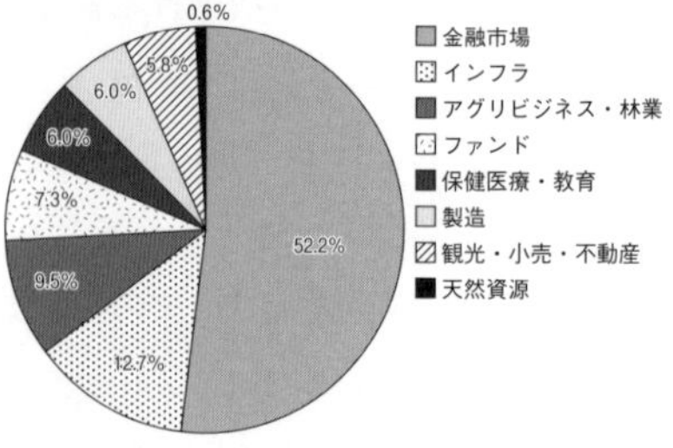

（注）2020世銀予算年度は、2019年7月～2020年6月
（出所）World Bank Annual Report 2020、IFC Annual Report 2020

【図表7-22】国際復興開発銀行（IBRD）増資の概要

○ SDGs（持続可能な開発目標）の達成に向けて、世界銀行グループは重要な役割を果たす。
○ 途上国の膨大な資金需要に対応するため、今般、IBRD の増資を行い支援強化を図る。
○ 増資に併せて、IBRD の政策面･ガバナンス面の改革を実施。

政策面の改革

○ 増資により、IBRD が対象とする途上国（注）支援が約 60%増加
➢ 中でも、所得の低い国（インド、フィリピン、インドネシア、スリランカ等）への支援は約 70%増加
➢ 所得の高い国（中国、ブラジル等）への支援の伸びは全体の伸びを下回る約 45%に抑制。支援全体に占める割合は約 4 割から約 3 割へ低下。
（注）IBRD は、途上国の中でも融資の返済能力が高い国を対象。加盟国からの出資等を資本金とし、市場で IBDR 債を発行し、融資の原資とする。（資本金の約 4 倍の借入れが可能。）
○ 所得の高い国に対する融資金利を引上げ
○ 国際公共財への支援を強化
➢ 気候変動　：　28%→30%以上（案件全体に占める割合）
➢ ジェンダー：　42%→55%以上（案件全体に占める割合）
➢ 紛争・脆弱国支援の強化
➢ インフラ整備の強化

ガバナンス面の改革

○ 投票権シェアにおいては、日本は第 2 位を維持

	投票権シェア(現行)	
1	米国	15.88%
2	日本	6.89%
3	中国	4.45%
4	独	4.04%
5	英仏	3.78%
途上国計		46.8%

→

	投票権シェア(調整後)	
1	米国	15.87%
2	日本	6.83%
3	中国	5.71%
4	独	4.07%
5	英仏	3.73%
途上国計		47.4%

増資額

○ 増資の日本負担分は約 41.5 億ドル（約 4,570 億円）
➢ うち、約 36.3 億ドル（約 3,988 億円）は、途上国からの返済が滞り、IBRD 債の償還等が困難になるという極めて例外的な場合にしか請求されない（過去請求されたことはない）
➢ 実際に払込みが必要となるのは、残りの約 5.3 億ドル（約 583 億円。うち 9 割が円、1 割がドルであり、今回から、世銀の決定により、円部分に加えドル部分も出資国債での払込みが可能に。）

※当該増資に応じるために「国際通貨基金及び国際復興開発銀行への加盟に伴う措置に関する法律」の改正を実施。本改正は2019年３月29日に参・本会議にて成立、翌30日に公布・施行。同年４月11日に第１回目の払込み（約405億円）を行った。

【図表7-23】世銀グループ・国際金融公社（IFC）増資の概要

・IFC は、開発途上国の持続的な経済成長を実現するため、各国の金融機関とも連携しつつ、開発途上国の民間プロジェクトに投融資。
・今回は増資では、膨大な開発ニーズを抱えながらも、事前環境の難しさから、民間投資が進まない低所得国にも重点。同じ世銀グループの中で低所得国支援に特化した IDA（アイダ）との連携を強化し、質高インフラなどへの民間投資拡大を促進。

IFC の戦略的方向性

○日本議長下の成果である「G20 質高原則」や「UHC（ユニバーサル･ヘルス･カバレッジ）ファイナンス強化の重要性に関する G20 共通理解」に沿って、質高インフラや保健などの分野への民間投資資金を積極動員
○IFC による投融資･民間資金の動員額を倍増

（億ドル）

2018年	
IFC投融資	116
民間資金動員	117

→

2030年	
IFC投融資	250
民間資金動員	230

○低所得国支援を行う IDA（アイダ）のサポートを得て、現地通貨建て融資やプロジェクト･ベースの保証を供与。これにより、事業環境が厳しい脆弱国や紛争国への投融資のシェアを拡大（2 割→4 割）
○1988 年以来、東京に事務所を設置し、日本企業による途上国ビジネスを幅広くサポート。日本人職員も積極的に採用

シェア

○ 日本の投票権シェアは上昇

	増資前(※1)	
1	米国	20.99%
2	日本	6.01%
3	独	4.77%
4	英仏	4.48%
⋮	⋮	
10	中国	2.30%

→

	増資完了後	
1	米国(※2)	16.39%
2	日本	6.81%
3	独	4.78%
4	英仏	4.49%
⋮	⋮	
10	中国	2.82%

（※1）増員パッケージ公表時（2018 年 4 月）の投票権シェア。
（※2）米国は追加増資下参加のためシェア低下（20.99%→16.39%）。但し、拒否権発動要件の変更（20%→15%）により、拒否権を維持。

日本の追加出資額

○ 5.6 億ドル（全額、ドル建国債で出資）

（※）各国の追加出資総額は 55 億ドル。但し、米国は追加増資に参加しないため、米国への割当額（約 10 億ドル）は、日本を含む他の国々に配分。

い融資（10年超）の金利の引上げ

ii　IFC 増資

IFC に対する増資の総額55億ドルのうち、日本は5.6億ドルを負担し、米国に次ぐ第2位の投票権シェア（6.8%）を確保した。

IFC は、増資を通じた資本基盤の強化により、2030年までに IFC による投融資額と民間資金動員額の倍増を目指している。更に、膨大な開発ニーズを抱えながらも事業環境の難しさから民間投資が進まない低所得国への支援を積極的に行うため IDA との連携を強化しつつ、質の高いインフラ投資や保健などの分野への民間資金の積極動員を図ることとしている。

③ 国際開発協会第19次増資（IDA19）

IDA による融資や贈与等の原資は主に加盟国からの出資等によって賄われており、加盟国からの継続的な資金拠出が必要とされることから、IDA では3年間を1つの期間として資金計画が立てられ、加盟国からの追加拠出の規模や資金の使途等に関する増資交渉が行われることとなっている。

2019年12月に合意された IDA19においては、先進国からの拠出だけでなく、中国やサウジアラビアなどの新興国からの拠出が大きく増加したことに加え、IDA18より導入された IDA 債の発行等の自己資金の積極的な活用により、資金規模が過去最大となる820億ドルとなった。

こうした中で、日本は加盟国による貢献額全体の10.0%に当たる3,525億円の出資を行い、英国に次ぐ第2位の貢献シェアを確保した。なお、IDA17からは、加盟国による出資に加え、融資による貢献も認められることとなり、日本は、IDA17及び IDA18では円借款による貢献をしていたが、IDA19においては、低金利環境下での貢献価値の縮小や出資貢献の充実に対する強い要請を踏まえ、融資による貢献を見送り、出資貢献に一本化した。

IDA19においては、日本議長下の G20の成果である質の高いインフラ投資、国際保健（ユニバーサル・ヘルス・カバレッジ（UHC）、パンデミック）、債務の持続可能性、自然災害に対する強靱性などが重点政策に位置付けられており、こうした取組を通じて、SDGs と世銀の2大目標を達成することを目指している。

【図表7-24】IDAの上位出資国（2020年6月末）（累積ベース）

国名	シェア
米国	19.9%
日本	17.6%
英国	11.9%
ドイツ	10.2%
フランス	7.1%

【図表7-25】IDA上位借入国の状況（2020世銀予算年度）

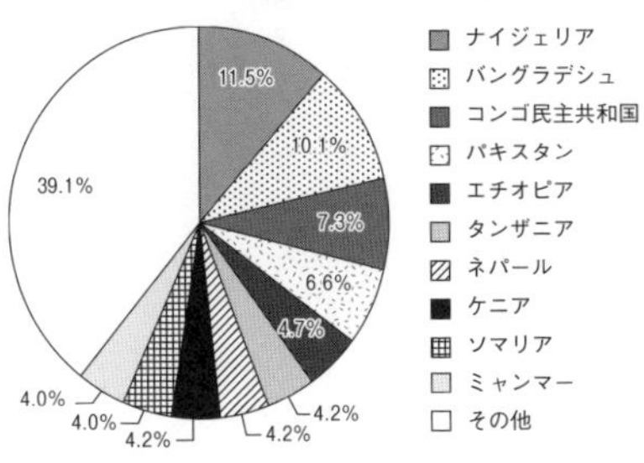

【図表7-26】IDA部門別融資・贈与等の状況（2020世銀予算年度）

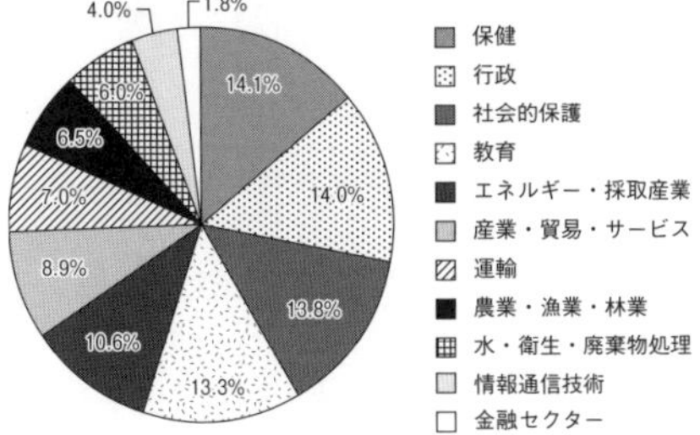

【図表7-27】IDA増資における日本の貢献額・シェアの推移

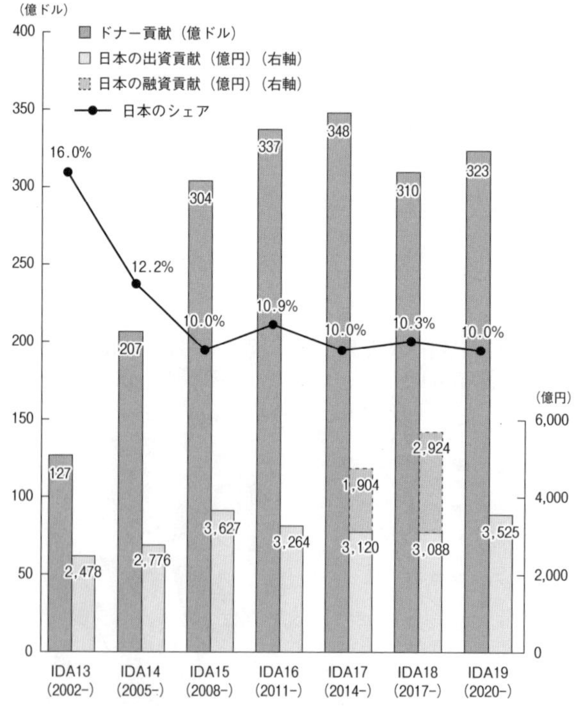

（注）2020世銀予算年度は、2019年7月～2020年6月
（出所）World Bank Annual Report 2020、財務省ホームページ

【図表7-28】IDA19の上位出資国

国名	シェア
英国	12.1%
日本	10.0%
米国	9.3%
ドイツ	5.6%
フランス	5.1%

コラム　世界銀行グループ増資の舞台裏

津田夏樹（財務省国際局総務課国際企画調整室長）

2018年4月21日、ワシントンDCにおいてIMF・世銀合同開発委員会が開催され、世界銀行グループ（WBG）の主要機関である国際復興開発銀行（IBRD）及び国際金融公社（IFC）の増資パッケージが合意されました。これは、2015年から3年にわたる国際交渉の成果として、史上最大の$11Bnの増資となりました。このような合意がトランプ政権に象徴されるようなマルチラテラリズムが揺らいでいた時代になされたことは、まさに歴史的な快挙であったといっても過言でないと思います。

3年間に及ぶ増資の議論は、WBGに加盟する189か国（当時）を代表する25名の理事で構成される理事会で行われました。資本増強の議論が進むにつれて、比較的所得水準の高い中所得国への支援のあり方（融資規模、適用金利、世銀支援からの「卒業」の在り方など）が主な争点となり、これを巡る先進国と新興国・途上国間の対立が先鋭化していきました。

また、増資の結果として見直される投票権シェアについて、中印等の新興国は、経済規模拡大を反映して投票権シェアの向上を強く要請する一方、日本は米等と共同歩調をとり、経済規模のみならずIDA（国際開発協会）への資金貢献を踏まえる必要があると主張しました。

このIDAへの資金貢献は、日本が世銀で第二の株主になるにあたり諸外国から求められたものです。日本は、高度経済成長を経て世界二位の経済大国となった1968年においても当然にはIBRDでの第二の株主の地位を認められず、IDAへの資金貢献で欧州各国を大きく上回る貢献を行ってようやく1984年にIBRDで第二の株主となることに各国の了解が得られたものでした。当時の山口理事の回顧録などを熟読し、先達の奮闘の様に目頭が熱くなり、今こそ日本が国際協調の伝統を主張しなくてどうするのか、と自らを鼓舞して夜遅くまで仕事に打ち込みました。

トランプ政権発足後、米財務省内の幹部が入れ替わったこともあり、一時議論が停滞しましたが、2018年2月頃に理事が郊外の施設に泊まり込み、缶詰となって交渉した結果、主要論点についての先進国・途上国双方の妥協により、一気に局面が合意に向けて動き出しました。

交渉の最終局面でも欧米中といった主要国や世銀事務局の間で意見が対立したものの、日本は積極的に関係者を説得し歩み寄りを促しました。特に、議論が遅れ気味であったIFCの増資について切り離そうという動きも見られましたが、IFCが担う民間資金動員の意義を重視する日本の説得により、WBG増資は米国を含めた加盟国によるIBRD・IFC増資の同時合意という最も理想的な形で成立しました。

(3) アジア開発銀行（ADB：Asian Development Bank）

① 概要

ADBは、アジア・太平洋地域を対象とする国際開発金融機関として1966年に設立され、本部はマニラ（フィリピン）に置かれている。我が国は、米国と並ぶ筆頭株主として、ADBの設立当初から、人的にも、資金的にも、ADBの運営に深く関与し、加盟国による選挙を経て歴代総裁も輩出している。ADBの設立当時、我が国は戦後の復興期からようやく経済発展期にさしかかったところであり、外貨準備高は20億ドル、年間ODA総額は2億8,000万ドル、国民1人当たりGDPは39万円という状況にあった。しかし、アジア地域全体の経済発展のために我が国として積極的な役割を果たすべきとの考えの下、資本金10億ドルのADBの設立準備に中心的な役割を果たし、全体の1/5にあたる2億ドルを負担した。

ADBは、融資を行う通常資本財源（OCR：Ordinary Capital Resources）と債務負担能力の低い国へ贈与を供与するアジア開発基金（ADF：Asian Development Fund）を主な財源とし、開発途上加盟国に対する(1)融資の提供、(2)グラント（贈与）の供与、(3)開発プロジェクト・開発プログラムの準備・執行のための技術協力及び助言等を行っている。

また、2017年には、アジア・太平洋地域の膨大な開発ニーズに対し、限られ

【図表7-29】OCR 融資の供与先の状況（FY19）

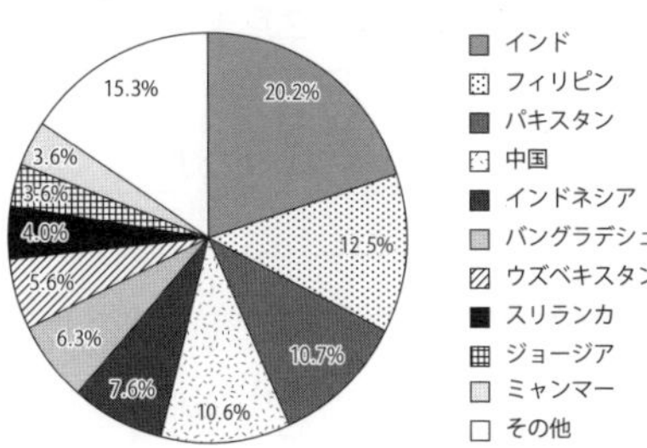

【図表7-30】ADF グラントの供与先の状況（FY19）

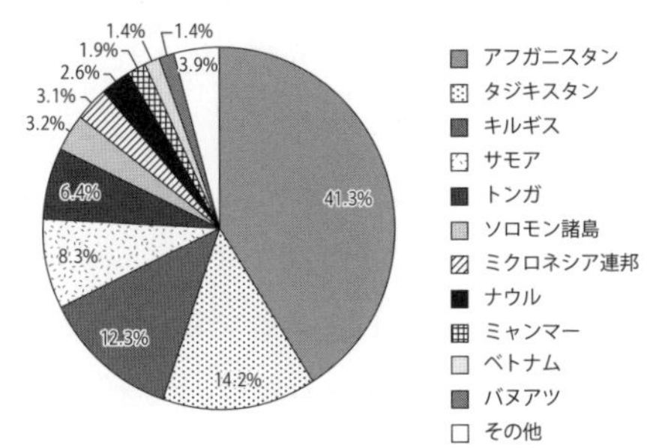

【図表7-31】OCR 部門別融資の状況（FY19）　【図表7-32】ADF グラントの部門別状況（FY19）

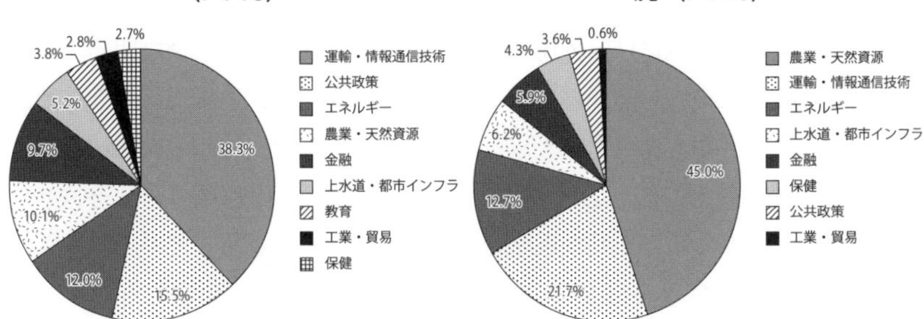

（注）シェアは小数点以下第2位を四捨五入しているため、合計しても必ずしも100とはならない場合がある。

【図表7-33】ADB上位出資国
(2019年12月末)

国名	シェア
日本	15.6%
米国	15.6%
中国	6.4%
インド	6.3%
オーストラリア	5.8%

た資金を如何に有効活用して応えていくかという観点から、ADFの融資業務をOCRのバランスシートに統合する改革が実施された。これにより、追加的なドナー資金に頼ることなく、全体の資本を厚くすることで、より多くの資金を市場から調達し、低所得国向け融資を中心とするアジアの途上国向け融資のために必要な資金量を拡大することが可能となった。改革後のADFは、債務負担能力が低いため融資での支援を行うことができない低所得国に対する贈与に絞って業務を実施している。2020年9月には、総額約41億ドルのADF第12次増資が合意された。

② 戦略2030 (Strategy 2030)

アジア・太平洋地域には、低所得国を中心に今なお多くの深刻な開発問題が存在する一方、技術の進歩、都市化、人口構成の変化等、近年現れてきた動きにより、新たな課題も浮き彫りとなっている。こうした変化する同地域の膨大な開発ニーズに効果的に対応する観点から、ADBは、同地域の開発課題を包括的に検討した上で新たな長期戦略を策定していく必要があるとの問題意識の下、2018年7月に2030年までの長期戦略である戦略2030を策定した。

戦略2030では、基本理念としてProsperous (豊かな)、Inclusive (包摂的な)、Resilient (強靱な)、Sustainable (持続可能な) であるアジア太平洋の構築を掲げ、(1) 今なお残る貧困への対応と不平等の是正、(2) ジェンダーの平等の推進、(3) 気候変動への対応、気候・災害に対する強靱性の構築、環境の持続可能性の向上、(4) より暮らしやすい都市づくり、(5) 農村開発と食料安全保障の促進、(6) ガバナンスと組織・制度面での能力強化、(7) 地域協力・

【図表7-34】戦略2030（Strategy 2030）の概要①

「戦略2030」とは、2018年７月に全会一致で採択されたADBの長期戦略文書で、2030年までの長期的なビジョンや政策の方向性を示すもの。

背景

- アジア太平洋は顕著に発展し、貧困削減を伴った力強い経済成長を成し遂げたが、急速な技術進歩、環境問題、開発分野への新規プレーヤー参入などを踏まえ、ダイナミックで複雑な状況に直面している。
- こうした中、格差拡大、インフラギャップ、高齢化など、新旧様々な開発課題への対処にあたり、ADBは今後も重要な役割を果たすことが可能。

基本理念

- ADBが目指すのは、Prosperous（豊かな）、Inclusive（包摂的な）、Resilient（強靱な）、Sustainable（持続可能な）であるアジア太平洋の構築。

優先分野

- 今後もインフラ整備を業務のKey Priorityとして維持し、教育・保健など社会セクターへの対応も拡大しつつ、SDGs等の開発目標の達成に貢献する。

【図表7-35】戦略2030（Strategy 2030）の概要②

国の状況に応じたきめ細かな対応

○ 途上国の所得水準を踏まえつつ、国の状況に応じたきめ細かな支援を行う。

① 小島嶼国や脆弱・紛争影響国に対しては、それぞれの固有の開発課題に対し、資金提供や能力強化支援を実施。

② 低所得国や低中所得国に対しては、広い分野で支援を提供。

③ 高中所得国に対しては、能力強化や試験的なプロジェクト、民間セクターの開発、知識共有などに支援を重点化。

○ 卒業：ADBは、政策の有効性も検証しながら、現行の卒業政策を引き続き適用する。ADBの支援からの卒業に際しては、卒業政策の重要な項目についての分析や評価の実施を含め、当事国との緊密な協議が行われる。移行期間におけるADB支援は、卒業した状況を持続可能なものとするために必要な政策や組織・制度の強化、地球規模あるいは地域の公共財への支援、ナレッジ基盤の構築を主眼とする。こうした優先事項は、国別支援戦略（CPS）に反映される。

○ 貸付金利の多様化に向け、分析と検討を実施。

堅実な資本基盤の確保

堅実な資本基盤を維持するため、内部管理・業務コストの合理化を引き続き模索。増資は、株主の支持が得られるならば、必要性を踏まえ適切な時期に検討する可能性。

統合の推進、の７つの分野を優先課題と位置付けるとともに、それぞれの分野に応じた具体的な実施方針（Operational Plans）を策定し、同地域が抱える多様かつ複雑な課題への効果的な対応を図っている。また、途上国の所得水準等を踏まえて貸付金利の多様化を図るなど、差別化したアプローチにより、各国の状況に応じてきめ細やかな支援を行っている。

③ 貸付金利の多様化

2019年11月、ADBは、より所得の高い国向けに新たな融資条件の導入を決定した。これは、戦略2030で掲げられた支援アプローチの差別化の一環として、分析と検討を実施することとされた貸付金利の多様化の取組である。市場ベースの融資のみが供与対象となる借入国については、国によって１人当たり所得の水準に幅広い格差があるにもかかわらず同一の融資条件が適用されていたところ、新たな枠組みにおいて、より所得の高い国は、融資に際してより高い金利を払うこととなり、併せて、島嶼国などの脆弱国にはより有利な条件が提供されることとなった。

ADBは、この新たな融資体系から得られる追加的な収益により、政策提言や組織・制度面での能力構築、途上国でのナレッジ共有を強化するとともに、ADBの財政基盤を安定化させ、長期的な融資能力の拡大に繋げるとしている。

(4) 米州開発銀行（IDB：Inter-American Development Bank）

① 概要

IDBは、中南米・カリブ（LAC）地域を対象とする国際開発金融機関として1959年に設立され、本部はワシントンD.C.に置かれている。当初、米州諸国のみを加盟国としていたが、1976年７月に域外国による資本参加が開放され、我が国は、英仏等の欧州諸国と共に加盟し、域外国の中では筆頭株主の立場にある。

IDBグループは、LAC地域の域内加盟諸国の政府等公的部門の開発プロジェクトやセクター改革等を対象として準商業ベースの融資を行うIDB本体、民間企業への投融資やアドバイザリー・サービスを通じた技術・ノウハウを提供する米州投資公社（IIC：Inter-American Investment Corporation）、技術協力やマイクロファイナンス金融機関等を通じた中小・零細企業向け投融資など小規模で革新的な取組を実験的に行う多数国間投資基金（MIF：Multilateral Investment Fund）から構成されている。なお、MIF第3次増資（2019年発効）において、新政権発足直後の米国が拠出を見送る中、我が国は85百万ドルの資金貢献を行い、トップドナーとなった。

② 我が国とIDBの協力・連携

我が国は、日本特別基金（JSF：Japan Special Fund）や、JICAとIDBの協調融資枠組み「コア」（CORE：Cooperation for Economic Recovery and Social Inclusion）等を通じて、IDBと協力・連携してきている。2021年3月からは、質の高いインフラ・保健・防災を重点分野の3本柱とし、更に協力・連携を強化していく。

③ 総裁選挙

2005年より3期・15年間総裁を務めたルイス・アルベルト・モレノ総裁が2020年9月末に任期満了となることに伴い、同年9月に総裁選挙が実施された。立候補者は、米国のマウリシオ・クラベルカロネ国家安全保障会議（NSC）西半球担当補佐官補のみ。投票の結果、当選要件を満たす支持を獲得した同氏が新総裁に選出された（日本も同氏を支持）。IDB総裁は過去4代にわたって中南米出身者が務めてきたが、同氏は初の米国出身の総裁として、2020年10月1日に就任した。

【図表7-36】IDB上位出資国（第9次増資完了後）

国名	シェア
米国	30.0%
アルゼンチン	11.4%
ブラジル	11.4%
メキシコ	7.3%
日本	5.0%

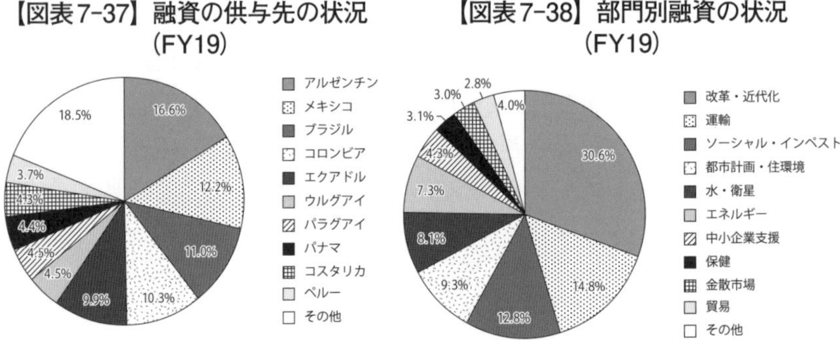

【図表7-37】融資の供与先の状況（FY19）

【図表7-38】部門別融資の状況（FY19）

(5) アフリカ開発銀行（AfDB：African Development Bank）

① 概要

アフリカ開発銀行（AfDB）は、アフリカ諸国を対象とする国際開発金融機関として1964年に設立され、本部はアビジャン（コートジボワール）に置かれている。当初、AfDBは、域内国のみから構成されていたが、低所得国向け支援について、域外国の協力を得る必要があるため、その協力を得て、1973年にアフリカ開発基金（AfDF：African Development Fund）が設立された。AfDFは、専ら、域外国からの資金貢献によって運営されているが、アフリカ諸国が主導する機関であることを制度的に担保する観点から、投票権の半分はAfDBに与えられ、同行の域内国理事が行使する仕組みがとられている。また、1983年には、AfDBの資本が我が国を始めとする域外国にも開放され、我が国は、域外国中第2位の株主として加盟した。

② アフリカ開発銀行第7次一般増資・アフリカ開発基金第15次増資

AfDBは、アフリカ地域の中所得国や民間プロジェクトに対し、質の高いインフラ案件への融資等を実施している。2019年10月には、各国の経済成長に伴い増加が見込まれる2030年までの資金需要に対応するため、資本規模を倍増以上（+125%）とするAfDB第7次一般増資が合意された。AfDB第7次一般増資は各国シェアを変更しない一般増資として実施されたため、日本の出資

【図表7-39】AfDB融資の供与先の状況（FY19）

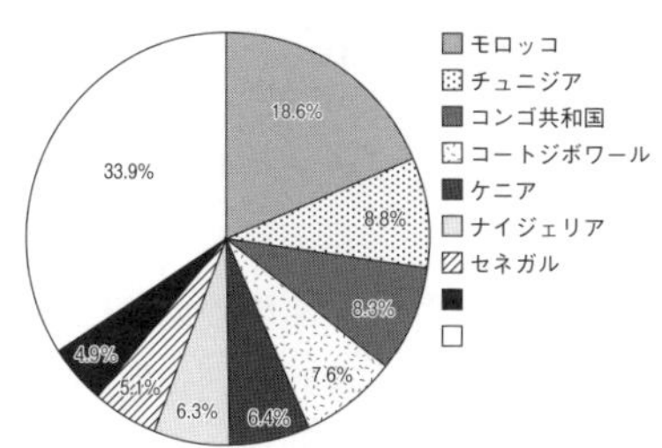

【図表7-40】AfDF融資・グラントの供与先の状況（FY19）

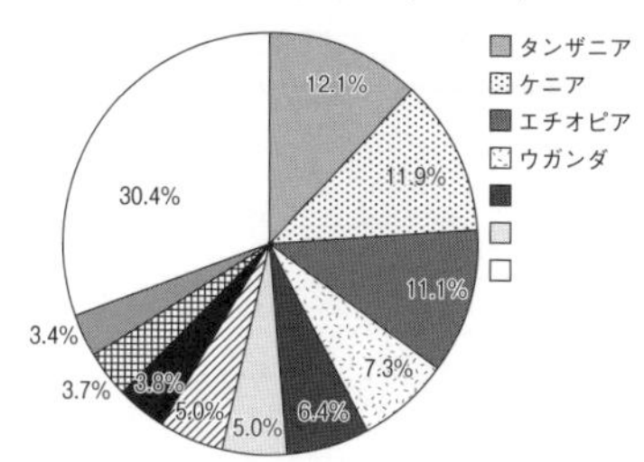

【図表7-41】AfDB部門別融資の状況（FY19）

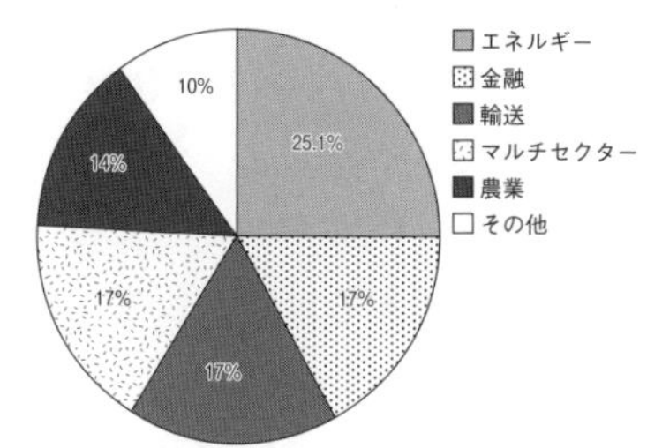

【図表7-42】AfDF部門別融資・グラントの状況（FY19）

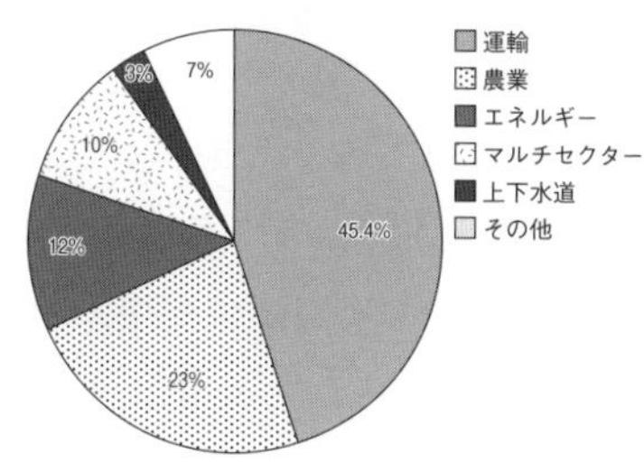

シェアは引き続き域外国第2位（5.3%）となった。

AfDFは、アフリカ地域の低所得国に対し、超長期・低利の融資や贈与等を実施しており、貸付原資が主に先進加盟国からの出資によって賄われていることから、世銀・IDAと同様、3年に一度、先進加盟国による資金拠出の規模や使途等についての増資交渉が行われ、3年単位で資金計画が立てられている。2019年12月に合意されたAfDF第15次増資においては、サブサハラ諸国の強い資金ニーズを踏まえ、約76億ドルの資金増強がコミットされた。日本は出資貢献として448億円、円借款による融資貢献として736億円の貢献を表明し、貢献割合は第5位（7.0%）となった。

なお、AfDB第7次一般増資・AfDF第15次増資ともに、日本が重視する質高インフラ・債務持続可能性・投資環境整備が、重点政策として位置付けられた。

(6) 欧州復興開発銀行（EBRD：European Bank for Reconstruction and Development）

① 概要

欧州復興開発銀行（EBRD）は、冷戦終結後の1991年、中東欧の旧共産圏諸国の民主化・市場経済化を支援することを目的として設立された国際開発金融機関であり、本部はロンドン。我が国は、米国に次ぎ、英独仏伊と並ぶ第2位の出資国である。

設立後、モンゴル、トルコ、地中海南東岸諸国（エジプト、チュニジア、レバノン等）にも支援対象地域を拡大し、現在では38の国・地域がEBRDの支援対象となっている。なお、ロシア・ウクライナ情勢の不安定化（クリミア併合）を踏まえ、2014年7月以降、ロシア向けの新規投融資は停止されている。

EBRDは、他のMDBsが中長期の開発資金供給を主たる目的としているのと異なり、開放された市場指向型経済への移行と民間企業の自発的活動を育成・促進することに主眼を置いており、プロジェクトベース・民間ベースの投融資が中心。こうした観点から、投融資の実施に当たっては、①市場経済への移行促進の効果（transition impact）、②商業銀行では代替できず、EBRDが実施することに付加価値が認められる支援（additionality）、③健全な財務状態の維持（sound banking）の3原則を満たすことが求められている。

冷戦終結から30年以上が経過し、中東欧諸国の中には、市場経済への移行が進展し、EUに加盟した国（ポーランド、ハンガリーやバルト三国など）や、EBRDによる支援から卒業した国（チェコ）も出てきている。他方、中央アジアやモンゴルなど、依然として市場経済への移行が遅れている初期段階移行国も存在することから、EBRDにはこうした国々への重点的な支援が期待される。

② 総裁選挙

任期満了に伴い、2020年7月2日に退任したスマ・チャクラバルティ前総裁の後任を選出する選挙が同年10月8日にバーチャル形式で実施された。最終的な立候補者は、フランスのオディール・ルノーバッソ経済・財務省国庫総局長と、ポーランドのタデウシュ・コシチンスキー財務大臣の2名であった。当初は、イタリアのピエール・カルロ・パドアン元財務大臣も立候補していたが、投票日までに立候補を取り下げた。投票の結果、当選要件を満たす支持を獲得し、ルノーバッソ候補が新総裁に選出された（日本も同氏を支持）。同氏は、同年11月2日、第7代EBRD総裁に就任した。

【図表7-43】EBRD上位出資国
（2019年12月末）

国名	シェア
米国	10.1%
日本	8.6%
英国	8.6%
ドイツ	8.6%
フランス	8.6%
イタリア	8.6%

【図表7-44】EBRD融資の供与先の状況（FY19）

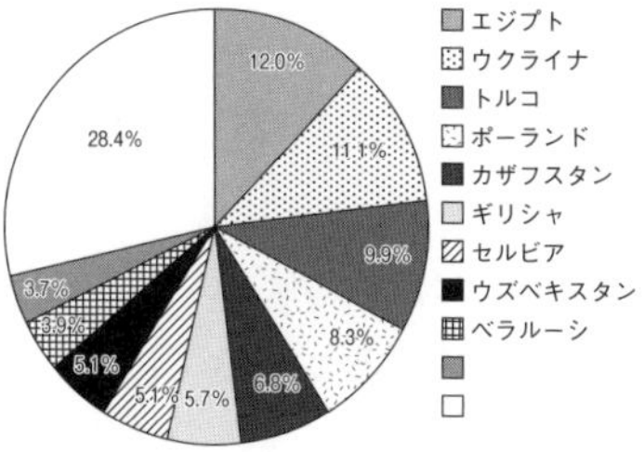

12.0%
11.1%
9.9%
8.3%
6.8%
5.7%
5.1%
5.1%
3.9%
3.7%
28.4%
エジプト
ウクライナ
トルコ
ポーランド
カザフスタン
ギリシャ
セルビア
ウズベキスタン
ベラルーシ

【図表7-45】EBRD融資部門別状況（FY19）

金融
農業・製造業等
インフラ
33.6%
28.9%
37.5%

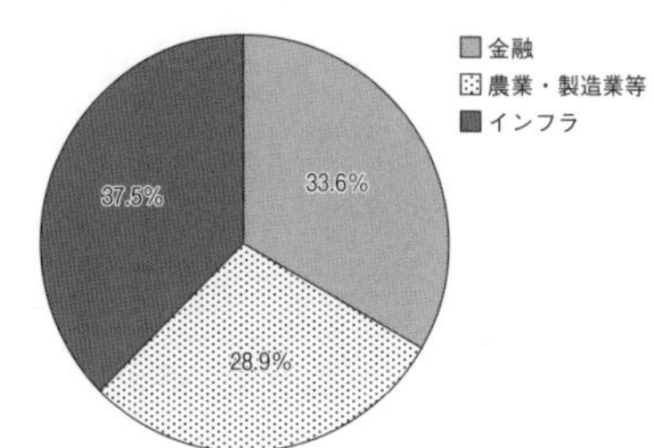

(7) 信託基金（Trust Funds）を通じた協力

世銀を始めとする国際開発金融機関（MDBs）は、加盟国からの出資を元に長期の開発資金を供与しているが、そうした支援が効果的に実施されるためには、技術協力等を通じて途上国の能力構築を図っていくことが必要である。また、MDBs は途上国の開発ニーズの変化に応じた支援を行う必要があり、貧困層向けのコミュニティ・ベースの支援など革新的な援助手法の導入に当たっては、途上国の現場で、試行的な取組を行うことが求められている。信託基金は、こうした様々なニーズに応えるための追加的な資金を各国から得るための手法として、MDBs によって活用されてきた。一方、各国の立場からは、信託基金への拠出を通じて、MDBs が有する専門的知見や現地事務所等を初めとする広範なネットワークを活用しつつ、開発効果の高い援助を実施できるというメリットがある。また、信託基金の運用方針は、各 MDB の全般的な活動方針の枠内で、MDBs と資金拠出を行う国の間の協議を通じ、個別に決定されるため、通常の MDBs に対する資金の拠出と比べ、顔の見える援助手法であるということもできる。このように、信託基金は、多国間（マルチ）援助と二国間（バイ）援助の中間に位置するものとしての性格も有している。なお、信託基金の中には、同じ目的を達成するため、多くの国が共同で資金を拠出し合うもの（マルチドナー信託基金）もある。また、IMF にも信託基金が設けられ、財政・金融分野の技術協力が行われている。

我が国も、信託基金への資金拠出を通じ、効果的な援助の実施に努めてきている。近年では、我が国が重視する開発アジェンダである、質の高いインフラ投資、国際保健、防災等の分野における MDBs の取組に対して、信託基金を通じた資金面の貢献を行うこと等を通じ、MDBs との連携を強化している。また、2020年には、途上国における新型コロナウイルスの感染拡大への対応を支援するための MDBs の取組に対して、信託基金を通じた貢献を行っている（詳細は358頁参照）。

【図表7-46】MDBs等の信託基金を通じた我が国の貢献（主なもの）

（計数は2020（令和2）年度予算額（当初予算と補正予算の合計額））

機関名	信託基金名 （主なもの）	主な支援内容
世界銀行 （WB） （約332億円）	開発政策・人材育成基金 （PHRD） 質の高いインフラパートナーシップ基金 （QIIP TF） 日本-世界銀行防災共同プログラム 保健危機への備えと対応に係るマルチドナー基金 （HEPRTF） 日本社会開発基金 （JSDF）	• 質の高いインフラ投資に向けた案件組成支援、国際保健における能力強化、防災分野における日本の知見を活用した技術支援等 • 世銀本体からの融資では支援が届きにくい開発途上国の貧困層・社会的弱者を対象とした、NGO等を通じた地域密着型の小規模支援 • その他、奨学金プログラムや世銀内における日本人職員拡大に向けた支援
アジア開発銀行 （ADB） （約236億円）	貧困削減日本基金 （JFPR）	• ADB本体からの融資では支援が届きにくい開発途上国の貧困層・社会的弱者を対象とした、NGO等を通じた地域密着型の小規模な支援 • 域内途上国の能力構築（貿易円滑化等） • 奨学金プログラム
米州開発銀行 （IDB） （約19億円）	日本特別基金 （JSF）	• IDB本体からの融資では支援が届きにくい開発途上国の貧困層・社会的弱者を対象とした、NGO等を通じた地域密着型の小規模な支援 • 域内途上国の能力構築（質高インフラ等）
アフリカ開発銀行 （AfDB） （約6億円）	アフリカ民間セクター支援基金 （FAPA） 開発政策・人材育成基金 （PHRDG）	• アフリカ民間セクター育成のための技術協力 • 域内途上国の開発に資するプロジェクトの策定・実施の促進に必要な技術協力や人材育成
欧州復興開発銀行 （EBRD） （約6億円）	日本EBRD協力基金 （JECF）	• 中東欧・中央アジア等といった市場経済移行が遅れた国の民間セクターに対する技術協力
国際通貨基金 （IMF） （約310億円）	日本管理勘定	• マクロ経済運営の効率性を改善するための能力開発支援や奨学金プログラム • IMFへの債務の返済を免除するための資金を支援する基金（大災害抑制・救済基金）への貢献

6.
気候変動・地球環境保護

地球環境問題は発展途上国の経済成長を阻む大きなリスク要因である。環境変動の影響に脆弱な途上国の環境の保全・改善のため、我が国は地球環境ファシリティ（GEF）、気候投資基金（CIF）、緑の気候基金（GCF）等の多国間基金を通じて支援を行っている。

(1) 地球環境ファシリティ（GEF：Global Environment Facility）

1980年代以降、オゾン層の破壊や地球温暖化といった被害・影響が国境を越えて地球規模に及ぶ、いわゆる地球環境問題への関心が高まり、こうした問題への対応策として91年5月に世界銀行を中心として地球環境ファシリティ（GEF）が創設された。GEFの資金は世界銀行により管理されており、国連機関（国連開発計画（UNDP）、国連環境計画（UNEP）等）や国際開発金融機関（世界銀行等）などの18実施機関を通じて、主に無償資金として途上国に供与されている。

94年に合意された第1次増資（GEF-1）以降4年ごとに増資が行われ、直近の第7次増資（GEF-7）の資金規模は約41億ドルとなっている。日本は、GEF-7において約6.4億ドルを拠出しており、第6次増資に続き最大のドナー国である。

GEFは、国連気候変動枠組条約、生物多様性条約、国連砂漠化対処条約、残留性有機汚染物質に関するストックホルム条約及び水銀に関する水俣条約の5条約の資金メカニズムに指定されている。主な分野別では、気候変動対策（25%）生物多様性保全（23%）、国際水域汚染防止（10%）等という支援配分となっている（金額ベース）[(8)]。また、地球規模の課題により効果的・効率的に対応できるよう、複数分野にまたがるインパクト・プログラムを導入している。

GEFの意思決定機関としては、参加国全体（2021年1月時点で184カ国）による総会、32名からなる評議会が設けられており、我が国は評議会に単独の議

(8) （出所）GEF Trust Fund Financial Report（2020年9月末時点）

席を有している。

GEF に関する更に詳しい情報については、https://www.thegef.org の URL において入手できる。

【図表 7-47】GEF の概要

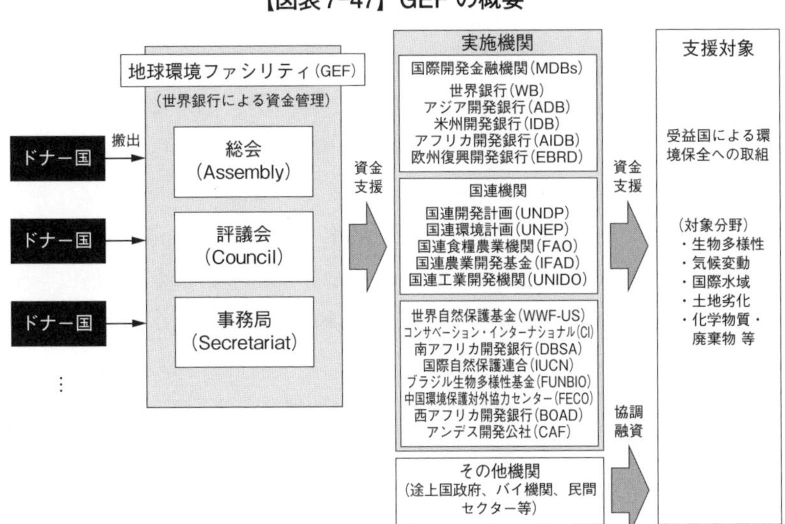

【図表 7-48】分野別資金配分実績（2020 年 9 月末時点での累積）

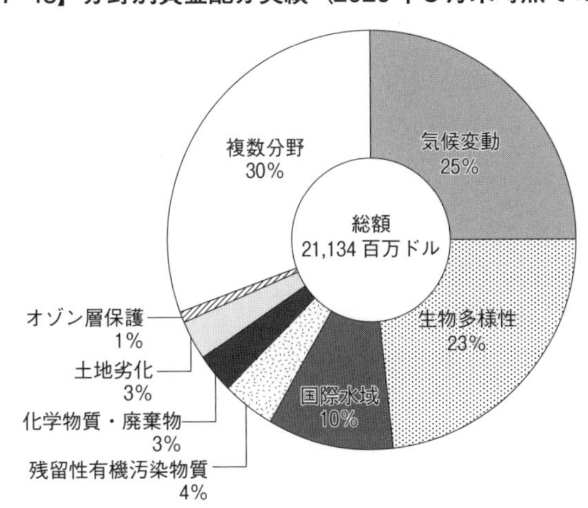

(2) 気候投資基金(CIF:Climate Investment Funds)

気候投資基金(CIF)は、途上国による気候変動問題への早期取組を強化するため、京都議定書に続く次期国際枠組みの下で新たに設立される資金メカニズム(現在の緑の気候基金(GCF))による支援が開始されるまでのパイロット基金として、2008年に世界銀行に設立された多国間基金。

基金に対する各国からの総貢献額は84億ドルであり、日本は米、英に次ぐ12億ドルを拠出している。ドナーからの拠出は贈与(グラント)、融資(ローン)及び出資により行われている。

CIFはクリーン・テクノロジー基金(CTF:Clean Technology Fund)と戦略気候基金(SCF:Strategic Climate Fund)の二つの基金から構成されており、世界銀行、アジア開発銀行等、5実施機関を通じてプロジェクトを実施している。

CTFは、途上国における温室効果ガス排出削減に向け、電力、運輸セクター等のプロジェクトを支援。SCFは途上国の気候変動対策を幅広く支援しており、適応プログラム(PPCR:Pilot Program for Climate Resilience)、森林投資プログラム(FIP:Forest Investment Program)、再生可能エネルギー拡大プログラム(SREP:Scaling Up Renewable Energy Program)の3つのサブプログラムから構成されている。PPCRは気候変動に起因する自然災害による被害の軽減(護岸整備、河川洪水対策)等の対策、FIPは途上国における森林減少・劣化に伴うCO2吸収減への対策、SREPは低所得国における再生エネルギー利用の促進、低炭素成長を支援している。

CIFの意思決定はドナー国と受益国の代表により構成される運営委員会において行われ、CIFの予算、資金動員等に係る決定、各国・地域の投資計画や個別案件の検討、承認を行っている。

CIFに関する更に詳しい情報については、https://www.climateinvestmentfunds.org/のURLにおいて入手できる。

【図表7-49】CIFの概要

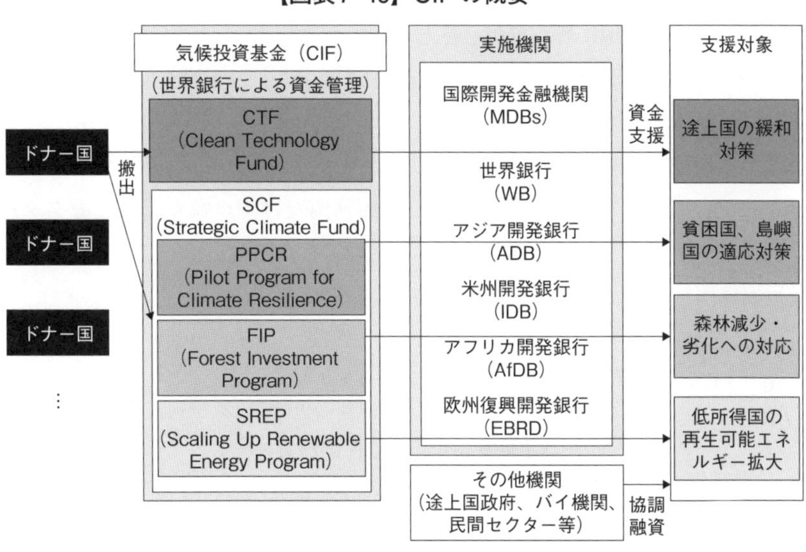

(3) 緑の気候基金（GCF：Green Climate Fund）

緑の気候基金（GCF）は、国連気候変動枠組条約（UNFCCC：United Nations Framework Convention on Climate Change）に基づき、途上国の気候変動対策（温室効果ガスの削減（緩和）と気候変動の影響への適応）を支援するために、2010年の第16回締約国会議（COP16、メキシコ・カンクン）で設立が合意された多国間基金。

2011年のCOP17（南アフリカ・ダーバン）において、理事会の設置等を定めたGCFの基本設計文書に合意、2012年に事務局を設置するホスト国に韓国（仁川市・ソンド）が選定され、2015年5月に活動を開始。

GCFの意思決定機関である理事会は、先進国、途上国各12名の理事及び同数の理事代理からなり、日本は単独の議席を有している。

GCF設立時の初期資金動員（IRM：Initial Resource Mobilization、2015年～2018年）において、45カ国及び4つの地方政府・都市が総額約103億ドル、このうち日本は15億ドルの拠出を表明。また、第1次増資（2020年～2023年）において、31カ国及び2つの地方政府が総額約100億ドルの拠出を表明し

(2020年12月時点)、日本は最大で15億ドルの拠出を表明している。日本の累積拠出順位は、英国に次いで第2位となっている。

2021年1月までに累積で159件(総額約73億ドル)の支援案件が理事会で承認されている。支援対象地域別のシェアで見ると、アフリカ諸国(38%)、アジア太平洋地域(36%)、ラテンアメリカ・カリブ地域(21%)、東欧諸国(5%)となっている(金額ベース)[9]。また、公的部門だけではなく、民間セクターファシリティを通じて民間部門に対する直接的を支援も実施しており、約4割が民間部門を通じた支援となっている(金額ベース)[10]。

GCFに関する更に詳しい情報については、https://www.greenclimate.fund/のURLにおいて入手できる。

【図表7-50】GCFの概要

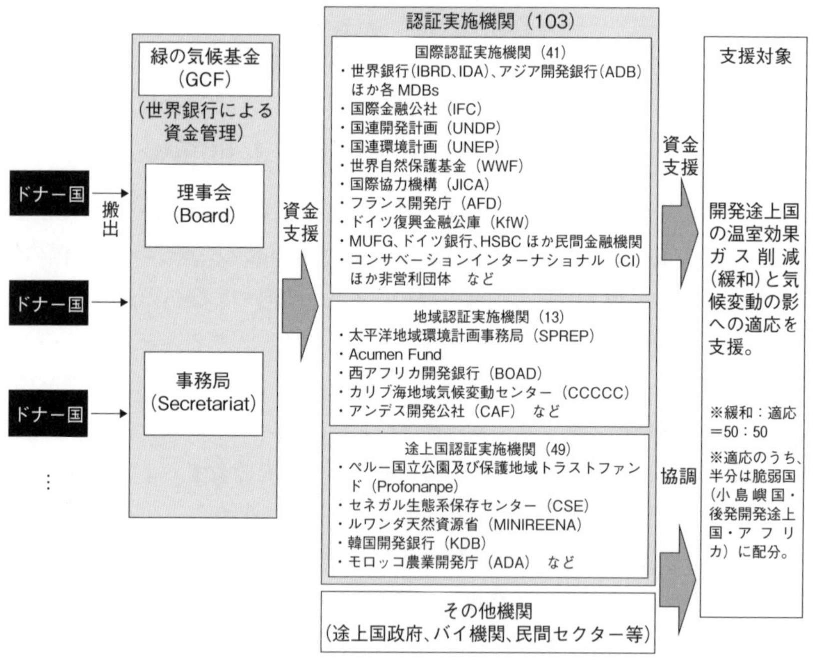

(9) (出所) GCF Spotlight (2020年11月時点)
(10) (出所) GCF At a Glance Project Portfolio (2020年11月時点)

7.

TICAD 7（第7回アフリカ開発会議）

アフリカ開発会議（TICAD：Tokyo International Conference on African Development）は、アフリカの開発をテーマとして冷戦終結後の1993年に日本が主導して東京で立ち上げた首脳級の国際会議である。

初期のTICADは、国際社会のアフリカへの関心を喚起することに主眼が置かれ、貧困削減やガバナンス向上が議論されていたが、回を重ねる毎に経済成長や貿易・投資の促進などについて幅広く議論されるようになっていった。特に、アフリカの成長における民間セクターの役割を重視する傾向が高まっていく中で、TICAD 7（2019年）では、ビジネス促進が議論の中心となった。

TICADはTICAD V（2013年）までは5年毎に日本で開催されていたが、TICAD Ⅵ（2016年）は、アフリカのオーナーシップの高まりを受けて初のアフリカ開催（@ナイロビ）となり、以後、3年毎にアフリカと日本で交互に開催されている。TICADは日本政府が主導し、国連、国連開発計画（UNDP）、世界銀行及びアフリカ連合委員会（AUC）と共同で開催するマルチの国際会議である。また、TICADは多数の国際機関、地域機関、市民社会、開発パートナー諸国等も参加する開かれた「国際フォーラム」となっている。このように、TICADはアフリカのオーナーシップを尊重しながら、アフリカの開発パートナーとの連携強化の場としても機能している。

2019年8月28～30日に横浜で開催されたTICAD 7は、42名の首脳級を含むアフリカ53カ国、52カ国の開発パートナー諸国、108の国際機関及び地域機関の代表並びに民間セクターやNGO等市民社会の代表等、10,000名以上が参加した大規模な国際会議となった。また、TICAD Ⅵの2倍を超える企業が参加し、TICAD史上初めて、民間企業を公式なパートナーと位置づけ、本会合にて日アフリカ官民の直接対話が実施された。

TICAD 7では、現在めざましい経済成長を遂げているアフリカにおいて、その成長の質的向上を図るため、

① 経済：イノベーションと民間セクターの関与を通じた経済構造転換の促進及びビジネス環境の改善

②　社会：持続可能かつ強靱な社会の深化
③　平和と安定：平和と安定の強化
の3つを主要テーマとして活発な議論が行われた。

成果文書として、上記主要テーマを3つの柱とした「横浜宣言2019」を採択し、その付属文書として「横浜行動計画2019」を発表した。なお、「横浜宣言2019」では、TICADで採択された文書として初めて、「自由で開かれたインド太平洋（FOIP）」のイニシアティブを好意的に留意する旨が記載された。また、あわせて「TICAD 7における日本の取組」を発表した（詳細は【図表7-52】のとおり）。

なお、2020年7月、2022年にTICAD 8をチュニジアにて開催することを正式に発表した。

【図表7-51】TICAD7における日本の取組

TICAD7 3つの柱	日本らしい取組	
経済	200億ドルを超える民間投資の拡大に向けビジネスをTICADの中心に	**産業人材の育成**
		イノベーションと投資の促進
		連結性強化に向けた質の高いインフラ投資
		債務持続可能性の確保
		産業の多角化
社会	人間の安全保障・SDGs実現	**UHC拡大とアフリカ健康構想**
		災害に強い社会づくり
		「質の高い教育」の提供
		持続可能な都市づくり
		2020年に向けたスポーツの普及
平和と安定	アフリカ主導の取組を後押し	**制度構築とガバナンスの強化**
		アフリカ主導の取組の支援
		難民・国内避難民等への支援

▭：特に注力する分野

【図表7-52】TICAD7横浜宣言2019：概要

令和元年8月
外務省アフリカ部

1. 冒頭

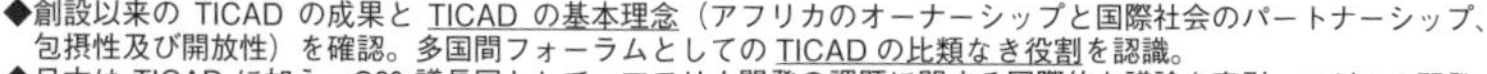

◆創設以来の TICAD の成果と TICAD の基本理念（アフリカのオーナーシップと国際社会のパートナーシップ、包摂性及び開放性）を確認。多国間フォーラムとしての TICAD の比類なき役割を認識。
◆日本は TICAD に加え、G20 議長国として、アフリカ開発の課題に関する国際的な議論を牽引。アジアの開発における日本の経験がアフリカに資することを確認。
◆人間の安全保障と人間開発に向け、質の高いインフラ、インパクト投資、マクロ経済の安定、イノベーション、気候変動対策、防災、人材育成、制度構築等における日アフリカ間協力の重要性を確認。

2. 現状・テーマ

◆TICADVI 以降、アフリカで生じている前向きな進展を称賛。AU アジェンダ 2063 を支持。
- ■ アフリカ大陸自由貿易圏（AfCFTA）設立協定発効、民主主義の実践、アフリカの角地域をはじめとするアフリカ主導の平和と安定の取組の進展、社会的弱者の保護。

◆一方で、アフリカは引き続きグローバルな課題に直面しており、取組が必要であることを確認。
- ■ 気候変動、自然災害、生物多様性の喪失、貧困・不平等、人の移動、過激化・テロ等。

◆アフリカの変革の機会を捉え、開発・経済成長を進展・加速させることにコミット。
- ■ 若い人口と3億人の中間層、豊富な資源に基づく高いポテンシャルを有し、魅力的な投資先。若者の力を高めることで、人口ボーナスを享受可能。

◆マクロ経済の安定に関する G20 大阪首脳宣言でのコンセンサスと質の高いインフラ投資に関する G20 原則を歓迎。安保理改革に関する政府間交渉及びアフリカの立場について記述。
◆TICAD7 のテーマとして「アフリカに躍進を！ひと、技術、イノベーションで。」を採択。

3. TICAD7 の 3 つの柱

◆TICAD7（経済、社会、平和と安定）それぞれについて、アフリカの包摂的で持続可能な成長を達成するために重要な事項を記述。
◆経済：イノベーションと民間セクターの関与を通じた経済構造転換の促進及びビジネス環境の改善
- ■ 貿易・投資：自由、公正、無差別で透明性があり予見可能な安定した環境の実現に努力。WTO 協定と整合的な二国間及び地域の自由貿易協定の補完的役割を認識。
- ■ 質の高いインフラ・連結性：質の高いインフラは、持続可能な経済・社会、開発効果の最大化に寄与。エネルギーアクセスや ICT により連結性を拡大。
- ■ 民間投資・産業人材育成：アフリカ開発における民間部門の役割を認識。日本のアフリカビジネス協議会設立を歓迎。ABE イニシアティブを評価し、女性の起業家支援を歓迎。
- ■ 農業・海洋：農業の構造転換が重要。水資源の経済的潜在力の最大化にはブルーエコノミーが重要。海洋安全保障における協力促進と国際法の諸原則に沿ったルールに基づく海洋秩序の維持を強調。自由で開かれたインド太平洋のイニシアティブを好意的に留意。

◆社会：持続可能で強靭な社会の深化
- ■ アジェンダ 2063・SDGs 達成：起業や科学技術イノベーション（STI）が重要。STEM をはじめ、あらゆる段階での教育と研究開発へのコミットメントを確認。
- ■ 保健：保健、水、衛生、栄養は人的資本開発の基礎。UHC 促進へのコミットメントを改めて表明。保健・財政当局連携を通じ強靭な保健システムを促進。感染症対策に加え、非感染性疾患や人獣共通感染症の対策が課題。予防の強化にコミットし、民間部門を含む連携強化を呼びかけ。
- ■ 気候変動・防災・環境：アフリカは気候変動の深刻な影響を受けており、国際的な取組強化が必要。防災の主流化等における仙台防災枠組の取組を評価。海洋プラスチックごみ、生物多様性の保全、廃棄物管理等の環境問題に取り組む必要性を強調。

◆平和と安定：平和と安定の強化
- ■ 人間の安全保障・紛争予防：人間中心のアプローチを通じ、地方・国家・大陸レベルで制度を強化。アフリカのオーナーシップと努力を評価し、効果的に実施するための支援を奨励。
- ■ 難民・避難民：避難民・受入れコミュニティの強靭性の強化等に向けた長期的な取組を支持。
- ■ 安保理決議の遵守：不拡散に関する安保理決議の厳格な遵守と完全な履行を奨励。テロ、暴力的過激主義、過激化に対抗。

4. TICAD の進捗と優先事項の継続性

◆経済、社会、平和と安定という 3 つの柱にかかわる取組を通じて、TICAD プロセスは引き続きアフリカにおける包括的かつ持続可能な開発を支援。
◆安保理を含む国連諸組織を早急に改革する決意を再確認。
◆海洋安全保障に関し、国際法の諸原則に基づくルールを基礎とした海洋秩序の維持、国際的及び地域間の協力による海洋安全と秩序の強化の重要性を確認。

5. 横浜行動計画 2019 と今後の進め方

◆横浜宣言の 3 つの柱の下の優先分野を実施するため、「横浜行動計画 2019」において、他の共催者と共に取組を発表。
- ■ 可能な範囲で AU アジェンダ 2063、SDGs、国連気候変動枠組条約、気候変動に関するパリ協定、仙台防災枠組等のアフリカ及び国際的な枠組みに沿ったイニシアティブ・行動とする。

◆フォローアップメカニズムの重要性を確認。
◆TICAD8 は 2022 年にアフリカで開催。

（了）

ポストコロナを見据えて取り組むべき課題

第8章

1.
総論

本書の最終章として、ここでは、コロナ禍の先にある世界で我々が取り組まなければならない課題について考察したい。ワクチン接種が進むにつれ、いくつかの国では、パンデミックの出口が意識され始めている。しかしながら、コロナ禍によって人類が負った傷跡は深く、国際社会は協調してその修復にあたらなければならない。本書はしがきでも触れたが、その最たるものがコロナ禍によって顕在化した「二極化・格差」の問題である。実体経済が低迷する中でも好調を維持する資産市場の恩恵を受けた富裕層はますます裕福になる一方、ロックダウンの影響が直撃した貧困層においては多くの人々が職を失い、生活が困窮するといった状況が続き、いわゆる「K字[(1)]」と呼ばれる二極化が進んでいる。先進国と途上国の間の格差も広がっている。いくつかの先進国では大胆な経済対策を実施してコロナ経済危機からの脱却を目指す一方、多くの途上国にとって、自力で経済の立て直しを行うことはもはや困難な状況だ。その結果、途上国の貧困層の生活環境は、新型コロナ感染症リスクと経済危機の双方に晒され、ますます悪化している。国際社会は、これらの途上国の開発問題に引き続き向き合っていかなければならない。

開発問題：国際保健（グローバル・ヘルス）、途上国の債務問題

開発問題の中でも、「国際保健」と「途上国債務問題」は、ポストコロナを見据えても喫緊に取り組むべき優先課題である。G7、G20の一員である日本は、これまで、この二つのテーマの国際的議論に積極的に参加してきており、今後も主導すべき立場にある。

国際保健について、足元の課題は、コロナの早期収束を目指すべくワクチンを途上国に広く普及させることである。しかし、途上国政府が新型コロナ感染症対策にあらゆるリソースを集中させた結果、多くの途上国では貧しい人々の

(1)　必ずしも明確な定義はないが、多くのエコノミストが、新型コロナ感染症発生後の二極化する景気回復の状況をK字回復（K-shaped recovery）と呼んでいる。例えば、コロナ禍において、ホテル・飲食業界が大幅な業績悪化を経験する一方、テレワーク需要を取り込んだ情報サービス産業は業績を伸ばすなど、業種間における二極化を伴う経済回復を代表的なK字回復として説明されることが多い。

基礎的保健サービスへのアクセスが悪化するといった事態が生じている。過去数年間に世界規模で低下した母子死亡率は再び上昇に転じるおそれがあるともいわれ、これまでの国際社会及び途上国自身の保健分野における開発努力の成果が後退し始めている。このような状況だからこそ、ポストコロナの世界では、日本が主導してきたユニバーサル・ヘルス・カバレッジ（UHC）をはじめとする保健イニシアティブを国際社会とともに強力に推し進めなければならない。

低所得国の債務問題では、新型コロナウイルス感染症に伴う低所得国の債務危機への対応として、G20を中心とする国際社会は「債務支払猶予イニシアティブ（DSSI）」（詳細は、本章３に記載）をはじめとする支援策に合意してきた。ここで、我々が認識すべきことは、コロナ発生以前から、多くの低所得国の債務持続可能性がすでに悪化の一途を辿っていた点である。近年、低所得国における債務構造は変化しており、先進国や国際機関といった伝統的債権者に代わって、新興国や民間債権者からの借入が大きく増加してきた。特に、多くの低所得国は、中国からの融資に大きく依存する傾向にあり、言い換えると、一帯一路構想などの拡張政策を推し進める中国の影響力が着実に増大しているといえる。今般G20で承認された「DSSI後の債務措置に係る共通枠組」（詳細は、本章３に記載）の下、債務救済に関して、中国を含むすべての債権国及び民間債権者による公平な負担と、措置の透明性を確保することは、債務危機への対応の歴史の中で確立されてきた国際スタンダードを維持するうえで極めて重要であると同時に、開発分野で影響力を増す中国等の新興国がこうした秩序や価値を共有する国際社会の一員たりうるかを問う試金石といえる。

新しい潮流：グリーン（気候変動）、デジタル

コロナ禍において、「グリーン」と「デジタル」という二大テーマが急速に国際社会の関心を集めている。日本もこの二つの分野における議論に乗り遅れてはいけない。

グリーンに関しては、地球温暖化の現状を鑑みれば、待ったなしで取り組まなければならない問題である。2021年に入り、米国のバイデン新政権がパリ協定に復帰し、G7議長国である英国が気候変動を主要議題と位置付けるなど、気候変動の議論が一気に加速するムードは高まっている。しかし、言い換えれば、新政権や議長国が成果を拙速に求めるあまり、十分な議論がなされぬまま妥協に基づく合意形成がなされるリスクも孕んでいる。日本は主要プレイヤーとして、正しい議論を導き、気候変動という地球規模の課題に対して真に有効な国際協調枠組みを各国と連携して築いていく必要がある。

デジタライゼーションは、新型コロナ感染症が我々にもたらした大きな変革の一つである。他者との物理的接触の回避を余儀なくされたコロナ禍において、技術革新の進捗は目覚ましく、急速にIT環境が整備されつつある。経済活動についても、新型コロナの影響で物理的なヒト・モノの流れは停滞する一方、経済のデジタル化・ボーダレス化の流れは、むしろ加速し、デジタル技術を活用したサービスの提供や国際取引が活発化している。このような中、国際秩序を維持するため経済のデジタル化に伴う課税上の課題への対応やデジタル通貨に関する国際的枠組の策定が求められている。日本は、デジタル後進国を脱し、デジタルを将来の成長の源泉とするためにも、これらのアジェンダにおける国際的なルール・メイキングの動きに、引き続き積極的に関与していかなければならない。

本章では、上記に掲げた、国際保健、途上国の債務問題、気候変動、デジタル化への対応、という4つ分野の概要や国際社会及び日本のこれまでの取組、今後の展望などについて述べていきたい。

2. グローバルヘルスとUHC

(1) 国際保健の変遷

保健分野における国際協力の政治舞台では、歴史的に様々な課題が主要アジェンダとして掲げられ、その改善に向けた世界的な取組がなされてきた。

2000年に、すべての国連加盟国の合意のもと設定されたミレニアム開発目標（MDGs）では、8つの目標の中に「ゴール4：乳幼児死亡率の削減」、「ゴール5：妊産婦の健康の改善」、「ゴール6：HIV／エイズ、マラリア、その他の疾病の蔓延の防止」という3つの保健関連目標が掲げられた。MDGsを継承する2030年に向けた国連の新たな開発目標である「持続可能な開発目標（SDGs：Sustainable Development Goals）」においても、「ゴール3：すべての人に健康と福祉を」が17の目標のうちの3つ目に掲げられている。

ここでは、MDGs、SDGsといった国際社会の共通課題として保健分野が主流化されるまでの変遷を振り返りたい。

現在に至るまで保健医療政策の基礎となっている「プライマリ・ヘルス・ケア（PHC）」の概念が提唱されたのは、1978年にカザフスタンで開催されたアルマ・アタ会議であった。この世界保健機関（WHO）・国連児童基金（UNICEF）合同会議で採択された「アルマ・アタ宣言」では、健康であることを基本的な人権として認め、全ての人が健康になること、そのために地域住民を主体とし、問題を住民自らの力で総合的かつ平等に解決していくアプローチとしてPHCが提唱され、“Health for All by the Year 2000（2000年までにすべての人に健康を）”が国際保健の共通目標として掲げられた。

1990年には「子供のための世界サミット」がニューヨークの国連本部で開催され、「子供の生存・保護及び発育に関する世界宣言」が採択された。栄養不良や乳児の死亡率を減らすこと、すべての女性が妊産婦ケアを受けられるようにすることなど、「母子保健」の重要性が強調された。住民自身の手による主体的な健康改善を重視した、ボトムアップ型・包括的なアプローチであったPHC

【図表8-1】ミレニアム開発目標に至る国際保健の主流化

アルマ･アタ会議（1978年）「プライマリ･ヘルスケア」

・Health For All（すべての人に健康を）が国際保健の共通目標に。
・住民自身の手による健康改善を重視。

子供のための世界サミット（1990年）「母子保健」

・ニーズ･費用対効果の高いサービスへの集中的投入。

国際人口･開発会議（1994年）「リプロダクティブ･ヘルス／ライツ」

・発展途上国･地域の人口問題解決、持続可能な開発のために不可欠な取組として位置づけ。

ミレニアム開発目標（2000年）

8つの目標の内、3つの保健関連目標が掲げられる（保健の主流化）

- 目標4：乳幼児死亡率の削減、
- 目標5：妊産婦の健康の改善
- 目標6：HIV／エイズ、マラリア、その他の疾病の蔓延の防止

の概念から、より費用対効果の高い分野へ集中的に投入を行う、トップダウン型・選択的な国際保健政策への潮流の変化でもあった。

その後、1994年には、エジプトのカイロで「国際人口・開発会議」が開催され、「乳幼児及び妊産婦死亡率の削減」等と並び、「2015年までに、家族計画、介助者のもとでの出産、HIV/エイズを含めた性行為感染症の予防を含めたリプロダクティブ・ヘルスケアへの普遍的アクセスの確立」が主要目標として取り上げられた。発展途上国・地域の人口問題の解決及び持続可能な開発のための重要な取組として「リプロダクティブ・ヘルス/ライツ(性と生殖に関する健康及び権利)」の考え方が広く共有されることとなった。

(2) SDGsとユニバーサル・ヘルス・カバレッジ(UHC)

2000年代に入ると、MDGsにおける保健分野の主流化にも伴い、保健医療サービスへのアクセスは大きな改善を見せた。一方で、保健支出に占める個人負担割合(Out of Pocket Payment:OOP)の高まりと、それに伴う健康格差の存在が顕在化した。疾病別のアプローチから、保健セクター改革の推進、包括的な「保健システム強化」の必要性が議論されるようになった。そうした中、

【図表8-2】SDGs:持続可能な開発目標(2016-2030)

2005年に開催された世界保健総会では、ユニバーサル・カバレッジ（UC）の概念が示され、医療サービスにおける「公正性の追求」と「経済的リスクからの保護」の視点が持ち込まれた。その後、2012年の国連総会で「ユニバーサル・ヘルス・カバレッジ（UHC）推進決議」が採択され、「ヘルス」が明記されると共に、2000年代前半の保健システム強化の議論に加えて、特に「医療サービスへの公平なアクセス」と、「医療費支払いによる経済的破綻や貧困に陥らないための経済的保護」の観点が強調された。保健セクター改革では、組織・機構改革と、財源の改革に議論が集中し、国際保健の潮流は、UHC及び保健財政といった保健医療システムの強化へ移行していくこととなった。

こうした流れの中で迎えた2015年、SDGsの「ゴール3：健康と福祉」では、「ターゲット3.8：すべての人々に対する財政リスクからの保護、質の高い基礎的な保健サービスへのアクセス及び安全で効果的かつ質が高く安価な必須医薬品とワクチンへのアクセスを含む、ユニバーサル・ヘルス・カバレッジ（UHC）を達成する」が掲げられた。

UHCの基本概念

- UHCは「すべての人が、**十分な質の保健医療サービス**を、必要に応じて**経済的困難をこうむることなく**受けられる」ようにすること
- 「**公平**」や経済的困難からの保護に重きを置く考え方
- UHCの達成には「**保健医療サービス提供**」・「**サービスの質の確保**」・「**経済的リスク保護**」が必要

(3) 国際保健に関する日本の取組

日本は、世界的にも早い時期に乳幼児死亡率の引き下げに成功し、1961年には国民皆保険を実現した。こうした経験も踏まえ、日本政府は国際保健を開発援助政策における重点分野の一つとして推進してきた。特に、「人間の安全保障」を理念とする外交政策上の優先課題として、UHCの達成に強くコミットしてきた。以下、主要国際会議の舞台を中心とした、国際保健アジェンダにおける日本の取組を紹介する。

2000年代に入り、健康格差や個人医療費負担の軽減に向けた保健セクター改

【図表8-3】国際保健における日本の取組

年	表
2008年	**北海道洞爺湖サミット**—母子／感染症に加え保健システム強化に重点。
2013年	**国際保健外交戦略**
2015年	**平和と健康のための基本方針**—UHCの実現は究極的な目標。
2015年	**持続可能な開発のための2030アジェンダ（SDGs）採択**—ゴール3「保健」UHCを重視。
2016年	**伊勢志摩サミット**—「国際保健のための伊勢志摩ビジョン」により、公衆衛生上の危機対応、強固な保健システムを備えたUHC、薬剤耐性菌対策、研究開発などの重要性を発信。
2016年	**第6回アフリカ開発会議（TICAD Ⅵ）**—成果文書ナイロビ宣言では強靱な保健システムが一つの柱。"UHC in Africa" 提唱。
2017年	**UHCフォーラム2017（東京）**—UHCの進捗をモニタリングし、2030年までのUHC達成に向けた「東京宣言」を発表。
2019年	**G20サミット（大阪）**—UHC、AMR、高齢化対策の推進を発表。
2019年	**第7回アフリカ開発会議（TICAD 7）**—各国のUHC取組加速化に向け、「横浜宣言2019」を発表。
2019年	**国連UHCハイレベル会合**—保健財政の強化、プライマリー・ヘルス・ケア（PHC）の推進、感染症・非感染症疾患対策、水・衛生や栄養の改善、保健教育の推進、保健人材の育成等の重要性を政治宣言にて採択。

革の必要性が認識され始めた中、日本は、2008年に議長国として臨んだG8北海道洞爺湖サミットにおいて、母子保健、感染症対策に加え、保健システムの強化を重要なテーマとして提示した。より包括的な国際保健の取組に向けた議論を先導し、その後、SDGsの目標の一つとしてUHCを据えることに強くコミットした。

国内においても、2015年に国際保健外交戦略「平和と健康のための基本方針」を策定し、UHCの実現を究極的な目標として位置づけ、日本の知見等を総動員し、「人間の安全保障」に基づく国際協力の推進を表明した。

2016年に日本議長下で開催されたG7伊勢志摩サミットでは、SDGs採択後初のサミットとして保健分野のSDGsの実施へのコミットメントを示した。公衆衛生上の緊急事態への対応強化、強靱な保健システムと健康危機への備えを含むUHCの達成、薬剤耐性菌（AMR）対策等を盛り込んだ「国際保健のためのG7伊勢志摩ビジョン」を発信するなど、G7として初めてUHCの推進を主要テーマに設定した。

【図表8-4】G7伊勢志摩サミット：保健アジェンダ

「SDGs 達成に向けた、全ての人の健康安全保障の実現
～エボラ危機の教訓を活かし、健康危機に備える」

今回のサミットの意義

・エボラ出血熱の教訓を活かし、国際社会による公衆衛生危機対応の強化を主導。

・国際社会が直面する幅広い保健課題(母子保健から高齢化まで）への対応の鍵となるUHC を推進。

・SDGs 採択後初のサミットとして、上記２点を含む保健分野の SDGs の実施に力強くコミット。

３つのキーメッセージ 「国際保健のための G7 伊勢志摩ビジョン」

❶ 公衆衛生危機対応のためのグローバルヘルス・アーキテクチャー(国際保健の枠組み)の強化

・公衆衛生危機対応で中心的な役割を担う世界保健機関(WHO)の緊急かつ幅広い改革を要求･支持。
・危機時の迅速な資金拠出のための資金メカニズムの構築を歓迎。国際社会の支援、連携した運用を要請。
➢ 初動：WHO（緊急対応基金（CFE））への支援を要請。
➢ 拡大時：世銀「パンデミック緊急ファシリティ（PEF)」の設立を歓迎。
・大規模公衆衛生危機における、WHO、国連（OCHA 等）等との「連携のためのアレンジメント」の方向性を提示。
・公衆衛生危機への予防･備え（Preparedness） を強化。
➢ GHSA 等により IHR（国際保健規則）の実施を前進させるため支援。
➢ 世銀；IDA を含め、予防･備えを強化するための資金動員を議論。

❷ 危機への予防･備えにも資する UHC の推進

・途上国における UHC を推進、危機への備えを強化。
➢ 関係ステークホルダーや様々なイニシアティブの取組を調整する国際的枠組みの強化、その観点から「UHC2030」の設立を支持。
➢ UHC 推進の特使の構想について、国連事務総長と協議。
➢ 保健システムが特に脆弱な国（低所得･低中所持国）への支援。
➢ アフリカでの UHC 推進に向けた世銀等の努力を歓迎。
・生涯を通じた保健サービスの確保。
➢ 母子保健、リプロダクティブヘルス、予防接種、ポリオ等への主導的取組を継続。
➢「活動的な高齢化(アクティブ･エイジング)」の推進(日本でのフォーラム開催を含む)。

❸ 薬剤耐性(AMR)への対応強化

・感染症は健康安全保障に直結する課題。
不適切使用と市場の失敗による AMR 被害の拡大。
・「ワンヘルス･アプローチ」 等に加え、安全･効果的で品質保証された抗微生物剤のアクセスを確保。

全ての課題についてR&Dを推進

その後も、2016年の第６回アフリカ開発会議（TICAD Ⅵ）において UHC 推進のビジョンを示す“UHC in Africa”を提唱し、2017年には「UHC フォーラム2017」を東京で開催し、UHC 推進に向けて持続可能な保健システムのための財源確保の必要性等を含む「UHC 東京宣言」を採択するなど、国際場裡における議論を牽引した。

こうした日本の取組のハイライトともいえるのが、日本が議長国となった2019年 G20大阪サミットである。G20において初となる「財務大臣・保健大臣合同会議」を開催し、経済発展の早い段階で UHC に取り組む重要性や、財務大臣と保健大臣が連携して持続可能な保健財政制度の設計を行う必要性など、これまで積み重ねられてきた保健システム強化に係る議論を取りまとめた「途上国における UHC ファイナンス強化の重要性に関する G20共通理解」に合意した。これは、G20各国の財務大臣と保健大臣、更に IMF、世界銀行、OECD、WHO といった多くの関係者に、UHC とそれを支える保健財政の重要性が共有される歴史的な成果であった。

【図表8-5】「UHC フォーラム2017」の概要及び主な成果

「UHC フォーラム2017」の概要

（1）日時・場所：2017年12月13日、14日（於：東京プリンスホテル）
（2）目的：各国における UHC の進捗を確認し、更なる取組を促進
（3）主催：日本政府、JICA、世界銀行、WHO、UNICEF、UHC2030
（4）主な出席者
- 国際機関：グテーレス国連事務総長、キム世銀総裁、テドロス WHO 事務局長、レーク UNICEF 事務局長
- サル・セネガル大統領、ティン・チョウ・ミャンマー大統領、ティエン・ベトナム保健大臣等、学識経験者、市民団体、民間企業

主な成果

（1）グローバルレベルでのモメンタムの強化
SDGs 達成に向けた中間目標の設定、UHC フォーラムの継続
（2）国レベルでの連携体制の構築・強化、財源確保
各国政府や援助機関（WHO・世銀等）による協働を促進するプラットフォームの構築・強化、「東京 UHC 共同イニシアティブ」の立上げ、保健大臣と財務大臣との一層の協調
（3）モニタリングの実施
国際的に統一された評価指標に基づく初めての UHC 進捗報告書の公表

○ 成果を盛り込んだ「東京宣言」を共催者等の連名で発表
○ 今後、日本として29億ドル規模の支援を行う旨を表明
○ 会議に先駆けて、麻生大臣による医学専門誌「ランセット」に「UHC 達成のため財務省が果たす重要な役割」と題する論文を寄稿

【図表8-6】UHC フォーラム東京宣言（概要）

UHC フォーラム2017の共催者は、UHC 達成に向け進捗の加速化にコミット。

1．グローバルなモメンタムの強化

○ 2030年の UHC 達成に向けた中間目標を設定（2023年までに、①必要不可欠な保健サービスを新たに10億人に提供、②医療費のために極度の貧困に陥る人口を5千万人削減）。
○ 今後も UHC の進捗を測定する報告書を定期的に作成し、結果を UHC フォーラムで報告。統一手法を採用したモニタリング報告書の発表を歓迎。
○ 国際 UHC デー（12月12日）の制定を歓迎し、2019年の UHC に関する国連ハイレベル会合の開催を支持。国連のハイレベルによる UHC 促進のためのより強固なリーダーシップを支援。

2．各国主導プロセスの加速化

○ 世界中の政治的リーダーシップを動員し、各国における UHC 達成に向けたロードマップの策定を慫慂。
○ 各国のリーダーシップの下、開発パートナー等が連携する国別プラットフォームの構築・強化を提言。その具体的な実践として、「東京 UHC 共同イニシアティブ」等の取組を歓迎。
○ UHC の基盤となる水・衛生、栄養などの社会サービスへの公平なアクセスに向けた取組にコミット。
○ 主な財源である国内資金の確保のため、保健省と財務省の密な連携を奨励。
○ 世銀 IDA や Global Financing Facility（GFF）等の外部資金も国内資金の補完に有用。IDA 第18次増資における国際保健に対する政策コミットメントを歓迎し、UHC への更なる IDA 資金の動員を期待。

3．イノベーションの推進

○ UHC 進捗を飛躍的に加速する可能性のあるイノベーションの推進を支援。
○ 医薬品へのアクセス改善に向けて、各機関が連携して研究開発を推進。
世界保健総会、ハイレベル政治フォーラム、国連総会、2018年のアルマ・アタ40周年等のハイレベル会合、及び、次回の UHC フォーラムにおいて、引き続き UHC 達成に向けた大きな進展を国際社会と共有。日本による今後の UHC フォーラムの継続支援に感謝。

【図表8-7】G20財務大臣・保健大臣合同セッション

開催概要

- 2019年6月28日（金）夜、G20大阪サミットの機会に同地で開催。**G20初の試み。**
- 麻生副総理、根本厚労大臣をはじめ、G20各国・招待国22カ国の財務大臣及び15カ国の保健大臣、並びに世銀、WHOなどの国際機関代表が出席。

議論の概要

- UHCの推進に当たっての財務・保健当局の連携の重要性等について議論し、G20財務大臣・中央銀行総裁会議（於：福岡）に提出された**「途上国におけるUHCファイナンス強化の重要性に関するG20共通理解」**につき、財務大臣・保健大臣の両者が集う場で改めてコミットメントを確認。
- G20賢人グループ※提言のフォローアップとして、UHC推進に向けた**WHOと世銀の連携の重要性**についても議論。

〈共通理解文書のポイント〉

- 経済発展の早い段階における取組の重要性
- 国内資金を主な財源とした保健財政制度の設計
- 国内資金を補完する形での国外資金の活用
- 費用対効果があり、かつ公平な保健システムの構築
- 保健危機への事前の備え・対応
- 組織的なキャパシティの構築
- 民間セクターの活用
- 財務当局の役割と保健当局との連携

※ G20 Eminent Persons Group on Global Financial Governance：国際金融の有識者15名で構成。2018年10月、国際金融アーキテクチャとガバナンス等に係る改革提言をG20財務大臣・中央銀行総裁に提出。その一つに、国際公共財をめぐる課題に対応するための国連機関と世銀との連携の強化が挙げられている。

ム　G20財務大臣・保健大臣合同セッションの舞台裏

西山　遥（前　財務省大臣官房秘書課財務官室主任）

G20日本議長国下において開催された大阪サミットの機会に合わせ、「G20財務大臣・保健大臣合同セッション」が2019年6月28日（金）、大阪・太閤園にて開催されました。本セッションには、G20メンバー国、サミット招待国から20カ国の財務大臣、15カ国の保健大臣が出席したほか、国際通貨基金（IMF）、世界銀行（WB）、世界保健機関（WHO）等の国際機関も参加し、UHC（ユニバーサル・ヘルス・カバレッジ）の重要課題などについて議論が行われました。

私たちが所属していたG20財務大臣・中央銀行総裁会議準備室は、本セッションを含めたG20日本議長国下の大規模な国際会議を円滑に開催するために発足しました。チーム自体は8名と少人数でしたが、他の省庁や会場・空港関係者の方々のご助力をいただきながら、会議会場の用意から、さらには代表

団がスムーズに入国・会議場へ到着できるための空港接遇手続・交通手段の準備、テロ等を防止するための警備対策まで、ロジスティクスと呼ばれる業務を担当しました。

最も困難だったのは、サミット終了後、大阪インテックスから宿泊ホテル及び本セッション会場である太閤園まで、各国財務大臣・保健大臣をいかに安全かつ迅速にご案内するかという問題でした。各国首脳一行と大臣たちの移動の時間・動線がバッティングしないよう、外務省や各国大使館担当者と深夜まで調整を重ねました。

さらには、1年前から入念な準備を進めていたにもかかわらず、外部要因による突然の方向転換や会議直前の急なアクシデントも多々発生しました。特に代表団のフライトスケジュールは直前までなかなか判明しないこともあり、事前に情報収集していた時刻とは異なるフライトで財務大臣が到着し、現場も混乱の中対応に追われる、といったトラブルもありました。

また、半分笑い話として印象に残っているのは、会議参加者へのお土産の用意です。ある意味担当者の“センス”が問われる部分でもあり、厚労省のロジチームも交えて半分真面目に、半分ユニークな議論を交わしながら決定しました。ホスト国からのお土産の印象は会議参加者の中で強く残るようで、国際会議における重要な要素の一つなのです。いわゆる海外ウケするというだけでなく、大阪の歴史が感じられる伝統工芸品のなかからさまざまな要素を考慮して決定しました。あれほど日本の地域の特産品と向き合ったのは初めてでした。

しかし、こうした困難をなんとか乗り越え、本セッションを無事に開催できたことで、代表団からは「素晴らしい体験ができた。またぜひ日本に来たい。」というコメントを数多くいただきました。ロジ担当者の努力が華々しく取り上げられることはありませんが、「縁の下の力持ち」の一人として、参加者一人ひとりに日本の「おもてなし」の心を感じていただけたものと信じています。

(4) 新型コロナウイルス(COVID-19)パンデミックの発生

2019年末、中国の武漢で最初の感染者が確認された新型コロナウイルス(COVID-19)は瞬く間に全世界へと感染を拡大し、2020年3月にはWHOにより「パンデミック(世界的大流行)」と認定された。感染者及び死者数は現在も増え続けている。COVID-19パンデミックは、健康安全保障上の危機だけでなく、世界経済に大きな打撃を与え、インフラ・物流の遮断や学校教育の停止など、経済・社会活動にも深刻な影響を与えている。特に、女性、若者及び社会の中でも脆弱な立場にある人々ほどその影響を強く受けており、世界銀行の予測によれば世界の極度の貧困層の割合が20年ぶりに上昇する(2)など、格差はますます広がる傾向にある。

(5) COVID-19と将来のパンデミックへの備えと対応

国家が不可逆的につながる今日の世界において、COVID-19から経済・社会活動の回復を実現するには、途上国を含めすべての国でパンデミックを終息させる必要がある。更に、グローバル化の進展に伴い、国境を超える感染症の脅威が一層高まる中、現下の感染症への対策だけでなく、将来の危機への備えも不可欠だ。こうした観点から、日本政府は、今回の人間の安全保障の危機に際し、「誰の健康も取り残さない」という目標のもと、UHCに向けた取組を通じた強靱な保健システム構築の重要性を、改めて世界に向け発信している。

2020年9月、菅総理大臣は国連総会一般討論演説の中で、COVID-19対策を含む日本の国際保健政策として、①治療薬・ワクチン・診断の開発、途上国を含めた公平なアクセス確保への全面的な支援、②病院建設、機材設備、人材育成等を通じた各国の保健医療システムの強化支援、③水・衛生や栄養等の環境整備を含めた健康安全保障のための施策の実施といった分野を中心に国際的な取組を積極的に主導する旨を表明した。

パンデミック初期、世界各国は感染予防ワクチンの開発に注力し、資金動員も開発面での国際的取組に傾斜したが、開発のみならず、途上国を含めたワク

(2) 「貧困と繁栄の共有2020」

チンの大量生産により、世界中に普及させることが肝要となる。こうした観点から、日本は、ワクチン・診断・治療に係る、開発・製造・普及まで、上・中・下流全体をカバーする包括的な取組の必要性を提唱してきた。また、各国政府が実施する緊急医療対策も、病院や保健所といった基礎的なインフラが未整備の地域や、医療従事者の不足を抱える保健システムが脆弱な地域においては、支援を最も必要とする人々に対しタイムリーに医療サービスを届けられないおそれがある。更に、今後COVID-19からの経済・社会活動の回復を達成するためには、検査・隔離・治療・行動追跡を通じた感染の再拡大予防が重要であり、そのためにも保健システムの強化は不可欠である。

こうした日本の呼びかけも受け、パンデミック発生後、初の開催となった2020年サウジアラビア議長下のG20では、COVID-19対応に係るワクチン・診断・治療について、開発・製造・普及に向けた包括的取組の重要性を確認、更に、感染症への備えと対応の文脈から、前年に大阪で合意された「途上国におけるUHCファイナンス強化の重要性に関するG20共通理解」へのコミットメントが再確認された。

国際協働の枠組みでは、WHO呼びかけの下ACT（Access to COVID-19 Tools）アクセラレータが発足。国際保健分野の国際機関等が、COVID-19対策の鍵となる4つの分野（ワクチン・治療・診断・保健システム）に連携して取り組む画期的な国際協力体制が築かれた。このうちワクチンの分野では、COVAXファシリティ（COVID-19 Vaccine Global Access Facility）が立ち上げられ、ワクチンの共同購入等を通じて、国家の経済力にかかわらず、ワクチンへの公平なアクセスを確保するための取組が進められている。日本は、ACTアクセラレータ立ち上げの共同提案国となり、発足当初からCOVAXファシリティへの支援を行うなど、多国間協力を推進、他の国々の参加を牽引している。

(6) 保健ニーズの多様化、複雑化

COVID-19の世界的流行は、感染症への備えと対応の向上、持続的な経済成長に向け、UHCへの取組を通じた保健システムの強化の重要性を世界が再認識する契機となった。加えて、今後は感染症対策や母子保健といった伝統的な

保健課題のみならず、世界人口の高齢化や非感染性疾患（NCDs）による疾病負荷の増大等に伴う医療・介護サービス需要の増加も見込まれ、益々多様化する健康課題への適応力を高める必要がある。

日本は、優れた医療技術とコミュニティ・レベルを含めた官民が連携した保健医療システムを有するとともに、経済情勢変化、少子・高齢化、震災復興などへの対応を通じて培った豊富な経験を有しており、過去20年にわたり、感染症分野、保健システム強化、UHC、健康危機対応の分野で、国際的なグローバルヘルスの議論を主導しつつ、国際協力においても、強靱な保健システム強化に対する支援を実施してきた。

今後、日本には、こうした経験を活かし、多様化、複雑化する保健ニーズに対応する、より包括的で強靱な保健システムの構築に貢献していくことが期待される。

(7) 多様化するアクターとの協調

地球規模課題となった国際保健は、携わるアクターも非常に多様化している。最後に、様々な立場から国際保健に取り組む関係者を紹介したい。

開発援助の代表的かつ伝統的なアクターである世界保健機関（WHO）、国連児童基金（UNICEF）といった国連機関、世界銀行等の開発金融機関、国際協力機構（JICA）等の二国間援助機関などが、彼らが持つ途上国政府との緊密なネットワークや開発援助の経験・知見を基に活動を展開する一方、世界エイズ・結核・マラリア対策基金（世界基金：Global Fund）やGAVIワクチンアライアンスなどの国際イニシアティブ、ビル&メリンダ・ゲイツ財団等の民間財団、更には市民社会・民間セクターなど、新たな援助の担い手たちが、高い技術・資金力や政策提言能力等を活かし、国際保健の取組に大きな役割を果たしている。日本政府は、こうした多くのパートナーと連携・協調しながら、開発効果をより広範囲かつ効果的に発現、展開させるため、引き続き国際保健をリードしていく。

【図表8-8】開発途上国の国際保健分野支援に関するアクター（例）

国連機関	国際開発金融機関	二国間援助機関
➢ 世界保健機関（World Health Organization） ➢ 国際連合児童基金（United Nations International Children's Emergency Fund）	➢ 世界銀行（World Bank） ➢ アジア開発銀行（Asian Development Bank）	➢ 国際協力機構（Japan International Cooperation Agency） ➢ アメリカ合衆国国際開発庁（United States Agency for International Development）
国際イニシアティブ	**民間財団**	**市民社会・民間セクター**
➢ Gavi アライアンス（Gavi, the Vaccine Alliance） ➢ 世界エイズ・結核・マラリア対策基金（The Global Fund）	➢ ビル＆メリンダ・ゲイツ財団（Bill & Melinda Gates Foundation） ➢ ウェルカム・トラスト（The Welcome Trust）	➢ セーブ・ザ・チルドレン（Save the Children） ➢ リザルツ（RESULTS）

3. 債務問題への対応

(1) 債務救済の経緯

債務問題とは、一般的に、自国の開発や経常収支赤字の補てんのために借入を行った国が、その後の経済状況の悪化等により、当該債務の期日どおりの支払が困難になる、あるいは困難になるリスクが高まることをいう。

パリクラブ（主要債権国会合）は、このような債務問題を抱える国の対外公的債務について、債権国政府が一堂に会し、債務救済について協議する場として機能している。その歴史は、今から60年以上遡る1956年、アルゼンチンの債務問題について、債権国がパリで救済措置を議論したのが始まりとされる。それ以降、パリクラブは、債務国の短期的・一時的な対外債務支払困難（流動性危機）に対し、支払期日・金利等の条件を新たに設定して債務の支払を繰り延べる措置（債務繰延）で対応してきた。しかし、1980年代に入ると、サブ・サハラ諸国等の最貧国や中南米諸国等の中所得国における累積債務問題の深刻化に伴い、債務問題は、単なる流動性の問題にとどまらず、債務持続可能性や

【図表8-9】債務救済スキームの歴史的変遷

1956 対アルゼンチン債権国会議（パリクラブ発足）

クラシック・ターム：通常国向け
10年繰延（うち据置期間5年）

1987 ベネチア・サミット経済宣言
最貧国に対する債務繰延期間の長期化

1988 トロント・ターム：最貧国向け
ODA債権：　25年繰延（うち据置期間14年）
非ODA債権：実質3分の1削減／元本削減（14年繰延（うち据置期間8年））、金利削減（同左）等
※初めての債務削減スキーム

1990 **ヒューストン・ターム**：低中所得国向け
ODA債権：　20年繰延（うち据置期間10年）
非ODA債権：15年繰延（うち据置2～3年）
※長期の債務繰延スキーム。最貧国向けにはトロント・タームが既に導入されていたことから、低中所得国向けに新たに導入されたもの。

（発展的解消）

1991 ロンドン・ターム：最貧国向け
ODA債権：　30年繰延（うち据置期間12年）
非ODA債権：実質50%削減／元本削減（23年繰延（うち据置期間6年））、金利削減（23年繰延（据置期間なし））等

（発展的解消）

1994 **ナポリ・ターム**：最貧国向け
ODA債権：　40年繰延（うち据置期間16年）
非ODA債権：実質67%削減／元本削減（23年繰延（うち据置期間6年））、金利削減（33年繰延（マチュリティ・ベースの場合据置期間なし、ストック・ベースの場合うち据置期間3年））等
※ケース・バイ・ケースでストック・ベースでの措置が導入可能になった。

1996 HIPCイニシアティブ（リヨン・ターム）：重債務貧困国（HIPCs）向け
ODA債権：　40年繰延（うち据置期間16年）
非ODA債権：実質80%削減／元本削減（23年繰延（うち据置期間6年））、金利削減（40年繰延（うち据置8年））等
※HIPCsの国際金融機関（IMF・世銀等）に対する債務負担の軽減を含む包括的な債務救済

（発展的解消）

1999 **拡大HIPCイニシアティブ（ケルン・ターム）**：HIPCs向け
ODA債権：　40年繰延（うち据置期間16年）　※G7は100%削減に合意
非ODA債権：実質90%削減／元本削減（23年繰延（うち据置期間6年））

2000 G7は、拡大HIPCイニシアティブにおける、適格な非ODA債権の100%削減に合意。

2003 **エビアン・アプローチ**：HIPCs以外の債務国向け
債務国の債務持続可能性に焦点を当て、各債務国の状況に応じた債務救済を実施。

2005 **マルチ債務削減イニシアティブ（MDRI）**：HIPCs向け
拡大HIPCイニシアティブにおける完了時点（後述）到達等の一定の条件を満たしたHIPCsに対し、当該国が抱えるIMF・IDA・AfDF向け債務を100%削減。

中長期的な支払能力の問題としての側面を持つものでもあるとの認識が広がった。

このような経緯を踏まえ、最貧国に対する債務救済に関して、1988年、パリクラブにおいて、債務削減を含む初めてのスキームとして、トロント・タームの導入が合意された。それ以降、最貧国の債務を取り巻く状況の変化に応じて様々な債務救済スキームが導入された（【図表8-8】参照）。1996年のリヨン・サミットでは、重債務貧困国（HIPCs：Heavily Indebted Poor Countries）の債務を持続可能な水準まで低減するイニシアティブが合意され（HIPCイニシアティブ）、1999年のケルン・サミットでは、HIPCイニシアティブの拡充が合意された（拡大HIPCイニシアティブ）。2005年のグレンイーグルス・サミットでは、一定の条件を満たしたHIPCsに対し、当該国が国際通貨基金（IMF）、国際開発協会（IDA）、アフリカ開発基金（AfDF）に抱える債務の100％削減が合意された（マルチ債務救済イニシアティブ（MDRI：Multilateral Debt Relief Initiative））。

更に、2003年には、HIPCs以外の債務国に対しても、債務持続可能性に着目しつつ、各債務国の状況に応じたテーラーメイドの対応を行うエビアン・アプローチが導入されている。

(2) パリクラブ

① 概要

パリクラブとは、債務国に対する公的債権（ODA債権・非ODA債権）[3]に係る債務再編[4]の措置を取り決めるための主要債権国による会合である。フランス経済財務復興省国庫総局が会議を主宰し、パリで開催されることからこの名がついた。メンバー国は、G7諸国、EU8カ国[5]、ノルウェー、スイス、ロシ

(3) 日本では、国際協力機構（JICA）の円借款債権、国際協力銀行（JBIC）の融資債権、日本貿易保険（NEXI）等の政府機関の保証または貿易保険が付された商業債権等が該当。
(4) 「債務救済」及び「債務再編」の語は、ここでは同じ意味の語として用いている。
(5) オーストリア、ベルギー、デンマーク、フィンランド、アイルランド、オランダ、スペイン、スウェーデン

【図表8-10】パリクラブで取り扱われる債権

債権国		債務国
【公的債権】 ・債権国政府または公的機関が保有する債権 ・債権国政府または公的機関の保証・貿易保険が付された商業債権	パリクラブ対象債権	【公的債務】 ・債務国政府、中央銀行または公的機関（原則、政府出資50% 以上）が保有する債務 ・債務国政府または中央銀行の支払保証が付された債務
【民間債権】 ・民間債権者が保有する債権で、債権国政府または公的機関の保証・貿易保険が付されていないもの		【民間債務】 ・民間債務者が保有する債務で、債務国政府または中央銀行の支払保証が付されていないもの

ア、オーストラリア、イスラエル、韓国、ブラジル(6)の22カ国であり、この他、中国、インド、南アフリカ等がアドホック参加国として一部のセッションに参加している。

パリクラブにおける債務再編交渉は、問題解決・再発防止を確保するため、原則としてIMF支援プログラムの合意を前提とする。国際収支上の問題に直面した債務国がIMFによる支援を受ける場合、当該債務国はIMFと協議し、問題の再発防止に向けた構造改革等の政策を盛り込んだプログラムに合意する。パリクラブは、同プログラムの下で所定の政策の実施を約束した同国から要請があれば、債権者間の公平な負担を確保しながら、同国の対外支払能力を回復させるため、債務再編の条件を協議することとなる。

パリクラブにおける債務再編交渉では、再編対象となる債務の範囲や、(繰延の場合）新たな支払期日、(削減の場合）削減率といった債務再編の条件が合意される。この合意は法的拘束力のない合意議事録（Agreed Minutes）にまとめられるため、債務再編の詳細な条件は、その後、債務国とパリクラブの各債権国との間で締結される二国間合意によって法的に確定される。

なお、パリクラブの詳細情報は、公式Webサイト（https://clubdeparis.org/）でも入手できる。

(6) 韓国は2016年7月に、ブラジルは同年11月に正式メンバーとなった。

【図表8-11】最近のパリクラブ債務再編合意の一覧

合意年	国名	合意月日	適用ターム
2010年	コンゴ（民）	2月25日	ケルン（M）
	アフガニスタン	3月17日	ケルン（S）
	コンゴ（共）	3月18日	ケルン（S）
	ギニア・ビサウ	7月6日	ケルン（M）
	コモロ	8月13日	ケルン（M）
	アンティグア・バーブーダ	9月16日	クラシック（M）
	リベリア	9月16日	ケルン（S）
	コンゴ（民）	11月17日	ケルン（S）
	トーゴ	12月16日	ケルン（S）
2011年	ギニア・ビサウ	5月10日	ケルン（S）
	コートジボワール	11月15日	ケルン（M）
2012年	ギニア	4月11日	ケルン（M）
	セントクリストファー・ネイビス	5月24日	クラシック（M）
	コートジボワール	6月29日	ケルン（S）
	ギニア	10月25日	ケルン（S）
2013年	ミャンマー	1月25日	アドホック
	コモロ	2月28日	ケルン（S）
2014年	アルゼンチン	5月29日	アドホック
2015年	セーシェル	2月25日	バイバック
	チャド	6月24日	ケルン（S）
	グレナダ	11月19日	クラシック（M）
	キューバ	12月12日	アドホック
2020年	ソマリア	3月31日	ケルン（M）

（注1）M：マチュリティ・ベース（一定期間中に支払期日が到来する債務を救済対象とする方法）
S：ストック・ベース（ある一定時点における債務残高全体を救済対象とする方法）
（注2）2020年12月末現在
（注3）各適用タームの詳細については後述参照。なお、プリペイ及びバイバックはいずれも期限前返済の手法であるが、プリペイが額面価格で債務を返済するものであるのに対し、バイバックは市場価格（元本及び利子の将来キャッシュフローの割引現在価値）で期限前返済を行うものである。

② 債務再編交渉の流れとパリクラブの原則

パリクラブにおける債務再編交渉の具体的な流れは【図表8-11】のとおりであり、債務再編は以下の諸原則に則って行われる。

【図表8-12】パリクラブにおける債務再編交渉の流れ

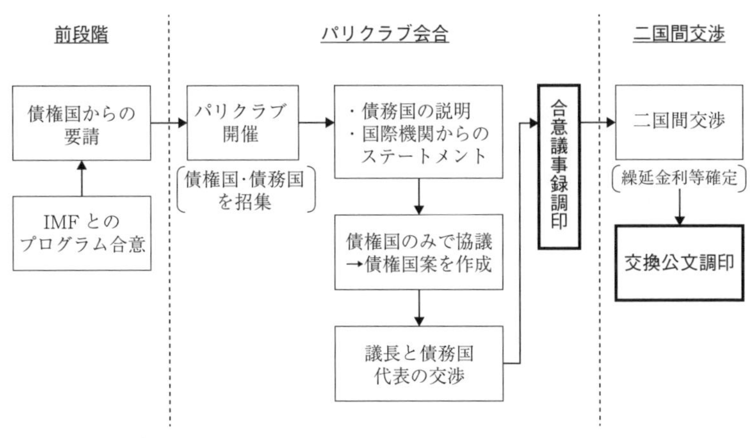

（i） ソリダリティ（solidarity）の原則

パリクラブは一つのグループとして行動する。例えば、債務再編において、メンバー国はパリクラブ合意よりも厳格な措置（債務国にとって不利な措置）を実施してはならない。また、債権国が協調することにより債務国に対する立場を強化する観点から、パリクラブ合意より緩やかな措置（債務国にとって有利な措置）を実施することも問題とされる場合がある。

（ii） コンセンサスの原則

パリクラブにおける意思決定は、多数決ではなく、コンセンサスによる。

（iii） 情報共有の原則

パリクラブは、データコール（各メンバー国による債権データの提供）やその他の会合を通じて、定期的に、債務国の状況や各メンバー国が保有する債権額等の情報を共有し、意見交換を行う。ただし、パリクラブにおける議論の生産性を高める観点から、その内容は非公開とする。

（iv） ケース・バイ・ケースの原則

パリクラブは、債務国の個別事情に応じて、ケース・バイ・ケースで意思決定を行う。

（v） コンディショナリティ（conditionality）の原則

債務再編の前提として、IMF支援プログラムに合意することが必要となる。

債務再編の程度は、同プログラムにおいて特定された国際収支上の資金ギャップ（国際収支状況と必要資金額との乖離）の大きさに基づいて決定する。

（vi） コンパラビリティ（comparability）の原則

パリクラブと債務再編措置に合意した債務国は、同合意よりも自国にとって不利な条件で他の債権者（非パリクラブ諸国及び民間債権者）と合意してはならない。具体的には、パリクラブとの間で合意した措置と同等の条件で債務再編に合意することが求められる。

③ パリクラブによる債務救済の方法

（i） 概説

パリクラブは、債務国が債務支払困難に陥った場合、債権国・債務国双方の合意に基づき、一定の基準日（カット・オフ・デート（COD）[(7)]）以前に締結した契約に基づく債務に関して、①支払期日・金利等の条件を新たに設定して債務（元本及び利子）の支払を繰り延べる救済策（債務繰延）や、②債務の一定割合を削減する救済策（債務削減）を講じている。

（ii） 債務繰延のみによる債務救済

パリクラブにおける最も歴史の長い債務救済スキームは、流動性危機に陥った債務国に対し、同国の国際収支上の資金ギャップを埋めるため、IMF支援プログラムの合意を前提に、同プログラム期間中の債務支払を10年（据置期間5年を含む）繰り延べるものである（クラシック・ターム）。1990年には、パリクラブは、低中所得国に対してクラシック・タームよりも長期の債務繰延を実施することに合意した（ヒューストン・ターム）。

（iii） 債務削減を含む債務救済

他方、1980年代末頃から、累積債務問題の深刻化を背景として、最貧国の債務問題の解決のためには単純な債務繰延では不十分であり、債務削減を含む、より譲許的な債務救済が必要であるとの認識が広がった。

---

(7) パリクラブによる債務救済は、一定の基準日以前に締結した契約に基づく債務のみをその対象としており、この基準日をカット・オフ・デート（COD：Cut-Off Date）という。原則として一度設定したCODは変更せず、これにより債務救済後の新規融資を将来の債務救済の対象から除外し、債務国の新規融資へのアクセスを回復させることとなっている。

1988年には、パリクラブにおいて非ODA債権を実質的に3分の1削減するトロント・タームが合意され、1991年には削減率を50%に引き上げたロンドン・タームへと更新された。これらはマチュリティ・ベース(8)の措置であったが、1994年には、非ODA債権の実質67%削減とストック・ベース(9)の措置を含むナポリ・タームが合意され、これに一本化された。

(iv) HIPCイニシアティブ

しかし、ナポリ・タームに基づく債務救済は二国間公的債務のみを対象とする措置であり、最貧国の債務の大部分を占めるIMF・世界銀行（世銀）等の国際金融機関に対する債務は手つかずとなったため、債務問題の十分な解決には至らなかった。そこで、とりわけ債務状況が深刻だった重債務貧困国（HIPC：Heavily Indebted Poor Countries）について、1996年のリヨン・サミットでは、IMF・世銀等の国際金融機関に対する債務も対象とする形でのさらなる債務削減を求める旨が合意された（HIPCイニシアティブ）。これを受けて、パリクラブでも、非ODA債権を実質80%削減するリヨン・タームが合意された。

その後、1999年のケルン・サミットにおいて、債務削減率の引上げや対象国の拡大、より迅速な債務救済を実現するため、HIPCイニシアティブを拡充することが合意された（拡大HIPCイニシアティブ）。パリクラブでは、非ODA債権を実質90%（必要に応じて90%超）削減するケルン・タームが合意された。更に、我が国を含むG7はODA債権及び削減対象となる非ODA債権を自主的に100%削減することを表明している。

拡大HIPCイニシアティブ適格国39カ国のうち、同イニシアティブの完了時点（CP：Completion Point）への到達国は36カ国、残りの3カ国のうち、同イニシアティブの適用決定時点（DP：Decision Point）に到達した国は1カ国、残る2カ国がDP未到達となっている。

(v) エビアン・アプローチ

2003年、パリクラブは、HIPCs以外の債務国における債務問題に対処するため、エビアン・アプローチに合意した。エビアン・アプローチは、従来よりも債務国の債務持続可能性に着目し、各債務国の状況に応じたテーラーメイドの

(8) 一定期間中に支払期日が到来する債務を救済対象とする方法。フロー・ベースともいう。
(9) ある一定時点における債務残高全体を救済対象とする方法。

【図表8-13】パリクラブにおける債務救済条件

クラシック・ターム（通常国向け）

- すべての債務国に適用可能。
- 10年繰延（うち据置期間（注1）5年）。繰延金利は市場金利（注2）。

ヒューストン・ターム（低中所得国向け）

- 適用対象国：①～③の基準のうち少なくとも2つを満たす国
  - ① 1人当たりGDP 2,995米ドル未満
  - ② 「債務残高対GDP比50％超」「債務残高対輸出額比275％超」「債務支払対輸出額比30％超」の3つの基準のうち少なくとも2つを充足
  - ③ 公的債務残高が民間債務残高の150％以上
- ODA債権：20年繰延（うち据置期間10年）。繰延金利は、少なくとも原契約と同程度に譲許的な水準。
- 非ODA債権：15年繰延（うち据置期間2～3年）。繰延金利は市場金利。

ナポリ・ターム（最貧国向け）

- 適用対象国：債務水準が高く、IDAオンリー国（注3）であり、1人当たりGDP 755米ドル以下の国
- ODA債権：40年繰延（うち据置期間16年）。繰延金利は、少なくとも原契約と同程度に譲許的な水準。
- 非ODA債権：削減率67％。下記4点のオプションから一つ選択。
  - ① 元本削減：対象債権を67％削減し、残額を市場金利で23年繰延（うち据置期間6年）。
  - ② 金利削減：割引現在価値で67％削減となるように、市場金利よりも低い繰延金利で33年繰延（マチュリティ・ベースの場合は据置期間なし／ストック・ベースの場合はうち据置期間3年）。
  - ③ 金利元加：割引現在価値で67％削減となるように、市場金利よりも低い繰延金利で33年繰延（うち据置期間8年、同期間中は繰延金利の50％を元本に加える）。
  - ④ 市場金利での長期繰延40年（うち据置期間20年）。

ケルン・ターム（HIPCs向け）

- 適用対象国：拡大HIPCイニシアティブ適格国
  （決定時点到達時にマチュリティ・ベースで、完了時点到達時にストック・ベースで債務救済を実施）
- ODA債権：40年繰延（うち据置期間16年）。繰延金利は、少なくとも原契約と同程度に譲許的な水準。G7は、COD前債権・COD後債権の100％削減に合意。
- 非ODA債権：対象債権を原則90％（必要に応じて90％超）削減し、残額を市場金利で23年繰延（うち据置期間6年）。我が国は、COD前債権の100％削減を2000年に表明済。

（注1）据置期間（grace period）：元本返済が猶予される期間。すなわち、繰延金利のみの支払義務が発生する。
（注2）市場金利（appropriate market rate）：パリクラブにおける「市場金利」は、通貨ごとに、市場で適用される一般的な金利を参考に、パリクラブ合意に従い、債務国と各債権国との間で合意される金利を指す。この中には管理コストが含まれるが、リスクプレミアムは含まれない。
（注3）IDAオンリー国：国際開発協会（IDA）の2021会計年度における定義上、1人当たりGNI 1,185米ドル以下、かつ、IDA融資のみについて適格である国を指す。

【図表8-14】拡大HIPCイニシアティブ・マルチ債務救済イニシアティブ（MDRI）

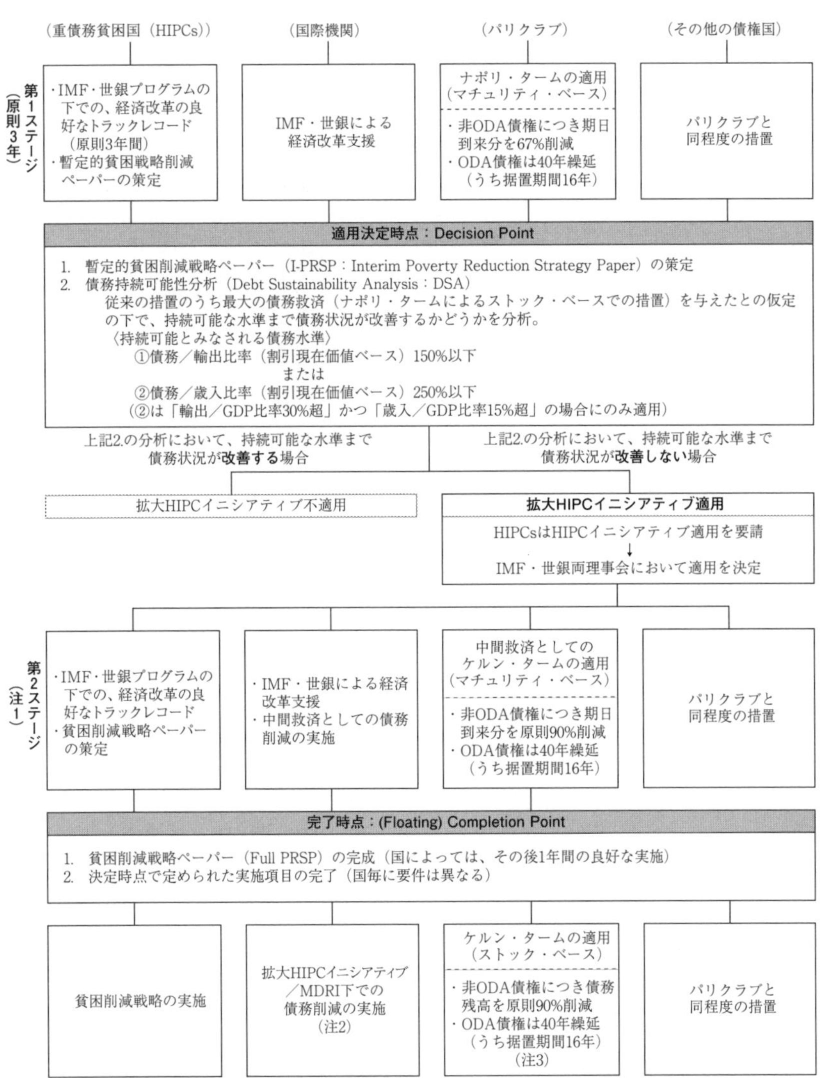

（注1）第2ステージの期間は持続可能な発展と貧困削減を達成するために策定される構造改革の実施状況により異なる。
（注2）MDRIの適用の前提として、拡大HIPCイニシアティブにおける完了時点到達等の一定の条件を満たすことが必要。
（注3）G7債権者は、ODA債権及びCOD前の非ODA債権の100%削減を自主的に実施。

【図表8-15】拡大 HIPC イニシアティブの進捗状況

	国名（全39カ国）	適用決定時点到達時期	完了時点到達時期
完了時点(Completion Point)到達国(36カ国)	アフガニスタン	2007年7月	2010年1月
	ウガンダ	2000年2月	2000年5月
	エチオピア	2001年11月	2004年4月
	ガーナ	2002年2月	2004年7月
	ガイアナ	2000年11月	2003年12月
	カメルーン	2000年10月	2006年4月
	ガンビア	2000年12月	2007年12月
	ギニア	2000年7月	2012年9月
	ギニアビサウ	2000年12月	2010年12月
	コートジボワール	2009年3月	2012年6月
	コモロ	2010年6月	2012年12月
	コンゴ共和国	2006年3月	2010年1月
	コンゴ民主共和国	2003年7月	2010年7月
	サントメ・プリンシペ	2000年12月	2007年3月
	ザンビア	2000年12月	2005年4月
	シエラレオネ	2002年3月	2006年12月
	セネガル	2000年6月	2004年4月
	タンザニア	2000年4月	2001年11月
	チャド	2001年5月	2015年4月
	中央アフリカ	2007年9月	2009年6月
	トーゴ	2008年11月	2010年12月
	ニカラグア	2000年12月	2004年1月
	ニジェール	2000年12月	2004年4月
	ハイチ	2006年11月	2009年6月
	ブルキナファソ	2000年7月	2002年4月
	ブルンジ	2005年8月	2009年1月
	ベナン	2000年7月	2003年3月
	ボリビア	2000年2月	2001年6月
	ホンジュラス	2000年6月	2005年4月
	マダガスカル	2000年12月	2004年10月
	マラウィ	2000年12月	2006年8月
	マリ	2000年9月	2003年3月
	モーリタニア	2000年2月	2002年6月
	モザンビーク	2000年4月	2001年9月
	リベリア	2008年3月	2010年6月
	ルワンダ	2000年12月	2005年4月
適用決定時点(Decision Point)到達国(1カ国)	ソマリア	2020年3月	—
適用決定時点未到達国(2カ国)	エリトリア	—	—
	スーダン	—	—

対応を行うものである。このアプローチの下では、流動性に問題があるのみで債務は持続可能であると判断された場合は既存のタームに基づく債務救済が実施されるが、債務は持続不可能と判断された場合には、ケース・バイ・ケースで包括的な債務救済を実施することとされている。

(3) 低所得国における公的債務の構造変化

債務問題を考える際には、債務国における公的債務の構造変化にも目を向ける必要がある。

ここまで見てきたように、低所得国の債務問題に対しては、従来、拡大HIPCイニシアティブやMDRIの下での100%債務削減を含む債務救済や、パリクラブによるエビアン・アプローチの下での包括的な債務救済等を通じた対処がなされてきた。これらはいずれも、G7やパリクラブを構成する先進諸国やIMF・世銀等の国際金融機関といった伝統的な公的債権者が中心的役割を果たしてきたものである。

【図表8-16】低所得国における債権者別の公的債務残高対GDP比（%）の推移

	2007	2013	2016
公的債務全体	**44.7**	**41.2**	**72.1**
対外公的債務	**32.8**	**30.3**	**53.4**
国際金融機関	10.5	12.1	15.9
IMF・世銀・IDB・AfDB・AsDB（注）	6.6	6.4	8.2
その他	4.0	5.7	7.7
二国間債権者	17.3	12.9	22.2
パリクラブ	8.0	1.8	2.8
非パリクラブ	9.3	11.1	19.4
うち中国	0.2	6.2	11.6
民間債権者	4.9	5.2	15.3
債券	1.0	1.6	4.2
商業銀行	0.9	1.4	2.9
その他	2.9	2.3	8.2
国内公的債務	**12.0**	**11.0**	**18.7**

（注）IDB：米州開発銀行／AfDB：アフリカ開発銀行／AsDB：アジア開発銀行
（出所）IMF "Macroeconomic Developments and Prospects in Low-Income Developing Countries" (2018)

【図表8-17】IMF・世銀の低所得国向け債務持続可能性分析における格付比率の推移

(%)

年	低	中	高	債務破綻状態
2007	27	30	28	15
08	27	31	26	16
09	29	34	22	15
10	33	33	24	9
11	34	32	24	10
12	35	35	24	6
13	34	43	19	4
14	31	42	21	6
15	25	48	22	5
16	20	45	29	6
17	16	38	35	12
18	16	33	38	13
19	19	30	37	14

□低 □中 ■高 ■債務破綻状態
（債務破綻リスクの４区分）

（出所）IMF "The Evolution of Public Debt Vulnerabilities in Lower Income Economies"（2020）

一方で、近年、低所得国に対する開発援助等の資金供給の担い手は多様化している。具体的には、中国をはじめとする非パリクラブ諸国や民間債権者のプレゼンスが高まっており、これらの新興債権者からの借入のシェアが急激な増加を示す一方、パリクラブからの借入のシェアが減少している。新興債権者からの借入には条件が不透明なものや非譲許的なものも含まれており、公的債務全体の累積と併せて、債務の脆弱性を高める要因とも指摘されている。

更に、新興債権者は、伝統的な公的債権者がこれまで構築してきた、パリクラブ等の債務に関する国際的な協調の枠組に属していないため、今後、債務問題に対処するにあたり、新興債権者とどのように協調できるかが課題となっている。仮にパリクラブが債務救済を実施し、それによって債務国に財政余力が生まれたとしても、新興債権者がパリクラブと同等の条件で債務救済を実施しなければ、債務国の財政余力が新興債権者に対する債務支払に充てられ、パリクラブによる債務救済の恩恵が減殺されてしまう。言い換えれば、パリクラブによる債務救済が債務国に十分に裨益することなく、その恩恵の一部は新興債権者の得るところとなるのである。

したがって、低所得国の債務問題に対して実効性のある対応を実施するためには、新興債権者のエンゲージメントを確保することが極めて重要である。

(4) 新型コロナウイルス感染症拡大に伴う低所得国の債務危機への対応

① 債務支払猶予イニシアティブ（DSSI）

一部の低所得国においては、かねてより公的債務残高の累積及びそれに伴う債務支払の負担が増加の傾向にあった。新型コロナウイルス感染症の拡大は、それらの国を含む多くの国において、保健・財政支出の増加を余儀なくし、財政余力を圧迫した。このような状況を受けて、2020年4月、G20及びパリクラブは、低所得国の流動性の確保を目的として、公的債務の支払を一時的に猶予[10]することに合意した（債務支払猶予イニシアティブ（DSSI：Debt Service Suspension Initiative））。これは、2020年5月から同年12月までの間に支払期日が到来する債務の支払を猶予する取組である。G20及びパリクラブは、同年10月にDSSIの6カ月間の延長（2021年6月まで）に、2021年4月には更なる6カ月間の最後の延長（同年12月まで）に合意し、2021年1月から同年12月の間に支払期日が到来する債務の支払も猶予対象に含めることとした。

DSSIの新規性は、中国や湾岸諸国等の非パリクラブ諸国を巻き込んだ点にある。債務支払の猶予それ自体は、過去、2004年12月のスマトラ島沖地震及びそれに伴う津波の被災国に対しても行われているが、これはあくまでG7やパリクラブが議論を主導して実現したものであったのに対し、DSSIは、非パリクラブ諸国を含むG20がパリクラブとともに議論を主導して立ち上げたものであり、近年の低所得国における公的債務の構造変化を反映したイニシアティブということができる。

②「DSSI後の債務措置に係る共通枠組」

新型コロナウイルス感染症の影響が長期化する中、一時的な債務支払の猶予

(10) 「債務支払の猶予」は、債務国の財政状況に本質的な問題はないが、自然災害等の外在的な特殊事象の発生に伴う一時的な財政支出の拡大等により流動性の確保が必要となった場合に、極めて例外的に行われるもの。債務国の信用状態の悪化を意味しないものと整理されている点で、「債務繰延」とは異なる。

による流動性の確保にとどまらず、低所得国の債務持続可能性への対処が必要となってきたことを受けて、G20及びパリクラブは、2020年11月、ケース・バイ・ケースで低所得国向けの債務救済を行うための枠組である「DSSI後の債務措置に係る共通枠組」(以下、「共通枠組」)に合意した。「共通枠組」は、中国をはじめとする非パリクラブ諸国を巻き込んだ形で、合同で債務救済を行うことに合意した画期的な枠組である。

「共通枠組」においては、債務救済措置のプロセスは債務国側からの要請によって開始し、その措置の大枠はIMF支援プログラムの諸条件と整合的に決定することとされている。また、G20及びパリクラブの債権国が債務救済の主要条件を“合同”で確定すること、その主要条件はすべての債権国による公平な負担を確保する形で決定すること、これを債権国・債務国間の覚書に記録することが定められている。更に、この枠組に参加しない他のすべての債権国及び民間債権者に、覚書で合意したものと少なくとも同程度の措置を求めることとしており、パリクラブにおけるプラクティスを反映したものとなっている。

【図表8-18】債務支払猶予イニシアティブ(DSSI)の概要

《対象国》
世銀のIDA支援対象国(76カ国)か、国連が定義する後発開発途上国(47カ国)のどちらかに属する国が対象(要請ベース)。

《支払猶予の条件》
債務国が、IMFによる支援を要請していることに加え、以下の取組にコミットすることが必要。

- 支払猶予期間中に、保健分野等への支出を増加させること。
- 借入に関する情報をIMF・世銀に開示すること。
- 支払猶予期間中、非譲許的な借入を原則として増加させないこと。

《対象債権者》

- すべての公的な二国間債権者が参加。
- 民間債権者に対し、同等の条件で参加することを要請。
- 国際金融機関(IMF・世銀等)については、今後、国際金融機関自らが参加の可能性を模索。

《支払猶予期間》
2020年5月1日～2021年12月末まで

《対象債権》
支払猶予期間(上記)中に支払期限が到来する元本及び利子。

【図表8-19】「DSSI後の債務措置に係る共通枠組」の概要

《債務措置の必要性及び対象債務》
- 債務措置のプロセスは**債務国からの要請**により開始。
- 債務措置の必要性と債務再編の大枠は、**IMF・世銀による債務持続可能性分析**及び公的債権者による共同評価に基づき、かつ、**IMFプログラムの諸条件と整合的**に判断。
- 債務国は、IMF・世銀・債権者に**債務に関する必要な情報を提供**。

《公的な二国間債権者の間の協調》
- **すべてのG20及びパリクラブの債権者**と参加意思のある他の公的な二国間債権者は、**債務措置の主要条件を合同で確定**。
- 債務措置は、①名目債務支払額の変更、②割引現在価値での債務削減、③償還期間の延長、等の形で実施。
- 債務措置の主要条件は、**すべての公的な二国間債権者による公平な負担を確保**する形で決定、債権者・債務国間の覚書に記録。

《他の債権者との措置の同等性》
- 債務国は、(本枠組に参加しない) **他のすべての公的な二国間債権者及び民間債権者**に、覚書で合意したものと**少なくとも同程度の措置**を求める必要。債務国は、覚書の署名者に対し、他の債権者との交渉の進捗につき定期的にアップデート。
- 国際開発金融機関は、途上国の長期的な資金ニーズに応じるための選択肢を策定。

「共通枠組」を活用した初のケースとして、G20及びパリクラブに対して「共通枠組」に基づく債務救済を要請していたチャドについて、2021年4月、同国に債権を保有する債権国から構成される債権者委員会が発足し、今後、具体的な債務救済の主要条件について議論を行うこととなった。

(5) 債務問題を巡る今後の展望

債務問題に対処するにあたっては、関係するすべての債権者による協調が不可欠である。従来は、先進諸国や国際金融機関等が低所得国に対する主要な債権者であったため、先進諸国で構成されるパリクラブ等の債務に係る国際的な協調のメカニズムが有効に機能していた。しかし、近年、非パリクラブ諸国や民間債権者が低所得国に対する主要な債権者として台頭し、公的債務の構造変化が進んだことを受けて、これらの新興債権者を巻き込み、協調して債務問題に対処していくことが課題となっている。

① 非パリクラブ諸国の巻き込み

G20及びパリクラブの「共通枠組」は、非パリクラブ諸国を巻き込み、合同で債務救済を行うことに合意した枠組であり、重要な第一歩である。今後、非パリクラブ諸国が、「共通枠組」の下、パリクラブのメンバー国を含む他の債権国と合同で債務救済を実施していくことを通じて、これまでパリクラブが実践してきた債務救済のプラクティスへの理解を深めていくことが期待できる。非パリクラブ諸国を含む関係するすべての債権国が、「共通枠組」に沿った債務救済を透明かつ着実に実施していくことが重要である。

この点に関連して、中国が国家開発銀行（CDB: China Development Bank）を民間金融機関として扱っていることが問題となっている。CDBは、その株式の100%を政府が直接・間接に保有する国有銀行であり、収益を重視しながら国家の発展戦略上重要な案件にフォーカスして融資を実施する「開発性金融」の機能を主軸とする金融機関として位置づけられている。中国は、「共通枠組」の実施に当たり、中国輸出入銀行を公的金融機関として扱う一方で、CDBについては、同行が市場の原則に沿って業務を行っている点を強調して、民間金融機関として扱うべきとの主張を展開している。このような主張に対しては、まずは、中国がCDBを公的金融機関と分類し、かつ、同行を含める形で他の債権国とともにDSSI及び「共通枠組」を実施するよう、引き続き国際場裡において働きかけることが重要であるが、仮にCDBが民間金融機関に分類されたとしても、CDBは、「共通枠組」の下、同枠組に参加した債権国が実施する債務救済と少なくとも同程度の措置の実施が求められることとなる。

② 民間債権者の巻き込み

民間債権者に対しては、「共通枠組」におけるコンパラビリティの原則に基づき、G20及びパリクラブによる債務救済と少なくとも同等の措置を実施することを求めていくことが必要である。債権国の集まりであるパリクラブと主要な民間債権者を代表する国際金融協会（IIF）が、連携を一層強めるとともに、IIFが民間債権者の調整機関としての機能を発揮していくことが期待される。

また、民間債権者による低所得国への透明かつ持続可能な貸付を定着させる観点から、IIFは2019年に「債務透明性のための任意の原則」を策定し、民間貸付に係る債務透明性の向上に向けた議論を進めている。現在、IIFは民間貸付データの収集・保管に係る具体的な検討を進めており、この取組を早急に実行に移していくことが重要である。

4. 気候変動ファイナンス

(1) 総論

気候変動等の地球環境問題は、持続可能な成長への大きなリスクであるとの認識が高まりつつある。こうした中、日本も、2020年10月、2050年カーボンニュートラルを宣言したのに続き、本年4月の気候変動サミットにおいて、2050年に向けた通過点として重要な2030年の排出削減目標として、2013年度比▲46%を目指しているほか、▲50%の高みに向け挑戦し続けることを表明したところである。一方、気候変動への取組に必要な資金額が膨大であることから、気候変動を巡る議論においては、脱炭素を図るためのイノベーションに加え、ファイナンスも大きな論点の一つとして議論されている。

こうした中、気候変動抑制に関する多国間の国際的な枠組みであるパリ協定(2015年)においては、先進国・途上国を問わず、全ての条約締結国に排出削減義務を課す一方、途上国による気候変動対策への取組を支援するため、先進国は、ODAや世銀などの国際開発金融機関による公的資金を活用しつつ、民間資金を動員することで、途上国への資金フロー(気候変動ファイナンス)の拡大(2013年522億ドル→2020年:年1,000億ドル)を図ることを表明した。

【図表8-20】主要国の2030年温室効果ガス(二酸化炭素・メタンなど)削減目標

国名	1990年比	2005年比	2013年比
日本	▲40.3%	▲44.9%	▲46%
米国	▲42.4-44.7%	▲50-52%	▲45.1-47.3%
カナダ	▲26.3-32.5%	▲40-45%	▲38.9-44.0%
EU	▲55%	▲51.9%	▲44.1%
英国	▲68%	▲63.1%	▲55.1%

(注) 中国は、2030年までに二酸化炭素排出量をピークアウトさせること、また、GDP当たり二酸化炭素排出量の▲65%削減(2005年比)を表明。

先進国全体で年1,000億ドルの気候変動ファイナンスを表明する中、日本は、円借款等のODA資金やJBICなどのその他公的資金と民間資金を合わせ、途上国向けの気候変動ファイナンスについて、従来の年1兆円規模から2020年に年1.3兆円に拡大することを表明している（2019年実績：1.37兆円）。

【図表8-21】先進国による気候変動ファイナンスの全体像

（単位：億ドル）

	2013	2018
先進国の公的資金	241	348
うち　各国ODA（借款・無償等）	225	327
うち　各国OOF（輸銀等）	16	21
民間資金（協調融資額等）	65	38
世銀等の国際開発金融機関（先進国分）	155	296
民間資金（協調出融資額・先進国分）	62	108
総計	618	789

（出所）OECD Climate Finance Provided and Mobilised by Developed Countries 2013-2018

(2)「緩和資金」と「適応資金」

気候変動ファイナンスは、①温室効果ガスの排出量削減を図るためのもの（緩和資金：mitigation）、②気候変動に伴う自然災害の増加への対応（適応資金：adaptation）の2つに大別される。具体的なプロジェクトの例は、次のとおりである（世銀などの国際開発金融機関が取りまとめた報告書をもとに作成）。

①　緩和資金によるプロジェクトの例

- 再生可能エネルギー（太陽光・風力等）を活用した発電所の新設
- 既存の石炭・石油火力発電所について、エネルギー効率が高いエネルギー源（天然ガス）への切り替え
- 二酸化炭素排出量が少ない大量公共交通機関（地下鉄・路面電車など）・貨物鉄道の整備

② 適応資金によるプロジェクトの例

- 気候変動により頻発化する豪雨への対策を目的とした道路・河川改修
- 気候変動により頻発化する干ばつへの対策を目的とした灌漑施設の整備
- 気候変動により拡大する感染症への対策を目的とした保健システム強化

(3) マルチ機関による気候変動ファイナンス

① 国際開発金融機関

世銀などの国際開発金融機関は、気候変動問題について、途上国経済の安定的な成長や貧困削減を脅かしかねない、開発上の重要な課題として受け止め、温室効果ガスの排出削減、気候変動による自然災害の拡大への対応、それぞれについて、積極的な支援を行っている。こうした中、2019年9月の国連気候変動サミットでは、国際開発金融機関は、全機関を通じた途上国向け気候変動ファイナンス合計額の拡大（2018年431億ドル→2025年650億ドル）を表明している（EUの政策金融機関である欧州投資銀行（EIB）による支援額を含む）。また、気候変動ファイナンス以外の分野における支援についても、気候変動を勘案したプロジェクト設計（気候変動に伴う洪水増加リスクを織り込んだ学校・診療所施設の設計など）を行うこととしている。

【図表8-22】国際開発金融機関による気候変動ファイナンス（2019年）

機関名	新規承認額（億ドル）	うち気候変動ファイナンス	
		金額	全体に占める割合
世銀	596	178	30%
ADB	195	64	33%
IDB	165	47	28%
AfDB	88	30	34%
EBRD	112	48	42%
合計	1,157	366	32%

（出所）Joint Report on Multilateral Development Banks' Climate Finance

② 環境分野における基金

世界銀行などの国際開発金融機関は、途上国の経済・社会開発を総合的に支援するマルチ機関であるのに対し、地球環境や気候変動に特化したマルチ機関が必要との声の高まりから、1991年にはGEF（地球環境ファシリティ）が、また、2011年にはGCF（緑の気候基金）が設立された。いずれも、国連気候変動条約（UNFCCC）などの国際環境条約の下で、途上国支援のための枠組みとして位置付けられている。

GEFは、世銀の信託基金として設立され、米国ワシントンDCの世銀本部内に事務局を設ける一方、世銀とは独立したガバナンス構造の下、地球規模の環境課題（気候変動、生物多様性、国際水域、土地劣化、オゾン層破壊、水銀）に取り組む環境系基金である。GEFのプロジェクトは、世銀などの国際開発金融機関や国連機関（UNDP等）を通じて執行されており、途上国政府・政府機関がGEF資金に直接アクセスすることは、原則として認められていない。

一方、GCFは、韓国・ソンド（松島）に独立した事務局を置き、GEFとは異なり、世銀とは独立した法人格を有しているが、資金管理については、暫定的に、世銀に委ねられている。また、GEFと異なり、途上国自身がGCF資金に直接アクセスし、自らの責任で、開発銀行などを通じ、プロジェクトを執行することを認めている点が特徴である。また、気候変動対策には膨大な資金が必要であり、民間資金を動員することがカギであるとの考えから、民間金融機関がGCF資金にアクセスすること（例：民間金融機関から融資を受ける太陽光発電事業に対するエクイティの提供）も可能である。

(4) 円借款（JICA）・JBICによる気候変動ファイナンス

① 円借款（JICA：国際協力機構）

円借款は、日本にとっては少ない財政負担で、一方、気候変動対策に膨大な資金を必要とする途上国にとっては、緩やかな条件で比較的大きな規模の資金を確保できる、重要なファイナンス・ツールの一つである。また、技術協力を通じた日本の知見の共有を組み合わせることで、単なる資金面の協力に終わらない、高い開発効果の発現を図ることとしている。

円借款を通じた気候変動ファイナンスには、以下の4つの手法があり、相手国のニーズを踏まえつつ、最適な協力の在り方を検討している。

- 途上国における温室効果ガス排出削減を目的としたプロジェクト（例：地下鉄整備などを通じた自動車交通から公共交通へのシフト）
- 気候変動に伴う災害リスクへの備えの強化を目的としたプロジェクト（例：洪水リスク拡大に伴う河川改修）
- 気候変動対策に取り組む途上国政府に対する政策面からの支援（例：気候変動対策に重点を置いた一般財政支援型の開発政策借款）
- 災害時に資金引き出しが可能なクレジットラインとしての災害復旧スタンドバイ借款の供与も行っている。

② JBIC（国際協力銀行）

日本の気候変動ファイナンスにおいて、協調融資の形で、民間ファイナンス動員の中核的役割を担うと共に、脱炭素社会の実現に向けて日本企業が有する優れた環境技術の海外展開を支援するのはJBICである。

JBICは、2009年以来、法律上、設置目的の一つとして、「地球温暖化の防止等の地球環境の保全を目的とする海外における事業を促進するための金融の機能を担う」ことを掲げている。また、2021年1月には、ポストコロナ成長ファシリティの下に「脱炭素ウィンドウ」を設立し、温室効果ガスの排出削減につながるプロジェクト（例：再生可能エネルギー・グリーンモビリティ）や、水素などの非化石燃料を開発するプロジェクトへのファイナンスについて積極的に取り組んでいる。

JBICによるファイナンスは、日本企業が参画するプロジェクトへの出融資の形を取る場合のほか、現地金融機関を通じたツーステップローンや、気候変動対策プロジェクトに投資するファンドへの出資の形を取る場合もあり、いずれも、民間金融機関によるファイナンスと連携して行われている。

(5) 気候変動ファイナンスへの民間資金誘導のための仕組みづくり

世界全体としての脱炭素社会実現に向け、気候変動ファイナンス拡大を進めるためには、ODA や世銀資金などを活用した公的ファイナンスの拡充や、JBIC などの公的資金を呼び水とした民間ファイナンスの動員に加え、経済や金融の仕組みの中に気候変動リスクを織り込ませることで、脱炭素社会実現のために必要な投資に民間資金が流れる仕組みを作ることも重要である。

各国で様々な仕組みが検討されているが、ここでは、気候変動に関係する情報の開示とカーボンプライシングを巡る動きを紹介する。

① 気候変動に関する情報の開示

G20の要請を受け、FSB（金融安定理事会）の下、気候変動に伴うリスクと機会の適切な開示を検討してきた TCFD（気候関連財務情報開示タスクフォース）は、企業や金融機関による気候開示を推進することで、持続可能な地球環境と整合的で気候変動リスクへの強靱性を備えた企業やプロジェクトに、より多くの民間資金が流れるようになることを期待できるとしている。日本でも、TCFD による提言に賛同する企業の数が増えており、世界最大となっている。また、2021年春には、金融庁より、コーポレートガバナンス・コード（企業統治指針）を改訂し、東京証券取引所に新設される最上位市場「プライム市場」への上場会社を対象として、TCFD 提言に沿った情報開示を求める方針が示された。

② カーボンプライシング

温室効果ガスの排出削減を進め、脱炭素技術を活用した投資へ民間資金を誘導するための方策の一つとして、温室効果ガスの排出に対し価格を付すことで経済的負担を求めることが考えられる。これが、カーボンプライシングとして知られる政策ツールで、炭素税方式、有償の排出枠を割り当てた上で、企業間で取引させる方式、2通りの手法が存在する。また、温室効果ガスの排出削減努力が十分でない国との間で、競争条件を確保するための方策の一つとして、WTO ルールとの整合性を確保した上で、国境で炭素調整措置を行うことの可能性も議論されている。日本においても、2021年1月、菅総理の施政方針演説において、成長につながるカーボンプライシングに取り組んでいく旨が表明され、現在、関係省庁において検討が進められている。

【図表8-23】TCFD 賛同機関数の比較

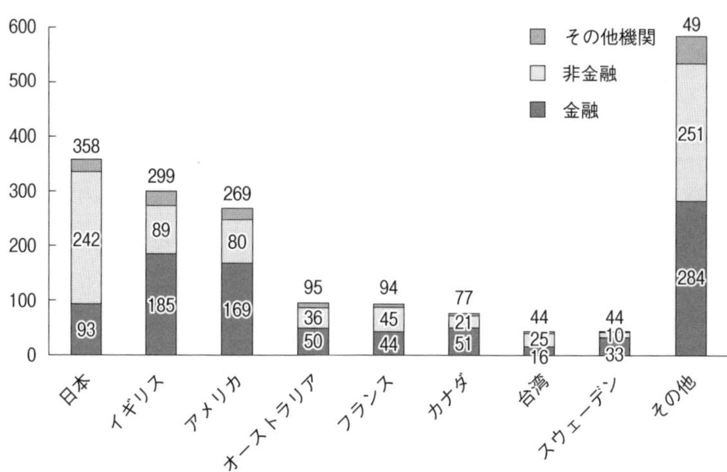

※ TCFD 公式ホームページの情報（2021年3月31日時点）

【図表8-24】カーボンプライシングの対象となる温室効果ガス排出量と価格水準

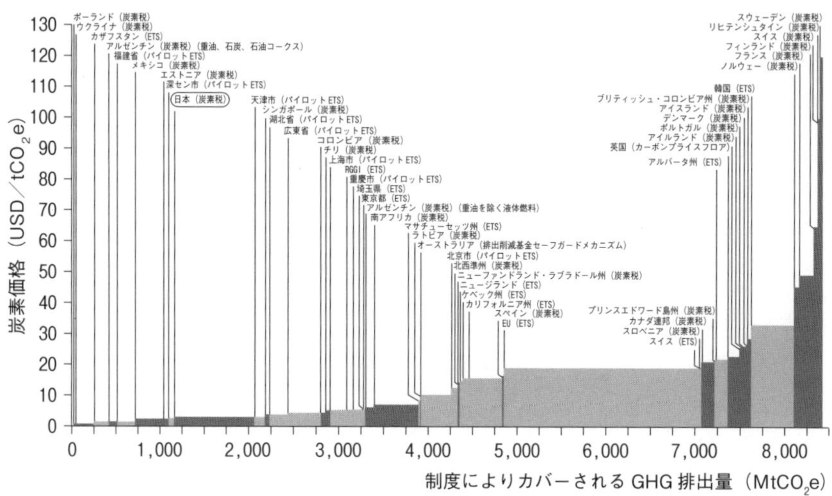

（出所）環境省（https://www.env.go.jp/policy/siryou2.pdf）

5. デジタル化への対応

(1) デジタル通貨

社会経済のデジタル化が進む中、もっとも重要な経済インフラの1つである通貨についても、デジタル化の動きが見られる。デジタル化された通貨は、我々の社会経済活動に様々な便益をもたらすことが期待される一方で、新たなリスクの萌芽となるおそれもある。本節では、これまでのデジタル通貨の勃興を振り返りながら、その便益を享受しつつリスクに適切に対応するために、国際社会が取ってきた対応を概観することとする。

① 通貨とは何か

デジタル通貨が何かを理解する前に、そもそも通貨とは何か、を正しく理解しておく必要がある。詳細な説明は第3章に譲ることとするが、通貨とは、価値基準としての機能、支払手段としての機能、価値保蔵手段としての機能、の3機能を有しているものである。

現代では、これらの機能を有する通貨は、基本的に国家によって独占的に発行されている。日本では、「通貨の単位及び貨幣の発行等に関する法律」において、「通貨の額面価格の単位は円とし、その額面価格は一円の整数倍とする」（第2条第1項）との規定とともに、「貨幣の製造及び発行の権能は、政府に属する」（第4条第1項）との規定がある。何を自国内の通貨とするかは、各国の裁量に委ねられており、これは通貨主権と呼ばれる。

② デジタル通貨とは何か

通貨の国内外における取引において、紙幣や貨幣といった現金通貨が占める割合は、必ずしも高くない。直近のデータによると[11]、小売における電子決済の比率は日本国内で約2割、主要各国では4～6割にも及んでおり、また、銀

---

(11) 経済産業省の調査による。https://www.meti.go.jp/policy/mono_info_service/cashless/image_pdf_movie/about_cashless.pdf。

行間の資金取引も全銀ネットにより既に電子化されている。それでは、近年なぜデジタル通貨への注目が改めて高まっているのだろうか。そもそも、デジタル通貨とは何だろうか。

デジタル通貨という概念自体が近年生まれたものであり、また、その分野が急速に発達している中、その用語に明確な定義は存在しないが、大きく２つの見解が存在する。１つ目は、通貨の発行権が国家に帰属するという立場を厳密に捉え、中央銀行デジタル通貨（CBDC）のみを指すとする、狭義の見解である。２つ目は、それに加えて、ビットコイン等の暗号資産[12]やステーブルコイン等の、いわゆる民間デジタル通貨も包含する、とする広義の見解である。いずれの見解（特に広義の見解）においても、クレジットカードや電子マネー等によるデジタル決済は含まれないことが一般的である点に注目されたい。これは、デジタル通貨という表現が用いられる際、基本的に、ブロックチェーンに代表される革新的な情報技術を基盤とすることが想定されており、その点において、従来型のデジタル決済との間で根本的な差があるためと考えられる。筆者は、デジタル通貨の定義について、どの見解が適切か判断する立場には当然ないが、便宜上本稿では、広義の見解に立ち、革新的な情報技術を基盤とすることを想定した、暗号資産・ステーブルコイン・CBDCといった新たなデジタル決済手段を、デジタル通貨と呼ぶこととする。

暗号資産、ステーブルコイン、CBDC

暗号資産、ステーブルコイン、CBDCの各々の特徴については、本稿では文量の制約からその細部に立ち入らないが、その違いの要点のみを簡単に整理しておく。この３種の比較において、ビットコイン等の暗号資産が特徴的であるのは、価値の裏付けを資産等に求めない点にある。ビットコイン等の暗号資産は、proof of workがその取引を支えると同時に価値の源泉となっており、法定通貨との交換比率は、完全に市場の需要と供給の中で定まることとなる。他方、ステーブルコイン[13]は、法定通貨に価値をペッグすること

⑿ 暗号資産には明確な世界共通の定義がなく、ステーブルコインも暗号資産の一部とみなすことは可能だが、本稿は、ビットコイン等の暗号資産とステーブルコインを、裏付け資産の有無に基づき、異なる概念として整理している。

で、その名が示すとおり、価値を安定させる仕組みを取っている。ステーブルコインの発行体は、法定通貨に価値をペッグするための裏付け資産として、発行量に相当する資産を保有しているとされており[14]、それによって市場の信認を得ることが可能となっている。これに対して、CBDCや現金は、管理通貨制度の現在においては、通貨価値の裏付けを資産ではなく国家への信用によって行っている[15]。こうした切り口で、暗号資産、ステーブルコイン、CBDCの3種を整理すると、以下の表のような形でまとめることができる。

各種のデジタル・マネー

	現金	中銀デジタル通貨(CBDC)	ステーブルコイン(例:Facebookが主導するディエム(注))	暗号資産(例:Bitcoin)
発行体	中央銀行		民間主体	無(ブロックチェーン技術を用いて真正性を確保)
価値の裏付け	国家の信用		米ドル等の裏付け資産の保有により価値の安定を目指す	価値の裏付けがなく価格が乱高下
利便性	国境を越えた決済・送金にコスト・時間がかかる	安価で迅速な決済・送金がグローバルに可能	(送金や決済手段としての利用を想定)	(現状、主に投機対象として利用)

(注) 2020年12月にリブラをディエムへと改称。

⒀ 詳細は後述するが、リブラなど全世界的に使われるステーブルコインについては「グローバル・ステーブルコイン」と呼ばれている。何をもって「グローバル」とするかは明確な基準はないものの、FSBは2020年に公表した「『グローバル・ステーブルコイン』の規制・監督・監視—最終報告とハイレベルな勧告」において、グローバル・ステーブルコインを定める潜在的な要素として、利用者の数、取引の価値や規模、準備資産の規模等、12の要素を示している。

⒁ 裏付け資産の保有量に対し市場が疑念を持ち、結果、ステーブルコインの価値が急落するというイベントも発生している。

⒂ 金本位制の下では、金と通貨の交換が可能であり(兌換紙幣)、中央銀行は発行量に相当する金を有することが求められていた。日本は1942年に管理通貨制度に移行し、兌換義務のない通貨(不換紙幣)の発行が可能となった。管理通貨制度においては、通貨の価値の裏付けは、通貨価値が安定するという国家への信用によってなされているとされる。

③ デジタル通貨がもたらす便益とリスク

デジタル通貨の普及は、個人にとっても政府にとっても、様々な便益をもたらすことが期待される。個人にとっては、国際送金のコストを大幅に削減することができるといった点、また、銀行口座を保有していなくともデジタル通貨を介して金融サービスを利用できる点、等があげられる。後者の点は「金融包摂」と呼ばれるものであり、特に貧困削減にも資するものとして大きな期待を集めている。更に、通貨発行当局にとっては、こうしたデジタル通貨の普及により現金の発行量が減少すると、現金の製造・維持管理コストを削減することができる。国内の現金の取り扱いにかかるコストが年間８兆円に及ぶ[16]とされる中、デジタル通貨の普及はその縮減に大きく貢献すると期待される。また、現金の製造・維持管理を要しないという点を活かし、これまで、自国内の主要決済手段がドル等の他国通貨であることに甘んじてきた小国においては、独自のデジタル通貨を発行することで、通貨主権の回復を図るという試みも見られている。

一方で、デジタル通貨の普及には、ともすれば便益のみならずリスクも伴うことを適切に認識する必要がある。暗号資産やステーブルコインが普及した場合のリスクを、国内に普及したケースと国際的に普及したケース、それぞれで考えてみよう。まず国内のケースについて、暗号資産やステーブルコインが普及すると、家計資産の大部分を占める銀行預金の一部がそれらに移行し、銀行部門が縮小する可能性がある。こうした銀行部門の縮小は、適切な金融規制・監督の実施を難しくし、金融政策の効果を減退させる可能性も示唆する。更に、暗号資産やステーブルコインの利用が拡大した結果、中央銀行の現金の発行量が減少することになれば、通貨発行益[17]も減少することとなり、国庫の収益が圧迫されることにもなる。加えて、これは国内問題に限らない、かつ、既に強

⒃ 全国銀行協会藤原会長記者会見（2018年７月）。

⒄ 銀行券（中央銀行にとっては無利子の負債）の発行と引き換えに保有する有利子の資産（国債、貸出金等）から発生する利息収入。日本において、日銀の利益の大部分を占める。なお、ある通貨建のステーブルコインの発行者が、裏付け資産として、同額の当該通貨を保有する場合においては、通貨の需要に変化はないため、理屈上は通貨発行益は減少しない。

く懸念されている点だが、暗号資産やステーブルコインが容易に購入・送金・換金できるという特性が悪用され、マネーロンダリングやテロ資金調達の温床となってしまうおそれもある。

次に、国際的に普及したケースについて考えてみよう。読者の中には、他国で暗号資産やステーブルコインが普及したとしても、自国で普及しなければ、結局これらの問題は対岸の火事でしかない、と思われる方もいるかもしれない。しかしながら、仮に自国で普及せずとも、経済的結びつきが強い他国で普及が進み、その国において適切な金融規制やマクロ経済政策運営が難しくなることで、結果、自国の経済にも望ましくない波及効果がもたらされる可能性がある。更には、自国を除いた形であるとしても、特定の暗号資産ないしステーブルコインが、広く世界ないし地域を席巻することとなれば、国境に縛られない「デジタル通貨圏」が誕生し、米ドルを中心とする貿易決済や資本取引の安定性・効率性が損なわれ、国際通貨金融システムの不安定化を招く可能性もある。

暗号資産やステーブルコインと比較すると、CBDCは、物価の安定や雇用の最大化をマンデートとする中央銀行が発行者となるため、発行に際して想定されるリスクについては、適切に対処されると考えるのが自然である。しかしながら、十分かつ適切な制度的・技術的設計が行われていないCBDCについては、その国及び他国の金融経済安定性、更には広く国際通貨金融システムに負の影響を与える可能性が否定できない。また、発行当局がデジタル化を契機に自国通貨の通貨圏を広げようとする地政学的動機を有しているケースにおいては、こうしたリスクが増大し、特に途上国においては、経済安全保障上の懸念にもなりかねない。加えて、CBDCのデジタルという特性ゆえに、こうしたリスクが早期に顕在化する可能性もある。こうした背景を踏まえ、CBDCの発行は、各国の通貨主権の下での各々の意思決定とされながらも、後述するように、主要国において国際連携の動きが取られるようになる。

IMF報告書「国境を超えたデジタルマネーがマクロ金融に与える影響」(2020年10月)

CBDCや所謂グローバル・ステーブルコイン(GSC)の国際的な普及がマ

クロ経済・金融にもたらすリスクについては、IMFが詳細な分析を行っている。2020年10月のこの報告書においてはCBDCやGSCの普及段階に応じたシナリオを想定し、各シナリオにおいて金融政策、金融安定性、資本フロー等に与えうる影響とそのインプリケーションを以下のように整理している。

その他、報告書のポイントは以下のとおり。

- 他国のCBDCやGSCを利用する動機が強い国は、①それらを受容し、その代償として通貨代替を受け入れる、②あくまでそれらに抗い、そのために金融政策の信頼性強化や利用制限を課す、のいずれかの選択を迫られる。なお、（①や②ではなく）自国のCBDC発行を検討している国もあるが、そもそも自国通貨に問題を抱えている国には選択肢とはならない。
- 他国のCBDCやGSCを導入する国は、金融政策の有効性が低下するため、財政政策に頼らざるを得なくなり、そのためには財政バッファーを持つ必要が生じる。また、金融システムも不安定化するため、資本・流動性バッファーを積み増す必要もある。
- CBDCを発行する中銀は、spill-backの効果、すなわち、当該CBDCを使用する国への「最後の貸し手」機能の履行が自国の金融政策の目標達成に悪影響を与えないか、よく考える必要がある。

	金融政策	金融安定性	資本フロー	国際的な外貨準備
シナリオ①（CBDC/GSCが海外送金等で限定利用）	•影響小	•影響小	•影響小	•影響小
シナリオ②（CBDC/GSCが複数国で通貨代替）	•受容国の金融政策の有効性が弱まる。	•取り付け騒ぎや質への逃避が起きやすくなる。	•既存決済網を迂回した資金移転が可能となる。規制の影響を受けない資本フローが増え、ボラティリティも高まる。	•資本フローなどへの備えから、中銀が予備的動機に基づいて外準を増やす可能性。
シナリオ③（単一GSCが世界を席巻）	•単一の金融政策では、各国の異なるビジネスサイクルに適切に対応できない。 •一私企業のスタンスで金融政策が決まることになる。	•クロスボーダーの決済リンクが多国間で強まることで、システミック・リスクが高まる。	•為替リスクがなくなるが、短期的にはSNSと結びつくことで、使用者のherding（群集心理に基づく行動）やパニックが生じやすくなる。	•中銀がGSC建外準の保有を増やしたいとしても、私企業である発行者の営利目的と合致しないというケースが生じうる。
シナリオ④（複数のCBDC/GSCが“通貨ブロック”を形成）	•為替が不安定化する可能性。	•GSC発行者が、高いマーケットシェアを狙ってリスクを取り、金融安定性が損なわれる。	•通貨ブロック間の相関が低ければ、リスク分散が容易になるが、市場が分断している場合にはその限りでない。	•外準（の構成）が多様化する。

④ グローバル・ステーブルコインへの注目と国際社会の対応

デジタル通貨の普及が現実問題として強く認識される契機となったのは、2019年6月の、フェイスブックをはじめとする関連企業によるリブラ構想の表明である。リブラは、複数通貨のレートを一定のウェイトで加重平均することで価値を定める「通貨バスケット型」のステーブルコインとして計画され、単一の通貨に価値の裏付けを求める従来のステーブルコインとは一線を画すアイデアであった。

リブラが特に国際社会の懸念の対象となったのは、全世界に26億人とされる広いユーザーベースを背景に、強いネットワーク外部性が働き、急速に普及する可能性があったことが最大の要因である。フェイスブック等が提供する各種サービスと連携されることで、広く決済に用いられ、従来の暗号資産やステーブルコインが満たすことが難しいと考えられていた、貨幣の交換機能や価値尺度機能をも満たす可能性が指摘された。また、通貨バスケット型の価格付けがなされることで、バスケットに入れられた法定通貨すべてがリブラの需給による価値変動リスクに晒されることへの懸念も生じた。

こうした国際世論のもと、国際通貨金融システムのあり方を議論する主要なフォーラムであるG20は、当時の議長国日本のリーダーシップの下、機動的な対応を取った。リブラ構想の公表直後に開催された2019年6月のG20大阪サミットの首脳宣言では、「暗号資産は、現時点でグローバル金融システムの安定に脅威をもたらしていないが、我々は、注意深く進展を監視するとともに、既存の及び生じつつあるリスクに警戒を続ける」と、いち早くその潜在的リスクに警鐘を鳴らした。更に、10月に行われたG20財務大臣・中央銀行総裁会議では、リブラのような全世界的な使用が生じ得るステーブルコインを「グローバル・ステーブルコイン(18)」と位置づけ、会議後にはG20初の試みとして「グローバル・ステーブルコインに関するG20プレスリリース」が発出された。そこには、「グローバル・ステーブルコイン及びその他のシステム上大きな影響を与えうる類似の取組が政策及び規制上の一連の深刻なリスクを生じさせることに

(18) 定義については412頁の脚注参照

なるということに同意する。そのようなリスクは、（中略）こうしたプロジェクトのサービス開始前に吟味され、適切に対処される必要がある」と記されている。

> グローバル・ステーブルコインに関するG20プレスリリース（仮訳）（2019年10月17-18日）
>
> 1．我々は、基準設定主体が現在行っている金融技術革新から生じる既存の及び生じつつあるリスクについての作業を支持するとともに、大阪サミット首脳宣言を受けて金融安定理事会（FSB）及び金融活動作業部会（FATF）から提出された、グローバル・ステーブルコインに関する報告を歓迎する。
>
> 2．我々は、2020年におけるFSB及びFATFの更なる報告を期待する。我々はまた、IMFに対し、現在行っている作業に立脚して、加盟国の通貨主権に係る問題を含むマクロ経済上のインプリケーションについて、各国の特徴を考慮しつつ、検討することを要請する。
>
> 3．我々は、金融技術革新による潜在的な便益を認識しつつも、グローバル・ステーブルコイン及びその他のシステム上大きな影響を与えうる類似の取組が政策及び規制上の一連の深刻なリスクを生じさせることになるということに同意する。そのようなリスクは、特に、マネーロンダリング、不正な金融、消費者・投資家保護に関するものを含め、こうしたプロジェクトのサービス開始前に吟味され、適切に対処される必要がある。

こうしたG20等における国際社会の反応を踏まえ、リブラ構想も軌道修正を迫られることとなる。2019年10月には、フェイスブックのザッカーバーグCEOが米国議会の公聴会にて、米国の規制当局の承認が得られるまでは、米国外であっても、リブラを発行するつもりはない旨証言した。2020年4月には、リブラは、バスケット型ステーブルコインではなく、まずは単一通貨ステーブルコインとしての発行を目指す、との方針転換が表明され、同年12月にはリブラはディエムへと改称した。こうしてグローバル・ステーブルコインの過熱した議論は一旦の収束を見たが、今後も国際社会の高い関心を集めることが予想される。

⑤ CBDCへの注目と国際社会の対応

リブラ構想は、デジタル通貨がもたらす便益とリスクを国際社会に強く認識させるきっかけとなり[19]、多くの国において、CBDCの発行に向けた検討を後押しした。2020年1月には、全世界の80%の中央銀行がCBDCについての調査・研究・実証実験等を進めている状況となり[20]、2020年10月には、バハマでサンドダラー、カンボジアでバコンというCBDCの運用が実際に開始された。

世界の主要国の中で最もCBDC発行に向けた取組が進んでいる国は、我々の隣国、中国である。中国人民銀行は、2014年からデジタル通貨発行に向けた調査を開始しており、2020年10月には、初の実証実験も行われた[21]。中国政府は、法制度面においても、「暗号法」を2020年1月に施行し、デジタル通貨の発行に法的根拠を与える条項を含めた人民銀行法改正法案を同年10月に公表するなど、実用化に向けた準備を進めている。2022年の北京冬季五輪においても試験運用を行うとの報道もある。デジタル人民元は、報道によると、下記のような特性を備えるもの、とされている。

- 中国人民銀行が仲介機関を通して利用者に発行する「二層形式」を取る
- 小口決済手段に用いられるものであり、ユーザーは、モバイルウォレットをダウンロードし、アカウントを作成して利用することになる
- インターネット上で口座が管理され、オフライン環境ではトークンによる決済が行われる
- 膨大な取引を管理するため、ブロックチェーンと既存のIT技術を組み合わせた、中央集権型の管理モデルとする（「制御可能な匿名性」を保持）

---

(19) リブラにより提起された規制監督上の課題については、氷見野金融庁長官のスピーチを参照されたい。金融庁ウェブサイト「Libra as an Alarm Clock」https://www.fsa.go.jp/common/conference/danwa/201909/20190909.pdf

(20) BIS「No 107 Impending arrival - a sequel to the survey on central bank digital currency」https://www.bis.org/publ/bppdf/bispap107.pdf

(21) 深圳市政府が、消費促進政策の一環として、人民銀行と共同でデジタル人民元を抽選で5万人に1人200元（約3,200円）、計1,000万元配布した。2020年12月にも蘇州市で同様の実験が実施された。

他方、デジタル人民元の具体的な制度設計についてはいまだ不明な点が多く、それに伴う懸念点も指摘されている。例えば、中国には、国家が民間（含む中央銀行）にインテリジェンスに関して強制的な情報提供義務を課す国家情報法や、安全保障に影響を及ぼす可能性があれば当局の検査を受けることを義務付けているサイバーセキュリティ法が存在するため、CBDC の普及を通して、プライバシーの侵害や、政府による個人情報の恣意的な利用が行われないか、不安視する声もある。また、人民元に対する当局の為替介入や資本規制など、政策運営において不透明性が引き続き存在することが、デジタル人民元が普及したとしても、その後の市場のリスク要因となる可能性も指摘されている(22)。

このように、一部の国において先進的な取組が見られる中、CBDC が経済や金融に与え得る影響について、国際機関やシンクタンクを中心に、議論や分析も活発に行われるようになっている。2020年9月には、先ほど Box（414頁）で示したように、IMF が「国境を超えたデジタルマネーがマクロ金融に与える影響」という報告書を発表し、グローバル・ステーブルコインに加え、CBDC が国境を越えて普及した場合のマクロ金融上のインプリケーションについての分析を提示した。

国際フォーラムにおいても、先進国を中心に、各国が CBCD についての原則や価値観を共有することで、その便益を最大限享受しつつ、生じ得るリスクに適切に対処しようとする連携の動きが強まった。2020年10月には、7カ国の中央銀行（カナダ銀行、ECB、日本銀行、スウェーデン・リクスバンク、スイス国民銀行、イングランド銀行、FRB）と国際決済銀行（BIS）が、将来的な国際連携も視野に共通基盤を作ることを目的として、報告書「中央銀行デジタル通貨：基本的な原則と特性」を公表した。そのポイントは下記のとおりである。

(22) 資本規制は、デジタル人民元がグローバルな普及の阻害要因となると指摘する声もある。他方、デジタル化によって、資本フローのコントロールが容易となる可能性もあるため、現状の資本規制を以てデジタル人民元がグローバルに普及しないと断言するのは早計であるとの声もある。

「中央銀行デジタル通貨：基本的な原則と特性」報告書　プレスリリース（抜粋）（2020年10月9日）

- 報告書は、CBDCに関する基本的な原則と特性の概要を提示しているが、発行するか否かについて意見を示すものではない。
- 本報告書は、CBDCに関する以下の3つの主要な原則を強調する。
  ①柔軟でイノベーティブな決済システムにおいて、現金や他の種類のマネーと共存すること。
  ②いかなるCBDCの導入も広範な政策上の目的を支え、物価の安定や金融システムの安定を損なわないこと。
  ③CBDCの特性がイノベーションや効率性を促進すべきであること。
- 本グループは、これらの原則に基づき、将来のあらゆるCBDCシステムが備えるべき以下の基本的な特性を特定した。
- オペレーションの完全性を維持するため、強靭性と安全性を備えなければならない。
- 利便性を有するほか、エンドユーザーが、非常に低いコストもしくは無償で利用できなければならない。
- 適切な基準や明確な法的枠組みによって支えられなければならない。
- 民間セクターが適切な役割を担い、競争やイノベーションが促進されなければならない。
- 将来の作業には、CBDCに関するその他の今後の検討課題やクロスボーダー送金にかかる課題の検証に加え、主要な論点に関し、知見に基づいた対話を促進するための、国内や他の中央銀行へのアウトリーチも含まれる。

なお、日本銀行は、上記の報告書に合わせて、「中央銀行デジタル通貨に関する日本銀行の取り組み方針」も公表し、日本における今後の取り組み方について、方向性を示している。

また、中央銀行のグループの活動と並行して、G7においても、CBDCがもたらす便益とリスクについて、継続的に研究・議論が重ねられている。日本は取組を進める上で主導的な立場を取り、その成果として、2020年10月のG7財務大臣・中央銀行総裁会議において、G7共同声明が発出された。声明においては、中国を含め、各国におけるCBDC導入に向けた動きを念頭に、その発行にあたっては、透明性・法の支配・健全な経済ガバナンスへのコミットメントが重要との認識が示された。

> デジタル・ペイメントに関するG7財務大臣・中央銀行総裁声明（仮訳）（2020年10月13日）（抜粋）
>
> デジタル・ペイメントの広範な普及は、金融サービスへのアクセス向上、非効率性の低減、コストの低下を通じて、既存の決済システムの課題に対処できる潜在性を有する。他方で、関連する課題やリスク、例えば金融の安定性、消費者保護、プライバシー、課税、サイバーセキュリティ、オペレーションの頑健性、マネーロンダリング、テロ資金供与及び拡散金融、市場の健全性、ガバナンス、法的確実性などに対処するため、決済サービスは適切に監督・規制されるべきである。
>
> 公的部門は、法定通貨の供給、独立した金融政策の実施、規制・監督上の役割を通じ、決済システムの安全性・効率性、金融の安定性、マクロ経済目標の達成を確保する上で必要不可欠な役割を果たしている。G7当局の多くが、中央銀行デジタル通貨（CBDCs）に関連する機会とリスクを探求しているのは、こうした文脈においてである。国内決済システム及び国際通貨システムの安定性への信認は、透明性、法の支配、健全な経済ガバナンスに対する、公的部門の信頼ある長年のコミットメントによって支えられている。我々は、決済システム内の既存の課題に対処し、継続的に改善を行っていくことにコミットしている。

⑥ 終わりに

駆け足になったが、以上、通貨のデジタル化をめぐる国際的な議論の趨勢を概観した。デジタル通貨の発行にかかる様々な政策判断においては、各国当局による経済状況等を踏まえた検討が尊重されることは論を俟たない。他方、特にデジタル通貨が国境を越えて普及した場合、各国が個別に対応するには限界があると考えられ、今後もG7やG20等の国際フォーラムが効果的な対応を行う上で大きな役割を果たすことが期待される。デジタル通貨は日進月歩の分野であり、予期せぬ変化が突如生じる可能性も引き続き大いにあり得る。そうした中、今後も国際社会が協力し、もたらされる便益を最大限享受しつつ、リスクに適切に対処していくことが求められる。

(2) 経済のデジタル化に伴う課税上の課題への対応

① 議論の概要

経済のデジタル化によって、「国際課税ルールの見直し」が喫緊の課題となっている。国際課税ルールは、国と国との間で課税権の配分を定めるものである。企業が国境を越えて事業を行うとき、稼得する事業所得に対して国際的な二重課税が生ずることを防止するため、どの国が法人税をどの程度課すことができるかを予め決めておくことにより、国際的な投資活動を支える役割を担っている。最も基本的な国際課税ルールの一つとして、企業が外国において経済活動を行っている場合に、工場や支店といった物理的施設を持たない限り、当該外国では課税されないという原則がある。これは「PE（Permanent Establishment：恒久的施設）なければ課税なし」と呼ばれている。

経済のデジタル化の進展に伴い、ビッグデータや知的財産といった無形資産を対象とする取引が付加価値を新たに生み出すようになっている。多国籍企業は物理的拠点を置くことなく、国境を越えて高収益の事業を行うことが可能である。例えば、ウェブの検索サービス、SNS等を通じたオンライン広告やコンテンツの配信等はその典型である。こうした中、「PEなければ課税なし」原則に基づいたいわばブリック・アンド・モルタルの時代に作られた国際課税ルールが十分に機能しなくなる場面が顕在化してきており、デジタルの時代に相応しい見直しが不可避となっている。

また、経済のデジタル化により多国籍企業グループ内の無形資産の移転が容易となり、低い法人税率や優遇税制を有する軽課税国へのBEPS（Base Erosion and Profit Shifting：税源浸食と利益移転）リスクが増大している。このため、前段の国際課税原則の見直しとして「第1の柱（Pillar 1）」、後段の軽課税国への利益移転への対応として「第2の柱（Pillar 2）」の2つの柱により構成される国際的な解決策が、約140ヵ国を巻き込む「BEPS包摂的枠組み」

の下で現在検討されている。

② 議論のこれまでの流れ（～2020年10月）

国際課税ルールの見直しの議論は、2012年6月にOECD租税委員会によって立ち上げられた「BEPSプロジェクト」に端を発する。同プロジェクト発足以前の国際課税に関する議論は、二国間の課税権が重複する場合の二重課税の調整が中心であり、モデル租税条約を策定するOECD加盟国を中心とした狭い枠組みで行われていた。これに対して、2012年にスタートしたBEPSプロジェクトは、公平な競争条件（Level Playing Field）の確立という理念の下、各国間の税制の隙間を利用した多国籍企業による租税回避に対応するために、国際課税ルールを現在の世界経済やビジネスモデルに即したものにするとともに、各国政府・グローバル企業の透明性を高めるために、国際課税ルール全体を国際協調の下で見直すことを目的とした、極めて画期的な取組（設立当初は34カ国が参加）である。2013年にはG20との共同プロジェクトとなり、BEPS対応に向けた15の「行動計画」が策定された。G20という強力な政治的後押しを得、国際協調の流れは一気に加速した。2015年10月には、最終報告書が公表され、上記プロジェクトは「BEPS包摂的枠組み」へと名称を改めるとともに参加国を大幅に増やす形で拡大し各国による実施段階に移行した（現在139カ国が参加）。

15の行動計画のうち、行動1「デジタル経済の課税上の課題への対応」については、クロスボーダー取引に対する消費課税に係るガイドラインが策定された一方、法人課税については税の観点からデジタル経済をその他の経済から区別する（ring-fencing）ことは困難と指摘された上で、作業の継続がBEPS包摂的枠組みにて合意された。2018年3月には「中間報告書[23]」が取りまとめられ、2020年までにコンセンサスに基づいた解決策の取りまとめに向けて作業を進めることとされた。2019年6月には「作業計画[24]」が日本のG20議長国下で取りまとめられ、解決策の論点と今後の検討作業が示され、続いて2020年2月

⒇ 「経済のデジタル化に伴う課税上の課題に係る中間報告書」

(24) 「経済のデジタル化に伴う課税上の課題に対するコンセンサスに基づく解決策の策定に向けた作業計画」

には「制度の大枠と進捗報告書[25]」がG20に提出され、2020年末の合意に向けて検討が進められた。そして、2020年10月には、BEPS包摂的枠組みにより、第1の柱・第2の柱に関する「青写真（Blueprints)」が公表された。青写真と合わせて公表された「ステートメント」では、新型コロナウイルス感染症等の影響も受けて合意期限を2021年半ばへ延期する一方で、コンセンサスの構築に向けて大きく進展しており、青写真は「将来の合意のための強固な土台」であるとしている。同内容は、その後のG20でも支持された。

③「青写真」の概要

青写真は、第1の柱については約230ページ、第2の柱については約250ページの大部にわたり、今後更に議論すべき政治的・技術的論点もカバーした、制度の詳細な設計図である。青写真の概要の紹介を通して、本議論を解説する。

（i）　第1の柱（市場国に対し適切に課税所得を配分するためのルールの見直し）

第1の柱は、大きく分けて3つの要素から構成されている。

第一に、「PEなければ課税なし」原則に関する課題への対応策として、多国籍企業が活動する市場国に対して、物理的拠点の有無にかかわらず、新たに課税権を配分することが検討されている。具体的には、大規模な多国籍企業グループを対象として、グループ全体の利益のうち、市場国の貢献によるものと見なしうる一定割合（「利益A」）を売上等による定式で市場国に配分する方向で議論が進んでいる。対象となるビジネスは、「自動化されたデジタルサービス（Automated Digital Services（ADS))」と「消費者向けビジネス（Consumer Facing Businesses（CFB))」の2つであり、例えば、オンライン広告やクラウドコンピューティングサービスがADSに、家電製品や衣服、化粧品等の販売がCFBに該当する。対象となる多国籍企業グループの規模に関する具体的な閾値、利益Aの算定方法や配分割合が、今後の議論を踏まえて決定されてい

(25)「第1の柱の統合的アプローチに係る制度の大枠と第2の柱の進捗報告書」

【図表8-25】第1の柱：市場国への新たな課税権の配分

➢ 大規模な多国籍企業グループの全体の利益の一定割合を市場国に配分

➢ 自動化されたデジタルサービス（ADS※1）と消費者向けビジネス（CFB※2）を対象

・ADSの例：オンライン広告、クラウド･コンピューティング･サービス

・CFBの例：家電製品、衣服、化粧品等の販売

※1　ADS：Automated Digital Service
※2　CFB：Consumer Facing Business

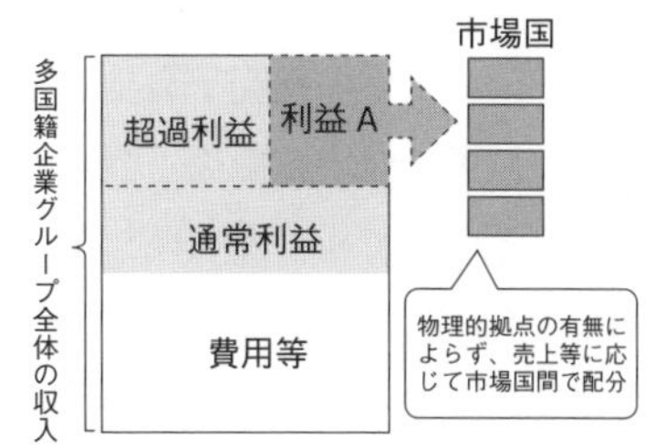

（注）補章に詳細については記載するが、2021年6月のG7財務大臣会合では、「対象」を「大規模で高利益の多国籍企業」とすることにコミットした。

【図表8-26】第1の柱：市場国での販売活動等に係る移転価格ルールの定式化等

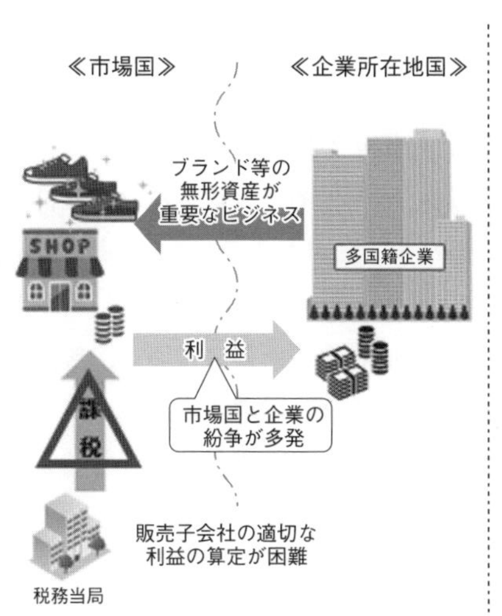

販売子会社等の収入（市場国）

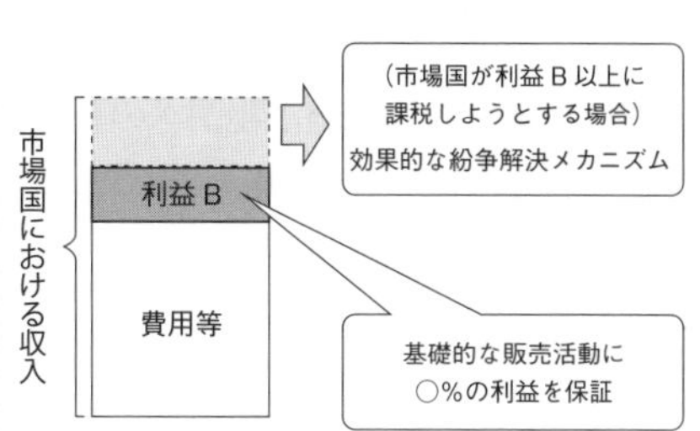

くことになる。

第二に、多国籍企業グループ内部の国際的な取引について、その取引価格を独立した企業同士であれば成立していたであろう「独立企業間価格」で取引が行われたものと見なして、各グループ企業の所得を計算する「独立企業原則」という国際課税ルールがある。多国籍企業の課税利益を各国間で配分する機能を持ち、「PE なければ課税なし」原則と並ぶ国際課税原則の1つである。しかし、経済のデジタル化が進み、特許やブランド等の「無形資産」の価値が高まる中、多国籍企業の販売子会社における適切な「独立企業間価格」の算定が困難となり、多様化する販売子会社の機能・資産・リスクの評価について、市場国と企業との間で紛争が頻発している。この解決策として、市場国における基礎的な販売活動について、「独立企業原則」に基づき一定の利益（「利益B」）を市場国に保証するルールが検討されている。具体的な利益率の水準や対象となる取引・販売活動の範囲等について、議論が継続されている。

第三に、効果的な紛争防止・解決手続である。「利益A」及び「利益 A 以外」のそれぞれについて、義務的・拘束的な仕組みを含めて紛争防止・解決手続が検討されている。紛争への対応は、企業・執行当局にとって極めて重要な課題であり、実効的な制度となることが強く期待されている。

(ii) 第2の柱（軽課税国への利益移転に対抗する措置の導入）

第2の柱では、軽課税国への利益移転に対し、国際的に合意された最低税率により法人課税を確保するルール（「グローバル・ミニマム課税」）の導入が検討されている。

具体的には、軽課税国に所在する子会社等に帰属する所得について、親会社等の所在する国・地域において、最低税率まで上乗せして課税するルール（所得合算ルール（Income Inclusion Rule（IIR）））である。また、これを補完する制度として、軽課税国への支払を行っている子会社等に対し、支払会社等の所在地国で課税するルールも検討されている（軽課税支払ルール（Undertaxed Payment Rule（UTPR））。具体的な最低税率の水準等ルールの詳細な制度設計については議論が継続されている。

【図表8-27】第2の柱：所得合算ルール（イメージ）

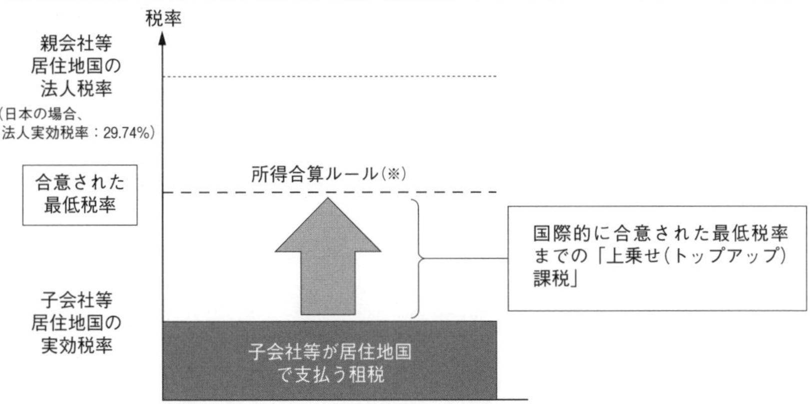

（※）所得合算ルールの課税ベースは、調整された財務諸表の税引前利益を使用

（注）補章に詳細については記載するが、2021年6月のG7財務大臣会合では、「15%以上のグローバル・ミニマム課税」にコミットした。

【図表8-28】第2の柱：主要な2つのルール（イメージ）

○　すべての多国籍企業グループが最低限の法人税負担をすることを確保するため、以下のルール等を導入。これらのルール合わせGloBE（Global Anti-Base Erosion）ルールという。

(1) 所得合算ルール（IIR：Income Inclusion Rule）
軽課税国にある子会社等へ帰属する所得を最低税率まで親会社等の国で課税

(2) 軽課税支払ルール（UTPR：Undertaxed Payment Rule）
軽課税国への支払を行っている子会社等に対し、支払会社の国で課税。

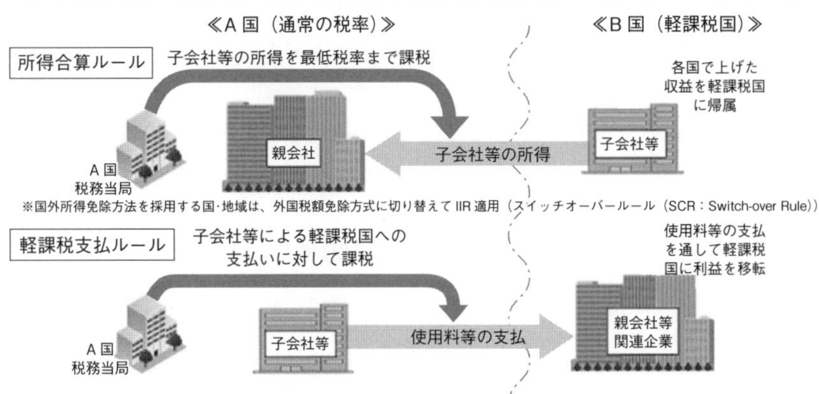

【図表8-29】経済のデジタル化に伴う課税上の課題：影響評価（2020年10月）

○OECD事務局は解決策に係る影響評価（インパクトアセスメント）を公表
○一定の仮定の下、世界全体の税収は、最大で年800億ドル程度増加すると推計（米国外軽課税無形資産所得（GILTI）税制を含めると最大約1000億ドル（世界の法人税収の約4%相当））
○第1の柱による税収増加は小幅なものにとどまるが、第2の柱についてはより大きな税収増（下図参照）

所得グループごとの税収への影響

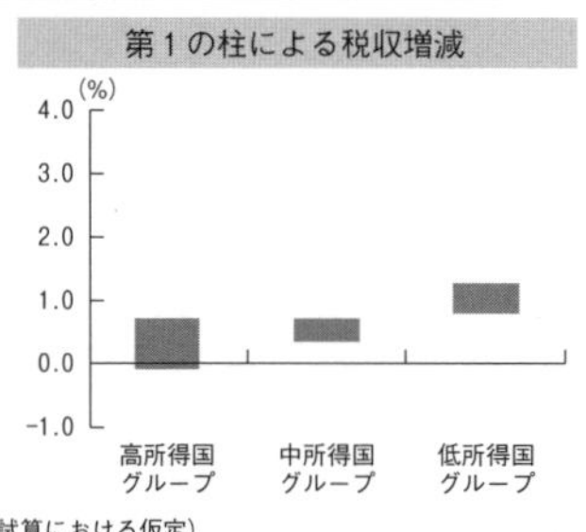

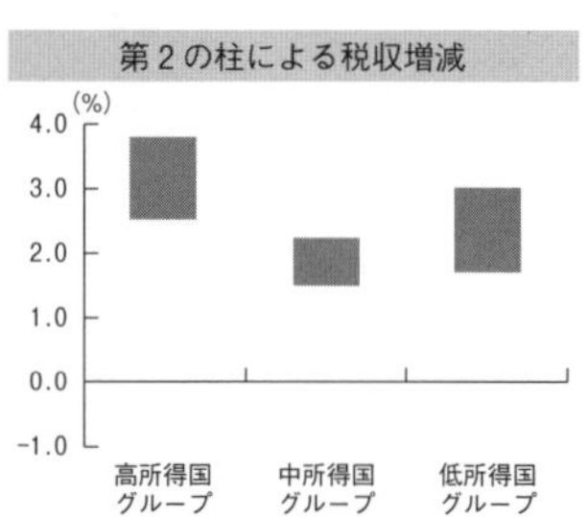

（試算における仮定）
□ 第1の柱　全世界売上閾値：7億5000万ユーロ（約900億円）、みなし通常利益率：10%、市場国への配分比率：20%
□ 第2の柱　最低税率：12.5%、支払給与及び減価償却費用の10%の適用除外
※米国は、GILTI（米国外軽課税無形資産所得）税制と第2の柱が共存するという仮定の下、第2の柱の高所得国グループから除外

（注）当該報告書には上記の他、解決策に合意できず、欧州諸国等で導入が見られる暫定的措置が未導入の多くの国に拡大し、貿易紛争が増加する場合、世界全体で最大1%を超えるGDPの押下げ効果がある等の分析も含まれる。

④ 影響評価

本制度が導入されると税収や経済にどのような影響があるのか。制度の詳細が決まっておらず、また多国籍企業のデータについて制約がある中で、税収や経済への影響を予測することは困難であるが、2020年10月、OECD事務局は、一定の前提の下、青写真の公表に併せて試算結果を公表した。

具体的には、世界全体での税収は、最大で年800億ドル程度増加すると推計している（所得グループ別の結果は【図表8-27】参照）。また、国際的な合意に至らず各国の一方的措置（詳細は後述）が拡大し貿易紛争が増加する場合、世界全体で最大1％を超えるGDPの押下げ効果があるとの分析も行っている。

⑤ 海外の主な動向（デジタルサービス税他）

2019年7月、仏は、国内世論の高まり等を受け、BEPS包摂的枠組みにおける国際的な合意が得られるまでの暫定的措置として、デジタル企業に対する独自のデジタルサービス税（Digital Services Tax（DST））を導入した。これに対してデジタル企業を多く抱える米国は一方的な税措置に反対し、同年12月に仏産スパークリングワインやチーズ等に対する報復関税の適用を示唆した。その後、2020年1月の両首脳の電話会談を経て、それぞれの措置の適用を、合意に向けた議論が継続する2020年末までは停止することとした。もっとも、上述のとおり、合意期限の2021年半ばまでの延長を受け、仏は、2020年12月にDSTの徴収を再開した。

仏同様に、欧州を中心として一方的措置を導入・検討する国が増えているが、安定的かつ予見可能な投資環境の構築や企業間の公平な競争環境の整備の観点からは、多国間の国際合意に基づいた解決策が望ましい。

一方、米国においては、2019年12月に、ムニューシン前財務長官が、「第1

【図表8-30】「BEPSプロジェクト」に関する主な出来事

時期	会議体	概要
2011年7月	OECD租税委員会	浅川副財務官（当時）がアジア人初の議長に就任
2012年6月	OECD租税委員会	BEPSプロジェクト開始
2013年5月	G7財務大臣会合 （英・バッキンガムシャー）	BEPSに対応する必要性を確認
2013年6月	G8サミット（英・ロックアーン）	BEPSプロジェクトを歓迎
2013年7月、9月	G20財務大臣会合 （露・サンクトペテルブルク） G20サミット（露・モスクワ）	BEPS行動計画を承認
2015年10月	G20財務大臣会合 （ペルー・リマ）	BEPS最終報告書を報告
2016年6月	第1回BEPS包摂的枠組み会合（京都）	OECD非加盟国を含む92法域が参加
2018年3月	G20財務大臣会合 （アルゼンチン・ブエノスアイレス）	OECDが「電子化に伴う課税上の課題に関する中間報告書」を提出
2019年6月	G20財務大臣会合（福岡） G20サミット（大阪）	「経済の電子化に伴う課税上の課題に対するコンセンサスに基づいた解決策の策定に向けた作業計画」を承認
2020年2月	G20財務大臣会合 （サウジアラビア・リヤド）	「制度の大枠と進捗報告書」を歓迎
2020年10月、11月	G20財務大臣会合、G20サミット （オンライン（議長国サウジアラビア））	第1の柱・第2の柱に関する「青写真」を歓迎

の柱」を企業の選択制（「セーフハーバー」）とすることを提案する内容の書簡を公表した。これに対し、多くの国が「第1の柱」を骨抜きにするものとして懸念を表明した。更に、2020年6月には、同長官が欧州4カ国（英、仏、伊、西）の財務大臣に向けて、第1の柱に関する議論を一時中断し、年後半に議論を再開することを提案する書簡が報道された。米国と欧州との対立が先鋭化することが危惧されたが、2020年7月のG20において合意に向けたコミットメントを再確認する声明が公表され、状況は沈静化した。

⑥「青写真」以降の動き

米国においてトランプ政権からバイデン政権に交代した後、2021年2月のG20においてイエレン米新財務長官はセーフハーバー提案を取り下げる旨を表明した。続いて、同年4月にイエレン長官は、第1の柱の適用対象企業の決定方法について、青写真において示された、ADSとCFBという業種に着目した絞り込み方法に代えて、基本的に全業種を対象としつつ、超大規模（売上高）かつ超高利益水準のグローバル企業（100社程度）に絞り込む案を提示するとともに、第2の柱を強力に支持する旨を表明した。同年5月には、第2の柱の最低税率について「15%を下限とし、議論のなかで水準を引き上げていくべき」と具体的水準に言及して最終合意への積極的な姿勢を見せた。第1の柱における利益Aの対象企業、第2の柱における最低税率を巡る議論は引き続き最も重要な政治争点の一つとなっている（2021年5月中旬時点）。

また、この議論は、BEPS包摂的枠組みという約140カ国を巻き込む大きな枠組みで行われており、そのメンバーの大半である途上国の協力なしに議論の成功は難しい。途上国に対しては、例えばOECD等の国際機関から技術協力という形で、議論状況がアップデートされている。こうした途上国の租税制度の現代化は、途上国が税収等の国内資金を適正に動員し（Domestic Resource Mobilization（DRM））、対外資金援助に過度に依存しない持続可能な成長を後押しする側面もあるため、持続可能な開発目標（Sustainable Development Goals（SDGs））達成のための一手段としても注目されている。

⑦ 最後に

経済のデジタル化に伴う課税上の課題への対応は、課税権を再分配するという国家主権の根源に関する議論であり、交渉には困難を伴う。しかし、合意が実現されれば、国際課税の分野だけでなく世界経済全体にとって大きな歴史的成果となる。日本はBEPSプロジェクトを主導してきており、国際的な合意に向けて議論をリードする役割が期待されている。

補章

国際協調の再生
～2021年6月
G7財務大臣会合～

2021年6月4日から二日間にわたり、G7財務大臣会合が議長国英国のロンドンにおいて開催された。新型コロナ感染症の感染拡大が本格化して以降、ほぼ全ての国際会議がバーチャル形式となっていたことから、今回の会合は、G7の財務大臣が対面で一同に会する極めて貴重な機会となった。世界経済、国際課税、気候変動、低所得国支援、中銀デジタル通貨等、国際社会が直面する喫緊の課題について議論が行われたが、価値観を共有するG7の財務大臣が、対面で本音の意見交換を行ったこともあり、いくつかの議題において大きな進展が見られた。最終的には、パンデミックを乗り越え将来世代の繁栄を確保すべくG7が一致して世界をリードしていくという力強いメッセージをもった共同声明[1]の採択に至ることができた。以下、主要議題におけるG7合意事項の概要について説明していきたい。

まず、世界経済については、「強固で、持続可能で、均衡ある、かつ包摂的な世界経済の回復」を実現すべく、G7として必要な限り政策支援を持続することにコミットした。その上で、経済の再開に従って、支援の対象について的を絞っていくことや、回復が確かなものとなれば財政の長期的な持続可能性を確保する必要があることにも合意した。為替についても、従前のコミットメントを再確認した。また、パンデミックの終息を加速することは、世界のGDPに何兆ドルもの増加をもたらすとして、ワクチン・治療薬・診断薬へのアクセスの確保、そのための資金貢献の重要性が改めて確認された。

次に気候変動・環境は、議長国英国の最大関心分野の一つである。本分野の主な成果の一つとして、TCFD（気候関連財務情報開示タスクフォース）の枠組に基づく、義務的な気候関連財務開示へ、国内の規制枠組みに沿う形で向かうことを支持している。日本でもコーポレートガバナンスコードを改訂し、プライム市場の企業に対して、TCFD提言等に基づく開示を求める予定としている。

低所得国支援については、IMFの特別引出権（SDR）の新規配分に関して、透明性・説明責任に関する措置を伴った上で、本年8月末までの実施を要請し

(1) なお、本会合の前週の5月28日にも、G7財務大臣・中央銀行総裁会議がバーチャル形式で開催されており、今回の共同声明は、この前週の財務大臣・中央銀行総裁会議の成果と合わせた内容となっている。

ている。また、先進国のSDRを途上国に融通する様々な選択肢の探求をIMFに求めている。途上国の債務問題については、債務者と債権者の定期的なデータ突合が不可欠であることを確認するとともに、「債務措置に係る共通枠組」に基づく債務措置の迅速な実施を期待する旨を示している。

国際課税については、本年5月下旬、米国のイエレン長官が第2の柱（軽課税国への利益移転に対抗する措置の導入）におけるいわゆるグローバル・ミニマム課税の水準について、「15%以上の国際合意を目指す」との提案を発表したことを受け、国際課税の議論は今回の会合の最大重要争点となっていた。会合の結果としては、第1の柱（市場国への新たな課税権の配分）及び第2の柱において、それぞれ大きな議論の進展が見られた。第1の柱については、超大規模高利益多国籍企業について10%の利益率を上回る利益のうちの少なくとも20%に対する課税権を市場国に与えるといった仕組みにコミットしている。第2の柱については、グローバル・ミニマム課税として、15%以上の最低税率の設定にコミットすることに至った。

最後に、中銀デジタル通貨（CBDCs）については透明性、法の支配及び健全な経済ガバナンス、また、適切なプライバシーの重要性を強調するとともに、共通の原則に向けて作業し、年後半に結論を公表することで合意した。

上記のとおり、多くの具体的成果を出した今回の会合であったが、その議論は、6月11日から三日間にわたって英国のコーンウォールにおいて開催されるG7サミットにも引き継がれ、成果の一部は、首脳宣言にも盛り込まれこととなっており、国際協調再生に向けた動きが加速しつつある。そして、7月にはG20財務大臣・中央銀行総裁会議がイタリアのベネチアで開催される。新たな国際協調の枠組を実行に移すためには、G20の議論を通じて、中国をはじめ新興国を巻き込んでいく必要がある。特に、国際課税については、今回のG7合意のモメンタムを維持し、G20やOECDにおける調整に取り組み、目標とする2021年の年央までの合意にたどりつく必要がある。このような中、日本もG7およびG20の主要メンバー国として議論をリードしていくことが期待されている。

【図表】G7財務大臣会合（6月4、5日 於：ロンドン）の成果について

- G7の財務大臣が久しぶりに対面で会合し、忌憚のない議論を実施。

G7財務大臣・中央銀行総裁声明（6月5日公表）のポイント

【世界経済】 **必要な限り政策支援を継続**。**経済の再開**に従い、**支援の対象について的を絞っていく**。回復が確かなものとなれば、**財政の長期的な持続可能性**を確保する必要。為替について、従前のコミットメントを再確認。

【パンデミック対応】 **ワクチン等へのアクセス確保**のため、（日本を含む）一部のメンバー国による新たな資金貢献を歓迎、さらなる貢献に期待。将来のパンデミックに備えて、**保健・財務当局の協働**にコミット。

【気候変動】 気候変動対策への民間資金動員のため、**TCFD**（気候関連財務情報開示タスクフォース）**の枠組に基づく義務的な気候関連財務開示**へ、国内の規制枠組みに沿う形で向かうことを支持。G7として、適応や自然に基づく解決策への資金の増加を含め、2025年までの気候資金への貢献を増加し改善することにコミット。

【低所得国支援】 **SDR**（特別引出権）**新規配分**について、**透明性・説明責任に関する措置**を伴った上で、**本年8月末までの実施**を要請。先進国の**SDRを途上国に融通する様々な選択肢**の探求をIMFに要請。債務問題について、**債務者と債権者の定期的なデータ突合**が不可欠。「**共通枠組**」に基づく**債務措置の迅速な実施**を期待。

【国際課税】 **第1の柱**においては、**大規模で高利益の多国籍企業**について、**10%の利益率を上回る利益のうちの少なくとも20%に対する課税権を市場国に与える**ことにコミット。**新たな国際課税ルールの適用とデジタルサービス税等の廃止の間で適切な調整**を行う。**第2の柱**においては、**15%以上の最低税率**とすることにコミット。2つの柱について並行して合意を進め、7月のG20で合意に至ることを期待。

【中銀デジタル通貨】 **透明性、法の支配**及び**健全な経済ガバナンスの確保**が必要。**共通の原則**に向けて作業し、**年後半に結論を公表**することで合意。

（参考1） G7財務大臣・中央銀行総裁声明　全文（英語）
https://www.mof.go.jp/english/policy/international_policy/convention/g7/g7_210605.pdf
（参考2） 上記の仮訳（日本語）
https://www.mof.go.jp/policy/international_policy/convention/g7/cy2021/g7_210605.pdf

（巻末資料）

財務省国際局の各課室と所掌事務

課室	所掌事務
総　務　課	局内の事務の総括、情報公開や政策評価等の国際局全体に関わる業務

課室	所掌事務
調　査　課	APEC、ASEM、日印金融協力に関する協議、関税・外国為替等審議会
外国為替室	外為法に関する事項（法制度の企画立案、経済制裁等）
投資企画審査室	外為法に関する事項（対内直接投資等）
為替実査室	外国為替検査の実施

課室	所掌事務
国際機構課	G7、G20、IMF 等に関する業務
資金移転対策室	マネロン・テロ資金対策

課室	所掌事務
地域協力課	アジア地域における金融協力 （ASEAN ＋3、チェンマイ・イニシアティブ（CMIM）等）
国際調整室	G7各国等とのバイ面会、財務金融協議

課室	所掌事務
為替市場課	外国為替市場、内外資金フローの把握・分析
資金管理室	外貨準備の運用、外国為替資金特別会計に関する業務

課室	所掌事務
開発政策課	開発政策の総括、国際保健、 途上国の債務問題等に関する業務

課室	所掌事務
参事官室	円借款・国際協力（JBIC）融資の個別案件

課室	所掌事務
開発機関課	世界銀行等の国際開発金融機関（MDBs）に関する業務
開発企画官	環境・気候変動関連 （気候投資基金、地球環境ファシリティ（GEF）等）

主要参考文献

「図説　日本の財政　令和２年度版」（財経詳報社）
「世界経済の潮流 2020 年Ⅰ」（内閣府）
「国際金融危機と IMF」（大蔵財務協会）
「European Economic Forecast, Winter 2021（Interim）」（欧州委員会）
「国際収支の基礎・理論・諸問題―政策へのインプリケーションおよび為替レートとの関係」（財経詳報社）
「第１の柱及び第２の柱の青写真に関する報告書」（G20/OECD「BEPS 包摂的枠組み」）

主要参考 URL

○国内省庁等

財務省　https://www.mof.go.jp/
外務省　https://www.mofa.go.jp/mofaj/
総務省　https://www.soumu.go.jp/
日本銀行　https://www.boj.or.jp/
国際協力銀行（JBIC）　https://www.jbic.go.jp/ja/
国際協力機構（JICA）　https://www.jica.go.jp/index.html
東京商品取引所　https://www.tocom.or.jp/jp/
CME グループ　https://www.cmegroup.com/ja/

○海外国際金融機関等

IMF　https://www.imf.org/ja/home
世界銀行　https://www.worldbank.org/en/home
アジア開発銀行（ADB）　https://www.adb.org/
米州開発銀行（IDB）　http://www.iadb.org/
アフリカ開発銀行（AfDB）　https://afdb-org.jp/
欧州復興開発銀行（EBRD）　https://www.ebrd.com/home
経済協力開発機構（OECD）　https://www.oecd.org/
国際決済銀行（BIS）　https://www.bis.org/

パリクラブ　http://www.clubdeparis.org/
金融活動作業部会（FATF）https://www.fatf-gafi.org/
国際連合安全保障理事会　https://www.un.org/securitycouncil/
信用保証・投資ファシリティ（CGIF）　https://www.cgif-abmi.org/
ABO（“AsianBondsOnline”）　http://asianbondsonline.adb.org/

○外国政府・中央銀行等

米財務省　https://home.treasury.gov/
米議会予算局　https://www.cbo.gov/
米商務省　http://www.commerce.gov/
米労働省　http://www.dol.gov/
米連邦準備制度理事会　http://www.federalreserve.gov/
クリーブランド連邦準備銀行　http://www.clevelandfed.org/
欧州委員会　https://ec.europa.eu/info/index_en
英予算責任局　https://obr.uk/
英ビジネス・エネルギー・産業戦略省　https://www.gov.uk/government/organisations/department-for-business-energy-and-industrial-strategy
ECB　http://www.ecb.europa.eu/
EUROSTAT　https://ec.europa.eu/eurostat
イングランド銀行　https://www.bankofengland.co.uk/
中国国家統計局　http://www.stats.gov.cn/english/

用 語 索 引

あ

い

え

お

か

き

く

け

こ

さ

し

す

せ

そ

た

ち

つ

て

と

な

に

の

は

ひ

ふ

へ

ほ

ま

み

む

め

や

ゆ

よ

ら

り

る

れ

ろ

わ

A

B

C

J

K

L

M

N

O

P

Q

R

S

T

U

W

編著者略歴

神田 眞人

東京大学法学部卒業、オックスフォード大学経済学大学院修了（M. Phil）

財務省大臣官房秘書課企画官、世界銀行理事代理、財務省主計局主計官（文部科学、司法・警察、経済産業、環境、財務予算担当を歴任）、国際局開発政策課長、総務課長、金融庁総務企画局参事官、財務省主計局次長（末席、筆頭）、大臣官房総括審議官、国際局長等を経て、2021年より財務官（現職）。また、2016年よりOECDコーポレートガバナンス委員会議長（現職）

主著に、『国際金融のフロンティア』、『アジア経済ハンドブック』、『図説　国際金融』、『金融規制とコーポレートガバナンスのフロンティア』（いずれも財経詳報社）、『強い文教、強い科学技術に向けて』、『世界銀行超活用法序説』、『超有識者達の洞察と示唆』、『超有識者達の慧眼と処方箋』（いずれも学校経理研究会）、「一公僕から見た大学」（『対話の向こうの大学像』岩波書店所収）、「財政金融・政治・学問」（『近代と政治の間』東京大学出版会所収）等

執筆者一覧（あいうえお順）

青葉亮	浅尾耕平	阿部正流	石田良	伊藤幸太	乾慶一郎
遠藤智也	岡里勇希	緒方健太郎	荻島史哉	奥畑勇人	小倉美都
影山昇	梶山美奈	金子祐二	上中哲朗	鴨志田拓也	川野晋平
神田眞人	岸田洋介	久米清香	古池剛	児島周平	小荷田直久
小山祥子	齋藤浩暉	坂井景	桜田雄紀	佐藤達也	澤田駿
塩﨑寛子	篠田正大	庄中健太	千住将太	高橋慶子	高松秀至
高見学	高宮諒	瀧村晴人	竹谷綾	田島夏海	多田哲朗
棚瀬順哉	谷本和	田畑翔	田端紳	津田夏樹	出口文哲
長岡寛	中島賢一	中濵裕士	永峰碧	西尾隆弘	西村聞多
西山遥	長谷川健太	長谷川実	濱田秀明	林原賢悟	藤井大輔
藤中康生	平郡知子	松下裕	松田和磨	三浦駿人	水沼由佳子
森寓洋子	谷津佑典	柳川優人	矢原雅文	大和宏彰	山本彩乃
山本麻莉乃	米山泰揚	渡辺洋平			

図説　ポストコロナの世界経済と激動する国際金融

2021年 8 月 6 日　発行

編著者　神　田　眞　人
発行者　宮　本　弘　明
発行所　株式会社　財 経 詳 報 社
〒103-0013　東京都中央区日本橋人形町1-7-10
電　話　03（3661）5266（代）
ＦＡＸ　03（3661）5268
https://www.zaik.jp
振替口座　00170—8—26500 番

検印
省略

Printed in Japan 2021

落丁・乱丁本はお取り替えいたします　　印刷・製本　創栄図書印刷㈱

ISBN　978-4-88177-481-6